Francis Waldvogel

Die Vielfalt der Emergenz

Vom Atom bis zur Natur des Menschen

Übersetzt aus dem Französischen
von Jacques Aeschimann

Schwabe Verlag

Originaltitel:
Francis Waldvogel: Tableau de la vie: Échanges, émergences, complexité
Editions Odile Jacob, Paris 2020

Bibliografische Information der Deutschen Nationalbibliothek
Die Deutsche Nationalbibliothek verzeichnet diese Publikation in der Deutschen Nationalbibliografie;
detaillierte bibliografische Daten sind im Internet über http://dnb.dnb.de abrufbar.

© 2023 Schwabe Verlag, Schwabe Verlagsgruppe AG, Basel, Schweiz
Dieses Werk ist urheberrechtlich geschützt. Das Werk einschliesslich seiner Teile darf ohne schriftliche
Genehmigung des Verlages in keiner Form reproduziert oder elektronisch verarbeitet, vervielfältigt,
zugänglich gemacht oder verbreitet werden.
Übersetzung: Jacques Aeschimann, Rickenbach
Illustrationen: Jean-Philippe Bolle, Cartigny (Genf)
Cover: icona basel gmbh, Basel
Layout: icona basel gmbh, Basel
Satz: 3w+p, Rimpar
Druck: Hubert & Co., Göttingen
Printed in Germany
ISBN Printausgabe 978-3-7965-4868-0
ISBN eBook (PDF) 978-3-7965-4869-7
DOI 10.24894/978-3-7965-4869-7
Das eBook ist seitenidentisch mit der gedruckten Ausgabe und erlaubt Volltextsuche.
Zudem sind Inhaltsverzeichnis und Überschriften verlinkt.

rights@schwabe.ch
www.schwabe.ch

Inhalt

Vorwort 11

**Einführung   Eine Reise in die wunderbare Welt
des Austausches** 17

Vom Austausch zur Emergenz 18

Austausch: Vom Atom zum Menschen und darüber hinaus 20

Austausch: Wechselwirkungen zwischen Gemeinschaft und Vertrauen ... 21

Leben ist Austausch 22

**Kapitel 1   Die Natur ist grosszügig:
Austausch und Emergenz des Lebens** 25

Das Leben braucht Energie 25

Wo der Austausch stattfindet: Die Zellmembran 26

Der Zellstoffwechsel: Eine winzige Fabrik 27

Was ist denn Energie? 28

Die zwei in der lebenden Zelle wirkenden thermodynamischen
Hauptsätze 30

Dank ATP verwaltet die Zelle geschickt ihren Energiebedarf ... 32

Eine Reise in das Innere der Zelle: Austausch und Emergenz .. 33

Genetische Austauschvorgänge fördern die Diversität 34

Es gibt noch unergründliche Rätsel des Lebens 37

**Kapitel 2   Epigenese, Symbiose und Homöostase:
Drei Dialoge des Lebens** 41

Epigenese: Austauschvorgänge zwischen unseren Genen
und unserer Umwelt 41

Symbiose: Wenn sich zwei Arten verheiraten 45

Homöostase: Gleichgewicht durch Wechselwirkungen 50

Einige Bemerkungen zu den Wechselwirkungen in der Welt
des Lebendigen 54

Kapitel 3 Die Wechselwirkungen in der unsichtbaren Welt: Von der Biochemie zum subatomaren Universum 57

Von der Biochemie zum Atom 57

Das Atom: Leere überall, und dennoch 58

Ein kleiner Exkurs in die Welt der Quantenphysik 60

Die vier fundamentalen Kräfte, und was sie austauschen 62

Die Schönheit der kovalenten Bindung: Einfach,
aber unentbehrlich für das Leben 65

Das Wunder der Photosynthese: Was wir der Pflanzenwelt verdanken 67

Die Natur: Rauschende Leere und überschäumendes Leben 69

Kapitel 4 Die Kraft des Wortes schafft soziale Bindungen 73

Die Funktionalität der Sprache 74

Small talk: Mehr als ein Geplauder 77

Story telling: Geschichten erzählen 79

Kapitel 5 Austausch von Schallschwingungen – Emergenz einer Verzauberung: Die musikalische Erfahrung 85

Das Wesen des musikalischen Austausches 86

Lärm, Töne, Musik: Der Weg von der Physik zur Physiologie
und zur Ergriffenheit 88

Das Zusammenspiel der Gesetze der Physik und der akustischen Regeln
bewirkt die Emergenz der Musik 90

Die Kostbarkeit des musikalischen Austausches 93

Kapitel 6 Der Austausch von Kenntnissen ist die Triebfeder unseres Wissens 97

Die enge Beziehung zwischen Wissenschaft und Technologie 100

Unser heutiges Wissen: Vereinigung von Idee, Werkzeug und Methode
im Austausch 102

Von der wissenschaftlichen Revolution zum Ungleichgewicht
zwischen Kultur und Natur 103

Gehen wir dem Ende der Wissenschaft entgegen oder ihrer Renaissance?
Für eine neue Kultur des Austausches: Transdisziplinarität 106

**Kapitel 7   Zusammenleben: Die Evolution
der menschlichen Gesellschaft** 113

Ameisenhaufen: Wohlorganisierte Gesellschaften erobern den Planeten ... 114

Wohlorganisierte Gesellschaften allenthalben 119

Von den Ameisen zu den Primaten: Führt dieser Weg zur Emergenz
von moralischen Werten? 121

Empathie, Altruismus und Asymmetrie der Wechselwirkungen 125

Eine einmalige Begegnung und eine Lektion in Menschlichkeit 128

Kapitel 8   Vertrauen und Geldverkehr 131

Finanzwesen, Geld und Tauschhandel 131

Vom Tauschhandel zum Geld:
Eine kurze historische Übersicht über die Wirtschaft 135

Austausche – Gegenseitigkeit und Vertrauen 136

Zwei gewichtige Mitspieler am Tisch der Austausche: Die Versuchung
nach Gewinn und die Furcht vor dem Risiko 140

Preis und Wert: Wie können wir der Kommerzialisierung von
nichtfinanziellen Werten entrinnen? 143

Kapitel 9   Die Medizin: Wissenschaft oder Kunst? 147

Arzt und Ingenieur schöpfen beide aus der Wissenschaft 149

Wissenschaft, Technologie, Medizin: Die Geschichte von drei
beispielhaften Bündnissen – Pocken, Röntgenstrahlen, Mikrosensoren ... 151

Genetik, Informatik und Medizin treten gemeinsam gegen Krebs an 156

Irrwege der heutigen Medizin 159

Emergenzen, die uns morgen erwarten 162

Kapitel 10 Wenn die Austausche spärlich werden: Misstrauen, Konflikte und Zusammenbrüche ... 167

Versiegen der Austausche und Verlust des Vertrauens: Biologie und soziale Motivation ... 168

Das Zweigespann Vertrauen – Zuverlässigkeit ... 172

Der Zerfall der Austausche verursacht eine «Ent-Emergierung» ... 174

Die Lehren aus der Physik: Von den Grundkonstanten zur Hyperkomplexität ... 175

Die Landesgrenzen schaffen ambivalente Austauschsysteme ... 177

Kann man Vertrauen wiederherstellen? Mediation und Versöhnung ... 178

Kapitel 11 Botschaften: Vom Meldeläufer der Schlacht von Marathon zur Nachrichtenflut im Infozeitalter ... 181

Die neuen künstlichen Welten der Infosphäre: Das Escape-Spiel als Beispiel ... 186

Eine neue Revolution: Die Infosphäre, ihre Beziehung zur Biosphäre und ihre ethische Dimension ... 189

Negativ wirkende Emergenzen? ... 193

Kapitel 12 «Das Ganze ist mehr als die Summe seiner Teile»: Emergenz und komplexe Systeme ... 197

Einige Emergenzbeispiele ... 197

Emergenz, ein Kennzeichen komplexer Systeme ... 199

Eine Rundsicht über komplexe Systeme ... 204

Welche komplexen Systeme sind auf unserem Planeten bedeutungsvoll? ... 206

Wir tragen für unsere negativ wirkenden Emergenzen die Verantwortung ... 210

Kapitel 13 Die menschliche Natur: Eine Vielfalt von Emergenzen, hervorgegangen aus unzähligen Austauschen ... 213

Beobachten und experimentieren: Zwei Arten, die Welt zu erfassen ... 213

Es sind oft nicht wahrnehmbare Austausche, welche Emergenzen erzeugen ... 216

Allgegenwart der Austausche und Netzwerktheorie 217

Segen und Fluch der vom Menschen hervorgebrachten
komplexen Systeme 219

Für eine Erneuerung der humanistischen Gedankenwelt 221

Eine kurze Zusammenfassung: Zwischen Determinismus und Chaos 223

**Epilog Eine persönliche Erfahrung:
Wenn der Einzelne dank der Gruppe gesund wird.
Austausch und Emergenz der kollektiven Resilienz** 227

Eine gut geplante Herzoperation 227

Fahrt zur Hölle 230

Von der Aufsplitterung zum Austausch:
Emergenz einer kollektiven Resilienz 233

Die tägliche Arbeit in der kollektiven Resilienz 237

Einige Gedanken zu den zwischenmenschlichen Beziehungen und
zur Emergenz einer kollektiven Hingabe und Resilienz 240

Bibliografie 243

Vorwort

Wie kam es zu diesem Buch?

Unsere Väter lernten sich während ihres Studiums an der ETH Zürich kennen und wurden Freunde. Beide waren *bilingue* und stammten aus Genf. Als sie sich etwa 25 Jahre später trafen, mag wohl der eine nebenbei bemerkt haben, dass sein Sohn auf die Kantonsschule Aarau gehe. «*Tiens, le mien aussi*», entgegnete der andere – «Ah, meiner auch!». In der Tat war ich zu diesem Zeitpunkt soeben in die erste Klasse der Oberrealabteilung eingetreten, während Francis Waldvogel bereits in der dritten Klasse des Gymnasiums die Schulbank drückte (wie man so schön sagt).

In der Familie von Francis sprach man, wie auch in meiner Familie, sowohl Deutsch als auch Französisch. Die Familie Waldvogel war nämlich nach dem Studienabschluss seines Oberhauptes nach Baden gezogen, wo Paul Waldvogel eine leitende Stellung in der damaligen BBC innehatte, während sich die Familie von Charles Aeschimann in Olten niederliess. Das erklärt die Begegnung ihrer Söhne in einer Zehn-Uhr-Pause im Park der Kantonsschule Aarau. Aus diesem ersten scheuen Treffen entwickelte sich rasch eine enge Freundschaft, nicht zuletzt durch den Umstand, dass Francis mich alsbald zum Eintritt in seine Studentenverbindung Argovia bewog.

Francis war überaus begabt, bestand die Maturaprüfung mit hervorragenden Noten (ich glaube, es waren lauter Sechser) und begann unmittelbar danach sein Medizinstudium an der Universität Genf. Mein Abschluss war weniger glänzend, aber trotzdem erfolgreich, sodass ich an der ETH Zürich meine Ausbildung zum Architekten antreten konnte. Die örtliche Trennung hinderte uns nicht, unsere Freundschaft weiterzupflegen, wir trafen uns so oft wie möglich, meist im Schosse der einen oder anderen Familie. Nach dem Studium heiratete Francis bald, und mir kam die Ehre zu, Pate des ersten Sohnes der jungen Familie zu werden.

Während meine berufliche Karriere keine hohen Wellen schlug, verlief jene von Francis erwartungsgemäss fulminant. Mit etwas über 30 Jahren wurde er Professor, soeben zurückgekehrt von der Universität Harvard und dem Massachusetts General Hospital, wo er sich auf dem Gebiet der Infektionskrankheiten weitergebildet hatte. Einer seiner früheren Studenten, Pierre Magistretti, schildert ihn in seinem Vorwort zu dem Buch, das Sie hier in meiner Übersetzung lesen mögen, folgendermassen:

«Francis Waldvogel ist, wie die Angelsachsen sagen, ein *Renaissance man*. Er ist an allem interessiert, er hat eine unersättliche jugendliche Neugierde bewahrt: Er wundert sich über alles, er staunt, er lehnt sich gegen Ungebührlichkeiten unserer Gesellschaft auf, vor allem gegen solche, die die Umwelt und die Armut betreffen. Aber er begnügt sich nicht damit, Interesse an diesen Themen zu bekunden: Er kennt die Materie zutiefst, in der er eine Leidenschaft entwickelt. Und er hat eine begnadete Fähigkeit, seine Gedanken, seine Kenntnisse und Überzeugungen zu vermitteln. Der Leser dieses Buches wird dies entdecken können.

Dieses Buch führt uns in der Tat auf eine Reise durch unsere Welt, ihre lebendigen oder toten Gebiete, vom Atom bis zu unseren Gesellschaften, mit dem Menschen im Zentrum. Und stellt eine fundamentale Frage: Was gibt es ausserhalb dessen, was unsere Sinne – Gesichtssinn, Gehörsinn, Geruchssinn, Geschmackssinn, Tastsinn – wahrnehmen können und das unserem Ökosystem ermöglicht hat, sich über Jahrmillionen zu entwickeln?

In 13 Kapiteln nimmt uns Francis Waldvogel an die Hand, lenkt unsere Aufmerksamkeit auf die Bedeutung der Austausche zwischen den Lebewesen, mit Beispielen aus unserem Umfeld wie die Bienen, die Honig aus den Blüten sammeln und dabei Pollen aufnehmen, um damit andere Blumen zu befruchten. Diesem bukolischen Bild folgen unzählige andere Themen, die uns zu den molekularen Wechselwirkungen, zu den Austauschen in der Biochemie, im Metabolismus, in der Energie führen und dem Lebewesen seine Anpassung, seine Entwicklung und sein Überleben sichern. Wir beugen uns ebenfalls über das Genom und die epigenetischen Mechanismen, die es verändern und damit dem Organismus die Anpassung an seine Umwelt ermöglichen. Wir statten auch der schwierigen Materie der Quantenmechanik einen Besuch ab, wo uns dank der didaktischen Kunst von Francis Waldvogel in möglichst einfacher Form komplizierte Konzepte erklärt werden.

Man spricht in diesem Buch jedoch nicht nur über Wissenschaft. In unserer Gesellschaft bilden Austausche unter den Individuen die Grundlage unserer sozialen Bindungen. Mit einem Handschlag, mit einem Wort, bei ernsten oder leichtfüssigen Gesprächen, durch Klatsch und Gerüchte entstehen Austausche, die ihren Bestand ausmacht. Auch der Austausch von Gütern und Geld, der Austausch zwischen dem Musiker und seiner Zuhörerschaft sind Vermittler von Beziehungen, die für die Existenz unserer Gesellschaft unentbehrlich sind. Wenn die Austausche verstummen oder unterbunden werden, sei es aus wirtschaftlichen, politischen oder ideologischen Gründen, machen sich Rückschritt, Niedergang, Krieg breit bis zum Tod. Das gilt sowohl für die Gesellschaft wie für das Individuum. Die soziale Bindung, der Austausch, die Gemeinsamkeiten sind unerlässlich, um diesen lebensnotwendigen Fluss aufrechtzuhalten.

Francis Waldvogel führt uns zu zahlreichen anderen Gedankengängen. So zeigt er auf, dass die meisten Austausche, sowohl auf der subatomaren Ebene als auch in der Grössenordnung der menschlichen Gesellschaft, das Potenzial haben, neue Eigenschaften entstehen zu lassen, eine entscheidende Grundlage für das Überleben unseres Ökosystems. Der Symbiose zwischen Korallen und Mikroalgen im australischen Barrier-Riff verdanken wir die Produktion von Sauerstoff, von dem wir jede Sekunde Nutzen ziehen.

Beim Lesen dieses Buches erfassen wir, dass die ungewöhnlich breiten Kenntnisse des Verfassers nur eine, allerdings unerlässliche, Bedingung war zu seiner Vollendung. Es ist auch die Frucht seiner aussergewöhnlichen Lebenserfahrung hauptsächlich als Arzt, aber auch in vielen anderen beruflichen und persönlichen Belangen. Er war unter anderem Präsident des Rates der Eidgenössischen Technischen Hochschulen, des Novartis-Innovationsfonds, Mitbegründer des World Knowledge Dialogue (der die Schaffung eines Dialoges zwischen den Naturwissenschaften und den Human- und Sozialwissenschaften zum Ziel hat), Mitglied des Race for Water (der gegen die Verschmutzung der Ozeane durch Kunststoff kämpft) und, als exzellenter Pianist dazu prädestiniert, Vizepräsident des Musikkonservatoriums Genf. Diese Vielfalt von Verpflichtungen und Verknüpfungen haben seine Erfahrungen auf den Gebieten der Technologie, der Umwelt und des interdisziplinären Dialoges intensiv befruchtet. Gerade auf dem Gebiet der Austausche und des Dialoges liegt die Bedeutung seines Buches für die heutige Gesellschaft. Die übermässige Spezialisierung, die totalvernetzte Welt, welche uns paradoxerweise sozusagen vom realen Leben abnabelt, die unaufhaltbare Informationsflut mit ihren *fake news* im Kielwasser, das Aufkommen von Ausgrenzungen und Nationalismen, welche Wechselbeziehungen unterdrücken – all das sind Gefahren, die das Zusammenleben und das Überleben unserer Gesellschaften bedrohen. Auf dieser humanistischen Vision gründet das Buch von Francis Waldvogel, das bei Weitem nicht nur Wissen vermittelt, sondern als ein ‹Brevier des Lebens und der Natur› gelesen werden kann. Er teilt mit uns seine Weltanschauung und den Schatz seiner umfassenden multidisziplinären Erfahrung. Danke, lieber Francis, für diese schöne Lektion über das Leben, die Du auf so erhellende Weise mit dem Bericht über Deine Krankheit und Genesung zutiefst persönlich gestaltet hast. Wie Deine Vorlesungen vor Deinen Medizinstudenten wird dieses Buch einen tiefen Eindruck im Geiste jener hinterlassen, die das Glück haben werden, es zu lesen.»

Beim Lesen dieses Vorwortes schwante mir, dass da ein ehemaliger Schüler bei der Würdigung eines gross angelegten Werkes seines verehrten Lehrers ins Schwelgen gekommen ist. Trotzdem machte es mich begierig, das Buch meines alten Freundes anzupacken, welches in der französischen Ausgabe mit dem anspruchsvollen Titel «Tableau de la vie» und dem etwas verwirrenden Untertitel «Échanges, émergence, complexité» versehen ist. Ich las es mit zunehmender Neugierde und Verwunderung sozusagen in einem Zuge. Am Schluss fühlte ich mich von der enormen Fülle der wissenschaftlichen und philosophischen Thesen überwältigt. Etliches hatte ich nicht ganz verstanden, anderes erschien mir im Rückblick derart visionär, dass ich gleich mit der Lektüre wieder von vorn begann. Und dabei kam plötzlich der Gedanke auf, das Buch in die deutsche Sprache zu übersetzen, mit erhofften drei Nebeneffekten: erstens, dabei in mir eine tiefere Auseinandersetzung mit den Gedankengängen von Francis zu erzwingen; zweitens, dieses wegweisende Buch auch Freunden zugänglich zu machen, die des Französischen nicht mehr so mächtig sind; und drittens, meinen Freund zu motivieren, sein Werk zumindest in englischer und womöglich auch in deutscher Sprache herauszugeben. Als ich ihm meinen Plan und die ersten drei übersetzten Kapitel unterbreitete, war er von meinem Vorhaben überrascht, er befand meine Arbeit für einigermassen textgetreu und teilte meine Auffassung, dass eine Übersetzung ins Englische zu überlegen sei. Höflicherweise meinte er, auch meine Bemühungen verdienten es, publiziert zu werden, aber dann folgte er auch meinen Bedenken, dass eine professionelle Überarbeitung unerlässlich wäre.

So setzte ich meine Arbeit mit Schwung und Begeisterung fort, befreit von der Befürchtung, eine breite Leserschaft zu enttäuschen, weil ich dem Original sachlich und stilistisch nicht gerecht werde. (Übrigens wird *Tableau de la vie* demnächst auch in englischer Sprache herausgegeben!)

Die französische Originalausgabe von *Tableau de la vie* ist mit faszinierenden Grafiken bereichert. Der Zeichner und Maler Jean-Philippe Bolle ist ein Jugendfreund von Francis; nach seinen Worten ist es dem Künstler gelungen, ins Sichtbare zu übertragen, was sonst unsichtbar bleibt: *Austausche.* Ich finde die Bilder sehr tiefsinnig und schön.

Jacques Aeschimann
Rickenbach, August 2023

Einführung
Eine Reise in die wunderbare Welt des Austausches

Wie sehen wir die Welt? Dank unserer fünf Sinne – Gesichtssinn, Gehörsinn, Tastsinn, Geruchssinn, Geschmackssinn – sind wir in der Lage zu erkennen, was uns umgibt. Mit unseren geistigen Fähigkeiten geben wir dem Erkannten eine Form, eine Gestalt, eine Empfindung. Daraus entstehen Bilder und Konzepte, die wir täglich heranziehen: Wir hören Vögel pfeifen, wir sehen eine aufblühende Pflanze und ein Tier, das sich räkelt, wir beobachten das Lebendige, das geboren wird und stirbt.

Aber ist das alles wirklich die Realität? Kann ein Lebewesen, kann jeder Gegenstand, den wir betrachten, nur auf seine sichtbare Struktur beschränkt werden? Nein, denn das Leben bedingt auch ein Zusammenwirken aller Dinge. Dieses Zusammenwirken aller Dinge der Welt kann von unseren fünf Sinnen nicht erfasst werden und bleibt uns oft verborgen. Die moderne Wissenschaft, welche die Welt auch über unser Wahrnehmungsvermögen hinaus erforschen kann, zeigt uns wohl das Wesen der Gegenstände und Strukturen, die wir sehen und erkennen können: Wolken, Blumen, Tiere, uns selbst. Sie geht aber weit über die letztlich banale Beschreibung dieser Dinge hinaus. Sie zeigt auf, dass diese Dinge zusammenwirken und dass es hauptsächlich deren Interaktionen sind, die unseren Geist anregen und Empfindungen auslösen wie Bewusstsein, Gefühle und Stimmungen.

Wir erleben einen schönen Tag im Mai, der Frühling erblüht ringsum, eine leichte Brise bewegt das Laub und die Blumen. Einige Bienen umschwirren sie, setzen sich sanft auf eine Blüte und trinken den Nektar, der ihnen als Nahrung dient. Gleichzeitig, während sie durch die Nahrungsaufnahme ihr Überleben sichern, nimmt ihr behaarter Körper die Pollen auf, die ihm von den Staubgefässen angeboten werden. Die Bienen bringen diesen feinen Staub auf eine andere Pflanze der gleichen Gattung und befruchten sie damit. Die Blumen versorgen somit die Bienen mit unverzichtbarer Nahrung, und die Bienen befruchten als Gegenleistung ihre Nahrungsspender. Ohne Insekten keine Befruchtung der Pflanzen, keine Früchte, keine Biodiversität. Man schätzt, dass diese Wechselwirkungen seit Hunderten Millionen Jahren bestehen und das Überleben von 70 bis 80 Prozent der Pflanzen sichern.

In der Natur finden sich unzählige Beispiele solcher Austauschvorgänge von «Dienstleistungen» zwischen Gattungen. Betrachten wir nun ein weiteres Beispiel, jenes der Flechten, diesen eigenartigen harten, grün-grauen Krusten, die sich auf allen Erdteilen an Gesteinsbrocken und Baumrinden und Ruinen niedergelassen haben. Ich wäre nicht erstaunt, wenn man sie sogar auf den Gipfeln des Himalayas anträfe. Ihre aussergewöhnliche Widerstandsfähigkeit gegen die harten meteorologischen Verhältnisse verdanken sie einem engen Zusammenwirken von Algen und Pilzen: Erstere ernähren die Pilze, die Pilze wiederum versorgen die Algen mit der unerlässlichen Feuchtigkeit. Ein weiteres Wunder der Natur sind die Korallenriffe, diese erstaunlichen Ökosysteme. Sie bestehen aus einer Ansammlung von völlig verschiedenen wechselwirkenden Lebewesen: einerseits Kolonien kleiner Polypen mit einem Aussenskelett aus Kalk, sogenannte Korallen, anderseits Mikroalgen, die darin leben. Die meist roten, bizarr geformten Korallen stellen für die in ihnen wohnenden Algen chemische Verbindungen her, welche diesen das Überleben sichern. Die Algen ihrerseits bereiten daraus den Sauerstoff, den wir zum Atmen benötigen. Die Polypen und die Algen leben also in Symbiose, sie unterhalten ein System gegenseitiger Hilfe: Die ersten schützen die zweiten und verschaffen ihnen die nötigen chemischen Elemente zur Durchführung der Photosynthese, ein für den Erhalt des Lebens auf unserem Planeten unentbehrlicher Mechanismus. Durch Aufnahme der von den Polypen vorgehaltenen Nahrung können die Algen die Sonnenenergie fassen und mit deren Hilfe Sauerstoff produzieren. Etwa die Hälfte des Sauerstoffes, den wir einatmen, wird mittels Photosynthese in den Meeren produziert.

Vom Austausch zur Emergenz[1]

Die Verwunderung, die uns beim Erkennen dieser schillernden Welt von Austausch und Zusammenwirken befällt, bringt uns auf eine fundamentale Frage: Wie kann man begreifen, dass so einfache Wesen wie Korallen und Algen durch gegenseitige Austauschvorgänge ein neues System hervorbringen können, das Sauerstoff produziert, eines der wichtigsten Moleküle für unser Leben? Dieses Vermögen war weder in den Korallen noch in den Algen vorhanden, es entstand unabhängig von den jeweiligen Eigenschaften der beiden beteiligten Lebewesen. Nur die Vereinigung und das Zusammenwirken der beiden Akteure haben einen völlig neuen, unvorhersehbaren Prozess in Gang gebracht. «Das Ganze ist mehr

---

[1] Anmerkung des Übersetzers: Im französischen Text haben die Begriffe «échange» und «émergence» eine zentrale Bedeutung. Deren sinngemässe Übersetzung ist mir nicht immer gelungen. Den Begriff «échange» (wörtlich: Austausch) übersetze ich mit «Austauschvorgang», aber auch mit «zusammenwirken», «wechselwirken»/«Wechselwirkung», «Wechselbeziehung»; «émergence» (Emergenz) bedeutet das plötzliche, unvermittelte Auftauchen eines neuen Zustandes oder Prozesses.

als die Summe seiner Teile» kann man den erstaunlichen Vorgang nennen. Man nennt dieses ungewöhnliche Phänomen *Emergenz*. Wir werden ihm in den weiteren Ausführungen laufend begegnen, weil Zusammenwirken und Emergenz eng verbundene Begriffe von grosser Bedeutung sind.

Aber bleiben wir vorsichtig: Nicht jeder Austausch führt notwendigerweise zu emergenten Eigenschaften oder Vorgängen. Wenn man 2 Euro gegen 1 Kilogramm Mehl austauscht, entsteht daraus noch nichts Neues. Der zugrundeliegende Austausch ist eine unerlässliche, aber nicht hinreichende Bedingung dafür, dass etwas Neues entsteht; Emergenz ist unvorhersehbar und unerklärlich, denn sie ist im Wesen der beiden tätigen Akteure nicht vorhanden. Diese wichtige und vielleicht schwerverständliche Feststellung kann durch einige Beispiele anschaulich gemacht werden. Eine einleuchtende Emergenz ist die Kristallisation des Wassers bei Kälte – keine der Eigenschaften des Eiskristalles (Form, Härte, Schönheit) sind erkennbare Merkmale von Wasser, aber sie erscheinen im Augenblick des Phasenüberganges unter 0 °C. Eine andere Emergenz ist viel schwieriger zu verstehen: das Phänomen des Lebens. Die Lebenskraft der tierischen und pflanzlichen Welt, welche Fortpflanzung, Wachstum, neue Funktionen ermöglicht, war in den Molekülen nicht vorhanden, die sich zu Organismen verbanden. Während Sie diese Zeilen lesen, ist Ihr Bewusstsein tätig, angeregt durch Millionen von Informationsfragmenten, die Milliarden von Ihren Gehirnzellen aktivieren. Keine einzelne Gehirnzelle ist fähig, diesen Text zu lesen, aber deren kollektives Zusammenwirken ermöglicht es Ihnen, diese Schilderung aufzunehmen und zu verstehen.

Das Emergenzphänomen ist also oft schwer zu erfassen. Das hängt mit seinem eigenen Wesen zusammen, das sich in den urtümlichen tätigen Wesen nicht finden lässt. Wir können wohl das Zusammenwirken der Moleküle in einer Zelle beschreiben, aber eine wahrhaftige Definition des Phänomens «Leben» fehlt uns. Auch Begriffe wie «Gedächtnis» und «Bewusstsein», welche emergente Eigenschaften von neuronalen Interaktionen sind, entziehen sich einer verständlichen Definition. Wie können wir also dieses eigentümliche Phänomen erfassen? Eine vielversprechende Möglichkeit kann von der mathematischen «Theorie der komplexen Systeme» abgeleitet werden, welche vorschlägt, die Emergenz als Eigenschaft zu verstehen, die auf plötzliche, nichtlineare Weise bei Interaktionen in komplexen Netzwerken auftritt; diese Diskontinuität verlangt somit jedes Mal ein neues Referenzsystem. Durch diese Verallgemeinerung wird die Eigenschaft der Emergenz nicht ausschliesslich der Physik, der Chemie oder der Biologie zugesprochen, sondern auch unserer Gesellschaft. Nehmen wir ein einfaches Beispiel: den Händedruck zweier Personen. Von beiden verlangt er einen hohen Koordinationsaufwand ihrer Sinne und ihrer neuromuskulären Systeme: der Gesichtssinn (Erfassen des Treffpunktes ihrer Hände, der Lage ihrer Finger im Raum), die Positionierung ihrer fünf Finger der rechten Hand, um auf koordinierte Weise die gleichen Finger der Hand des Begrüssungspartners zu treffen,

Zeigefinger gegen Zeigefinger, Mittelfinger gegen Mittelfinger; Koordinierung der Muskelkräfte, um ein sanftes, oder energisches, oder dauerndes Händedrücken zu vollbringen. Diese Geste ist jedoch nicht nur neuromuskulär, denn bei jeder solchen Handlung spüren wir ein neues Gefühl aufkommen. Jeder Händedruck bringt sozusagen einen Mehrwert, eine Botschaft, die den Händedruck begründet, sei es das Vertrauen zwischen Arzt und Patient, die Besiegelung des Geschäftes zwischen dem Viehhändler und dem Bauern, das Ende des Tennismatches zwischen Sieger und Verlierer. Keiner der an diesem Akt beteiligten zehn Finger kennt den Sinn dieser Handlung, die doch einen hohen symbolischen Gehalt hat. Der Austausch mit unseren Mitmenschen ist allgegenwärtig und unentbehrlich, er prägt unsere Persönlichkeit, entwickelt unsere Gefühle, unsere Gedankengänge, unterstützt uns auf der Suche nach Glück und geistiger Verbundenheit. Ein Blickwechsel erweckt Freundschaft, Liebe, ein Wortwechsel oder das Mitanhören eines Musikstückes erwecken einen Dialog, ein gegenseitiges Verständnis, eine Ergriffenheit.

Austausch: Vom Atom zum Menschen und darüber hinaus

Nun überwinden wir die Grenzen des Sichtbaren und betreten die Welt des Unsichtbaren, die Welt der Atome. Besteht das Zusammenwirken auch auf dieser Ebene? Bestimmt, denn wenn auch das Atom vorwiegend leer ist, ist diese Leere nicht absolut: Mehr als 40 verschiedene Arten von Welle-Materie-Partikeln schwirren darin herum, ziehen sich an, stossen sich ab. Wie wir noch sehen werden, sind diese wechselwirkenden Welle-Materie-Partikel Boten oder Vektoren der vier Grundkräfte, welche ihre Wirkung im Universum, auf uns, in uns ausüben.

Wir gehen nun die Stufenleiter der Grössenverhältnisse aufwärts, vom Atom zum Molekül, dann zur Zelle bis zum Menschen. Vermutlich verstehen wir an unserer eigenen Person die Bedeutung der Zusammenwirkung am besten. Der Austausch zwischen Individuen, beispielsweise, ist für unser geistiges Wohlbefinden unentbehrlich. Das Fehlen sozialer Austausche führt zu bedeutendem Stress, mit allen seinen fatalen Folgen. Und das Fehlen der affektiven Wechselwirkung zwischen Mutter und Säugling bewirkt eine ernsthafte Schädigung dessen geistiger Entwicklung.

Welches sind nun die emergenten Eigenschaften unserer Austauschvorgänge und Wechselwirkungen? Diese Frage beschäftigt mich seit vielen Jahren, aber es ist mir nie gelungen, die wahre Natur dieses «etwas Neues» zu ergründen, das so offensichtlich vorhanden ist auf der physikalischen, chemischen und biologischen Ebene, aber nicht fassbar auf der menschlichen Ebene. Als ich jedoch vor etwa drei Jahren derart ernsthaft erkrankte, dass ich mit meinem baldigen Tod rechnete, habe ich plötzlich verstanden, dass das individuelle Fachwissen aller

Ärzte und Pfleger um mich herum den Kampf gegen meine Krankheit nicht gewinnen konnte, aber dass deren gemeinsames Zusammenwirken eine neue Kraft hervorrief, die bei mir ein Aufbäumen bis zu meiner Genesung bewirkte. Diese kollektive Intelligenz hat mit einer überwältigenden Macht zu meiner vollständigen Wiederherstellung geführt. Diese Erfahrung hat noch eine grössere Tragweite: Wir Menschen bilden eine Gemeinschaft nur dank unserer Fähigkeit zum Austausch.

Austausch: Wechselwirkungen zwischen Gemeinschaft und Vertrauen

Meine Krankheit und meine Genesung haben mir die Augen geöffnet für die Allgegenwart der Verkettung Austausch und Emergenz, nicht nur auf der Ebene Atom, Molekül und Zelle, sondern auch bei den uns umgebenden Lebewesen und bei uns Menschen. Sie bilden die Grundlage unserer Gesellschaft.

Wir sind nicht die einzigen Wesen, die täglich die Wohltat der Gemeinschaft erleben. Es gibt sie in unzähligen Sozialverbänden: bei den Insekten (Ameisen, Termiten), bei den Fischen, bei den Vögeln, bei den Säugetieren (Wölfe, Elefanten) und natürlich bei den Menschenaffen. Doch verharren wir einen Augenblick bei uns Menschen und unseren Austauschformen (verbal, körperlich, schriftlich, finanziell, informatisch), die unsere Gesellschaft und unsere Gattung zusammenhalten. Sie sind nicht aus dem Nichts entstanden: Sie erfordern einen Austauschraum, der von verschiedenen Kompetenzen oder psychologischen Umständen geprägt ist, unter denen das Vertrauen das Wichtigste ist. Die Verkettung «Vertrauen – Austausch» bedarf allerdings einlässlicher Überlegungen. Beginnt der Austausch bei Vorliegen eines Klimas des Vertrauens? Oder erwächst das Vertrauen aus ersten erfolgreichen Austauschvorgängen? Oder gilt beides? Alles deutet darauf hin, dass es sich bei dieser Verkettung um ein iteratives Kreisphänomen handelt. Wir finden hier ein Verhalten vor, das sich vom klassischen Ursache-Wirkung-Schema unterscheidet. Man denkt dabei unwillkürlich an den Aphorismus «War das Huhn zuerst da, oder das Ei?». Die Forschung auf diesem Gebiet zeigt uns allerdings, dass auch hier gegenseitige Beeinflussungen häufig sind. Wir werden im Verlauf unserer Abhandlung auf ähnliche Beispiele treffen, beispielsweise: Generiert das magnetische Feld das elektrische Feld, oder verhält es sich umgekehrt?

Unsere Überlegungen zu den Austauschvorgängen werden einfacher, wenn man annimmt, dass diese zu verschiedenen Arten von Emergenzen führen können. Einfache Emergenzen sind quantifizierbar, bestimmt durch die Gesetze der Physik oder der Chemie, wie beispielsweise die Entstehung von Kristallen, die unter bestimmten genau definierten Voraussetzungen entstehen. Andere Emergenzen werden kompliziert, sobald wir komplexe Systeme untersuchen wie das

Leben, das Bewusstsein oder soziale Systeme. Bei Austauschvorgängen zwischen Menschen finden wir mehrere Einflussfaktoren, welche die Art der Austausche beeinflussen: Vertrauen, Intelligenz, Freundschaft, Liebe, Altruismus, um nur wenige zu nennen.

Leben ist Austausch

Hier sind einige Bemerkungen angebracht über die Frage, welches Ziel diese Abhandlung verfolgt und was sie nicht vermag. Zuerst das Negative: Sie ist nicht ein Katalog über alle Zusammenwirkungen, die wir in der Natur beobachten können. Sie versucht lediglich, einen etwas anderen Blick auf unsere Welt zu richten, indem sie bestimmte Austauschvorgänge beschreibt, die unsere Welt bestimmen, beleben, auszeichnen. Sie versucht darzustellen, dass Gegenstände, Pflanzen, Tiere, Menschen nicht nur Materie sind. Die moderne Wissenschaft lehrt uns, dass alle Objekte, ob belebt oder unbelebt, in erster Linie sowohl die Bühne wie auch die darauf handelnden Akteure von Austauschvorgängen sind, und dass diese Akteure ihrerseits neue Eigenschaften generieren wie die Atomstruktur, das Leben, Empfindungen und das Bewusstsein. Sie bestätigt, dass die in unserer Menschlichkeit, in unseren künstlerischen Werken und in meiner eigenen Lebensgeschichte erlebten Austauschvorgänge wundervolle Emergenzen, geradezu Wunder hervorbringen können. Wir sind jedoch nicht die einzigen Wesen, die solches erleben, denn wir teilen diese Fähigkeit des Austauschens mit der ganzen belebten und unbelebten Welt. Wir gehören alle zum gleichen universellen System.

Die folgenden Überlegungen und zitierten Beispiele können natürlich nicht allumfassend sein – wie könnte dies auch zutreffen, wo doch das Austauschen allgegenwärtig ist? Anhand einer Auswahl von Begebenheiten wird diese Studie untersuchen, wie sich Austauschvorgänge auf allen Ebenen ereignen und neue Eigenschaften hervorbringen, die die Kostbarkeit unseres Lebens ausmachen. Umgekehrt wird meine Studie auch darzustellen versuchen, was die Folgen sind, wenn der Zyklus von Zusammenwirkungen ausfällt. Wenn sich die Austauschvorgänge zwischen Menschen vermindern, oder wenn sie unverständlich oder verletzend werden, führen sie zu Konflikten, zu Streit, zu Krieg. In diesen Fällen kann wohl nur die Herbeiführung einer neuen Stimmung von Vermittlung zu neuem Vertrauen führen. Ein anderes Beispiel: Wenn sich die Austauschvorgänge in der Natur erschöpfen, führt das zum Tod. Und schliesslich im subatomaren Bereich: Der Ausfall von Austauschvorgängen ist ganz einfach mit unserem Universum nicht vereinbar.

Diese Überlegung erlaubt eine neue Sichtweise auf unsere Welt, die über die konventionelle Sichtweise der reinen Beobachtung hinausführt. Unsere übliche Vorstellung von belebten und unbelebten Objekten, mit ihren Grenzen, Oberflächen, Konturen weicht dann einem sanften und poetischen Begreifen unseres Universums, jenem des universellen Austausches auf allen Ebenen. Dieses Zusammenwirken verwischt die Kanten und Ecken des Sichtbaren und lässt das Unwahrscheinliche, die Emergenz, aufleben.

Ich schaue zum Fenster hinaus: Der Garten erblüht in allen Schattierungen von Grün, aufgefrischt durch die Farben der Blumen. Einige Vögel schnappen nach Krümeln, fliegen dann auf zu einem unbestimmten Ziel. Meine Enkelkinder springen umher bei einem soeben erfundenen Spiel, das gleich verebbt. Alles ist ruhig, still. Und doch ist mir gewärtig, dass diese fast unbewegte Schönheit auf unzähligen Austauschvorgängen und Zusammenwirkungen in der Luft und im Wasser, zwischen den Pflanzen, den Tieren, den Kindern beruht, im Unsichtbaren und Unbeschreiblichen. Das möchte ich in dieser Studie mit Ihnen teilen.

a. Nukleus
b. Zellmembran
c. Mitochondrien
d. Rezeptor
e. Freisetzung von Kalziumionen

Kapitel 1
Die Natur ist grosszügig:
Austausch und Emergenz des Lebens

Das Leben braucht Energie

Wir sind alle beeindruckt von der Leistung eines Sprinters, der an den Olympischen Spielen 100 Meter mit 36 Kilometer pro Stunde durchspurtet, oder eines Läufers, der die Marathonstrecke von 42'195 Metern in zwei Stunden und einigen Sekunden bewältigt. Wenn wir jedoch auch Tiere an solchen Wettbewerben teilnehmen liessen, würden unsere Athleten bei Weitem geschlagen, der Sprinter von der schnellen Antilope oder deren Erzfeind, dem Gepard, der Dauerläufer vom ausdauernden Pferd oder vom zähen Kamel, das selbst unter glühender Sonne riesige Distanzen mühelos hinter sich bringt.

Besonders erstaunlich sind die Leistungen der unzähligen Zugvögel, die trotz ihrer kleinen Gestalt unglaublich lange Wanderungsflüge zurücklegen. Dank implantierter GPS-Miniatursender konnte 2015 die Reise einer Gruppe von arktischen Seeschwalben verfolgt werden. Am 25. Juli starteten die nur 100 Gramm schweren Vögel (ihr Gewicht entspricht dem einer Tafel Schokolade oder eines iPhones!) im Norden Englands und zogen in die Antarktis zur Überwinterung. Im März des folgenden Jahres reisten sie zurück und erreichten England am 4. März 2016. [1] Wie können sie das Energieproblem lösen, das eine solch gewaltige Leistung erfordert, trotz minimaler Ernährung während des Fluges? Zu diesem Problem gesellen sich weitere, wie der Wechsel zwischen Wachheit und Schlaf, wie die Klimagefahren und die Abwehr von Raubvögeln.

Die Sprinter und Raubtiere müssen eine geballte Energiemenge in kürzester Zeit einsetzen, die Zugvögel hingegen ihren Energiebedarf über die ganze Flugzeit sorgfältig einteilen – die beiden Einsatzarten in der Tierwelt erwecken Erstaunen und Bewunderung. Wir wollen jedoch zum Menschen zurückkehren, dessen Leistungen ebenfalls Respekt einflössen. Wir rufen in Erinnerung, dass er aus über 30'000 Milliarden Zellen besteht, die in lebenswichtigen Organen eingesetzt sind. Diese sind wie ein grosses Orchester organisiert und erlauben uns, zu riechen, uns zu bewegen, zu sprechen und zu denken. Um diese verschiedenen Aufgaben zu erfüllen, im Auge, im Herzen, in der Leber, sind diese Zellen selbstverständlich nicht identisch. Man schätzt die Zahl der Zellenarten auf etwa 300 –

ein grosses Lego mit verschiedenen Formen und Farben. Einige mit besonderen Spezifikationen sind uns bekannt, beispielsweise die roten Blutkörper, die Hautzellen, Muskelzellen. Diese grosse Artenvielfalt schliesst nicht aus, dass alle Zellen zahlreiche gemeinsame und universelle Eigenschaften aufweisen, nämlich die Fähigkeit, zu wachsen, sich zu vermehren, dann in den unabdingbaren Zyklus zu treten, der zu ihrem Tod führt. Es gibt keine Ausnahme zu diesem fundamentalen Gesetz der Biologie.

Um diesen universellen biologischen Zyklus zu erfüllen, der die Zellen von der Geburt bis zum Tod führt, ständig ihre individuelle Funktion erfüllend, benötigen sie Energie. Es stehen ihnen dazu eine Anzahl grundlegender chemischer Bauklötze zur Verfügung: Wasser (das 60 Prozent unseres Gewichtes ausmacht); Nukleinsäuren (lange Makromolekülketten, welche die genetischen Informationen enthalten und weitergeben); weitere organische Stoffe wie Proteine, verschiedene Zucker, Fette (auch *Lipide* genannt), Mineralsalze. Die grossen Fortschritte in der Biochemie in den beiden letzten Jahrhunderten haben dazu geführt, dass wir heute einen grossen Teil der Wechselwirkungen zwischen diesen verschiedenen Stoffen verstehen. Wir kennen heute die meisten chemischen Reaktionen, die bei der Produktion der zum Leben der Zellen notwendigen Energie ablaufen. Man nennt diese Vorgänge Zellmetabolismus.

Wo der Austausch stattfindet: Die Zellmembran

Um ihre funktionellen Bestandteile nutzbringend einzusetzen, brauchen die Zellen Ruhe und Schutz. Das bietet die Zellmembran, die als Begrenzung, als Hülle wirkt. Die Zelle als lebende, begrenzte Einheit ist mit einer kleinen Fabrik verglichen worden, welcher Rohstoffe zugeliefert werden, die sie in Produkte umwandelt. Diese Produkte werden entweder vor Ort verbraucht oder zum Verkauf auf den Markt gebracht. Die Umfassungsmauern einer Fabrik sind auch der Ort, an dem Austauschvorgänge stattfinden: Einkauf, Verkauf, Kundenservice. Dasselbe gilt für die Zelle: Die Zellmembran ist eine Austauschfläche. Sie besteht aus Lipiden, die spezifisch für diesen Zweck geeignet sind. Man nennt sie Phospholipide, das sind lange Molekülstränge mit der speziellen chemischen Eigenschaft, einen «Kopf» aufzuweisen, der Wasser anzieht (*hydrophil*) sowie am anderen Ende einen «Schwanz», der Wasser abstösst (*hydrophob*). Diese doppelte, gegeneinander wirkende Eigenschaft, genannt Polarität, bewirkt, dass sich die Phospholipide vertikal nebeneinander ausrichten, wie bei einer Palisade, Kopf neben Kopf, Schwanz neben Schwanz. Die Natur verfiel auf die gute Idee, zwei solcher Palisaden aus Phospholipiden spiegelverkehrt anzuordnen.

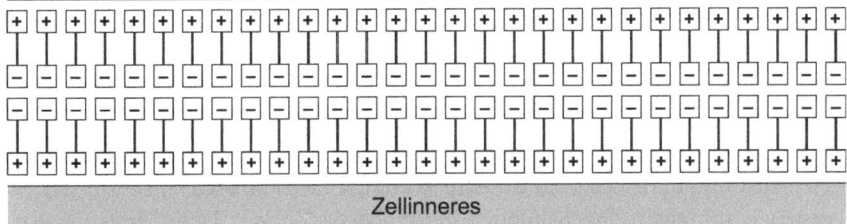

Wenn wir von aussen durch die Membran wandern, treffen wir nacheinander auf vier Schichten: eine erste Schicht aus Köpfen von Phospholipiden, die Wasser anziehen, dann zwei Schichten aus Füssen, die sich vertragen, aber Wasser abstossen, und schliesslich auf eine vierte Schicht, bestehend aus wasseranziehenden Köpfen.

Und im Zellinneren? Wasser ist die hauptsächliche chemische Komponente sämtlicher Zellen. Es übernimmt die Rolle des Lösemittels, das heisst des flüssigen Mittels, in dem alle übrigen chemischen Komponenten gelöst werden und sich vermischen, damit sie ihre Wirkung ausüben können. Ohne Wasser gibt es kein Leben. Das ist zumindest unsere heutige Sicht des Lebens im ganzen Universum. Wir können uns keine alternative Form von Leben vorstellen, die andere Lösemittel verwendet, beispielsweise Methan oder Alkohol. Deshalb suchen wir bei der Exploration der anderen Himmelskörper in unserem Sonnensystem und in unserer Galaxie nach Spuren von Wasser, weil Wasser der einfachste Biomarker ist.

Zusammenfassend stellen wir fest, dass die Zellmembran eine sehr wichtige Struktur ist, welche das Leben in einem bestimmten Raum einschliesst. Alle Zellen von Lebewesen, von Mikroorganismen, Pflanzen, Tieren bis zum Menschen, weisen diese Struktur auf. Das Wort «Zelle» bezeichnet ja einen abgeschlossen Raum. In diesem Raum können sich die chemischen Reaktionen völlig ungehindert abspielen. Im Kapitel 2 werden wir nochmals auf die fundamentale Rolle der Zellmembran stossen.

Der Zellstoffwechsel: Eine winzige Fabrik

Damit der Metabolismus der Zelle, diese winzige chemische Maschinerie, funktionieren kann, muss sie über die gleichen Grundelemente verfügen wie eine Fabrik, das heisst Rohstoffe, einen Fabrikationsplan, Energie, Arbeiter, Einkaufs- und Verkaufsdienste. In beiden Fällen, Zelle und Fabrik, braucht es Austauschsysteme für Material und Ertrag. Eine wichtige Rolle bei diesen zellulären Austauschvorgängen kommt der Membran zu. Diese verfügt über zahlreiche Durchlässe in der Form von Poren, durch welche die Austausche mit hoher Geschwindigkeit erfolgen. Diese Poren können virtuell oder reell sein. Die Membran kann auch als ein Sieb betrachtet werden, denn sie muss nicht nur Substanzen durchlassen können, sondern diese auch sortieren. Dies erfolgt dadurch, dass die Grösse der Poren verändert werden kann. Die notwendigen Ausgangsbestandteile, die in der Umgebungsflüssigkeit der Zelle schwimmen, werden durch die Poren eingeschleust und in der Zelle zu wesentlich komplexeren Molekülen verarbeitet. So entstehen innerhalb von Sekunden verschiedene Zucker, Fette, Proteine, Nukleinsäuren. Die so entstandenen chemischen Produkte, mit wesentlich höheren Molekulargewichten, interagieren miteinander und bewirken dadurch ein wundersames Phänomen, das sich tausendmal pro Sekunde in unserem Körper wiederholt: Es entsteht Leben. Die Zelle wird autonom, wächst, vermehrt sich, erfüllt ihre spezifische Funktion, bis sie schliesslich zum Ursprung zurückfindet – das ist: ihr Tod.

Wir haben immer noch keine Vorstellung von dem Vorgang, welcher bewirkt, dass aus der Fülle der aktiven Moleküle der neue autonome, sich selbst vermehrende Status emergiert, den wir Leben nennen. Eine neuere und interessante Herangehensweise bringt der Gedanke, den Zellmetabolismus als komplexes System (im mathematischen Sinne) zu betrachten. Wie wir es im Vorwort gelesen haben, bewirken komplexe Systeme durch ihre Austauschvorgänge und ihr Zusammenwirken aus dem Nichts die Emergenz neuer Funktionalitäten, einen neuen Zustand des Systems, der sich nicht aus der Summe der vorherigen Eigenschaften erklären lässt. Wir werden im Kapitel 12 nochmals auf das Phänomen des Zusammenwirkens und der Emergenz in komplexen Systemen zu sprechen kommen. Bei der Emergenz des Lebens als Folge der Austauschvorgänge in der Zelle spielt möglicherweise ein unsichtbarer Effekt eine entscheidende Rolle, jener des Austausches von Energien. Wir wollen deshalb der Frage nachgehen, ob die Energie, wenn nicht die Ursache, so doch wenigstens ein Veränderungswerkzeug ist bei der Umwandlung eines komplexen Systems, aus dem das Leben als neue Organisationsform emergiert.

Was ist denn Energie?

Bevor wir uns mit dem Emergenzphänomen in den lebenden komplexen Systemen auseinandersetzen, wollen wir den Begriff und das Wesen der Energie, als unerlässliches Betriebselement jeglicher Fabrik, sei es nun eine Textilfabrik oder eine menschliche Zelle, erläutern. Denn Energie ist bei allen aktiven Austauschvorgängen unverzichtbar.

Einige einfache Kenntnisse in Thermodynamik und Biochemie sind Voraussetzung für das Verstehen von «Energie». Zuerst deren physikalische Definition: Energie ist das Vermögen eines Systems, Arbeit oder Wärme zu produzieren. Der

Wortursprung liegt in der altgriechischen Sprache: *en* bedeutet «darin» und *ergos* «Arbeit». Frei übersetzt ist Energie «das, was fähig ist, Arbeit zu verrichten». Es gibt Energie in mehreren Formen, die alle sehr verschieden sind. Wir unterscheiden die mechanische Energie (die einen Motor antreibt oder einen Muskel zusammenzieht), die chemische Energie (welche aus Atombindungen Moleküle bildet), die thermische Energie (als Wärme wahrnehmbar), die elektromagnetische Energie (die sich im Licht der Sonne findet oder die Sie aus der Steckdose beziehen). Eine andere Klassifikation von Energie unterscheidet die potenzielle Energie (die man noch nicht verwendet hat, wie jene im Wasser eines Speichersees) und die kinetische Energie (die bei einer Bewegung wirkt, beispielsweise wenn Sie die Pedale Ihres Fahrrades treten). Und nun eine Schlüsselfeststellung, die mich immer beschäftigt hat: Energie entsteht nicht, sie war immer vorhanden. In einem gegebenen System bleibt sie stets konstant, sie verwandelt sich nur. Sei es in einem Speicherkraftwerk, sei es in einer Kochpfanne voll Wasser auf einem Feuer, sei es im Universum: Die gesamte Energie des betrachteten Systems bleibt konstant. Sie verwandelt sich nur von einer Form in eine andere – wieder ein Austauschvorgang. Es haben jedoch nicht alle Energien die gleiche Qualität – die thermische Energie ist die «billigste», nämlich das unumkehrbare Endprodukt aller Energieumwandlungen. Wärme ist eine energetische Münze von geringem Wert und schlecht umwandelbar.

Wir richten nun unser Interesse auf die chemische Energie, welche in grossen Molekülen gespeichert ist – dank der atomaren Verbindungen, die das Molekül zusammenhalten. Diese Energie ist uns im Alltag wohlbekannt, denn sie ist in den Benzinmolekülen vorhanden, mit denen wir unsere Verbrennungsmotoren antreiben. Den gleichen Energietypus findet man natürlich auch in anderen Makromolekülen, beispielsweise in jenen, welche die Mechanismen des Lebens regeln. Ihre Zusammensetzung ist allerdings anders als jene von Benzin.

Wir kommen zurück auf unsere menschliche Zelle, stamme sie von der Haut, der Leber oder von einem Muskel, und vergegenwärtigen uns, dass sie von einer Membran umhüllt ist, deren Poren Austauschvorgänge erlauben. Eine solche kleine Fabrik nennt man ein *offenes thermodynamisches System*, denn sie kann Materie von aussen einschleusen (beispielsweise Zucker, Aminosäuren), welche sie in höherwertige Produkte umformt (beispielsweise in Proteine oder in Fette). Einige dieser Produkte wird die Zelle für ihr eigenes Funktionieren verwenden (etwa um Nukleinsäuren herzustellen, wie DNA = Desoxyribonukleinsäure), andere wird sie wieder nach aussen exportieren, ins Blut, zum Nutzen aller anderen Zellen des Organismus. So wird eine Zelle der Bauchspeicheldrüse die notwendigen Elemente erhalten, um Insulin herzustellen, ein Hormon, das wiederum ins Blut ausgeschüttet wird und von den meisten Zellen des Organismus benötigt wird, um Zucker zu verbrennen. Ein anderes Beispiel: Manche Zellen haben die Grosszügigkeit, Endorphine zu produzieren, eine Substanz, die mit dem Blut transportiert wird und uns das Glücksgefühl vermittelt. Andere Zellen des Immunsystems geben Zytokine ab, Substanzen, die auf kurze Distanz wirken und unser Abwehrsystem aktivieren. Schliesslich entwickeln spezialisierte Zellen wie Muskelzellen Bewegung und Kraft, die nun, als mechanische Energie, den Lauf des Athleten aufrechthält oder den Flug des Vogels.

Damit diese zelluläre Maschinerie funktioniert, ist es also notwendig, ihr Energie zuzuführen. Wo befindet sich diese, wo wird sie gespeichert und woher stammt sie, wenn wir sie nicht selbst produzieren können? Im Tierreich und auch für uns Menschen stammt sie aus der Nahrung. Die aufgenommene Nahrung wird nach ihrer Verdauung durch das Blut zu den Zellmembranen und durch deren Poren in die Zelle geführt, wo sie in die Makromoleküle verwandelt wird, die wir zum Leben benötigen. Es werden somit einfache chemische Verbindungen, welche chemische Energie enthalten, in die Zelle verfrachtet, die daraus die lebensnotwendigen komplexeren Makromoleküle herstellt. Diese Feststellung mag unbefriedigend und unvollständig klingen. Wo befindet sich denn der Ursprung der Energie, wenn sie nicht entstehen, sondern bloss umgeformt werden kann?

Hier wiederum erwartet uns eine Überraschung: Ihr Ursprung ist die Sonne und deren Wechselwirkung mit den Pflanzen. Für unsere einfachsten Mitbewesen auf unserem Planeten, die Pflanzen und Algen, und damit indirekt für uns, entspringt alle Energie der Sonne. Ihre Strahlung stösst auf die grünen Blätter, deren grüne Farbe von einem komplizierten, pigmentierten Molekül namens Chlorophyll stammt. Die Sonnenstrahlen, die das Chlorophyll erreichen, bewirken eine Abstossung von Elektronen. Durch eine komplexe Kaskade von Reaktionen wird ein Austausch dieser elektromagnetischen Lichtenergie in chemische Energie vollzogen, welche zur Herstellung der Moleküle beiträgt, die für das Leben unerlässlich sind. Eine Pflanze besteht aus einer unvorstellbaren Anzahl natürlicher photovoltaischer Zellen, die Solarenergie in verblüffender Geschwindigkeit in chemische Energie umwandeln. Dieser fundamentale Mechanismus der Natur, genannt Photosynthese, werden wir in Kapitel 3 näher untersuchen. Ohne Sonne kein pflanzliches Leben, kein tierisches Leben, kein menschliches Leben.

Die zwei in der lebenden Zelle wirkenden thermodynamischen Hauptsätze

Das zuvor besprochene universelle Prinzip der nicht erzeugten, sondern umgewandelten und ausgetauschten Energie wurde im *ersten Hauptsatz der Thermodynamik* des genialen französischen Chemikers und Ökonomen Antoine Laurent de Lavoisier im Jahre 1789 perfekt beschrieben. Seine Kompetenz in der Chemie brachte ihm historischen Ruhm ein, während ihn seine Verstrickung in finanzpolitische Abenteuer 1794 aufs Schafott führte. So lautet sein erster Hauptsatz, der auch als *Energieerhaltungssatz* bezeichnet wird: «Nichts entsteht aus dem

Nichts, vor jeder [physikalischen und chemischen] Operation hat es gleich viel Materie wie nach der Operation; sowohl die Qualität wie die Quantität der Prinzipien bleiben erhalten, es gibt nur Wechsel und Umwandlungen.» [2] Diese historische Formulierung ist eigentlich eine Umsetzung des intuitiven Satzes des Anaxagoras von Clazomenes, den der griechische Philosoph 22 Jahrhunderte zuvor geprägt hat. Er gilt universell, denn, obwohl er sich ursprünglich nur auf die Materie bezog, lässt er sich auch auf die Energie übertragen, seit Albert Einstein mit seiner *Speziellen Relativitätstheorie* die Identität von Energie und Materie aufgezeigt hat. Es hat Experimente über mehrere Jahrhunderte gebraucht, um die Wahrhaftigkeit der Aussage von Lavoisier zu beweisen. Alles ist also nur Umwandlung und Austausch.

Wir fügen nun dem ersten thermodynamischen Hauptsatz gleich den zweiten hinzu, der Anfang des 19. Jahrhunderts formuliert wurde. Dieser besagt, dass sich in jedem thermodynamischen System, wie es beispielsweise eine Zelle ist, die enthaltene Energie unerbittlich zu einem finalen Gleichgewicht entwickelt, was gleichbedeutend ist mit einer chaotischen Unordnung. Dies zu begreifen, fällt uns nun weniger leicht. Wir greifen dafür zu einem einfachen Physikexperiment: Wir geben einen Eiswürfel in eine Tasse heissen Tees, um ihn abzukühlen. Was geschieht nun? Am Anfang herrscht eine klare Ordnung: einerseits der schwimmende Eiswürfel, anderseits der heisse Tee, beide getrennt. Mit der Zeit schmilzt der Eiswürfel vollständig, was zu einer einheitlich lauwarmen Flüssigkeit führt. Die klare Ordnung am Anfang – hier ein Würfel, darum herum heisser Tee – wandelt sich in eine unumkehrbare Unordnung: ein Gemenge lauwarmer Flüssigkeit.

Ein anderes Experiment, etwas schwieriger durchzuführen, besteht im Beobachten des Verhaltens zweier Gase, getrennt in einem Behälter mit einer Zwischenwand. In dieser Zwischenwand besteht eine Öffnung. Die beiden getrennten Gase, deren Moleküle sich im Raum frei bewegen, werden nach einiger Zeit ein homogenes Gasgemenge ergeben. Auch hier weicht die ursprüngliche Ordnung einer diffusen und unumkehrbaren Unordnung. Man kann weder aus dem lauwarmen Tee den ursprünglichen Eiswürfel zurückkristallisieren, noch kann man die beiden ursprünglichen Gase wieder aus dem Gemenge herauslösen, ohne von aussen Energie in die Versuchsanordnung zuzuführen.

Wenn wir jedoch in der Biologie die Vorgänge in den Zellen beobachten, stossen wir auf ein Paradoxon. Widerspricht der hohe Grad an Ordnung und Organisation in einer lebenden Zelle, wie wir ihn weiter oben beschrieben haben, nicht dem *zweiten Hauptsatz der Thermodynamik*? Theoretisch sollte sich die Evolution einer Zelle in Richtung einer Unordnung (Entropie) bewegen, sobald sie lebt, wie der Eiswürfel im heissen Tee. Wir stellen aber das Gegenteil fest: Sie hält in ihrem Inneren konstant eine strikte Ordnung ein. Sie wehrt sich erfolgreich gegen den Zusammenbruch der Austauschvorgänge, der zu ihrem Tod führen würde. Das kann sie nur durch ständige Zufuhr von externer Energie in

Form kleiner Moleküle. Wir haben vorhin erfahren: Ohne Wasser gibt es kein Leben, ohne Sonne gibt es ebenfalls kein Leben, und nun: Ohne Energieaustausch zum Kampf gegen Unordnung erwartet uns der Tod.

Dank ATP verwaltet die Zelle geschickt ihren Energiebedarf

Die zelluläre Miniaturfabrik baut, dank ihrer chemischen Energie, laufend makromolekulare Verbindungen wie Zucker, Fette und Proteine. Holen wir nochmals das Beispiel einer industriellen Fabrik heran: Entweder verkauft sie ihre Produkte und sammelt monetäre Einkünfte an, oder sie lagert ihre Produktion und verkauft sie später. Die Zelle macht Letzteres mit ihrer Energie – aber wo ist denn das Lager? Sie hat verschiedene Formen davon erfunden: einerseits die Fette, die sehr reich an Energie sind. Dazu kommt ein Material namens Glykogen, das erlaubt, sehr rasch Energie freizumachen. Wenn die Zelle Arbeit leisten muss, wird ihr Lager an Glykogen in ein Tauschmittel verwandelt mit dem Namen Adenosintriphosphat oder abgekürzt ATP. Dieses Tauschmittel ist wie eine 1-Euro-Geldmünze: klein, praktisch und von bleibendem biologischen Wert. Es wird von allen Organismen als «Energiemünze» eingesetzt. Produziert wird es in den Mitochondrien, das sind kleine Werkstattstrukturen, die es zahlreich in allen Zellen gibt. Wenn die ATP-Moleküle fertiggebaut sind, diffundieren sie in die Zellflüssigkeit und stehen dort für alle chemischen Reaktionen zur Verfügung. Wenn sie ihre Energie vollständig abgegeben haben, eilen sie in die Mitochondrien zurück, wo sie wie eine Batterie wieder aufgeladen werden. Bei der Bewirtschaftung ihres Energiebedarfes handelt die Zelle also wie ein cleverer Investor, der im täglichen Leben mit wenig Bargeld auskommt; wenn er grössere Investitionen tätigt, beschafft er sich die Mittel bei der Bank, wo er es eingelagert hat. Der in den Zellen des menschlichen Körpers vorhandene Bestand von 75 Gramm ATP-Molekülen gibt ihm eine Autonomie von knapp einer Minute – für eine Runde auf der Aschenbahn! Zum Glück wird das ATP jedoch ständig regeneriert. Das Glykogen gibt uns eine viel längere Autonomie – für etwa 20 Minuten. Danach beziehen die Zellen die benötigte Energie aus ihren Fettreserven, die so gross sind, dass sie eine Autonomie von Monaten gewährleisten können. Das erklärt, weshalb es uns so schwerfällt, durch vermehrte athletische Aktivität unser Übergewicht abzubauen ...

Eine Reise in das Innere der Zelle:
Austausch und Emergenz

Wir haben nun einen Überblick erhalten über die Zelle und die notwendigen Austauschvorgänge zu ihrem Überleben und ihrem Funktionieren. Möglicherweise haben wir auf dem Weg zu diesem Punkt einige Leser verloren, die mit Thermodynamik oder Biochemie weniger vertraut sind. Wir möchten Sie deshalb auffordern, sich auf YouTube «Reise in eine Zelle» anzusehen. [3] Sie werden dort ergreifende Videos und Bilder über das Innenleben einer Zelle entdecken. Die Miniaturisierung von Kameras und anderen optischen Instrumenten ermöglicht das Eindringen in eine Zelle, ohne Schaden anzurichten, sich darin frei zu bewegen und in Echtzeit einem Computer Bilder zu übermitteln, der sie seinerseits an YouTube sendet – und dank dieses Kraftaktes moderner Technik erleben Sie die Reise von Ihrem bequemen Sofa aus! Sie werden zum blinden Passagier in einem virtuellen Mikroraumschiff und können sich an spektakulären Bildern erfreuen. Versuchen wir es doch mal selbst: Zuerst falten wir sorgfältig die Phospholipide der zweifachen Palisadenschicht zur Seite, die die Zellhülle bilden. Dabei stellen wir fest, dass die Zellhülle nicht etwa glatt, sondern übersät ist von kleinen Kratern (den Poren) und eisblumenartigen Verästelungen (den Andockstellen). Dann tauchen wir in eine tropische Atmosphäre ein, welche einige unter uns aus Reisen in den Amazonas-Urwald kennen. Die Temperatur beträgt 37 °C, der Feuchtigkeitsgehalt ist 100 Prozent. Wir bewegen uns vorsichtig, denn die Umgebung ist glitschig. Wenn wir den Blick nach oben richten, also an die Innenseite der Zellmembran, erblicken wir wiederum eisblumenartige Verästelungen, die herunterbaumeln, in langsamer Bewegung, von Zeit zu Zeit zusammenzuckend. Das sind die inneren Enden der Andockzellen. In dem Raum, den wir durchschreiten, räkeln sich Lianen, die Filamente bilden: die Proteine, die die innere Architektur der Zelle bilden. Da und dort blitzt es, wie bei einem Wetterleuchten. Diese Blitze stammen von Entladungen von Kalziumionen, welche aus ihrer Lagerung befreit werden und der Aktivierung von Enzymreaktionen dienen. Da und dort werden wir von sich verflüchtigenden Wesen überrascht, die den Raum durchqueren: Das sind ATP-Moleküle, die Energie an bestimmte Orte verfrachten. Überall wuchern farnartige Gestalten aus einem gemeinsamen Stamm: Das sind Proteine, die beständig nachwachsen und entweder von der Zelle selbst benötigt werden oder gegen die Zellwand wandern, wo sie exportiert werden. Ab und zu stossen wir auf kleine Hindernisse mit glatter Oberfläche: Das sind Mitochondrien, Kraftwerke, die Energie produzieren und aus denen die ATP-Moleküle entweichen. Und schliesslich erreichen wir den Zellkern, das Befehls- und Betriebszentrum der Zelle, eine grosse Kugel, aus der ständig Tausende von Makromolekülen austreten und ebenso viele eindringen. Dieses ganze Interaktionsszenarium vollzieht sich wie ein geräuschloses Ballett: kein Vogelgezwitscher, kein Quaken von Fröschen, kein Affengeschrei, das Ganze von ungeheurer Effizienz. Dank dieses Energieaustausches durch die Zellmembran, dann innerhalb der Zelle selbst, baut sich diese Struktur auf, jederzeit ihre Ordnung wiederherstellend und gegen den zweiten thermodynamischen Hauptsatz kämpfend, der ihre Ordnung bedroht.

Wir erkennen also, dass der Zellmetabolismus aus dem Austausch von Energien besteht, mit dem Ziel, die zum Leben erforderlichen Moleküle herzustellen und damit gegen die Unordnung kämpfend, die unausweichlich zu ihrer Zerstörung und ihrem Tod führen würde. Die Austauschvorgänge in der Biologie beschränken sich jedoch nicht auf die soeben geschilderten. Die gespeicherte chemische Energie bewirkt dazu dank einem raffinierten Mechanismus ein elektrisches Potenzial durch die Zellmembran hindurch, die demnach gleichzeitig eine Schranke, ein Sieb und eine elektrische Batterie ist. Alle lebenden Zellen unseres Körpers haben ein derartiges elektrisches Potenzial, dieses ist jedoch bei jenen unseres Nervensystems ausgeprägter. Die Zellen unseres Gehirnes interagieren untereinander aufgrund dieses elektrischen Potenzials. Das Gehirn umfasst mehr als 25 Milliarden davon, jede mit einer elektrischen Ladung. Wenn sie aktiviert werden, entladen sie sich und übertragen ihren elektrischen Strom auf die benachbarte Zelle, und so weiter, vom Ohr oder vom Auge zum Gehirn, überall im ganzen Körper. Die Hälfte der in unserem Gehirn verbrauchten Energie dient der Wiederherstellung des vorherigen Zustandes.

Schliesslich haben andere Austauschvorgänge in unserem Organismus eine gleichwertige Bedeutung, nämlich jene, die unser Erbgut betreffen. Wir reden von dessen eigentlicher Substanz, der DNA, von der wir als nächstes einige Eigenschaften erfahren werden.

Genetische Austauschvorgänge fördern die Diversität

Wir machen ein einfaches Laborexperiment: Nehmen Sie eine einfache Bakterie, zum Beispiel *E. coli*, bringen Sie sie in ein Reagenzglas, das Nährstoffe wie Glukose und einige Proteine enthält, schütteln Sie das ganze ... und zählen Sie. Alle 20 Minuten wird sich die Bakterie verdoppeln: Aus einer werden zwei, dann vier, nach einer Stunde sind es acht, nach sechs Stunden eine Viertelmillion, nach zwölf Stunden mehrere Milliarden, und alle sind identisch. Man nennt eine solche Population, homogen aus einer einzigen Zelle entstanden, ein *Klon*. Eine solche Einheitlichkeit in der Vervielfältigung ist nur beim Vorliegen eines unveränderlichen Konstruktionsplanes möglich. Diesen Konstruktionsplan nennt man *genetischer Code*. Er ist für jede Gattung verschieden und besteht chemisch aus der berühmten Desoxyribonukleinsäure, kurz mit DNA bezeichnet, deren spiralförmige Leiterstruktur das bekannte Symbol der modernen Biologie geworden ist. Jede lebende Zelle unterzieht sich dem gleichen Mechanismus, wenn sie sich teilt. Kehren wir zurück zu unserem Beispiel: Die DNA der Bakterie teilt sich –

die beiden Hälften der Leiter trennen sich und schwimmen nebeneinander. Unmittelbar setzt ein Vorgang ein, der wie ein zuverlässiger Handwerker die beiden fehlenden Hälften der geteilten Leiter wiederherstellt. Die Bakterienzelle verfügt nun über zwei Exemplare ihres Erbmaterials, zwei identische Leitern, die ihren Kopierplan darstellen. Zwei identische Kopierpläne, das ist einer zu viel. Nun wird zwischen das Paar identischer DNA eine Zellwand eingebaut, und die Verdoppelung der Zelle ist vollbracht. Dieser Vorgang wiederholt sich fortlaufend in Ihrem Reagenzglas.

Nun stellt sich die Frage: Wie entsteht die Artenvielfalt im Laufe der Evolution, wenn bei jeder Zellteilung nur identische Zellen entstehen? Hier greift ein anderes Phänomen ein, das den genetischen Programmiercode stört – die Tatsache, dass der Natur, die von Grund auf eigentlich gewissenhaft ist, beim Kopieren der DNA unausweichlich Fehler unterlaufen. Es ist, wie wenn Sie «Biene» statt «Beine» lesen. Die Fehler entstehen selten und zufällig längs des sehr langen Stranges, der den genetischen Code trägt. Man nennt diese Fehler Mutationen, wohlbekannte Ereignisse, die nichts anderes sind als gelegentliche Kopierfehler. Es emergieren dabei neue Eigenschaften bei den Nachkommen, zum Beispiel eine Resistenz gegenüber einem Antibiotikum.

Wir verlassen nun die Welt der Bakterien und betrachten, was bei komplizierteren Zellen wie den menschlichen geschieht. Diese haben eine höher entwickelte Struktur, denn sie besitzen einen Kern, ein Zytoplasma, komplexe interzelluläre Strukturen. Ihre DNA verfügt über eine doppelte Helix, die, im Zellkern eingeschlossen, in Form von Chromosomen auftritt. Die DNA-Stränge bilden ein Paar, wobei die eine DNA von der Mutter stammt, die andere vom Vater. Um die Reproduktion vorzubereiten, hat die Natur hier ein anderes einfaches System erfunden: Die zur Fortpflanzung bestimmten Zellen, Eizelle und Spermatozoid, bereiten sich dazu vor, indem sie auf zufällige Weise nur eines der beiden Chromosomen aufnehmen, entweder jenes von der Mutter oder jenes vom Vater. Bei der Befruchtung, die, biologisch betrachtet, der Vereinigung eines Spermatozoides mit einer Eizelle zweier lebender Wesen entspricht, erfolgt also eine reelle Vereinigung von zwei genetischen Linien. Zwei getrennte Erbanlagen verbinden sich und erschaffen eine erste befruchtete Zelle mit einer neuen Erbanlage. Diese Verbindung wird die Verschiedenheit der neuen Generation sicherstellen. Dieser fundamentale Mechanismus wird durch ein weiteres Vermischungsphänomen ergänzt, genannt *crossing-over*. Bei diesem Vorgang können sich Chromosomenfragmente ablösen und rekombinieren.

Wir stellen fest: Ausser dem Vergnügen, das sie uns bereitet und der Bedeutung, die sie in unserer Gesellschaft erlangt hat, zeichnet sich die sexuelle Fortpflanzung durch verschiedene Austausch-, Vermischungs- und Wiedervereinigungsvorgänge aus, welche einen optimalen Austausch der Gene bewirken und damit die Biodiversität sicherstellen.

Diese wichtigen Feststellungen verdienen eine Zusammenfassung. Ein Bakterium, das beschliesst, sich fortzupflanzen, sagt sich: «Ich habe einen vollständigen genetischen Bauplan in meiner DNA. Ich werde ihn unverändert an meinen ersten Nachkommen weitergeben, indem ich ihn vorlagengetreu kopiere. Ich erschaffe mir also einen echten Zwilling. Er wird sich auf dieselbe Weise fortpflanzen, wir werden demnach über zwei Generationen Vierlinge sein, über drei Generationen Achtlinge und so weiter. Ich werde meine Arbeit gewissenhaft ausführen; wenn es Fehler gibt – die Menschen nennen das *Mutationen* –, soll es mir verziehen werden, aber es ist nicht mein Problem.»

Eine menschliche Zelle, die ihr Fortpflanzungsprogramm einleiten will, hält dagegen einen anderen Diskurs: «Ich habe zwei Erbgute geerbt, das eine von meiner Mutter, das andere von meinem Vater. Das ist viel. Ich werde sie auf zufällige Weise trennen, um meinen Fortpflanzungszellen entweder ein Chromosom der Mutter oder des Vaters zu geben. Da wir 26 Chromosomen haben, wird sich eine optimale Durchmischung der Erbanlagen einstellen. Und da wir viele Fortpflanzungszellen in unserem Leben herstellen (etwa 400 Eizellen bei der Frau, etwa 2'000 Milliarden Spermatozoiden beim Mann), wird die genetische Durchmischung gewaltig und damit die Diversität in unserer Gattung gesichert sein.»

Die asexuelle Fortpflanzung, wie wir sie bei den Bakterien kennen, ist sehr zuverlässig, ressourcenschonend, ökonomisch und bescheiden beim Einsatz von Austauschvorgängen. Im Gegensatz dazu ist die sexuelle Fortpflanzung, wenngleich ebenso zuverlässig, ausserordentlich verschwenderisch und beruht sehr stark auf Austauschvorgängen. Sie wurde nach der asexuellen Fortpflanzung «erfunden», ist aber dennoch ungefähr 1,5 Milliarden Jahre alt. Aus dem Blickwinkel der Evolution war sie ein enormer Erfolg und wurde zur bevorzugten Fortpflanzungsart fast aller mehrzelligen Organismen, von den Pilzen über die Pflanzen bis hin zum Menschen. Sie ist allerdings sehr energieverzehrend: Es werden riesige Mengen von Fortpflanzungszellen (Blumenpollen, Spermatozoiden usw.) in die Welt gesetzt, die ohne jegliche Wirkung bleiben! Und dazu kommt die Energie, die bei den Tieren zu Balzzwecken und beim Menschen zur Suche nach dem idealen Partner oder der idealen Partnerin eingesetzt wird! All die Menge an Begegnungen, Lächeln, Küssen, Augenzwinkern, Zärtlichkeiten, Blumensträussen und Schmuckstücken für ein oder zwei oder drei Nachkommen! Man muss trotzdem eingestehen, dass die sexuelle Fortpflanzung die Evolution ganz beträchtlich beschleunigt hat. Ihre Effizienz ist allerdings nicht optimal, wenn man in Rechnung stellt, dass rund 90 Prozent aller auf unserem Planeten entstandenen Arten ausgestorben sind, weil die sexuelle Fortpflanzung deren Untergang nicht aufhalten konnte. Vielleicht ist es jedoch besser so, denn sonst würden unsere Städte, unsere Landschaften und der Himmel vollkommen verstopft sein von Riesenlibellen und 50 Tonnen schweren Dinosauriern, die unsere Autobahnen blockieren.

Es gibt noch unergründliche Rätsel des Lebens

Drei Eigenschaften finden sich bei allen Lebewesen, von den einfachsten bis zu den komplexesten: Sie bestehen alle aus Makromolekülen; sie stehen in ständiger aktiver Beziehung mit ihrem Umfeld, aus der sie Materie für ihre eigene Entwicklung beziehen; sie sind fähig, sich getreulich fortzupflanzen, wobei sie da und dort kleine Variationen einfliessen lassen, um die Evolution zu fördern. Keine dieser Eigenschaften hat eine grössere Bedeutung als die andere, alle drei sind gleichermassen unabdingbar, um das Phänomen «Leben» zu verwirklichen. Gibt es noch andere wesentliche Eigenschaften? Vielleicht fehlt uns noch ein leitendes Prinzip, eines, das diese Eigenheiten verbindet und sie mit dem Begriff der Energie verknüpft, auf dem eben das Phänomen «Leben» beruht. Noch fehlt uns das entscheidende und mysteriöse Glied, das diese Austauschvorgänge und molekularen Interaktionen zum Lebendigen entwickelt und dazu führt, was wir alle Tage erleben, als Ausdruck von Autonomie und von Anpassung. Wir haben wohl gesehen, dass die Emergenz und die Aufrechterhaltung des Lebens eng an Austauschvorgänge geknüpft sind: Ohne diese gibt es keine Existenz. Trotzdem bleibt das Rätsel vollkommen ungelöst, wie der Übergang erfolgt vom brodelnden Zustand, den die Biochemie zu erklären vermag, zu einer belebten Wirklichkeit, wie wir sie beobachten und bewundern. Eine standfeste Theorie, die uns diesen Übergang von der unbelebten Welt zur belebten Natur erklärt, ist nicht in Sicht.

Die Lebewesen sind, wie wir festgestellt haben, in einem konstanten thermodynamischen Ungleichgewicht, weil in einem konstanten Austauschvorgang, handle es sich dabei um Materie oder um Energie. Die Entdeckung und der Aufschwung der Thermodynamik im 19. Jahrhundert haben eine quantitative Erklärung des Phänomens ermöglicht, aber ihr eigentliches Rätsel konnten wir nicht entschlüsseln. Sie hat uns höchstens vertraut gemacht mit der Unumkehrbarkeit des Energieaustausches, mit dessen Geschwindigkeit, dessen Allgemeingültigkeit ... und dessen Komplexität. Und das ist vielleicht das Schlüsselwort, *Komplexität*. Eine neue Wissenschaft ist vor ein paar Jahrzehnten geboren, die sich von herkömmlichen Analysemethoden und konventionellen Denkarten befreit hat und versucht, komplexe Phänomene in ihrer Gesamtheit zu erfassen, statt sie in Teilphänomene zu zerlegen. [4] Einer der Lehrsätze der Wissenschaft des Komplexen gründet auf dem Gedanken der Unstetigkeit (Diskontinuität) und der Emergenz: Ein komplexes System ist diskontinuierlich, weil aus seiner Gesamtheit plötzlich eine neue, vorher unbekannte Eigenschaft hervorbricht. Dieser Ansatz hat den grossen Vorzug, darüber hinaus eine zweite Frage zu stellen: Müssten wir, wenn ein komplexes System aus mehreren Emergenzen besteht, wie das Leben oder das Bewusstsein, diese als die wichtigsten betrachten? Sozusagen die Emergenzen aus allen Emergenzen?

Diese Frage werden wir in den Kapiteln 12 und 13 wieder aufnehmen. Vorerst wollen wir im nächsten Kapitel einige andere Austauschvorgänge betrachten, die zur Emergenz des Lebens beigetragen haben. Wir werden dafür einen neuen Bereich der Biologie betreten, nämlich den des Dialoges zwischen den Genen und der Umwelt, teilweise erschlossen durch die Epigenese. Dann werden wir die schönsten Austauschvorgänge besprechen, die wir sowohl in der Tierwelt, der Pflanzenwelt wie auch in der Welt der Mikroorganismen in Form einer Selbstlosigkeit antreffen, die wir Symbiose nennen. Die Symbiose wird definiert als dauernde biologische Gemeinschaft verschiedener Arten mit dem Ziel des gegenseitigen Nutzens. Die Häufigkeit und die Vielfalt dieser Austauschvorgänge sind erstaunlich und stellen möglicherweise einen der Hauptantriebe der Evolution dar. Schliesslich werden wir die erstaunliche Stabilität des Innenlebens aller Organismen untersuchen, die es den Zellen ermöglicht, in optimalen Verhältnissen zu arbeiten. Diese Stabilität nennen wir Homöostase, wobei hier Austauschvorgänge unabdingbar, aber kaum wahrnehmbar sind.

Kapitel 2
Epigenese, Symbiose und Homöostase: Drei Dialoge des Lebens

Epigenese: Austauschvorgänge zwischen unseren Genen und unserer Umwelt

Ich besitze zu meinem grossen Glück ein grosses Wandregal in meinem Wohnzimmer. Darin stehen, wohlgeordnet, prächtige Bände, welche die verschiedenen Facetten der menschlichen Kultur wiedergeben, Bücher über Kunst und über Reisen sowie Werke der klassischen Literatur, von Molière, Corneille, Rousseau bis zu meinem Lieblingsautor Albert Camus. Eine besonders schöne Ausgabe der *Histoire naturelle* des Grafen de Buffon nimmt darin – vielleicht zu Unrecht – einen Ehrenplatz ein.

Dieser Bücherschatz liegt mir sehr am Herzen, gewisse Bücher ganz besonders. Einzelne Bände stecken in einem Kartonfutteral. So sind der vordere und hintere Buchdeckel sowie die Blattkanten geschützt, der Rücken bleibt sichtbar, damit man das Werk erkennt. Um diese wertvollen Bücher lesen zu können, muss man sich die Mühe machen, sie aus dem Bücherregal zu greifen und sorgfältig von ihrer Hülle zu befreien: Spontan bieten sie sich nicht zur Lektüre an.

Das ist eine Metapher, die ich als geeignet betrachte, um das Phänomen der Epigenese zu erklären. Stellt man meine Bibliothek dem menschlichen Genom gleich, so stellt jedes Buch ein Gen dar (meine Bibliothek müsste in diesem Fall viel grösser sein und etwa 30'000 Bände aufweisen). Es gibt also Bücher, die leicht zugänglich sind, und andere, die es nicht sind, weil sie sich in der Schutzhülle befinden. Der grosse Bibliothekar (die Natur) darf keine Bücher (keine Gene) entfernen oder deren Einordnung verändern, kann aber den Zugang zu einzelnen erschweren, indem er sie mit einer Hülle geschützt hat. Jeder Besucher der Bibliothek wird diese umständlich zugänglichen Bücher meiden und die unverhüllten vorziehen. Die Natur geht ähnlich vor und «versteckt» gewisse Gene. Jeder Leser des Genoms – das sind die Enzyme – wird ein verstecktes Gen überspringen, um sich auf das nächste zu konzentrieren, sofern es frei zugänglich ist. Für eine Leberzelle, die sich teilen will, ist das Lesen der genetischen Bibliothek nicht durchgängig, denn sie wird sich auf die Bücher konzentrieren, die die Leber betreffen, und jene überspringen, die andere Organe beschreiben. Bei späteren

Zellteilungen wird sich diese gezielte Lesung wiederholen. Die Unterdrückung einzelner Gene erklärt, weshalb die Leber bei ihrer embryonalen Entwicklung nicht plötzlich auf die irrwitzige Idee kommt, inmitten ihres Zellgewebes ein Auge oder einen Knochen hervorzubringen.

Die Epigenese bedeutet also die Unterdrückung gewisser Gene. Über lange Zeit hat sich der Begriff auf diese Funktion beschränkt, die zur Auswahl der zur Architektur eines bestimmten Organes notwendigen Gene diente, vergleichbar mit einem Baustellenchef, der die verschiedenen Detailpläne nur den jeweils zuständigen Handwerkern aushändigt. Gross war die Überraschung, als man entdeckte, dass unser grosser Bibliothekar nicht der Einzige war, der einzelne Bücher verhüllte – zahlreiche Bibliotheksbesucher können das auch. Übersetzt in die Sprache der Biologie bedeutet das, dass zahlreiche externe Faktoren, zum Beispiel die Umwelt, auf die Genbibliothek einwirken können, um die «Verpackung» der Bücher, respektive den Zugang zu bestimmten Genen, zu verändern. Diese neuen Akteure heissen *zelluläre Signale* und bestehen aus chemischen Verbindungen, die vom Blut übertragen werden. Noch überraschender war die Feststellung, dass auch andere, externe Signale unsere Zellen durch Epigenese verändern können. Das können Gifte in unserer Nahrung sein, oder Hunger, Stress, Alkohol, Drogen. Unsere Lebensweise und unser soziales Umfeld sind also in ständigem Dialog mit unserem Genom, das keineswegs so unveränderlich und sakrosankt ist, wie man es mehr als ein Jahrhundert lang glaubte. [5]

Wir stossen aber hier auf ein offensichtliches Paradoxon: Kann unser Umfeld tatsächlich unsere Gene verändern? Das stünde vollkommen im Gegensatz zur klassischen Genetik und würde die längst überholte Theorie von Jean-Baptiste de Lamarck rehabilitieren: Dieser leidenschaftliche französische Naturalist und Botaniker, um 60 Jahre älter als Charles Darwin, war überzeugt, dass während des Lebens eines Organismus neu erworbene Eigenschaften vererbbar seien, dass sie somit das Erbgut veränderten. Gemäss einer bekannten Metapher sollten sich die Hälse der Giraffen über Generationen hinweg verlängert haben, um besser an die hochhängenden Blätter der Akazienbäume zu gelangen, die den eleganten Tieren so sehr munden, dass sie täglich mehr als 30 Kilogramm davon verschlingen. Diese unhaltbare Erklärung wurde später durch die Theorie des berühmten Charles Darwin widerlegt. Wenn wir auf das Beispiel der Giraffe zurückkommen, gab er dazu eine allgemeinere Erklärung, welche sich als mit der Wirklichkeit übereinstimmend erwies: Im Genom der Giraffe erfolgen laufend zufällige, nicht zielgerichtete Veränderungen, die wir heute als Mutationen bezeichnen. In der Vielfalt der nachgeborenen Giraffen finden sich somit welche mit kurzen, krummen, langen Hälsen, und es überleben jene, die sich dank ihrer entscheidenden Vorteile besser an die Lebensumstände anpassen konnten. Im Gegensatz zu der Erklärung von Lamarck, die einen einmaligen Vorgang als Ursache der Evolution postuliert, vollzieht sich die Evolution im Sinne von Darwin immer in zwei

Schritten, zuerst durch zufällige Mutation, dann durch unerbittliche Selektion, welche durch die Umwelt diktiert wird.

Oft erleben wir, wenn sich in der Wissenschaft zwei Theorien gegenüberstehen, dass in beiden ein Stück Wahrheit steckt. So auch in unserem Fall, stehen sich doch mit Lamarck und Darwin zwei aussergewöhnliche Forscher gegenüber, die dasselbe Phänomen aus zwei verschiedenen Blickwinkeln beobachten. Grundsätzlich wurde die Theorie von Darwin durch ungezählte Beobachtungen bestätigt. Dank kürzlich erfolgter Studien wurde jedoch entdeckt, dass die Wirkung der Gene beschränkt ist und dass die Umwelt einen gewissen Einfluss auf sie hat, mit ihnen wechselwirken kann und dass die Gene in gewissen Fällen die daraus erfolgten Modifikationen an künftige Generationen weitergeben können. Lamarck hatte also teilweise recht, aber nur teilweise: Bei der Entwicklung der Fortpflanzungszellen, den Spermatozoiden und Eizellen, sind die epigenetischen Marker auf der DNA der Mutter und des Vaters noch vorhanden, bei der Befruchtung ebenfalls. Bei der embryonalen Entwicklung hingegen wird die genetische Bibliothek wieder in Ordnung gebracht, und zahlreiche epigenetische Marker werden gelöscht. Zahlreiche – aber nicht alle: Einige werden über ein paar Generationen bestehen, wie wir zur grossen Befriedigung von Lamarck gleich erfahren werden. Wir sind also nicht Gefangene unserer Gene, denn wir können deren Wirkung durch unsere Austauschvorgänge mit unserem Umfeld verändern. Das menschliche Schicksal ist folglich nicht genetisch vorbestimmt, und wir haben die Möglichkeit, uns davon befreien.

Wir wollen nun mit einigen Beispielen diese wichtigen Austauschvorgänge zwischen unserem Lebensumfeld und unserem Erbgut veranschaulichen. Das erste Beispiel ist ergreifend. Die Bewohner des Nordens und Ostens der Niederlande hatten im Verlauf des Zweiten Weltkrieges, im Winter 1944, besonders heftig unter Hunger zu leiden. Die Häfen und Verkehrswege waren von den Besatzungstruppen der Nazis blockiert und die Flüsse und Kanäle zugefroren. Die täglichen Rationen der Bewohner erreichten kaum ein Viertel der notwendigen Kalorien. Dieser Mangel hat natürlich den schwangeren Frauen am meisten zugesetzt, und den Neugeborenen, deren Gewicht bei der Geburt viel zu niedrig war. In kürzlich durchgeführten Studien hat man die weitere Entwicklung dieser Kinder untersucht, deren Mütter extrem unterernährt waren. Die Ergebnisse sind aufschlussreich, aber entsetzlich: Sechzig Jahre später haben diese Opfer weit überdurchschnittlich mit gesundheitlichen Störungen zu kämpfen. Sie leiden vermehrt unter einer Neigung zu Übergewicht sowie unter psychischen Problemen. Was konnte die Ursache sein? Eine vertiefte Analyse ihres Erbgutes ergab, dass ihre gesundheitlichen Störungen auf einer Ruhestellung von bestimmten Genen ihrer DNA beruhen, und zwar durch einen biochemischen Abdruck, verursacht durch das ungünstige Umfeld des sich entwickelnden Embryos. [6] Zu derselben Erkenntnis führten gleichartige Untersuchungen der Hungersnöte während des Grossen Marsches in China von 1958 bis 1961 und der politischen Wirren in

Biafra von 1968 bis 1970. Zusammenfassend lautet diese Erkenntnis: Während der Hungersnöte wurden Kinder geboren, die zwar genetisch normal waren, die aber einige Gene aufwiesen, welche durch eine chemische Veränderung ihrer DNA – *Methylierung* genannt – deaktiviert waren, was sich unter anderem in einer übermässigen Gewichtszunahme äusserte. Die Gene verfügen somit über ein Erinnerungsvermögen!

Das Ganze mag etwas verworren erscheinen. Zur Klärung wollen wir nochmals beim Anfang ansetzen, damit wir dieses auf den ersten Blick unwahrscheinliche Zusammenwirken zwischen dem Umfeld und dem Genom eines Individuums besser verstehen. Wir wissen, dass wir alle aus der Befruchtung einer Eizelle entstanden sind, die Tochterzellen entstehen lässt, welche sich später zu verschiedenartigen Zellen wie Hautzellen, Leberzellen, Gehirnzellen entwickeln, und zwar derart, dass alle diese Organe am richtigen Ort sitzen. Vor allem ist zu verhindern, dass durch eine fatale Vermischung falsche Organteile in den Organen entstehen, zum Beispiel Augen oder Knochen in der Leber. Hier greift der epigenetische Mechanismus ein: Gewisse Substanzen, die während der Entwicklung der Leber einwirken, veranlassen die Deaktivierung aller unnötigen, also überflüssigen Gene. Ich komme auf das Beispiel meiner Bibliothek zurück: Alle Bücher zum Thema «Leber» werden von ihrer Hülle befreit, damit man sie lesen kann, während alle anderen in einem Schuber bleiben, der ihren Zugang erschwert. Die Entwicklung des Embryos erfolgt dann nach einem festen Bauplan. Dank diesem mächtigen Unterdrückungsmechanismus entwickeln sich homogene, nicht durch fremde Zellgewebe kontaminierte Organe, und das Ganze wird durch Epigenese gesteuert.

Bei der Fortpflanzung muss den Zellen, die in die nächste Generation übergehen (die Spermatozoiden beim Mann, die Eizelle bei der Frau), das vollständige Potenzial der beiden Genome für das Kind mitgegeben werden. Fast alle epigenetischen Veränderungen werden dabei nach der Befruchtung gelöscht, um dem neuen Lebewesen die Fähigkeit zu verleihen, alle lebensnotwendigen Organe zu erzeugen. Man stellt alle Zähler auf null. Die ganze Vergangenheit löst sich auf ... ausser gewissen Spuren dessen, was der Embryo im Leibe seiner Mutter erlebt hat, wie die Hungersnot.

Die Forscher haben aufgrund der ersten, verstörenden Erkenntnisse betreffend die Folgen einer Hungersnot auf das menschliche Genom, und fasziniert vom Einfluss der Epigenese und des Umfeldes, ihr Interesse auf andere Austauschvorgänge gerichtet, um die Frage zu beantworten: Hat unser Umfeld mit seinen sozialen Prägungen, seiner Umweltverschmutzung, seinen Ernährungsgewohnheiten ebenfalls eine epigenetische Wirkung auf die Erwachsenen? Insbesondere: Haben unsere Gesellschaft und unser Verhalten einen schädigenden Einfluss auf der Ebene unserer DNA? Die Antworten auf diese Fragen sind beeindruckend: Fälle von zum Verstummen gebrachten Genen durch Methylierung von Genen wurden bei Rauchern entdeckt, bei Personen, die Alkoholiker oder drogensüchtig waren. Sogar die Art, wie wir uns ernähren, hat einen Einfluss auf unsere DNA. Bei übergewichtigen Personen findet man ein charakteristisches DNA-Methylierungsprofil, etwa 200 DNA-Sequenzen sind verändert. [7] Eine Abmagerungskur vermag wohl, das Körpergewicht zu senken, ändert jedoch nichts an den Signalen, welche die methylierten DNA abgeben. Das erklärt die Schwierigkeit, dauernd gegen Übergewicht zu kämpfen.

Diese Beobachtungen zeigen, dass zwischen der Umwelt und unserem Erbgut ein ständiger, intensiver Dialog besteht. Das wirft zahlreiche Fragen auf, vorerst diese: Wie läuft diese Unterdrückung einzelner Gene ab? Wie immer in der Natur schlagen die besonders effizienten Mechanismen verschiedene Wege ein. Auf der chemischen Ebene sind bei der Unterdrückung unter anderen hauptsächlich zwei Moleküle beteiligt, die an das genetische Material andocken, entweder eine Methylgruppe an die DNA oder eine Acetylgruppe an deren Umhüllung. Andere Fragen sind noch ungeklärt: Wie laufen diese Mechanismen im Detail ab? Gibt es zwei parallele Mechanismen, beide in kausalem Zusammenhang stehend oder beide selbständig? Was anderseits unbestritten ist: Bei allen Lebewesen – Bakterien, Fischen, Säugetieren – besteht ein ständiger Austauschvorgang zwischen ihrem Umfeld und ihrem Erbgut. Dank dieser Austauschvorgänge ist unser Leben nicht vorbestimmt, sondern kann aufgrund unserer Erlebnisse einen besonderen Verlauf nehmen.

Es bleibt uns, einen letzten Aspekt der besprochenen Epigenetik näher zu betrachten: jenen unserer Verantwortung. Verlangt sie nicht von uns Respekt vor unserem Umfeld und vor der Umwelt? Der Mensch hat sein Lebensumfeld im Verlauf der Jahrtausende viel breiter und tiefer verändert als jedes Tier, viel stärker, als es Biber oder Termiten je vermochten. Die Wirkung unserer Gene beschränkt sich nicht nur auf die Herstellung von Proteinen oder auf das Wachstum unserer Organe, sondern hat auch Einfluss auf alle Auswirkungen auf unser Umfeld, die von unserem Leben ausgehen; wir nennen das unseren erweiterten Phänotyp. [8] Bestimmt ist es unser Nervensystem, das unter allen Organen für den stärksten Einfluss sorgt. Es sind hauptsächlich unser Verhalten, unser Innovationsvermögen und unsere technischen Fähigkeiten, die unser Umfeld geprägt haben ... und jetzt stellen wir fest, dass sich unser Umfeld gegen uns richtet, indem es epigenetisch unser Gewicht, unsere Gewohnheiten, unser Verhalten beeinflusst! Ursprünglich genetisch frei, bevor wir entscheiden, stehen wir epigenetisch unter dem Zwang dessen, was wir zuvor angerichtet haben.

Symbiose: Wenn sich zwei Arten verheiraten

Wir haben schon verschiedentlich festgestellt, dass die Natur ihr Prinzip der selektiven Evolution rücksichtslos anwendet: In einer Umgebung mit beschränkten Ressourcen überleben nur die Geeignetsten und Fähigsten. Dieses Dogma der

Evolution, verbunden mit dem Grundprinzip der zufälligen Mutationen, ist die Hauptstütze der Theorie von Charles Darwin. Man nimmt an, dass Darwin bei der Ausarbeitung dieser beiden Prinzipien wahrscheinlich von anderen Theorien beeinflusst wurde, die von beschränkten Ressourcen ausgehen wie die «ökonomische» von Adam Smith oder die «gesellschaftliche» von Thomas Malthus. Grosse Ideen entspringen kaum je dem Nichts.

Bei der Evolution gemäss Darwin gibt es keinen Austausch zwischen den Arten, es gilt: jeder für sich. Die natürliche Selektion würde demnach ein egoistisches Verhalten der Lebewesen bevorteilen. Trifft das tatsächlich zu? Wohl nur, wenn man nicht mit der erfinderischen Kraft der Natur rechnet. Man denke an den Fall, dass sich zwei verschiedene Arten verständigen, um zusammen, in koordinierter Weise, eine gemeinsame, für beide Partner vorteilhaftere Situation zu schaffen, die ihnen verbesserte Fähigkeiten bietet. Dieser Lösungsansatz erscheint sehr früh in der Evolution des Lebens, die vor etwa 2 Milliarden Jahren begann. Symbiose ist diese geniale Erfindung, welche dank ihrer gewaltigen Vorteile zu einem der wesentlichen Antriebe der Evolution wurde. Wir finden sie bei den Bakterien, den Algen, bei allen mehrzelligen Tieren, sowohl bei Insekten wie auch bei den Säugetieren und beim Menschen. Denn in der Folge wurde ein anderes Prinzip erfunden, um gegen die Förderung des egoistischen Verhaltens durch die Evolution zu kämpfen: das kollektive Leben, das bei vielen Tieren beobachtet werden kann und den Grundstein unserer Gesellschaft bildet. Die Bildung von Gemeinschaften ist auch eine Art Symbiose. Wir werden darauf in Kapitel 7 zurückkommen. Diese beiden Austauschmechanismen, die Symbiose und das gesellschaftliche Zusammenleben, sind meines Erachtens nicht zwei Errungenschaften, welche gegen die «egoistische» natürliche Selektion verstossen, sondern diese auf wunderbare Weise ergänzen.

Worin besteht Symbiose? Symbiose bedeutet die dauerhafte Verbindung von zwei oder mehreren Organismen verschiedener Arten, welche allen Organismen beider Arten einen Vorteil verschafft. Eine Symbiose setzt voraus, dass es zwischen beiden Partnern Austauschvorgänge gibt mit dem Ziel gegenseitiger Vorteile. Diese Vorteile würden nicht bestehen, wenn die beiden Arten getrennt wären, wir treffen hier also wieder auf den Begriff der Emergenz.

Wir unterscheiden zwei Arten von Symbiosen: die *Exosymbiose*, bei der zwei Arten in enger Verbundenheit leben, um die für einen gemeinsamen Mehrnutzen unabdingbaren Austauschvorgänge zu vollziehen, und die *Endosymbiose*, bei der die beiden Arten diesen Verbund weitertreiben, indem die eine Art in die Zellen der anderen Art dringt. Bei diesem Symbiosensystem kann die eindringende Art vom komfortablen Klima profitieren, und dafür die gastgebende Art bei ihrer beiden nützlichen Aktivität unterstützen. Es sind also zwei Typen von Verheiratungen, die eine benachbart, die andere verschmolzen.

Darwins Theorie, die einen unerbittlichen Kampf für das Überleben stipuliert, wird durch das Symbiosenprinzip nicht infrage gestellt. Sie wird lediglich ergänzt durch das Prinzip, dass sich Arten zusammentun können, um gemeinsam die Kompetenzen der Partner zu verbessern. Zusammengehen bringt Stärke. Die Symbiose ist ein derart wichtiger Mechanismus, dass er in der Evolution sehr früh auf allen Verästelungsebenen des Stammbaumes auftritt. Wir sind ihm schon bei den Flechten begegnet (eine Verbindung von Pilzen und Algen) und bei den Korallen (eine Verbindung von Algen und Polypen). Dank Bakterien können Termiten Holz verdauen und Kühe Gras und Heu fressen, das ihnen die notwendige chemische Energie zur Milchproduktion verschafft – zwei weitere Symbiosebeispiele.

Bei diesem Thema wollen wir noch etwas verweilen und uns mit unserem Magen beschäftigen. [9] Er enthält über 1'000 Bakterienarten, von denen 90 Prozent *Firmicuten* und *Bacteriodetes* sind. Sie fühlen sich hier dank unseres stabilen Verdauungssystems und des Fehlens von Sauerstoff wohl. Diese riesige Mikrobengemeinschaft (Mikrobiotikum) konnte erst vor Kurzem dank neuer molekularbiologischer Methoden erforscht werden. Ihre Vielfalt ist verblüffend. Man hat bei ihr über hundertmal mehr Gene gefunden, als unser Erbgut umfasst. Durch zahlreiche Wechselwirkungen ermöglicht uns diese Mikrobengemeinschaft, Zuckerarten zu verdauen, die wir ohne sie nicht zersetzen könnten, bestimmte Vitamine zu gewinnen, die zu synthetisieren wir nicht in der Lage sind, und uns vor häufigen Angriffen von Viren, Bakterien und krankheitserregenden Parasiten zu schützen. Diese Gemeinschaft steht nicht nur mit sich selbst im Dialog (was wir Kollektivsymbiose nennen), sondern auch mit unserem Körper. Ihre Austauschvorgänge tragen auch zum Aufbau unseres Immunsystems bei, wie aus neueren Forschungsergebnissen hervorgeht. Ausserdem könnten sie mitverantwortlich sein für unser Übergewicht, was zu neuen Strategien führen könnte, um diese weltweite Epidemie zu bekämpfen. Und schliesslich wurden weitere mögliche Austauschvorgänge zwischen dem Mikrobiotikum und unserem Gehirn beschrieben, welche bestimmte psychische Krankheiten hervorrufen könnten. Hier öffnet sich ein weites Feld von zu erwartenden neuen Erkenntnissen.

Unser erworbenes Wissen über das menschliche Mikrobiotikum hat uns ein weiteres vielversprechendes Gebiet geöffnet, jenes des Verständnisses und der Behandlung zahlreicher Verdauungskrankheiten, deren Ursachen wir bisher nicht ergründen konnten. Beispielsweise: Was geschieht, wenn sich das symbiotische System zufällig dereguliert und die harmonischen Austauschvorgänge durch unzusammenhängende Beziehungen gestört werden, wodurch das Gleichgewicht zwischen allen Interaktionen aus den Fugen gerät? Man spricht dann statt von einer Symbiose von einer *Dysbiose*. Das menschliche Immunsystem wäre dann vor neue, unbekannte Herausforderungen gestellt und könnte heftig reagieren. Man vermutet, dass Entzündungskrankheiten des Darmes wie *Colitis ulcerosa* und *Morbus Crohn* so entstehen. Es nützt nichts, wie Sherlock Holmes nach einem einzelnen ursächlichen Auslöser zu suchen, weil es keinen gibt. Vielmehr ist es die aus dem Gleichgewicht geworfene mikrobielle Gemeinschaft, die die

Krankheit bewirkt, und nicht ein einzelner Erreger. Die medizinische Forschung, oft reduktionistisch, sucht gern nach einer einzigen Ursache zu einer Krankheit. Man sucht nach dem Verursacher der Tuberkulose (dem Koch-Bazillus), von Aids (dem HIV-Virus), des Herzinfarktes (einer Verstopfung der Koronararterie des Herzens). In vielen Fällen blieb jedoch die Suche nach einem einzigen kausalen Element erfolglos, weil es das Kollektiv ist, das nicht funktioniert. Dies zu begreifen fällt uns dann schwer. Eine Metapher aus der Musik hilft uns, diesen Gedanken besser zu erklären: Die «konventionellen Krankheiten» können mit der Aufführung eines Kammermusikstückes verglichen werden, bei der das Fehlen des Solisten die Darbietung zu einem Fiasko führt. Die Krankheiten, die auf einer Fehlfunktion der mikrobiellen Gemeinschaft beruhen, würden einem Symphoniekonzert entsprechen, bei dem das Fehlen des einen oder anderen Musikers nicht festgestellt wird, wohl aber die Unausgewogenheit zwischen Streichern und Bläsern, oder zwischen Geigen, Cellos und Bassgeigen, die beim Hörer ein Unbehagen auslöst. Im ersten Fall hat es nur einen Verursacher, nämlich der fehlende Solist, im zweiten ist das Instrumentalkollektiv unausgewogen. In beiden Fällen ist das Konzert ein Reinfall.

Die Symbiose als biologisches Phänomen, das zwei Arten in einem gemeinsamen Ökosystem vereinigt, verzeichnet unzählige Erfolge. Verborgen, aber unerhört erfolgreich, begegnet sie uns täglich, denn sie ist sowohl für die Besorgung des Sauerstoffes unseres Planeten verantwortlich wie auch für das Überleben der Vegetation, für den lebensnotwendigen Stickstoffzyklus und vieles andere mehr. Diese Erfolge hat die Natur beflügelt, um noch weitere enge Gemeinschaften zu erfinden. Sehr früh im Verlauf der Evolution ist es ihr gelungen, die sakrosankten Grenzen der Zellmembran zu überwinden, um Austauschvorgänge zwischen Partnern im Inneren der Zelle zu verwirklichen. Einer der beiden Partner bietet sein innerzellulares Umfeld seinem Kollegen an, der sich darin vermehrt und als Gegenleistung für die Gastfreundschaft ein besseres Leben ermöglicht. Man nennt dies die *Endosymbiose*. Haben Sie schon den Begriff *Wolbachia* vernommen? Wir wollen mit dieser Bakterie Bekanntschaft schliessen. Sie ist ständige Bewohnerin von etwa 60 Prozent der Gliederfüssler, Insekten, Spinnen und Krustentiere. Wenn Sie eine Libelle fliegen sehen, ist die Wahrscheinlichkeit gross, dass in ihr zahlreiche Passagiere namens *Wolbachia* Platz genommen haben. [10] Indem sie zu weiblichen Eizellen migrieren, ernähren sie sich darin und erhöhen als Gegenleistung deren Fruchtbarkeit. Für bestimmte Mücken hat die Symbiose mit *Wolbachia* eine andere positive Folge, nämlich jene, sie resistent zu machen gegen Infektionen durch Mikroorganismen, welche Malaria oder das Dengue-Fieber übertragen. Da sie unerlässliche Gäste sind, um den Zyklus des infektiösen Agens zu vollbringen, bewirkt die Ernährung mit *Wolbachia* die Vernichtung des Krankheitserregers und die Unterbrechung seiner Verbreitung – und kann so die Krankheit beim Menschen unterbinden. Solche Versuche sind im Gange, um gegen das Dengue-Fieber zu kämpfen.

Wolbachia, dieser Tausendsassa, kann auch als Parasit in den Wurm *Onchocerca volvulus* eindringen, den Auslöser der Krankheit Flussblindheit (*river blindness*). Dieser winzige Wurm dringt durch die menschliche Haut in den Blutkreislauf ein, um sich in kleinen Blutadern niederzulassen, beispielsweise in jenen der Retina unseres Auges. Sie verstopfen sie, was zur Erblindung führt. Die Symbiose des Wurmes und der Bakterie ist für beider Überleben unabdingbar. Im Gegensatz zum Wurm reagiert *Wolbachia* empfindlich auf ein Antibiotikum namens *Minocyclin*. Indem man die Bakterie tötet, tötet man den Wurm. Ein Hilfsprojekt arbeitet in Afrika daran, mit dieser Methode 200 Millionen Menschen von der Erblindung zu heilen.

Wenn Sie aufgrund obiger Ausführungen die Bedeutung dieser Austauschvorgänge erfasst haben, verstehen Sie das Folgende besser. Es ist für mich eine ständige Quelle grösster Verwunderung. Als wir in Kapitel 1 die energetischen Austauschvorgänge zwischen Zellen besprochen haben, sind uns die Mitochondrien begegnet, diese kleinen Kraftwerke, welche die chemoelektrische Energie erzeugen. Verschiedene Forschungen während der letzten Jahrzehnte konnten auf überzeugende Weise erklären, dass die Mitochondrien nichts anderes sind als urtümliche Bakterien, die das Innere aller unserer Zellen erobert haben, um darin Energie umzuwandeln. Die Biologin Lynn Margulis hatte schon 1967 diese Entdeckung vorausgesagt. Mehr als zehn wissenschaftliche Zeitschriften hatten ihren Artikel damals verworfen – revolutionäre Ideen brauchen viel Zeit für ihren Weg! [11] Wir sind also allesamt Endosymbionten, weil wir aus urtümlichen Zellen bestehen, die von ebenfalls urtümlichen Bakterien kontaminiert sind, welche von unseren Vorräten zehren und als Gegenleistung die Energie aus der zellulären Oxidation zu chemischer Energie umwandeln. Indem sie vor Millionen von Jahren den Weg zu und in unsere Zellen fanden – in Wirklichkeit zu und in alle lebenden Zellen –, haben die Bakterien/Mitochondrien eine stabile Endosymbiose geschaffen, welche die Nutzung des Sauerstoffes ermöglicht und zur Emergenz der unvergleichlichen Errungenschaften der Natur geführt hat, nämlich zu den mehrzelligen Lebewesen – den Vögeln, Fischen, uns Menschen samt unserem Nervensystem, dank dem wir diese Zeilen lesen.

Und es gibt noch ein zweites solches Phänomen: Andere urtümliche Bakterien haben ihren Weg in das Innere von primitiven Algen gefunden. Dank spezieller Pigmente können sie Licht einfangen, wodurch sie diesen unsere Ozeane bevölkernden Organismen die Umwandlung der Sonnenenergie in atmosphärischen Sauerstoff ermöglichen. Dieses Zusammenwirken zwischen Bakterien und Algen bildet das Phytoplankton unserer Meere. Es ist erschütternd, heute feststellen zu müssen, dass der Kunststoffmüll, den die Menschheit produziert, als Mikrokunststoff im Inneren dieser unentbehrlichen Lebewesen endet. Genau wie die Mitochondrien für die Tierwelt spielen diese *Chloroplasten* genannten Organellen eine grundlegende Rolle für alle Pflanzen. Mitochondrien und Chloroplasten sind also durch ihre Austauschvorgänge im Inneren der Zellen ihrer Wirte verantwortlich für alles Leben auf unserem Planeten.

Hier gilt es festzuhalten, dass es in den Lebewesen eine dritte Art von Austauschvorgängen gibt, die erklärt, wie sie eines Tages die stabile und wohlige Umgebung der Ozeane verlassen konnten und den festen Boden eroberten. Um dies zu erreichen, mussten sie einen bequemen «inneren Ozean» schaffen, in dem alle Zellen baden. Dieser zu einer stabilen inneren Umgebung führende Mechanismus heisst Homöostase.

Homöostase: Gleichgewicht durch Wechselwirkungen

Unsere Körpertemperatur ist ziemlich stabil, sie bewegt sich zwischen 36 und 37 °C, unter normalen Bedingungen steigt sie nicht höher. Wenn sie sinkt, verspüren wir ein Unbehagen, wir frösteln; wenn sie steigt, sind wir krank – Fieber ist ein wohlbekanntes Zeichen dafür. Das Aufrechterhalten einer konstanten Temperatur in unserem Körper ist eine wichtige Bedingung für unser Leben und unseren Komfort. Diese Stabilität ist nur dank des Zusammenwirkens von mehreren Austauschmechanismen möglich. Die Temperatur ist übrigens nicht der einzige biologische Wert, den wir innerhalb gewisser Grenzen konstant halten müssen. Dazu gehören auch der Glukosespiegel, die Konzentration von Elektrolyten im Blut (Natrium, Kalium, Kalzium), das Gleichgewicht zwischen Säure und Base (der sogenannte pH-Wert) und der Sauerstoffgehalt des Blutes. Die Homöostase umfasst alle vitalen Prozesse, welche aktiv für normale und stabile Bedingungen zu unserem Überleben sorgen.

Der Physiologe Claude Bernard ist der Vater des wichtigen Konzeptes, das wir Homöostase nennen. 1813 als Sohn eines Weinbauers geboren, erlebte er eine bewegte Jugend, scheiterte am Abitur und wurde Präparator in einer Apotheke. Er hat in seinem späteren Wirken die Medizin revolutioniert, indem er die experimentelle Methode förderte und damit gegen den in diesem Fach herrschenden Empirismus auftrat. Im Kapitel 6 werden wir darauf zurückkommen.

Seine Losung lautete: «Am Anfang von jedem Wissen steht eine Idee, ein Gedanke – dann bestätigt das Experiment diese Idee». 1855 wird er ans Collège de France berufen, als Nachfolger seines Lehrers François Magendie. Er treibt seine experimentelle Forschung weiter, und es gelingt ihm unter anderem die Erarbeitung des Konzeptes vom *inneren Milieu:* «Das innere Milieu umfasst alle Flüssigkeiten des Körpers, Blut, Lymphe und interstitielle Flüssigkeit, in welchen alle Organe, Gewebe und Zellen schwimmen». Diese neue und fundamentale Erkenntnis lehrt er in seinen Vorlesungen zwischen 1854 und 1857 am Collège de France. Er vertritt die These, wonach jeder Warmblüter die Stabilität seines inneren Milieus aufrechterhalten muss, damit seine vitalen Funktionen unabhängig von den externen Bedingungen ablaufen. Claude Bernard hat dies auf einfachste

Weise ausgedrückt: «Die Stabilität des inneren Milieus ist die Voraussetzung für ein freies und unabhängiges Leben.» Wir können heute nur staunen über diese weitsichtige Formulierung des Anfangs des Lebens auf unserem Planeten und dessen Evolution: Zu Beginn schwammen alle Lebewesen in einem primitiven Ozean, dessen riesiges Volumen die Stabilität ihrer Aussenwelt sicherte. Bei ihrer Migration auf den festen Boden musste eine innere chemische und physikalische Stabilität erschaffen werden, damit die Zellen ihre Funktion ausüben konnten. Das von Claude Bernard formulierte innere Milieu erfüllt diese Bedingung: Wir schwimmen alle in einem inneren Ozean, dessen Stabilität angesichts seines geringen Volumens allerdings von unserem ganzen Organismus gewährleistet werden muss. Dieser «innere Ozean» wiegt nur etwa 40 Kilogramm bei einem 70 Kilogramm schweren Menschen – eine winzige Menge im Vergleich zu jenem unserer Meere. Es braucht demnach aktive Systeme zur Aufrechterhaltung des Gleichgewichtes, und wir erkennen hier wieder die wichtige Rolle der Austauschverfahren: Die regulierte Variable muss ständig mit einer Referenzvariablen verglichen und daran angepasst werden. Wenn die Variable von der Norm abweicht, muss ein Korrekturmechanismus ausgelöst werden, um zum Sollwert zu gelangen. Man nennt ein solches Verfahren Rückkoppelung. Es wirkt gemäss einer sinusförmigen, sich glättenden Kurve, um möglichst rasch das gewünschte Gleichgewicht zu finden. Diese Rückkoppelung nennt man auch «Feed-back», weil sich die Sequenzen von Ursache und Wirkung gegenseitig beeinflussen.

In der Biologie sind die Rückkoppelungszyklen im Allgemeinen negativ, das heisst, sie stellen abweichende Variablen wieder in den Sollzustand, wie bei einem Pendel, das zum Ruhezustand strebt. Im Gegensatz dazu können gewisse Abweichungen eine positive Rückkoppelung haben, die zu einer zunehmenden Differenz zum Sollwert führen und letztlich Schäden verursachen. Wir kennen in der Medizin mehrere solcher Fälle, die schädlich oder gar tödlich sind: Eine Arterie kann sich verengen, wobei sich dort Blutplättchen ansammeln und den Durchfluss weiter verringern bis zur vollständigen Verstopfung. Oder ein Asthmaanfall, der beim Betroffenen Ängste auslöst, welche die Atmung noch mehr einschränken; die ursprüngliche Atmungsbehinderung wird dadurch verstärkt, und diese Rückkoppelung kann sich beschleunigen.

Wir wollen uns lieber der negativen Rückkoppelung zuwenden, welche dank aufeinanderfolgender und verschiedener Austauschvorgänge zur Stabilisation eines Phänomens führen, also zu dessen Homöostase. In der menschlichen Physiologie gibt es unzählige Beispiele dazu. Ausser den bereits erwähnten können wir das Körpergewicht, den Blutdruck, die hormonalen Zyklen, das ins Auge dringende Licht nennen. Von all diesen sich selbst regulierenden Systemen ist jenes der Konstanthaltung der Körpertemperatur am einfachsten zu begreifen, weil wir es täglich an uns selbst beobachten können: Unabhängig von der Umgebungstemperatur kann es durch verschiedene Austauschverfahren unsere innere Temperatur zwischen 36 und 37 °C halten. Die Abweichung nach oben (Fieber) ist sehr unangenehm, jene nach unten (Hypothermie) ist tödlich. Sie in Homöostase zu halten ist demnach wichtig, aber oft schwierig, weil die Aussentemperatur stark variieren kann.

Am besten kann die menschliche Wärmeregulierung verstanden werden, wenn wir unseren Körper als Wärmeproduzenten auffassen (als «Heizkörper»), umschlossen von einer Hülle (der Haut, deren thermisches Isoliervermögen veränderlich ist). Die Haut kann sowohl die Aussentemperatur wahrnehmen als auch ihren Zustand an Veränderungen der Aussentemperatur anpassen. Sie verfügt im Epiderma über Kältesensoren und etwas tiefer, im Derma, über Hitzesensoren. Bei einer üblichen Hauttemperatur von 22 bis 24 °C sind diese Sensoren inaktiv. Stellen sie eine abweichende Temperatur fest, geben sie, je grösser die Abweichung, desto mehr Signale ab. Diese Signale migrieren über die Nerven in das Thermoregulationszentrum (präoptisches Zentrum), welches neben der *Hypothalamus* genannten Gehirnzone liegt. Der Hypothalamus ist das lebenswichtige Vermittlungszentrum zwischen unserem Nervensystem und dem endokrinen System. Das präoptische Zentrum entspricht der Wärmeverteilzentrale in einem Fernwärmenetz. Eine solche Wärmeverteilzentrale berechnet aufgrund der erhaltenen Signale von Aussenthermometern einerseits, von unzähligen Innenraumthermometern in den verschiedenen angeschlossenen Gebäuden anderseits sowohl die Menge der momentan zu erzeugenden Wärme (zum Beispiel Dampf), die über das Rohrnetz jedem Gebäude zuzuführen ist. Aufgrund dieser Angaben reguliert es die abzugebende Leistung des Heizkessels wie auch die Stellung der Steuerventile der einzelnen Rohrzuleitungen. Im menschlichen Körper arbeitet das präoptische Zentrum auf ähnliche Weise: Sensoren sind in verschiedenen Organen angeordnet und übermitteln die jeweiligen Temperaturen der Gewebe und des Blutes (logischerweise nahe bei 36.5 °C) an das Zentrum. Dieses analysiert ständig die erhaltenen Daten, um die mittlere Körpertemperatur zu bestimmen, und vergleicht sie mit einem Zielwert. Dieser Zielwert ist je nach Tageszeit (Morgen oder Abend) und je nach dem Stand des Menstruationszyklus bei der Frau verschieden. Jede Abweichung von nur 1 °C vom momentanen Zielwert löst zahlreiche Befehle aus dem Hypothalamus aus, um die Körpertemperatur auf einen normalen Stand zu bringen. Diese unmittelbaren präzisen Befehle erfolgen über das Nervensystem und das Hormonsystem. Beim Signal «kalt» gibt es mehrere Reaktionen: Stimulierung der Muskulatur, um das bekannte Schlottern zu erzeugen, das wir nach einem zu langen Bad in kaltem Wasser kennen; Zusammenziehen der Blutgefässe in der Haut, sodass wir bleich werden; Sträuben der Haare – die sogenannte Hühnerhaut –, eine urtümliche Reaktion, die uns an unsere behaarten Vorfahren, die Primaten, erinnert; und schliesslich werden eine Anzahl Hormone befreit (Thyroxin, Adrenalin), die unsere Organe auffordern, ihre Reserven zu konsumieren, um Wärme zu erzeugen. Lautet das Signal hingegen «warm», werden diese Reaktionen durch entsprechende Signale gestoppt, den Blutgefässen wird befohlen, sich auszudehnen – wir werden feuerrot –, und das Schwitzen wird eingeleitet, ein sehr effizienter Verdunstungs- und somit Abkühlungsvorgang, vorausgesetzt, dass die umgebende Luft heiss und trocken ist. Die temperaturempfindlichen peripheren Sensoren, das Verarbeitungszentrum beim Hypothalamus und die ausführenden Organe (Haut, Muskeln) bilden somit eine autonome Rückkoppelungsschlaufe zur Regulierung der Körpertemperatur. Die für das Gleichgewicht notwendigen Informationen werden über Nervenstränge und das Blut übertragen, die ausgetauschten Daten sind in elektrischen Codes oder chemischen Substanzen verschlüsselt.

Dieses Beispiel unseres alltäglichen Lebens führt uns noch zwei weitere Lehren vor: Die erste ist erkenntnistheoretischer Natur und betrifft die Emergenzen, die aus den Austauschvorgängen hervorgehen. Bisher wiesen die angetroffenen Austauschvorgänge keine Rangordnung auf, weil unsere Beobachtungen jeweils nur eine einzige Emergenz aufzeigten. In der realen und komplexen Welt gibt es jedoch in demselben System eine Vielzahl von Emergenzen, die sich hierarchisieren. Was bedeutet das? Im vorliegenden Fall wird ein Physiker, der die Thermodynamik studiert, schon die Temperatur als einen emergenten Wert betrachten, denn die einzelnen beteiligten Atome und Moleküle haben keine «Temperatur», sondern übertragen bloss ihre Bewegung auf die benachbarten Partikel. Es ist diese Vielzahl von Interaktionen, die es uns erlaubt, mit unserem Thermometer den emergenten physikalischen Zustand zu messen, den wir «Temperatur» nennen. Für den Biologen oder den Arzt ist es das Zusammenwirken dieser an sich einfachen Temperaturmeldungen, welche die Emergenz eines selbstregulierenden Systems bewirken – eine Homöostase. Die Temperatur wird in diesem Fall mit einer Zahl angegeben; die von uns *gefühlte* Temperatur werden wir jedoch als unterschiedlich empfinden, je nachdem, ob wir im Badeanzug stecken oder unter einer warmen Decke, ob es windig ist oder die Sonne scheint. Wir haben hier dank der Physik, der Biologie und der Psychologie das Beispiel einer Überlagerung von drei Emergenzen. Wir werden weiter unten andere Fälle von überlagerten Emergenzen antreffen, die sich wie russische Matrjoschkas ineinanderschachteln.

Die zweite Lehre ist noch verwirrender. Wenn wir ein sich in Homöostase befindliches, also in konstantem Gleichgewicht befindliches System betrachten, wie das soeben beschriebene Temperaturverhalten unseres Körpers, stellt sich die Frage, was «konstant» genau bedeutet. Die Antwort ist, dass diese Stabilität nur scheinbar ist, bloss eine Illusion. Sie hängt von der Schärfe unserer Beobachtung ab. Wenn wir beim Spazierengehen unsere Umgebung als warm oder kühl wahrnehmen, ist die Lage makroskopisch stabil, konstant, bis eine Störung, zum Beispiel ein aufkommender Wind, unser Umfeld in einen anderen Zustand versetzt. Dann treten Hautsensoren, gewisse Nervenstränge, Hypothalamus, Hormone und unser Metabolismus in Aktion, um das System wieder ins Gleichgewicht zu bringen. Wenn wir jedoch das System mikroskopisch betrachten, laufen die Vorgänge anders ab. Selbst in einem scheinbar stabilen Zustand erfolgen ständig winzige Veränderungen in einer rasenden Geschwindigkeit, bald in einem, bald in einem anderen Sektor unseres Körpers. Unser Gesicht beispielsweise, das sehr viele thermische Sensoren aufweist, wird sich auf der linken Seite anders als auf der rechten erwärmen, je nach der Richtung der einfallenden Sonnenstrahlen. Oder unsere Hände kühlen sich ab, wenn wir sie waschen, während der Rest unseres Körpers seine Temperatur bewahrt. Die konstante Homöostase, die konstante Stabilität ist also eine Illusion. Alles oszilliert, bewegt sich, zweigt ab, kehrt dann zur Normalität zurück und täuscht Stabilität vor. Die Welt des Lebendigen «ist» nicht einfach, sie «entsteht» stets aufs Neue. Eine Analogie erklärt uns das anschaulich: Versuchen Sie mal, mit einem Fahrrad zu fahren, dessen Lenkstange blockiert ist – wenn es Ihnen gelingt: Chapeau! Um die Stabilität des Rades zu gewährleisten, müssen Sie ständig kleine Lenkbewegungen durchführen, nach links, nach rechts. Die scheinbare Geradeausfahrt ist nur möglich, wenn Sie ständig kleine Korrekturen an der Richtung und an Ihrem Gleichgewicht vornehmen.

Homöostase ist also ein emergenter Zustand, der auf Wechselwirkungen zwischen einem aktiven Sender und einem Empfänger beruht, der selbst wieder zu einem Sender wird von Handlungsbefehlen zu seinem Partner, der wiederum senden wird ... Diesen Rückkopplungsvorgang finden wir in einer Vielfalt von Lebensprozessen, beim Menschen wie bei den Tieren. Wir treffen auf solche sich selbst organisierenden Systeme auch in der modernen Technik, wie zum Beispiel bei Thermostaten. Der geniale Mathematiker Norbert Wiener hat schon 1942 eine Abhandlung über die Übertragung von Signalen bei Tieren und Maschinen veröffentlicht und darin gezeigt, dass diese ausgetauschten Signale ein neues System emergieren lassen, wie Zellen, Organismen, das Gehirn, aber auch Wirtschaftsunternehmen, Gesellschaften, Ökosysteme. Das war die Geburtsstunde der Kybernetik, einer Wissenschaft, welche die Beherrschung von Austauschvorgängen in belebten und unbelebten Systemen erforscht. Diese Wechselwirkungen können zwischen Materie, Energie oder Informationen erfolgen und werden in Kapitel 12 näher untersucht.

Einige Bemerkungen zu den Wechselwirkungen in der Welt des Lebendigen

Wir haben erfahren, dass Wechselwirkungen das emergente Phänomen hervorgerufen haben, das wir Leben nennen, und für dessen Erhaltung sorgen: Der Austausch von DNA-Teilen oder ganzen Chromosomen sichert die Biodiversität, der Austausch von Energie und Nahrung sichert das Überleben der Pflanzen und Lebewesen, symbiotische Wechselwirkungen fördern die Evolution und ermöglichten die Entwicklung von Mehrzellern, zu denen wir Menschen gehören. Man kann sich hier eine berechtigte Frage stellen: Wie fundamental ist die These, wonach unser Planet von unabhängigen Individuen bevölkert wird? Sollen nicht eher die Beziehungen und Wechselwirkungen unter den Lebewesen als Grundlage ihrer und unserer auf immer wechselseitig abhängigen Existenzen als grundlegend betrachtet werden? Die zweite Vermutung führt dazu, dass wir Teile eines riesigen Netzes wären, das alles auf allen Ebenen umfasst, und dass die Existenz von jedem Individuum – Pflanze, Pilz, Vogel, Mensch – unter der Bedingung emergiert, dass jedes an den notwendigen Wechselwirkungen teilnimmt. Das Individuum ist dann nicht ein morphologisch oder materiell definiertes Wesen, sondern entsteht, behauptet sich und lebt dank der Austauschvorgänge, die es beleben und dank seiner daraus entstehenden Verflechtungen. Ich werde darauf in den Kapiteln 12 und 13 zurückkommen, aber im Moment sollten wir logischerweise unseren Weg fortsetzen, indem wir folgende Frage untersuchen: Wenn die Wechselwirkungen die wichtigsten Vorgänge für das Leben sind, und wenn man diese am besten in unserer biochemischen Ausdrucksweise beschreiben kann, und wenn sich zusätzlich diese Ausdrucksweise auf die Gesetze der Physik stützt – gibt es auch eine Welt von Wechselwirkungen auf dieser letzten atomaren Ebene? Wir setzen also unsere Reise in dieser Richtung fort und betreten den atomaren, den subatomaren und den quantenphysikalischen Raum, wo uns zahlreiche Überraschungen und metaphysische Verwunderungen erwarten.

Das Atom

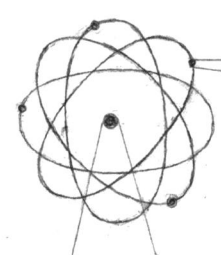

Das **Atom** hat einen Kern (Nucleus), um den Elektronen in einer Wolke umherschwirren.

Das **Elektron** steht durch die elektromagnetische Kraft mit dem Kern in Wechselwirkung.

Der **Kern** besteht aus Nukleonen. Man unterscheidet **Protonen**, die eine positive Ladung haben, und **Neutronen**, die elektrisch neutral sind.

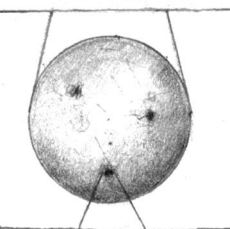

Das oben entnommene **Nukleon** besteht, so vermutet man, aus **Quarks**.

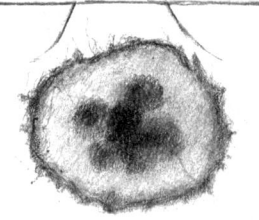

Die **Quarks** sind Elementarteilchen. Man kann sie nicht aussondern, kann sie demnach nicht beobachten.

Kapitel 3
Die Wechselwirkungen in der unsichtbaren Welt: Von der Biochemie zum subatomaren Universum

In den Kapiteln 1 und 2 haben wir erkannt, dass die Emergenz und das Aufrechterhalten des Lebens eng mit dem Zusammenwirken zwischen komplexen Molekülen zusammenhängen. Nun ist es an der Zeit, uns mit der Art dieser Vorgänge auseinanderzusetzen: Wie erfolgen denn die Austauschvorgänge zwischen diesen Makromolekülen – Zuckerarten, Proteine, Fette, Nukleinsäuren wie die DNA? Wie können sie als Boten von Austauschen und als Überträger von Energie wirken? Sie selbst bestehen aus Atomen, die ihre Kräfte zusammengelegt haben, aber wie halten sich diese Bausteine zusammen? Mit anderen Worten: Wenn das Puzzle des Lebens aus Wechselwirkungen zwischen grossen Molekülen besteht, welche aus Atomen zusammengebacken sind – wo laufen diese Austauschvorgänge konkret ab, und wo befindet sich diese Energie? Eigentümlicherweise findet man in lebenden Organismen nur eine sehr beschränkte Zahl von Atomarten, genannt Elemente, obwohl man im Universum deren über 120 zählt. Es sind dies sechs Elemente: in erster Linie Kohlenstoff (C), Sauerstoff (O), Wasserstoff (H), Stickstoff (N), ferner in viel geringerer Menge Schwefel (S) und Phosphor (P); sodann etwas Eisen (Fe), Kupfer (Cu) und einige weitere Elemente, darunter überraschenderweise auch Gold (Au).

Von der Biochemie zum Atom

Unser heutiges Verständnis von Leben stammt hauptsächlich aus der Biochemie. Diese Wissenschaft beschreibt und erklärt das Leben aufgrund der Wechselwirkungen zwischen Makromolekülen. Diese Wechselwirkungen drücken wir in chemischen Formeln aus. Wenn wir nun unseren Blick schärfen, um die feinere Zusammensetzung dieser Makromoleküle zu erkennen, stellen wir fest, dass sich deren Atome auf geordnete und kräftige Weise aneinanderbinden, wie wir es aus unserer täglichen Praxis kennen: Wenn wir ein Blatt einer Platane zerreissen oder ein Stück Fleisch mit dem Messer zerschneiden wollen, müssen wir eine erhebliche Kraft aufbieten. Welche Kräfte halten also in den Molekülen die Atome zusammen? Werden sie ebenfalls durch Wechselwirkungen übertragen? In diesem Kapitel werden wir versuchen, vertieft in das Wesen der Natur einzudringen, nämlich in die atomare und subatomare Welt. Wir werden dabei überraschende und oft gegen unsere Anschauung stossende, fast unglaubwürdige Entdeckungen machen. Wir sollten jetzt vorteilhafterweise unsere hergebrachten Kenntnisse aufgeben. Ich zitiere Dante: «Lasciate ogni speranza, voi ch'entrate», «Lasst jede Hoffnung hinter Euch, die Ihr eintretet» – nicht in die Hölle, sondern in die schwer vorstellbare Welt der Atomphysik. In dieser Welt herrschen Leere und Quanteneffekte. Alles erscheint hier fremdartig, aber so ist eben unsere Welt!

Wenn wir alle Grössenordnungen bis zum Atom hinunter durchschritten haben, gelten ab dieser Grenze die Gesetze der traditionellen Physik nicht mehr, die alle Phänomene in unserer Makrowelt erklären – die Gesetze der Mechanik, der Elektrizitätslehre usw. An deren Stelle treten neue physikalische Gesetze, nämlich jene der Quantenphysik. Was bedeutet der Wortteil «Quanten» in diesem Begriff? Man hat sich darunter vorzustellen, dass die Natur in der Grössenordnung der Atome Wechselwirkungen «in Paketen» ausführt, diskontinuierlich, im Gegensatz zu den Wechselwirkungen, die wir täglich in unserer Makrowelt wahrnehmen. Ich versuche, diesen wichtigen und gegen unsere Intuition laufenden Begriff anhand zweier Beispiele zu erklären: Der Tag und die Nacht folgen einander für uns Beobachter auf kontinuierliche Weise. Es ist nicht bis 19 Uhr 52 Tag und dann schlagartig Nacht. Gleich verhält es sich bei der Wassertemperatur eines Sees: Diese verändert sich ständig entsprechend der Umgebungstemperatur, sie springt nicht abrupt von kalt auf warm unter dem Einfluss der aufgehenden Sonne, sondern steigt auf nicht wahrnehmbare Weise. In der subatomaren Quantenwelt hingegen sind alle Phänomene nicht kontinuierlich. Wenn es im subatomaren Raum einen Übergang Tag/Nacht gäbe, würde die Nacht schlagartig auf den Tag folgen. Ich füge noch eine Metapher aus der Musik an: Wenn Sie auf der Geige spielen, können Sie jeden beliebigen Ton mit einem Bogenstrich spielen, indem Sie Ihren Finger auf einer der vier Saiten gleiten lassen; man nennt das *glissando*. In der subatomaren Welt gibt es kein Glissando: In dieser Welt spielt man eher Gitarre, auf der die Saiten auch längs des Griffbrettes verlaufen, aber über kleinen Bünden schweben. Sie drücken mit Ihrem Finger zwischen zwei Bünden auf die Saite, was ihre Schwingungslänge fixiert und damit die Tonfrequenz. Es sind eine beschränkte Anzahl Töne möglich, was das Erlernen des Gitarrenspiels, nebenbei bemerkt, leichter macht.

Das Atom: Leere überall, und dennoch ...

Am Ende des Titels dieses Unterkapitels stehen drei kleine Punkte. In jedem dieser Punkte stecken Milliarden von Kohlenstoffatomen (chemisches Zeichen: C), die sich dank zusammenhaltender Kräfte aneinanderdrängen und damit verhindern, dass sie auseinanderschwärmen und sich der Punkt zu einem weiten Klecks ausdehnt, der die ganze Seite bedeckt. Betrachten wir nun ein solches C-Atom. Es ist winzig, sein Durchmesser misst 0.65×10^{-10} Meter. Wir können uns eine solche Dimension nicht vorstellen; unser Auge kann höchstens Dinge in der Grösse von einigen Zehntelmillimeter sehen, und die Grenze der optischen Mikroskope liegt bei Objekten von etwa 10^{-7} Metern. Seit 1950 kennen wir das Elektronenmikroskop, später kam das Rastertunnelmikroskop hinzu, das ein Auflösungsvermögen bis 10^{-10} Meter hat und somit ein einzelnes Atom abbilden kann. Wir sind dabei allerdings noch nicht beim Allerkleinsten angelangt: Das C-Atom ist nicht ein unteilbares Ding, wie sein Name nahelegen könnte (auf Griechisch bedeutet *a-tomos* «unteilbar»). Es besteht aus einem noch viel kleineren Kern (hunderttausendmal kleiner als das Atom) und Elektronen, die darum herumkreisen. Um Ihnen ein sehr grobes Bild vom Inneren eines einfachen Atoms zu geben, stellen wir es uns sehr stark vergrössert vor, sodass es die Grösse eines Fussballfeldes einnimmt. Sein Kern hat dann die Grösse einer Haselnuss in der Mitte des Feldes. Wir könnten uns hier mit diesem Bild des leeren Stadions begnügen, mit einer Haselnuss in der Mitte, aber wir müssen unsere Reise fortsetzen und haben weitere Überraschungen vor uns. Die Physiker des 20. Jahrhunderts haben uns gezeigt, dass der Kern, diese kleine Haselnuss, in subatomare Partikel zerlegt werden kann, in Protonen und Neutronen. Diese Partikel mit dem anschaulichen Sammelnamen Nukleonen, sind wiederum aus allerwinzigsten Teilen zusammengesetzt, die wir «Quarks» nennen. Sie sind so klein, dass wir sie nicht einzeln wahrnehmen können: Man schätzt ihre Grösse auf 10^{-20} Meter, sie sind also abermals mindestens hunderttausendmal kleiner als der Kern, dessen Bausteine sie sind ... diese unvorstellbaren Grössenverhältnisse machen uns schwindlig.

Im Nukleon, dem Baustein des Kerns, gibt es also Quarks, winzige Materiekörnchen, welche dem Nukleon eine Identität geben, zum Beispiel seine elektrische Ladung. Ihre Winzigkeit bedeutet nichts anderes, als dass die Nukleonen wiederum «fast nur aus Leere bestehen», wie wir es schon beim Atom und dann bei seinem Kern gesehen haben. Das bedeutet, dass Sie, während Sie bequem in Ihrem Lehnstuhl sitzend diese Zeilen lesen, auf lauter Leere sitzen. In Wirklichkeit gibt es allerdings in der Leere des Nukleons viele verschiedene «Bewohner»: Ausser den drei Hauptquarks findet sich ein «Meer» von Quarks-Antiquarks sowie von weiteren Partikeln, die wir «Gluonen» nennen. Diese haben die Masse null, bewirken jedoch den Zusammenhalt dieses Mikrosystems, dieser von Gluonen zusammengehaltenen «Mikroherde», in der die Gluonen wie Herdenhunde die Herde zusammenhalten. Die Masse der Quarks ist sehr gering, jene des aus Quarks bestehenden Nukleons jedoch nicht, wie merkwürdig: Man könnte sagen, es sei eine «masselose Masse», die sich aus der kinetischen Energie ihrer Bausteine ergibt, oder sozusagen aus deren «Tanz».

Die uns umgebende Welt, sei sie unbelebt, pflanzlich oder tierisch, und die Materie unserer menschlichen Körper besteht also hauptsächlich aus einer immensen Leere. Ist das wirklich «Leere»? Ja und nein. [12] Wie in den Nukleonen enthält diese Leere keine eigentliche Materie, sondern wird von energetischem Zittern erfüllt, das ihnen eine Form gibt. Die Atome benötigen nämlich ein «Volumen», um Moleküle bilden zu können, welche untereinander wechselwirken und so Steine, Blätter, Tiere und uns Menschen bilden. Leere, die Steine, Blätter, Tiere und uns Menschen bildet, das erscheint uns widersprüchlich. Was hält diese Dinge zusammen? Die beste mir bekannte Analogie, um dieses Paradoxon zu erklären, wäre ein Sportzentrum mit sechs Tennisplätzen in sechs grossen Traglufthallen, bestehend aus aufgeblasenen «Ballons». In meiner Analogie würden die sechs nebeneinanderliegenden Traglufthallen sechs Atomen entsprechen, das ist wenig. Von aussen sieht man sechs voluminöse aufgeblasene Ballonhallen, deren Hüllen aus Kunststofffolien bestehen. Und doch sind sie innen leer. Ihre Form und ihre Stabilität werden nur durch eine Kraft aufrechterhalten, welche durch Luft mit einem erhöhten Druck wirkt. Dieser Druck allein ermöglicht ihr erkennbares Volumen. Lässt man die innere Druckluft ausströmen, sackt der Ballon zusammen. Ein üblicher Tennisball mit einem Durchmesser von 6.5 Zentimetern in der Ballonhalle würde einem fast unendlich viel kleineren Tennisball im Atomkern entsprechen, der wiederum fast unendlich kleinere Materiekörner enthielte, nämlich die Quarks und weitere Partikel.

Ein kleiner Exkurs in die Welt der Quantenphysik

Bei den Tennis-Traglufthallen wird ihre Form durch den darin herrschenden Überdruck der Luft bewirkt, welche eine von innen wirkende Kraft ausübt. Beim Atom entspricht sein Volumen dem Raum, in dem sich Elektronen mit sehr hoher Geschwindigkeit rund um den Kern bewegen. Die Kräfte, welche die Stabilität des Ganzen gewährleisten, werden durch «Welle-Partikel» übertragen, die Photonen. Es ist also nun an der Zeit, nach den Nukleonen und Quarks die Photonen näher vorzustellen. Willkommen in der Welt der Quantenmechanik! [13]

Die Elektronen gehören ebenfalls zu den Elementarpartikeln aller Materie. Sie sind leicht – ihre Masse entspricht ungefähr einem Zweitausendstel der Nukleonenmasse, sie sind negativ geladen und «kreisen» auf konzentrischen Schalen um diese. Sie kennen sicher das populäre Bild eines Atoms, das man überall antrifft: Man erkennt darin einen zentralen Kern, und einige Elektronen, die darum auf konzentrischen Kreisen herumflitzen – die Kreise sind perspektivisch als Ellipsen dargestellt. Das Bild hat einen hohen Symbolgehalt, weil es auffallend unserem Sonnensystem mit den Planetenbahnen gleicht, aber es entspricht nicht der Wirklichkeit. Einerseits stimmen natürlich die Grössen der dargestellten Körper und deren Abstände nicht, anderseits sind die Geschwindigkeiten der Elektronen derart hoch, dass man nicht gleichzeitig ihre Position im Raum und ihre Geschwindigkeit bestimmen kann. Das ist die berühmte Unbestimmtheitsrelation, die der ebenso berühmte Physiker Werner Heisenberg beschrieben hat. Man hat gemunkelt, und es handelt sich vermutlich um eine erfundene Geschichte, dass er eines Tages am Steuer seines Wagens von einem Polizisten wegen Geschwindigkeitsübertretung angehalten wurde: «Herr Heisenberg, wissen Sie, wie schnell Sie gefahren sind?». Er soll geantwortet haben: «Nein, aber ich weiss genau, wo ich bin!»

Die Elektronen, wie auch die anderen Elementarteilchen, haben noch eine zweite Eigenschaft: Sie sind bald Welle, bald Korpuskel ... bald auch beides gleichzeitig. Wie ist das möglich? Auch hier ziehe ich eine Analogie bei: Wenn ein Kind in der Dunkelheit ein bengalisches Zündholz am ausgestreckten Arm hält, sehen Sie das Licht als einen roten Punkt; wenn es den Arm jedoch rasch kreisförmig dreht, verwandelt sich der rote Punkt in einen leuchtenden unscharfen Kreis, die Analogie zu einer Welle.

Die Quantenmechanik stellt das Elektron eher wie eine Wolke als wie ein Geschoss dar. Wir wollen es uns für einen Augenblick doch als ein Geschoss vorstellen, das mit einer Geschwindigkeit von 2'000 Kilometer pro Sekunde auf einer ihr zugeordneten Rennbahn kreist. Es kann jedoch seine Reise nicht beliebig ausführen und muss gewisse Verkehrsregeln einhalten. Es steht ihm ein bestimmter «Rennbahn-Raum» zur Verfügung, der kreisförmig um den Kern verläuft. Je nach der Energie, die ihm innewohnt, kann es seinen Rennbahn-Orbit verlassen, um einen anderen Orbit zu erreichen. Wenn man beispielsweise seine Energie erhöht, «springt» es auf einen weiter vom Zentrum entfernten Orbit und rast nun auf dieser Rennbahn, bis es wieder auf einen niedrigeren Orbit zurückfällt, wenn es Energie verliert. Dieser Rennbahn-Wechsel ist unstet, er erfolgt «schlagartig», er ist «quantenmässig», das ist ein weiteres Mysterium der Quantenphysik. Und schliesslich eine letzte Seltsamkeit: Die Energiemengen, die das Elektron zu einem Orbit-Wechsel zwingt, sind nicht beliebig. In der Autobahnsprache würden wir sagen: Die Autobahngebühr (die Kraft, die einen Wechsel der Umlaufbahn bewirkt) kann nicht 3.00 Euro oder 6.50 Euro betragen, sondern sie beträgt immer ein Vielfaches von einem präzisen Grundwert, zum Beispiel: ein Vielfaches von 5.00 Euro. Das wäre also ein Quant, ein «Energiepaket» – es gibt keine Bruchteile von Quanten!

Wir verlassen die Vorstellung, dass das Elektron ein Geschoss ist, und bezeichnen demzufolge das Rennbahn-Orbit eher als «Aufenthaltswahrscheinlichkeitszone» des Elektrons. So wie Metropolen von mehreren Autobahnringen umgeben sind, die inneren näher zum Zentrum als die äusseren, hat jedes Atom mehrere Elektronen-«Aufenthaltswahrscheinlichkeitszonen», weniger oder mehr vom Zentrum entfernt. Die äusserste dieser Zonen, auf der ein Elektron herumrast, entspricht der Hülle unserer Tennisballonhalle und bestimmt die Grösse, die Form und die Reaktivität des Atoms.

Wenn Sie die Geduld aufgebracht haben, uns auf dem Weg zur Entdeckung der Quantenphysik bis zu diesem Punkt zu folgen, sind Sie drei fundamentalen

Prinzipien (es gibt noch zahlreiche andere) dieser «Physik des extrem Kleinen», der Quantenphysik, begegnet. Wir wollen sie uns in Erinnerung rufen: die Dualität Partikel/Welle (die Analogie mit dem Bengalzündholz), die nur in bestimmten Quanten möglichen Energieaustausche (die Autobahngebühr) und die Unmöglichkeit, gleichzeitig die Position und die Geschwindigkeit eines Elektrons zu bestimmen (die Unbestimmtheitsrelation von Werner Heisenberg).

Die vier fundamentalen Kräfte, und was sie austauschen

Wir machen eine letzte Anstrengung und stellen uns folgende Frage: Diese vereinfachte Beschreibung des Atoms und des subatomaren Raumes hat uns eine *Landschaft, eine Bühne* vorgestellt – wer aber sind die *Handelnden*, die *Kräfte*, die dieses Ballett von Partikeln bewegen?

Wir wollen gleich zu Beginn verraten: Es sind vier Kräfte. Nur vier Kräfte.

Was ist eine Kraft? Wir wissen heutzutage um ihre Existenz und die Folgen ihrer Wirkung, aber ihr wahres Wesen kennen wir nicht. Ihre Wirkung kann man sich als eine Wechselwirkung zwischen zwei oder mehreren Gegenständen oder Partikeln vorstellen, welche deren Beschaffenheiten oder Bewegungen ändert. Diese Definition ist etwas abstrakt, aber ein Beispiel wird sie veranschaulichen: Sie üben eine Kraft aus, wenn Sie einen Tisch verschieben oder wenn Sie mit Ihren Händen die Form eines Luftballons verändern oder wenn Sie Korn zu Mehl zerreiben.

Wir wenden uns nun den vier oben erwähnten Kräften zu. Die bekannteste ist die *Schwerkraft* (oder *Gravitation*), welche bewirkt, dass zwei feste Körper sich gegenseitig anziehen. Isaac Newton und Albert Einstein haben sich intensiv mit ihr beschäftigt. Sie hält unseren Mond auf seiner Umlaufbahn, sie hält uns (wenn wir keine Kapriolen vollführen) aufrecht mit den Füssen auf der Erde, sie lässt den Apfel auf die Erde fallen. Wir Menschen, die beim Skifahren gegen Stürze kämpfen müssen, halten sie für eine starke Kraft. Auf der Ebene des Atoms ist sie jedoch fast vernachlässigbar gegenüber den drei anderen Kräften.

Daneben gibt es noch die elektromagnetische Kraft, die von einem anderen Genie, James Clerk Maxwell, in eine mathematische Formel gekleidet wurde. Sie regelt die Wechselwirkungen zwischen elektrisch geladenen Teilen wie Protonen und Elektronen. Sie liefert uns den Strom aus der Steckdose. Sie spielt auch eine wichtige Rolle beim chemischen Aufbau der Moleküle, diese entscheidenden Bausteine des Lebens, wie wir noch sehen werden.

Nun bleiben uns noch zwei Kräfte vorzustellen: die starke und die schwache Kernkraft. Die starke Kernkraft ist die stärkste der vier Kräfte. Sie wirkt nur auf kürzeste Distanz im subatomaren Raum und hält die Nukleonen im Atomkern zusammen. Die schwache Kernkraft ist verantwortlich für die radioaktive Strahlung und für das Funktionieren der Sonne und der Sterne.

Vor allem die drei letzten Kräfte – die elektromechanische Kraft, die starke und die schwache Kernkraft – werden uns helfen, die Zusammensetzung der Materie und das Zusammenwirken der Moleküle zu verstehen. Das wird uns noch dazu führen, kurz in die Welt der Quantenmechanik einzutauchen, aber Sie können getrost weiterlesen: Es wird keine Mathematik geben. Ein für seine Forschung in diesem Bereich berühmter Physikprofessor, den ich um Rat für die Herangehensweise in diese rätselhafte Welt gebeten hatte, gab mir folgende Antwort: «Die Quantenmechanik ist eine mathematische Formulierung, sie ist nur über die Mathematik zugänglich, und verschont Dich vor den falschen intuitiven Vorstellungen, die Du vermutlich vom *unendlich Kleinen* hast». Da ich in der Mathematik nie weiter vorgestossen bin als zu elementarsten Kenntnissen der Vektorrechnung und der Gleichungen mit drei Unbekannten, habe ich die mathematische Herangehensweise aufgegeben und werde versuchen, auf rein beschreibende Weise zusammenzufassen, was wir über die Kräfte wissen, die aus ständigen Austauschvorgängen zwischen Partikeln und Energiequanten bestehen.

Die vier fundamentalen Kräfte werden auch «fundamentale Wechselwirkungen» genannt, denn sie bedeuten einen Austausch von «Etwas» zwischen Objekten oder Partikeln, auf die sie wirken. Versuchen wir, dieses «Etwas» zu verstehen. Am einfachsten ist die *elektromagnetische Kraft* zu erklären, denn sie wird durch Photonen ohne Masse und mit der elektrischen Ladung null übertragen. Trotz diesem «zwei Mal null» existieren sie real und sind das fundamentale Element des Austausches von elektromagnetischer Energie, sie sind also die «Überbringer» dieser Kraft. Wenn die Photonen in der richtigen Frequenz schwingen, «sehen» Sie diese Photonen als das Licht, das Ihre Nachttischlampe ausstrahlt (ich setze «sehen» in Anführungszeichen, weil wir natürlich nicht die einzelnen Photonen unterscheiden können, sondern nur ihre Wirkung auf unser Auge). Die schwingenden Photonen besitzen jedoch einen viel grösseren Fächer an Frequenzen, also an Energie, und sind deshalb unter anderem auch fähig, Radiowellen zu übertragen und unsere Haut im Sommer durch Sonnenstrahlen zu bräunen. Ausserdem sind sie es, welche die Elektronen beim Umkreisen des Atomkerns auf ihren Kreisbahnen halten.

Nun wollen wir untersuchen, wie die *starke Kernkraft* übertragen wird. Sie ist ausserordentlich stark, wirkt aber nur auf kleinste Distanzen, indem sie die Nukleonen – Protonen und Neutronen – im Atomkern zusammenhält. Die Übertragung erfolgt durch Austauschvorgänge einer anderen Art von Partikeln, genannt *Gluonen*. Gluonen bewirken, dass die Quarks für immer zusammenbleiben und seit den ersten Millionstelsekunden des Urknalls in ihrem Atom gefangen sind.

Die *schwache Kernkraft*, verantwortlich für die radioaktive Strahlung, wird wiederum durch andere Partikel übertragen, welche zur Gruppe der *Bosonen* gehören, das W-Boson und das Z-Boson, die vor rund 30 Jahren im CERN entdeckt wurden.

Diese drei letzten Arten von fundamentalen Kräften oder fundamentalen Wechselwirkungen werden also alle durch Partikel eines bestimmten Typs namens *Bosonen* übertragen – Photonen, W-Bosonen, Z-Bosonen, Gluonen –, die auch in Wechselwirkung mit Elementen eines anderen Typs stehen namens *Fermionen*: Elektronen, Quarks. Alle diese nebulösen, flüchtigen, schwer vorstellbaren Partikel sind vorerst theoretisch postuliert und erst nach mehreren Jahren intensiver Forschung experimentell nachgewiesen worden. Es hat beispielsweise etwa 15 Jahre gedauert, bis die vorausgesagte schwache Kernkraft im Labor nachgewiesen werden konnte. Bei der Schwerkraft, die Newton schon 1687 beschrieben hat, sind wir noch nicht so weit: Ihr Übertragungspartikel *Graviton* suchen wir immer noch verzweifelt ...

Kehren wir nun unsere Gedankenreise um. Wenn wir das soeben Skizzierte mit dem anderen Thema dieses Buches, der Emergenz, verbinden wollen, bietet es sich an, beim extrem Kleinen zu beginnen und die beiden Schlüsselobjekte des Universums als Emergenzen zu betrachten: das *Nukleon* als ein neues Objekt, das innerhalb der ersten Mikrosekunden nach dem Big Bang auftaucht aufgrund der Eigenschaften und Gesetze der starken Kernkraft, und das Atom als Emergenz der Eigenschaften und Gesetze der elektromagnetischen Kraft. Etwa 380'000 Jahre nach dem Big Bang. Wechselwirkungen und Emergenz sind also fundamentale und konstitutive Elemente unseres Universums.

Unser Ausflug in die atomare und subatomare Welt endet hier. Bevor wir zwei wichtige Konsequenzen aus unserer Reise ziehen, wollen wir in knapper Form unsere Entdeckungen zusammenfassen. Wir haben festgestellt, dass wir aus Atomen bestehen, wie jede andere Materie, welche sich zu Molekülen zusammenballen. Das Atom ist nicht unteilbar, sondern setzt sich aus Protonen und Neutronen zusammen, seinem winzigen Kern, um welchen die Elektronen konzentrisch kreisen und damit dessen unvorstellbar grosse Leere füllen und eingrenzen. Der Atomkern seinerseits besteht aus sogenannten Quarks, Materiekrümeln, die so klein sind, dass wir ihre Grösse nicht bestimmen können. Aber diese beide leeren Räume – jener des Atoms und jener des Kerns – erscheinen uns bloss leer: In Wirklichkeit kreisen die Elektronen als Partikel/Welle zwischen dem Kern und der äussersten Elektronenbahn, und der Kern erzittert infolge unzähliger Wechselwirkungen zwischen seinen subatomaren Partikeln. Jedes dieser Partikel transportiert eine mysteriöse, aber reelle Kraft. Das bekannteste dieser Partikel ist das Photon für die elektromagnetische Kraft, wir sind aber auch dem Gluon als Vermittlerin der starken Kernkraft, einem Boson-Typ als Vermittler der schwachen Kernkraft und dem Graviton als Vermittlerin der Gravitation begegnet. Die übertragenen Energien sind in ihrer Summe gewaltig. Schliesslich haben wir erfahren, dass diese ganze Mikrowelt durch die Quantenmechanik beherrscht wird. Von diesen quantenmechanischen Vorgängen wollen wir drei hervorheben: die Dualität Partikel/Welle; die Fähigkeit der Partikel, eine energetische Schranke mit einer geringeren Energie überschreiten zu können, als scheinbar notwendig wäre; und die Unmöglichkeit, gleichzeitig Ort und Geschwindigkeit eines bestimmten Partikels zu bestimmen.

Nun steigen wir eine Ebene höher, in eine Welt, die uns vertrauter ist: die Natur in ihrer ganzen Schönheit. Sie würde nicht bestehen ohne dieses immerwährende rätselhafte Spiel von Wechselwirkungen zwischen Partikeln, Wellen und Energien. Dieses Ballett wird von Partikeln und Wechselwirkungen gelenkt, deren physikalische Konstanten so ausgewogen sind, dass die kleinsten Abweichungen weder mit dem Leben noch mit unserem Universum vereinbar wären. In dieser Feststellung liegt etwas geradezu Metaphysisches. Wir werden darauf später zurückkommen. Um diese Universalität der Wechselwirkungsgesetze besser verstehen zu können, werden wir zwei Beispiele heranziehen: erstens die Verbindung zwischen Atomen, genannt «kovalente Bindung», welche grosse Moleküle hervorbringt, und zweitens die Wirkungsweise der Sonnenenergie-Aufnahme durch die Pflanzen, die auf quantenmechanischen Vorgängen beruht und ohne die das Leben auf unserem Planeten nie entstanden wäre.

Die Schönheit der kovalenten Bindung: Einfach, aber unentbehrlich für das Leben

Eine Bergwanderung ist jedes Mal ein wunderbares Ereignis: Unser Blick schweift über blumige Wiesen und entdeckt darüber die fein ausgeschnittenen Grate der Nachbarberge. Wir setzen uns ab und zu ins Gras, um die unvergleichliche Schönheit unserer Umgebung zu bewundern, und entnehmen unserem Rucksack einen Apfel. Er verschafft uns einen wohlverdienten Genuss, wir beissen wacker hinein und nehmen seinen sauersüssen Saft dankbar auf. Ausserdem versorgt er uns dank seiner verschiedenen Zuckerarten mit neuen Kräften, um zum Gipfel vorzustossen. Vor allem die energiereiche Fructose wird dann rasch durch unseren Verdauungstrakt in unser Blut gelangen und ihren Weg bis zur Leber durchlaufen, wo sie schliesslich in ATP-Molekülbausteine verwandelt wird, wie wir es in Kapitel 1 vernommen haben. Diese Energiebausteine werden schliesslich unsere Muskeln erreichen und uns durch ihre Umwandlung in mechanische Energie erlauben, unsere Wanderung ohne lähmende Müdigkeit fortzusetzen.

Warum enthält Fructose Energie und wie stellt sie sie uns zur Verfügung? Das Geheimnis liegt in den chemischen Verbindungen, aus denen sie besteht. Fructose besteht aus einer Kette von sechs Kohlenstoffatomen. Jedes Kohlenstoffatom hat vier «Arme», bestehend aus einem Elektron. An jedem dieser Arme kann sich der freie Arm eines anderen Atoms einhaken. Unsere sechs Kohlenstoffatome der Fructose docken sich mittels zweier ihrer Arme an die beiden nächsten Atome an, ähnlich wie Zirkuselefanten, die im Kreis gehen und mit dem Rüssel den Schwanz des vorangehenden Tieres umfassen. Demnach hat jedes unserer sechs Kohlenstoffatome noch zwei freie Arme, die einen ebenfalls ledigen Partner suchen müssen, um es zu stabilisieren.

Wie muss man sich nun dieses Einhaken von freien Armen benachbarter Atome vorstellen? Konkret handelt es sich um freie Elektronen, deren Umlaufbahn um den Kern nicht stabil ist. Man nennt sie Valenzelektronen. Anstatt ein freies Elektron irgendwo zu stehlen, gehen die Atome in ein gegenseitiges Ausleihen von Valenzelektronen ein. Die beiden solidarisch ausgeliehenen Elektronen kreisen jetzt simultan um beide Atomkerne, aber man weiss nie, welches Elektron um welchen Kern kreist. Es gibt also eine Überschneidung der beiden Bahnen. Man nennt eine solche Verbindung zweier Atome durch Austausch von Elektronen auf gemeinsamen Umlaufbahnen eine kovalente Bindung. Sie ist der entscheidende Vorgang aller chemischen Verbindungen des Lebens.

Der beschriebene Vorgang zwischen zwei Kohlenstoffatomen wiederholt sich, bis eine geschlossene Kette von sechs Gliedern entsteht, ein charakteristischer Bestandteil der Zuckerart Fructose (es gibt noch zahlreiche andere Zuckerarten). Wie wir gesehen haben, besitzt jedes Atom des Ringes noch zwei freie Elektronen. Diese werden sich mit anderen Elementen (hauptsächlich mit H- und OH-Gruppen) verbinden, sodass sich sechs Mal zwei, also zwölf weitere kovalente Bindungen vollziehen werden. Unser Apfel hat nun also ein energiereiches Molekül gebildet, eben die Fructose. Nebst der Fructose wird er auf diese Weise noch weitere Zuckerarten sowie zahlreiche andere Moleküle herstellen. Und in der Natur vollziehen sich analoge chemische Vorgänge in der Pflanzen- und Tierwelt. Die ganze belebte Welt besteht aus sogenannten organischen Molekülen, die aus einem Skelett aus Kohlenstoffatomen, aus Wasserstoff-, Sauerstoff- und Stickstoffatomen zusammengesetzt sind. Alle diese Verbindungen sind kovalent, sie beruhen auf gegenseitigen Wechselwirkungen und gemeinsamen Elektronenbahnen. Lebende Organismen verdanken ihre Existenz den Milliarden, Abermilliarden an Elektronenaustauschvorgängen, welche jede Sekunde milliardenfach erfolgen. Sie sind die Emergenz dieses konstanten Austauschballetts.

Gewiss finden sich ab und zu Ausnahmen: Es gibt kovalente Bindungen, bei denen ein egoistisches Atom den Elektronenschwarm leicht auf seine Seite zieht, zulasten seines Nachbaratoms. Die Wolke der sich überschneidenden Elektronenbahnen verschiebt sich geringfügig zum egoistischen Atom und verleiht ihm dadurch eine etwas negativere Ladung. Die Bindung bleibt kovalent, man nennt sie nun «polar». Am Prinzip der gegenseitigen Wechselwirkungen ändert sich jedoch nichts.

Zusammenfassend halten wir hier fest: Die kovalente Bindung, der Austausch von Elektronen unter Atomen, ist eine wichtige und notwendige Voraussetzung für das Leben auf der Erde. Sie ist allgegenwärtig, solide, energiereich, und sie schafft, indem zwei Atome ihre Elektronen zusammenlegen, so etwas wie

Solidarität. Der Geber ist zugleich Nehmer und umgekehrt. Dieses Zusammenwirken bezieht seinen Mechanismus aus der Physik der Partikel und existiert seit immer. Wir können uns kaum ein anderes Leben oder ein ausserirdisches Leben vorstellen, das nicht auf der Chemie des Kohlenstoffes und seinen vier «Armen» beruht, welche kovalente Bindungen unter sich und mit anderen lebenswichtigen Atomen eingehen können. Das Zusammenwirken von Elektronen verschiedener Atome hat die Entstehung der Natur ermöglicht bis zum Menschen. Während Sie diese Zeilen lesen, wirkt sie in höchster Intensität.

Das Wunder der Photosynthese: Was wir der Pflanzenwelt verdanken

Wir leben und atmen dank des Sauerstoffes der Luft. Woher stammt er? Ein Satellitenbild unseres Planeten enthüllt uns die grosse Fläche, die die Ozeane einnehmen: 75 Prozent der Erdoberfläche besteht aus Wasser. Auf dem Bild sehen wir auch grosse grüne Zonen mit üppiger Vegetation, die sich nördlich und südlich des Äquators ausbreiten, die tropischen Urwälder, erste Quelle unseres lebenswichtigen Sauerstoffes. Im Internet finden Sie unter Global Distribution of Photosynthesis [14] diese zahlreichen glücklicherweise heute noch von Pflanzen bedeckten Flächen etwas ausführlicher dargestellt. Sie werden allerdings erstaunt sein, auf den Meeresflächen ebenfalls grosse Flächen auszumachen, die von Unterwasserpflanzen, dem Phytoplankton, belebt sind. Diese unzähligen winzigen Lebewesen, ein- und mehrzellig, sind ebenfalls fähig, Sauerstoff in gewaltigen Mengen zu produzieren. Es ist deshalb höchste Zeit, deren Bedeutung zu erkennen und sie ebenso zu schützen wie die tropischen Urwälder, denn Phytoplankton ist unsere zweite Sauerstoffquelle, die genauso wertvoll ist wie unsere Wälder.

Die Pflanzenwelt, der wir begegnen, sowohl auf der Erdoberfläche wie im Meer, ist der Ursprung des Lebens auf unserem Planeten. Sie umfasst ungefähr 80 Prozent der ganzen Biomasse – die Masse des Menschen im Verhältnis zu ihr ist also höchst unbedeutend. Im Zuge der darwinistischen Evolution spielen sie auf dieser Bühne seit viel längerer Zeit als die Säugetiere und wir Menschen. Lautlos und an ihren Standort gebunden, kommunizieren sie untereinander und mit ihrer Umwelt dank der Verschiedenheit ihrer Blüten und ihrer Düfte. Genügsam, vermögen sie aus dem kargen mineralischen Bodenmaterial komplexe Produkte herzustellen. Sie decken unseren Nahrungsbedarf. Und schliesslich produzieren sie seit Millionen Jahren eine chemische Verbindung, die uns zum Leben unentbehrlich ist: den Sauerstoff. Die verblüffende Methode, die dafür entwickelt wurde, nennen wir Photosynthese.

Der Name *Photosynthese* leitet sich ab aus dem griechischen *phos*, «Licht», und *synthesis*, «Zusammenfügung». Er bezeichnet den Prozess, durch den das Sonnenlicht vorerst in elektrische, anschliessend in chemische Energie verwandelt wird. Dieser hier in einem kurzen Satz beschriebene Prozess ist in Wirklichkeit äusserst komplex. Er beruht auf Wechselwirkungen von Elektronen (Oxidoreduktion) und somit auf der Quantenphysik, was die unvorstellbare Geschwindigkeit seiner Abläufe erklärt.

Wir wollen versuchen, das Rätsel der Photosynthese zu lösen, indem wir in einem Nanoroboter Platz nehmen, wie wir es schon in Kapitel 1 getan haben. Stellen Sie sich einen schönen Baum Ihrer Wahl vor, mit seinen Ästen und Zweigen und unzähligen grünen Blättern. Wir wählen ein solches Blatt und dringen mit unserem Roboter in sein Inneres. Vorerst tauchen wir in ein Labyrinth aus Zellen und Flüssigkeitsleitungen. Wir stossen nun durch die Zellwand einer beliebigen Zelle und sehen uns im Zellinneren um. Diese Welt entspricht durchaus jener, die wir im Kapitel 1 angetroffen haben: in der Zellflüssigkeit schwimmende Proteine, Kalziumionen, ATP-Moleküle, Mitochondrien. Aber zusätzlich begegnen wir grossen runden, glatten, grünen Körpern – den *Chloroplasten*. Das sind die Fabriken, welche die Sonnenenergie in elektrische und dann in chemische Energie umwandeln. Es gibt eine grosse Menge davon, in jeder Zelle unseres Blattes sind es etwa 20 bis 50. Jedes Blatt ist also eine wahre photovoltaische Anlage, bestehend aus Millionen von Chlorophyllmolekülen, nach geometrischen Mustern ausgerichtet. Wenn wir im Wald spazieren gehen, sind wir von Milliarden kleiner photovoltaischer Zellen umgeben, die ihre Arbeit mit unvorstellbar hoher Geschwindigkeit ausüben.

Jeder Chloroplast besteht aus zahlreichen Chlorophyllmolekülen, ein grünes Pigment in der Form eines Vogelkäfigs. In seinem Zentrum sitzt ein Quartett aus vier Magnesiumatomen. Das Magnesiumatom besitzt mehrere Elektronenschalen, wovon die äusseren nur schwach mit dem Kern verbunden sind (was eine Eigenschaft aller Metalle ist). Nun *schlägt* ein Sonnenstrahl auf ein Magnesiumatom – wir erinnern uns, dass das Licht in der Darstellung der Quantenphysik sowohl Welle als auch Partikel ist – und jagt die äusseren Elektronen aus ihrer Bahn. Diese Elektronen, deren Energie zugenommen hat, treffen durch einen besonderen Transfermechanismus auf ein Makromolekül namens NADPH. Auf dieser Reise wird ihre elektromagnetische Energie in eine leichter verwertbare Energie umgewandelt, in ATP, das wir ebenfalls im Kapitel 1 kennengelernt haben. Dieser Vorgang erfolgt nicht kontinuierlich, sondern «quantenmässig». Stellen Sie sich einen Stufenwasserfall vor, über den heisses Wasser in die Tiefe stürzt. Das Wasser kühlt sich beim Niederfallen ab und überträgt dadurch seine Energie auf sein Umfeld. Da wir uns hier jedoch in der Quantenwelt befinden, wird also auf jeder Stufe ein bestimmtes «Energiepaket» befreit und umgewandelt.

Was geschieht nun mit den armen Magnesiumatomen in ihrem Chlorophyllkäfig, denen einige ihrer Elektronen abhandengekommen sind? Durch den Verlust einiger ihrer negativ geladenen Elektronen sind die Atome nun positiv geladen und ziehen dadurch andere Elektronen an. Man nennt ein solches Atom

Oxidant. Wo finden sich solche Elektronen? Im Wasser, also in der direkten Umgebung der positiv geladenen Magnesiumatome – in der Flüssigkeit des Zellkerns! Es erfolgt eine Oxidation des Wassers (H_2O), indem es Elektronen an die Magnesiumatome abgibt und zu Sauerstoff (O_2) wird, welcher in die Atmosphäre diffundiert – zum Glück aller ...

Durch die Aufnahme von Sonnenenergie hat unser Baumblatt (und ebenso das Phytoplankton im Meer) Sauerstoff geschaffen und elektromagnetische Energie gewonnen, die es umgehend in chemische Energie umwandelt. Die Reaktion setzt sich anschliessend ohne Licht fort, im Inneren der Pflanzenzelle: Wir haben nun Energie in Form von ATP, in die Luft diffundierten Sauerstoff, Wasser, Enzyme, alles, was nötig ist, um Zucker zu produzieren, zum Beispiel die gute Fructose in unserem Apfel. Zusammenfassend können wir feststellen, dass das Chlorophyll und seine unmittelbaren Partner ein magisches, diskretes, effizientes Konsortium bilden. Es entnimmt CO_2 aus der Luft und Wasser aus der Umwelt und setzt verschiedene von der Sonnenenergie gespeiste energetische Wechselwirkungen in Bewegung, sodass schlussendlich Zucker und Sauerstoff entstanden sind – unser lebenswichtiger Sauerstoff! Daran sollten wir jedes Mal denken, wenn wir einen Baum fällen und Wasser verschmutzen.

Der erste Schritt der Photosynthese, welcher Bewegungen von Elektronen bewirkt, erfolgt in einer unvorstellbar kurzen Zeit. Neuere Untersuchungen haben für dieses Phänomen eine quantenphysikalische Erklärung geliefert: [15] Sobald die Elektronen, nachdem sie von einem Photon getroffen wurden, sich vom Magnesiumatom aus auf den Weg machen, tasten sie alle möglichen Bahnen im Dschungel des Chlorophylls ab und wählen immer die kürzeste. Und in der Folge, während des Sturzes auf tiefere Energieniveaus, beanspruchen sie den «Tunneleffekt», um Zeit zu gewinnen; dabei nutzen sie die Möglichkeit, kurzfristig die hohe Energieschranke zu überwinden, was ihnen normalerweise verwehrt ist.

Die Natur: Rauschende Leere und überschäumendes Leben

Wir haben in diesem Kapitel die rauschende Geschäftigkeit der Moleküle, der Atome, der subatomaren Partikel kennengelernt, die untereinander in ständiger Wechselwirkung stehen, um ihre Struktur zu bewahren. Sogar die vier Kernkräfte üben Wechselwirkungen zwischen Partikeln aus. Diese Feststellung ist schwer zu begreifen: Wie können Austauschvorgänge Kräfte übertragen? Das ist eines der grossen Rätsel der Natur, aber vielleicht kann die folgende Metapher den Vorgang zumindest veranschaulichen.

Stellen Sie sich zwei Jongleure vor, die sich gegenüberstehen. Beide sind genau gleich schwer. Sie tauschen gegeneinander Bälle aus, vorerst wenige, die sie derart in die Luft werfen, dass der andere sie jeweils fangen und in gleicher Weise zurückwerfen kann. Jeder Jongleur erhöht leicht sein Gewicht, wenn er einen Ball fängt, und kehrt zum alten Gewicht zurück, wenn er ihn wirft. Beide Jongleure sind ausserordentlich geschickt und erhöhen ständig das Tempo ihrer Tauschwürfe und die Zahl der Bälle. Sie behalten ihr ursprüngliches Gewicht ständig bei, weil sie immer gleichviele Bälle zurückwerfen, wie sie empfangen. Nun nehmen wir an, dass beide je auf einem Boot stehen. Mit der Zeit werden wir feststellen, dass sich beide Boote voneinander wegbewegen (infolge der Kraft, welche die Jongleure aufwenden, um die Bälle nicht nur in die Höhe, sondern auch in die Richtung des Partners zu werfen). Die Metapher funktioniert allerdings nur in einer Richtung, denn es gibt kein Modell, welches die Jongleure auf ihren Booten gegeneinander treibt ...

Man wirft Musikkritikern oft vor, dass sie mit ihrer bohrenden Analyse der Aufführung einer Sonate deren Poesie zerstören. Hat unsere trocken-sachliche Beschreibung der atomaren und subatomaren Welt das wunderbare Geheimnis des Lebens getötet? Ich denke nein. Das bessere Verstehen des Aufbaues eines Werkes vor seiner Aufführung erhöht meinen Hörgenuss. Dasselbe gilt beim Betrachten der Schönheit der Natur. Unser Respekt vor ihr und unsere Bewunderung wachsen in uns mit dem Bewusstsein, dass beim Verstehenwollen der Phänomene im unendlich Kleinen und in unserem Körper Rätsel und Unverständlichkeiten unüberwindbar bleiben. Die gedankliche Sezierung der Materie, vom Molekül über das Atom zu seinem Kern und dessen Partikeln, bringt uns mehr Befriedigung bei der Sicht auf unsere Welt.[16] Was heisst «leer» oder «voll», wenn der subatomare Raum möglicherweise materiell leer ist, aber von Milliarden von Partikeln ohne Masse überschäumt? Wie muss man sich ein Proton oder ein Neutron vorstellen, das aus drei winzigen Quarks besteht, dazu Gluonen, die sie verbinden, und Paare von Quarks und Antiquarks, die sich gegenseitig in nichts auflösen? Diese ganze kleine Welt existiert seit dem Urbeginn des Universums. Es enthält 10^{80} Stück davon – eine 10 gefolgt von achtzig Nullen. Die schiere Unmöglichkeit, sich alle diese Fakten vorstellen zu können, kann unser Staunen über die Natur und unser Leben nur beflügeln.

Es wäre wohl didaktisch besser, und vielleicht auch realistischer, unsere Welt gemäss unserer anfänglichen Absicht als ein hochkomplexes System darzustellen – belebt durch Wechselwirkungen, die Emergenzen hervorrufen – als eine Welt, die beim Urknall aus einem Meer von subatomaren Partikeln bestand (aber wie, und warum?), welches sich dann gemäss den Prinzipien der Quantenphysik und der konventionellen Physik zu emergenten Systemen mit neuen Eigenschaften entwickelt hat: zuerst zu Nukleonen, dann zu Atomkernen, dann zu den rund 120 Atomen des periodischen Systems von Dimitri Mendelejew, schliesslich zu anorganischen, dann zu organischen Verbindungen. Alle diese Bausteine sind dann als emergente Systeme zu verstehen, sie vollziehen durch ihre Wechselwirkungen die Entwicklung zu unserer heutigen Welt mit ihren komplexen Gegenständen und Phänomenen. Das Erfassen all dieser Energievibrationen, dieser Austauschvorgänge zwischen Partikeln, dieser Wechselwirkungen ermöglichen es uns, mit noch grösserer Ehrfurcht und Freude unsere Umwelt wahrzunehmen: die Blätter in frischem Grün im Frühling, die sich dann im Herbst bunt verfärben, die sich wiegenden Blumen im Wind, all dieses ständige Werden und Vergehen, das die Natur vollbringt.

Kapitel 4
Die Kraft des Wortes schafft soziale Bindungen

Ich gebe es zu, ich liebe Beizen. Beizen, Bistros, Cafés, Brasserien sind vorzügliche Orte der Begegnung, die Sprache ist dort Königin. Ab und zu ein kleiner Schluck Wein, während die Gedanken beim eben gesprochenen Wort verweilen. Während meiner täglichen Verrichtungen gehe ich gern auf einen Sprung hin, meistens, um einen oder ein paar Menschen zu treffen, mit denen ich mich verabredet habe und die ich mag, manchmal aber auch allein, um mich eine Weile zu entspannen. Ich betrachte zuerst wohlgelaunt die vertraute Umgebung. Runde oder eckige Tische sind in geometrischer Ordnung ausgerichtet. Mein Blick geht dann zu den Gästen, die daran verweilen, zu ihren Gesichtern, ich suche mir einige aus, um sie zu beobachten. Zwei Freunde, die sich offenbar seit Längerem nicht mehr gesehen haben, tauschen Erinnerungen – und Fotos auf ihren Handys. Einige Tische weiter streitet sich ein Paar, vor zwei Tassen Kaffee, der langsam kalt wird. Am grossen runden Stammtisch führt eine Gruppe älterer Gäste ihr tägliches Palaver – sie unterbrechen damit ihre Einsamkeit. Ich schnappe ein paar Gesprächsfetzen auf, so vereinzelt, dass mir ihr Sinn verborgen bleibt. Während ich in einer herumliegenden Zeitung blättere, fühle ich mich wohl in diesem menschlichen Hintergrundgeplapper, das ich so liebe – das Gemurmel von undeutlichen, unverständlichen Sätzen.

Beizen, Restaurants, Bars sind wichtige Orte der Begegnung und der Entwicklung gesellschaftlicher Banden. Es sind neutrale Orte, sie stellen eine Verbindung her zwischen dem privaten und dem öffentlichen Leben, zwischen Familie und Arbeitsplatz, zwischen den Gedanken, die wir für uns bewahren und jenen, die wir mit anderen teilen. Sie bieten noch einen anderen Vorteil: Wir können die Begegnungen nach eigenem Gutdünken einrichten, zu zweit Angesicht zu Angesicht, in einer Gesprächsrunde oder eben allein mit sich selbst, je nach Bedürfnis und unserer augenblicklichen Stimmung. Schliesslich ermöglichen uns diese Orte, eine Pause einzulegen und der Anspannung des Alltags zu entfliehen.

Dieser Ort des Austausches ist so wichtig für unser gesellschaftliches Leben, dass wir ihn auf vielfältige Weise zelebrieren. Während meiner Ferien auf Kreta beispielsweise lasse ich mich gern vor einem reizenden Beizlein neben einem Popen nieder. Wir lehnen im Schatten an einer weissen Mauer. Der Pope plaudert mit Dorfbewohnern, während er ab und zu einen Schluck heissen Kaffees geniesst. Eine andere Szene taucht in meiner Erinnerung auf: Vor einem fahrbaren Imbiss, einem sogenannten *diner*, im Midwest der USA, herrscht eine aufgeräumte Stimmung, man klopft sich auf die Schulter. Oder der herrliche Duft eines Pfefferminztees in einer Oasis der algerischen Sahara, wo ich dem Palaver und Gelächter einiger Dattelpflücker lausche, ohne ein Wort zu verstehen. Immer wieder bin ich ergriffen und beeindruckt von diesem allgegenwärtigen Murmeln, diesem nicht abreissenden Fluss von ausgetauschten Worten, die soziale Verbindungen und Gemeinschaftssinn unter Menschen schaffen, selbst wenn deren Inhalt oft belanglos oder unverständlich ist. Worte haben eine innere Kraft, die über ihre Bedeutung hinausgeht.

Die Funktionalität der Sprache

Sprechen bedeutet vieles. Wir wollen jedoch zuerst dessen Hauptaufgabe untersuchen.

Die Sprache ist eine der erstaunlichsten Schöpfungen der Menschheit. Von unserer Geburt an lernen wir unsere Muttersprache, dann beginnen wir, sie anzuwenden, um Gedanken oder Gefühle auszudrücken, um Vorhaben mitzuteilen oder Befehle zu erteilen. Die sprachliche Verständigung ist eine der Errungenschaften, die uns von anderen Geschöpfen unterscheidet. Sie hat zwei Entwicklungen vorausgesetzt: die Schaffung einer neuen Gehirnfunktion, die sprachliche Syntax, also den korrekten Satzaufbau, und die Anpassung unseres Kehlkopfes und seiner umgebenden Organe, um verschiedenartigste Laute wiederzugeben, Vokale und Konsonanten. Diese zwei Errungenschaften, die nach heutiger Auffassung vor etwa hunderttausend Jahren entwickelt wurden, mussten noch koordiniert werden, damit das im Gehirn geformte Wort auf die ausführenden Organe übertragen wird. Die Genetik lehrt uns, dass das Gen *FoxP2*, dessen besondere Struktur kürzlich identifiziert wurde, beim Sprechvorgang eine Schlüsselrolle spielt, insbesondere bei unserem Kehlkopf. Wohl teilen wir die Fähigkeit zu sprechen mit anderen Tieren, wir Menschen haben jedoch dabei eine gewaltige Fertigkeit entwickelt, sodass die Sprache ein entscheidendes Element unseres Lebens geworden ist. Die Sprache, die wir täglich mühelos anwenden, ist in höchstem Grad eine entscheidende Gabe. Sie bedingt jedoch eine zusätzliche Errungenschaft, nämlich den uns zuhörenden Partner wahrzunehmen und uns in die Lage eines anderen Menschen zu versetzen – die *Andersartigkeit*. Sprache ist Austausch, auch im Selbstgespräch – man erfindet dann einfach einen Fremden, der unsere Worte aufnimmt.

Einen Gedanken durch Worte ausdrücken zu können macht uns zu Menschen. Wir wenden unsere Sprache während unseres ganzen Wachseins an, und man schätzt, dass jeder Erwachsene, unabhängig von seinem Alter, seiner Bildung und seinem Geschlecht etwa 16'000 Wörter pro Tag ausspricht, das sind etwa 1'000 pro wache Stunde. Bei einem solchen Sprachfluss kann nicht jedes Wort, das wir aussprechen, Sinn machen. Wir wollen deshalb versuchen, ein semantisches Register mit verschiedenen Bedeutungskategorien aufzustellen, um auszudrücken, was wichtig oder bloss banal ist, was eine Tatsache betrifft oder eine Vermutung, was in der Gegenwart oder in der Zukunft liegt. Wenn ich beispielsweise sage: «Gib mir 2 Euro», hat das auf meinen Gesprächspartner eine andere Wirkung als der Satz: «Wenn ich nur durch einen Glücksfall 10 Euro mehr hätte!» Die menschliche Sprache vermittelt also mehr als einfache Sachverhalte. Sie ist ein hervorragendes Mittel, um Dinge mitzuteilen, die uns bewegen, die uns am Herzen liegen.

Um solche Gefühle auszudrücken, haben wir ein reiches Register von Möglichkeiten erfunden, die sich je nach Sprache, geografischer Region, Sitte, Modeströmung unterscheiden und im Verlauf von Jahrhunderten verändern. Wir wollen hier jedoch nicht alle gemeinsamen oder unterschiedlichen Eigenheiten aller 8'000 bis 9'000 Sprachen diskutieren, die auf unserem Planeten anzutreffen sind. Diese Zahlen sind übrigens nicht verlässlich, weil sich die Sprachforscher nicht einig sind, wie man Sprachen von Dialekten unterscheiden soll. Wir beschränken uns darauf, die wichtigsten Sprechweisen zu beschreiben, welche jede menschliche Sprache dem Sprecher bietet, um sich mit dem Zuhörer zu unterhalten. Zahlreiche Sprachforscher, Soziologen, Neurobiologen und Anthropologen haben den waghalsigen Versuch unternommen, sämtliche Sprechweisen aufzulisten. Wir wollen gleich festhalten, dass dieses Unterfangen zum Scheitern verurteilt ist, denn es lässt ausser Acht, dass die menschliche Sprache geschmeidig, veränderlich, unstet ist. Wir wechseln von einem Satz zum nächsten und sogar innerhalb eines Satzes von einer Behauptung zu einer Frage, von einem Befehl zu einem Wunsch, von einer belanglosen Bemerkung zu einer grundlegenden Aussage.

Unter allen Klassifikationen der Sprechweisen finde ich jene, die Roman Jakobson 1963 veröffentlicht hat, als die beste. Er zählt deren sechs auf: [17] die *expressive* (eine echte oder vorgetäuschte Gemütsbewegung des Sprechers); eine *appellative* (die den Zuhörer dazu auffordert, zu reagieren, diese wird am häufigsten in Werbebotschaften angewendet) und als dritte eine *phatische* (mit dem Ziel, beim Zuhörer die Aufmerksamkeit nicht zu verlieren). Diese dritte Art des Sprechens scheint auf Anhieb nicht vordergründig. Sie ist jedoch sehr wichtig, denn sie erstellt und unterhält durch ihren bohrenden Charakter den «Austauschkanal» zwischen den beiden Partnern. Die vierte Sprechweise ist die *informative* (die objektive Realität beschreibend). Ihre Bedeutung kommt bei der Vermittlung von beobachteten Tatsachen zum Tragen. Schliesslich seien noch die *poetische* und die *metalinguistische* Sprechweise als fünfte und sechste erwähnt, die aber nicht zu unserem Betrachtungsgebiet gehören. Obwohl die Liste von Jakobson oft kritisiert wird, genügt sie, um alle sprachlichen Austausche in allen Sprachen oder Dialekten zu beschreiben.

Wir beschäftigen uns nun nur mit den vier erstgenannten Sprechweisen, der expressiven (Vermittlung der Gefühle), der verbindlichen (Aufforderung zur Stellungnahme), der eindringlichen (Aufrechterhaltung der Unterhaltung) und der informativen (Übereinstimmung der Gesprächspartner über die objektive Realität).

In der expressiven Sprechweise ist die Rolle des Sprechers vorherrschend: Er drückt seine Gefühle aus, gibt seinen Überzeugungen freien Lauf, übermittelt seine eigenen Wertvorstellungen. Er tut es jedoch nicht im Selbstgespräch, sondern spricht seinen Partner an, um diesen zu einer Stellungnahme aufzufordern. Es ist mit dem gesprochenen Wort einfach, die expressive Sprechweise durch weitere Verhaltensweisen zu verstärken, durch die Lautstärke und Modulation der Stimme, mit dem Blick, der Mimik, den Händen und sogar der Körperhaltung. Im Gegensatz dazu fällt es schwerer, seine Seelenstimmung im geschriebenen Text zu übermitteln, wo man sich mit Behelfsmitteln zum Ziel bemühen muss, mit Satzzeichen (ein Fragezeichen, ein Ausrufezeichen beispielsweise). Anderseits greifen wir beim geschriebenen Text auf einen unvergleichlich reicheren Wortschatz zurück, um einen Seelenzustand zu beschreiben. Die Wahl des richtigen Wortes und damit verketteter Begriffe – das ist die Kunst des Briefe- und Romanschreibens.

Die informative Sprechweise ist einfacher zu fassen. Sie stellt die äussere und innere Welt entweder beschreibend oder erklärend dar. Das ist ein sachlicher, objektiver, logischer Gesprächsstoff. Man spricht von jetzt und hier, aber auch von Reisen, von Wissenschaft, von Kriegen. Oder von Mythen und Legenden, in reale Handlungen gekleidet. Die informative Sprechweise ist offensichtlich von grosser Wichtigkeit in unserer Kultur. Sie vermittelt uns Wissen, malt ein objektives Bild von beobachteten oder erlebten Begebenheiten, beschreibt konkrete oder sogar eingebildete Situationen – kurz: Sie dient eben der Information.

Die verbindliche Sprechweise ist meines Erachtens jene, die am meisten Menschlichkeit in die Gespräche und Texte bringt. Sie fordert die beiden Partner auf, ihren Wortwechsel aufrechtzuerhalten und zu bereichern. Damit verhindert sie, dass die Aufmerksamkeit beider nachlässt. Sie drängt den Inhalt in den Hintergrund und benutzt den Wortwechsel, um das Interesse des einen für den anderen zu wecken und zu bewahren. Dieser Wortwechsel ist in der Tat mehr als eine Rede, er ist ein Werkzeug der sozialen Wechselbeziehungen, der Aufmischung der Beziehung durch ein einfaches und leichtverständliches Gespräch. Mit seinem «aha», «ja, aber ...», «o. k.» zeigt der Zuhörer dem Sprecher seine Aufmerksamkeit und Beteiligung. Die verbindliche Sprechweise kann in der Konversation gegenseitige Sympathie und gegenseitiges Interesse aufkommen lassen. Sie hält das Gespräch im Gange und schafft ein persönliches Geflecht, ohne dessen Inhalt in den Vordergrund zu stellen. Sie drückt eher das Verbindende als das Trennende aus.

Die Sprache ist eine Verschmelzung dieser verschiedenen Ausdrucksweisen. Wenn unser Gehirn anders geformt wäre und wir «lesen» könnten, was beim Nächsten vorgeht, könnten wir vielleicht darauf verzichten und stumm bleiben. Paare, die sich seit Langem kennen, reden wenig, sie verstehen sich insgeheim. «Wir verstehen einander, ohne zu reden», pflegen sie zu sagen. Am anderen Ende des Fächers der Intimität finden wir Leute, die sich zum ersten Mal begegnen, sei es zufällig oder mit der Absicht, sich kennenzulernen oder eine Beziehung aufzubauen. In solchen Fällen ist der Inhalt des Gespräches zweitrangig, das gegenseitige Kennenlernen tritt in den Vordergrund. Wir nennen solche Konversationen «small talk». Zwischen diesen beiden Polen gibt es noch das blosse Erzählen, das «story telling» der Angelsachsen. Es ist ein Mittel zur Bereicherung und Erhaltung der individuellen und gemeinschaftlichen Erinnerungen. In all diesen Fällen ist die Aufrechterhaltung der Aufmerksamkeit des Zuhörers entscheidend, man redet in der verbindlichen Sprechweise.

Diese beiden besonderen Gesprächsarten, für die wir näherungsweise «Geplauder» (für «small talk») und «Geschichtenerzählen» (für «story telling») einsetzen können, wollen wir uns etwas genauer ansehen. Im ersten Fall sind daran zwei oder mehrere Gesprächspartner beteiligt, um zum tagtäglichen Geschehen eher Unbedeutendes beizutragen mit dem Ziel, den gesellschaftlichen Austausch zu pflegen. Im zweiten Fall ist das Verhältnis zwischen dem Erzähler und dem Zuhörer (oder den Zuhörern – sie können natürlich immer auch in der Mehrzahl sein) komplexer, denn der Erzähler muss vermehrt expressive und informative Sprechweisen anwenden.

Small talk: Mehr als ein Geplauder

Die Konversation ist eine menschliche Aktivität, die in mehrfacher Hinsicht interessant ist, denn sie folgt einem überraschend einfachen Gesetz: Ich spreche, also hast du den Mund zu halten – dann sprichst du, und ich schweige, und so weiter, oft stundenlang. [18] Diese Regel des gegenseitigen Respektes gilt fast immer. Wird sie aufgebrochen, entsteht Kakophonie und Frustration. Wenn mehrere Personen gleichzeitig reden, wird das Gespräch laut, unverständlich und aggressiv, denn niemand will unterbrochen werden. Sind die Teilnehmer zornig, sprechen bekanntlich alle gleichzeitig; beruhigt man sich, hat das abwechslungsweise Sprechen wieder die Oberhand.

Im «small talk» setzen wir, ausser gelegentlichen Zwischenrufen wie «aber hör mal», «ganz richtig», noch andere verbindliche Mittel ein, um das Gespräch im Fluss zu halten und zu beleben, wie gehobenere Ausdrücke, Komplimente, allenfalls Anekdoten. Wir wollen damit verhindern, dass der Redefluss monoton wird oder gar versiegt.

Der «small talk» ist allerdings viel mehr als nur Palaver, er ist ein probates Werkzeug, um mit anderen soziale Bindungen einzugehen, die nicht konfliktbelastet sind. Wir wählen Themen, die beim Gegenüber auf Resonanz stossen, Gesundheit, Wetter, Familie, Sport – die Themen sind auf die soziale Stellung, das Geschlecht, die berufliche Tätigkeit, das Alter und die gemeinsamen Interessen der Teilnehmer abgestimmt. Wir vermeiden konfliktbeladene Aussagen und unangebrachte Einwendungen. Schliesslich geht es darum, beim Gegenüber Interesse, wenn nicht gar Sympathie zu wecken. Die unbeschwerte Plauderkonversation, angereichert mit gegenseitigen Höflichkeiten und Freundlichkeiten, kann jedoch gelegentlich weniger sittsame Absichten verbergen als nur die Weckung von Sympathie. Mit scheinbar harmlosen Sätzen kann ein Sprecher die Absicht verfolgen, Intimeres von seinem Gesprächspartner zu erfahren, seine soziale und hierarchische Stellung beispielsweise, oder gar auf gewandte Art eine Dominanz aufbauen. Mit Äusserungen wie «aus meiner Erfahrung» oder «mit meinen Kenntnissen» hebt man das Gleichheitsprinzip auf und fordert Respekt ab. Informelles Plaudern ist mittlerweile eine anerkannte soziale Kompetenz geworden, die an Managementkursen gelehrt wird.

Ich bin der Meinung, dass «small talk» über das Plaudern hinaus geht. Es ist ein grundlegendes Element unserer zwischenmenschlichen Beziehungen. Es kann sogar Leben retten: Ein Bericht der British Transport Police beschreibt Erfolge durch die Einleitung eines banalen Gespräches mit Personen auf Bahnsteigen, die Selbstmordabsichten haben. Es scheint mir, dass ein grosser Teil unserer tagtäglichen Konversationen mehr den Charakter gewichtiger Gedankenaustausche haben und damit über der reinen Plauderei stehen. Sie bestimmen unsere sozialen Verhältnisse und vermeiden unbequemes Schweigen, das sich in unserer Gesellschaft leicht als Unverständnis oder gar Misstrauen äussert. Der «small talk» ist ein zwischenmenschlicher Austausch, der Verbindungen und neue Netzwerke entstehen lässt. Worte haben eine versteckte Kraft, ihr Austausch entspricht den Quantenpartikeln, welche die Atome untereinander binden.

Als ich kürzlich auf einem kleinen Bahnhof auf eine Bergbahn wartete, habe ich mich hinter eine Traube von älteren Touristen gestellt, die offensichtlich aus Bayern stammten, und ergötzte mich diskret über ihre Gespräche. Mit Rucksack und Wanderstöcken ausgerüstet, unterhielten sie sich in kleinen Gruppen. Einer äusserte sich über die Spurweite der Gleise, ein anderer sprach über das unsichere Wetter, ein dritter über seinen mitgebrachten Proviant. Es war auch die Rede von Wanderschuhmarken und dem Nutzen von Sonnenschutzmitteln. Als ich mich von der Gesellschaft entfernte, vernahm ich nur noch ein allgemeines Plaudern, unverständliche, offensichtlich bedeutungslose, aber beruhigende Worte, welche die Wandergruppe in Freundschaft vereinten. Ein weiteres Erlebnis fällt mir ein: Ich war beruflich in Kambodscha, bei einer Gemeinschaft, der wir einen Mikrokredit gewährt hatten. Im Erdgeschoss eines typischen Wohnhauses, in dessen Hof sich Geflügel und Schweine tummelten, waren einige Frauen mit Korbflechten beschäftigt. Ich war sofort ergriffen von ihrer sorglosen Plauderei, obwohl ich kein Wort davon verstand. Offensichtlich trug die Unterhaltung dazu bei, sie zufrieden und bei guter Laune zu halten, während sie mit flinken Händen ihrer täglichen Arbeit nachgingen. Und weiter: Auch das erwartungsvolle Gemurmel des Publikums in einem Theater- oder Konzertsaal kurz vor dem Beginn der Aufführung, oder der Sprachteppich über einem Markt, stammen von leichthin ausgetauschten Worten ohne weltbewegende Bedeutung, führen aber in einer zufällig zusammengewürfelten Gemeinschaft zu einem Gefühl der Zusammengehörigkeit.

Zusammenfassend kommen wir zu der Feststellung, dass «small talk» mehr ist als ein einfacher Schwatz über das Wetter und den Fussball, mehr ist als spöttische Bemerkungen über den Nachbarn oder die kürzliche Scheidung eines Filmstars. Wer kann sich wohl noch daran erinnern, was er vor Kurzem am Stammtisch über einen Unbekannten zum Besten gegeben hat? Diese Art von Gesprächen ist somit nicht vom Inhalt her wertvoll, sondern von ihrer sozialen Bedeutung: Je nach der Ausdrucksweise, nach der sprachlichen Intensität und der Lautstärke vermag sie die Distanz zwischen den Sprechenden zu respektieren und zu markieren. Ein freundlicher Ton zeigt an, dass das Verhältnis untereinander friedlich ist, und die Mimik und Gestik unterstreichen dies. Der ständige Sprachfluss verhindert lange Pausen im Gespräch, die immer zu Unsicherheit, Missverständnissen und Zweifel führen. Wir sind soziale Wesen und müssen das immer wieder vorführen. Der scheinbar unbedeutende «small talk» erhöht durch seine häufigen Gedankenaustausche den Wert unseres gesellschaftlichen Umfeldes.

Story telling: Geschichten erzählen

Seit jeher ist der Mensch ein leidenschaftlicher und nicht zu zügelnder Geschichtenerzähler. Er liebt es, wahre oder erfundene Geschichten vorzutragen, seine oder anderer Erfahrungen weiterzugeben. Alles Aufregende und Erschütternde des Lebens bietet Stoff für blumige und dramatische Erzählungen: Freundschaften, Liebe, Mut und Heldenhaftigkeit, Krieg und Katastrophen. Jeder Mensch ist glückselig, wenn ihm andächtig zugehört wird, oder wenn er ergriffen zuhören darf. Geschichten zu erzählen ist eine zutiefst menschliche Eigenschaft, die uns von allen anderen Kreaturen unterscheidet. Es ist ein mächtiges Mittel, um zu unterhalten, um zu überraschen, um menschliche Werte zu beschwören oder um gesellschaftliche Normen zu verkünden. Umgekehrt wird es dem Erzähler zum Nutzen, wenn die Zuhörer seine Ausführungen ergänzen, und zur Genugtuung, wenn ihm Sympathie und Applaus entgegengebracht wird ... und vielleicht gar ein Honorar. [19]

Die Form der Erzählung hat ihren Ursprung in der frühesten Zeit der Menschheit. Grosse Epen haben uns über Generationen die Mythen der Frühzeit mündlich übertragen. Erst viel später wurden sie in die Schrift übertragen, wie die Geschichte von Gilgamesch aus Mesopotamien im 17. oder 18. Jahrhundert vor Christus, dann die Iliade und die Odyssee im 8. Jahrhundert vor Christus, die Reiseberichte von Herodot – dem ersten grossen Historiker – im 5. Jahrhundert vor Christus, das Alte und das Neue Testament. Am meisten berührt uns in all diesen mündlich überlieferten Texten die – natürlich unbewusste – Verwendung aller drei wichtigen Ausdrucksweisen: die verbindliche, mit der sie die Ereignisse und Mysterien detailliert beschreiben, die expressive, welche den Bericht so lebendig macht, dass der Erzähler dessen Held wird, und die eindringliche, welche den Zuhörer fesselt dank des Einflechtens von Humor, Selbstgesprächen, Wiederholungen. Diese letzte Sprechweise findet sich hier in ihrer ganzen Schönheit.

Ein Abend in Marokko mit einem gewieften Erzähler war für mich ein unvergessliches Erlebnis. Wir sassen mit jungen und alten Zuhörern um ein Feuer, in einer Oase am Rand der Wüste. Alle waren aufmerksam, ihre Blicke hingen an den Lippen des Erzählers, der auf einem Stein sass, in eine weisse Djellaba gekleidet, seine beiden knorrigen Hände umklammerten einen Stock. Sein Redefluss wurde oft von Zwischenrufen unterbrochen, vor allem, wenn er Tierlaute nachahmte oder seine Figuren in direkter Rede sprechen liess. Ab und zu warf er die Hände nach links oder rechts. Wenn er einen bestimmten Satz einflocht, übernahm ihn die ganze Runde im Chor. Ich erkannte darin unsere Kinderreime und die laut mitsingende ekstatische Menge bei unseren Popmusikfestivals.

Die Botschaft, die bei solchen Anlässen zwischen dem Erzähler oder Sänger und der Zuhörerschaft vermittelt wird, dringt oft erst später ins Bewusstsein der Empfänger. Wenn das Publikum während des Vortrages sein Mitempfinden spontan durch Zwischenrufe und Beifall äussert, wird die Begeisterung unmittelbar den Vortragenden beflügeln. Wenn seine Rede tiefgreifendere Themen verkündet, werden sich seine Ausführungen erst am Schluss voll erfassen lassen. Sie werden dafür längere Zeit nachhallen, zum Weiterdenken anregen. Das Publikum wird eine bleibende Erinnerung an die verkündeten Wundertaten und Lehren behalten. Apostel, Gurus, religiöse und weltliche Führer haben im Laufe der Geschichte Botschaften verkündet, die über Generationen Treue und Andacht wachgehalten haben.

Die Erzählung ist also ein mächtiges und fundamentales Mittel, das auf einer charakteristischen Struktur der menschlichen Sprache beruht. Sie bedient sich sowohl der expressiven wie auch der informativen und der verbindlichen Sprechweise. Beim Erzählen werden Fakten und Ideen übermittelt, wobei die individuelle Vortragsart einen persönlichen Bezug zum Vortragenden schafft. Er erhofft sich ein Echo auf seine Rede, sei es über den Inhalt der Erzählung oder über die Botschaft, die sie vermittelt. Ursprünglich vermochte das Erzählen, sich von Ängsten zu befreien, oder die grossen ethischen Prinzipien zu verbreiten, die in Mythen und Märchen gefasst wurden. Beim Erzählen wurden die menschlichen Schwächen und Tugenden in heroische Geschichten eingebunden. Es ermöglichte, die moralischen Gesetze durch religiöse Texte zu vermitteln. Vor der Erfindung der Schrift war das gesprochene Wort das lebendige Gedächtnis der Völker, das sich über Generationen hinweg übertrug. Jede Kultur, jede Epoche hatte ihre bevorzugten Erzähler: griechische und römische Epiker, die schöne Scheherazade am Hofe des Sultans Schahriah, die Gebrüder Grimm in Deutschland und Charles Perrault in Frankreich. Die Erzählweise und der Stil haben sich im Verlauf der Jahrhunderte gewandelt, aber das Prinzip ist geblieben: Es ist die Kunst, Erlebtes in Worte zu fassen, vom Vortragenden wohlklingend dargebracht mit dem Ziel, sein Publikum zu fesseln und zu belehren und in der Erwartung von Dankbarkeit, Applaus, aber auch von Berichtigungen und Denkanstössen.

Über alle Epochen hat sich die Erzählkunst erheblich verändert. Durch die audiovisuelle Technologie hat sie sich in unserer Zeit allerdings aussergewöhnlich entwickelt. Die vermittelten Botschaften haben sich vervielfältigt, das Ziel des Wissens- und Gedankenaustausches ist aber dasselbe geblieben: durch expressive, informative und verbindliche Aussageweise eine starke und persönliche Botschaft übermitteln, um deren Empfänger zu beeinflussen. Unsere modernen Marketingexperten haben es verstanden, daraus ein ungeheuer wirkungsvolles Verkaufswerkzeug zu schmieden, um den widerstrebendsten Käufer an ein Produkt, eine Marke, eine Mode zu binden.

Wir müssen feststellen, dass das «story telling» eine sehr bedeutende Entwicklung durchgemacht hat: die Erzähler sind dem Buch, dem Fernsehen, dem Handy gewichen. Es sind nicht mehr die blumigen Geschichten und poetischen Fabeln, die uns betören und belehren, sondern Fotomontagen und Videoclips. Einprägsame Musik erhöht ihre Wirkung. Die Werbemethoden von Apple, Coca-Cola und anderen Luxusmarken sind typische Beispiele für die unablässige Berieselung durch Botschaften, denen wir ausgesetzt sind. Das «story telling» hat die Wirtschaft erobert, es wird an Managementkursen und Handelsschulen gelehrt und ist zum wichtigsten Beeinflussungsmittel geworden. Wir sind weit entfernt von der einnehmenden Schönheit der *Ilias* und *Odyssee*. Wird diese Entwicklung das sprachliche «story telling» verdrängen? Ich befürchte das nicht, denn die tausendjährige Kunst des Erzählens bleibt ein faszinierendes menschliches Gut. Eine Wiedergeburt der sprachlichen Überlieferung stellen wir neuerdings fest dank der *TED Talks* (*TED = Technology Entertainment Design*). [20] Dieses weltweite Phänomen besteht aus Berichten von etwa 20 Minuten Dauer über alle möglichen Themen, die unsere Gegenwart prägen oder unsere Zukunft vorzeichnen. Gegenwärtig sind etwa 1'500 derartige Vorträge im Internet verfügbar, die bereits 1.5 Milliarden Mal abgerufen wurden. Mit modernen technologischen Hilfsmitteln erörtern ausgewiesene Geistesgrössen die grossen Fragen unserer Zeit vor eine erstaunten Auditorium, das interaktiv durch Fragen und Anmerkungen am Vortrag teilnimmt. Diese neue Plattform des heutigen Wissens bedient sich der alten Methode des «story tellings». Obwohl gegen diese in Erzählform vorgetragenen Meinungen der Vorwurf der Vulgarität erhoben wird, haben sie das Verdienst, der alten Kunst des Erzählens eine gewisse zeitgemässe Form zu geben.

Der Mensch liebt es, Geschichten zu erzählen und ist immer bereit, ihnen zuzuhören. Es wird immer Kinder geben, die am Abend, vor dem Einschlafen, ihre Mutter liebevoll umarmen und sie bitten: «Bitte, erzähle mir eine Geschichte» – und sei es bloss, um noch ein wenig Wachsein zu erheischen und Gemeinschaft mit der Mutter zu geniessen. Das Kind wird es auch nicht verpassen, ihre Mutter bei Fehlern zu ertappen, und wird sich bemühen, die Erzählung durch neu erfundene Ausschmückungen zu bereichern. Und so werden Erzählungen ewig lebendig bleiben.

Kapitel 5
Austausch von Schallschwingungen – Emergenz einer Verzauberung: Die musikalische Erfahrung

Wir sind im Winter 2013. Es schneit über der dunklen Stadt. Wenn wir aus den hohen Fenstern des Konzertsaals blicken, erkennen wir die entlaubten Äste der Bäume, schwarze Skelette auf dem weissen Platz. Die Schneeflocken fliegen auf einer schrägen Flugbahn ziemlich schnell nach unten, es weht ein starker Wind. Passanten, zwei sich aneinanderlehnende dunkle Schatten, ducken sich unter dem schützend vorgehaltenen Schirm. Sie eilen auf die breite Treppe zu, die zum Konzerthaus führt. Sie wollen auf keinen Fall den Anfang eines einmaligen Ereignisses verpassen: das Abschiedskonzert des Tokyo-String-Quartettes. 1968 gegründet, spielt dieses grossartige Ensemble auf Stradivari-Instrumenten, die Paganini gehörten. Die beiden Violinen sind die *Conte Cozio di Salabue* und die *Desaint*; die Bratsche ist die *Mendelssohn*, das Cello ist das *Ladenburg*. Angesagt sind das Quartett Opus 11 von Samuel Barber und das Quintett Opus 152 für zwei Celli von Franz Schubert, für dessen Aufführung ein zusätzlicher Cellist von internationalem Rang hinzugebeten wurde.

Das Quartett setzt mit einem unmerklichen Kopfnicken des Konzertmeisters zu den ersten Takten an. Sogleich erfasst man die vollkommen synchrone Bewegung der Bögen, die Töne scheinen aus einem einzigen Instrument zu erklingen. Gleich zu Beginn ergreift eine magische Atmosphäre den Saal, die sich in der absoluten Stille der Zuhörerschaft ausdrückt. Das Folgende, die Aufführung von zwei Meisterstücken der Kammermusik, wird lauter Glückseligkeit sein. Das erste Stück hat Barber 1936 komponiert, das zweite Schubert 1828, kurz vor seinem Tod. Diesem Werk, dem der zugezogene Cellist eine verhaltene Würde gibt, wurde allerdings erst 20 Jahre später im Musikverein zu Wien uraufgeführt.

Eindrückliche Stille herrscht auf den Rängen während der ganzen Aufführung, äusserste Konzentration der Musiker und des Publikums, vollkommenes Zusammenspiel der einzelnen Parts, und dann: tosender Applaus! Aussergewöhnliche musikalische Erlebnisse prägen sich für immer in unsere Erinnerung ein. Über all die langen Jahre meines Lebens sind mir als Musikliebhaber etwa zehn solch herausragende Konzerte gegenwärtig geblieben, die zu einer innigen

Verbundenheit zwischen den Künstlern und dem Publikum geführt hatten. Ich denke an das Klavierkonzert Nr. 5 von Beethoven mit Wilhelm Backhaus unter der Leitung von Karl Schuricht, meine erste Begegnung mit Murray Perahia anlässlich eines Rezitals, die fünf magischen Stunden bei meiner Entdeckung des Parsifals von Wagner, eine Rigoletto-Aufführung in der Mailänder Scala, die in unvergleichlicher Harmonie stand zur Architektur dieses grossartigen Theaters.

Die Musik ist heute allgegenwärtig. Sie verfolgt uns in Aufzügen, in Warenhäusern, in Gaststätten. Sie wird als eine akustische Ausstaffierung eingesetzt, die von uns keinerlei emotionale Teilnahme verlangt und der wir wehrlos ausgesetzt sind. Dieser Hintergrundmusik werden wir uns im Folgenden nicht widmen, sondern der Musik, die ein eindringliches Zusammenwirken zwischen dem Künstler und dem Zuhörer erheischt, handle es sich nun um ein klassisches Werk, um Jazz- oder Popmusik.

Das Wesen des musikalischen Austausches

Im Kapitel 4 haben wir gesehen, dass wir keine Kultur ohne Sprache kennen. Dasselbe lässt sich über Musik sagen. Sie wurde schon als eine andere Art des Sprechens betrachtet, oder als eine andere Art von Poesie. Man muss also die Musik als einzigartiges Mittel der Verständigung und des Austausches sehen, als Notwendigkeit der zwischenmenschlichen Wechselwirkung. Sprache und Musik sind wohl verschieden, aber beide sind zutiefst und ausschliesslich menschlich.

Die musikalische Verständigung besteht seit der Urzeit der Menschheit, wie sich aus der Entdeckung erster Blas- und Schlagzeuginstrumente ergibt, die aus der Haut und den Knochen von Tieren hergestellt wurden. Sie hat seither an der Entwicklung aller Zivilisationen teilgenommen und im Verlauf der Jahrtausende den ganzen Planeten erobert. Jeder Mensch lebt in der Musik, mit ihr oder für sie. Auf der physikalischen Ebene ist die Musik eine Folge von Tönen (die aus Druckwellen der Luft bestehen) und von stillen Pausen – ist das alles? Wie können unterschiedliche Druckwellen so starke Empfindungen auslösen? Einen wichtigen Beitrag zu dieser Frage hat der Physiker Hermann von Helmholtz im Jahre 1863 geleistet. [21] Seine Studien erklären sowohl das physikalische Wesen der Töne als auch den Vorgang des Hörens durch die Beschreibung der Wirkungsweise unseres Gehörorganes, das Ohr, und insbesondere dessen Empfindungsteiles, die Gehörschnecke (*Cochlea*). Die Gehörschnecke wird durch Schall auf eine Weise zum Vibrieren gebracht, die wir weiter unten näher untersuchen werden. Die Theorie von Helmholtz umfasst demnach einen physikalischen und einen physiologischen Teil. Weiter geht sie nicht: Da man in seiner Zeit nur über rudimentäre Kenntnisse von der Wirkungsweise unseres Gehirnes verfügte, konnte er nichts über die neurologischen Vorgänge beim Vorgang des Hörens aussagen. Viele Fragen mussten in seiner Theorie unbeantwortet bleiben: Was geschieht nach der Gehörschnecke? Wie verwandeln sich die Vibrationen der Gehörschnecke, nachdem sie in elektrische Nervensignale umgesetzt wurden, in eine musikalische Empfindung? Wie können mechanische Schwingungen, nachdem sie in extrem schwache elektrische Signale umgesetzt sind, unsere Emotionen zum Schwingen bringen? Wie können uns Folgen von Tönen und stillen Pausen fröhlich, traurig, begeistert, überschwänglich stimmen? Was geschieht «hinter dem Vorhang», wie es der Neurobiologe John Powell 2010 ausdrückte? [22]

Zunächst halten wir fest, dass die Musik, sobald sie entstanden ist und sich im Raum ausgebreitet hat, eine Vielzahl von Wechselwirkungen auslöst, vorerst bei mir selbst: Wenn ich allein musiziere, feile ich so lange an meiner Interpretation des Stückes, bis mich der Klang, die Harmonie, der Rhythmus, der musikalische Ausdruck befriedigen. Ich hinterfrage den Erfolg selbst oder bespreche ihn mit meinen Angehörigen oder Freunden. Bei der Kammermusik, bei welcher die Komplexität der Polyphonie die Analyse des Gehörten erschweren, folgt dann der Gedankenaustausch zwischen den einzelnen Solisten. Es gibt die feinen Merkzeichen zwischen dem Tenor der *Winterreise* mit seinem Begleitpianisten, oder jene zwischen dem Dirigenten und seiner ersten Geige am Anfang eines Symphoniekonzertes. In erster Linie beschäftigt uns hier jedoch das Zusammenwirken zwischen einem Musiker und seinem Publikum. Dieses Wechselspiel hat besondere Eigenheiten: Während der Solist mit seiner Interpretation danach trachtet, einen möglichst grossen Teil seiner Zuhörer in seinen Bann zu ziehen, werden es diese ihm durch geräuschlose Aufmerksamkeit danken. Ein grosser Pianist hat einmal nach einem denkwürdigen Konzert gesagt: «Sie haben sogar vergessen zu husten.» Es gibt natürlich noch andere Ausdrucksformen, mit denen die Zuhörer ihrem Lieblingsmusiker huldigen: zunächst natürlich der Applaus, dann die dringliche Bitte um ein Autogramm, aber vor allem ihre Zuneigung, ihre Verehrung für einem Menschen, den sie gewöhnlich gar nicht persönlich kennen. Diese Wechselwirkungen sind meistens nicht unmittelbar, sie sind zeitlich verzögert. Im Alltag hingegen können sie spontaner sein: Die Musik bewirkt dann einen Gemeinschaftsgeist, der von Wohlbehagen bis zur Faszination reicht, wie auch immer der Wert der Darbietung ist: Selbst wenn die Aufführung dilettantisch ist, lädt sie zu stiller Aufmerksamkeit und zu einem gewissen Respekt ein. Der physikalische Schall wurde in eine Seelenstimmung übertragen, das physikalische Ereignis hat sich in Ergriffenheit verwandelt.

Lärm, Töne, Musik: Der Weg von der Physik zur Physiologie und zur Ergriffenheit

Es dürfte hier nützlich sein, einige Begriffe aus der Physik in Erinnerung zu rufen, um die Fülle an Wechselwirkungen des musikalischen Austausches besser zu verstehen. Jedes akustische Ereignis wird durch eine rasche Abfolge von Druckänderungen der Luft bewirkt. Lärm und Musik sind auf Luft angewiesen: Im luftleeren Raum hört man nichts. Aber im Wasser wird Schall sehr rasch übertragen.

Die akustischen Signale können entweder völlig ungeordnet sein oder ein bestimmtes Ordnungsmuster aufweisen. Im ersten Fall hat man es mit Lärm zu tun, beispielsweise bei einem Peitschenknall oder dem Scheppern von Milchkannen, im zweiten Fall mit einem Ton, beispielsweise durch den Anschlag einer Klaviersaite. Je regelmässiger die Schwingungsfrequenz ist, desto reiner ist der Ton. Eine Analogie veranschaulicht dieses Phänomen: Werfen Sie eine Handvoll Steine in einen ruhigen Teich. Die dabei entstehenden Wellen gehen ungeordnet in alle Richtungen, sie werden sich gegenseitig überlappen und verstärken oder schwächen, sie entsprechen einem Lärm. Nachdem sich die Wasserfläche beruhigt hat, werfen Sie einen einzelnen Stein ins Wasser – er wird schöne, kreisförmig ausstrahlende Wellen hervorbringen. Das entspricht einem musikalischen Ton. Töne sind also regelmässige Wellen. In Ihrem Unterricht über elementare Physik haben Sie gelernt, dass Töne sinusförmige Wellen hervorrufen. Will man nicht auf den Physikunterricht zurückgreifen, kann man sich eine Motocrosspiste vorstellen, mit einer Menge von mehr oder weniger hohen Buckeln. Ihre Höhe entspricht der Amplitude eines Tones, diese stellt dessen Lautstärke dar. Die Distanz von Buckel zu Buckel nennt man Periodizität, diese entspricht der Tonhöhe: viele nahe beieinanderliegende Buckel = hoher Ton, wenige Buckel = tiefer Ton, keine Buckel = Stille.

Ein musikalischer Ton wird also von einigen physikalischen Grössen bestimmt: durch seine Lautstärke (Amplitude) und seine Tonlage (Frequenz). Ist das alles? Nein, wir müssen zwingend eine dritte physikalische Grösse einführen, die schwieriger zu umschreiben ist, nämlich seine Klangfarbe. Die Töne, die ein Instrument und auch die menschliche Stimme abgeben, sind nicht absolut rein, sie haben sehr geringe Unregelmässigkeiten. Wenn wir unser Beispiel mit dem Teich aufnehmen: Die Wellen selbst bestehen wiederum aus sehr kleinen Wellen, die sich genau zweimal, dreimal, viermal zwischen das Wellental und den Wellenberg einfügen. Das sind die sogenannten Harmonien der gespielten Note, und sie tragen ihren Namen zu Recht, denn sie verleihen dem Ton eine Persönlichkeit, die wir als Klangfarbe oder «Timbre» bezeichnen. Es gibt ein typisches Timbre der menschlichen Sprache, der Klarinette, des Fagotts und so weiter, das von den Harmonien des Instrumentes stammt. Dank dieser Harmonien können wir das Instrument erkennen. Schliesslich müssen wir, ehe wir unseren mühseligen Abstecher in die Physik abschliessen, eine letzte, offensichtliche Eigenschaft nennen, die einen Ton bestimmt: seine Dauer. Er kann lang sein wie der Schlussakkord einer Orgel oder kurz wie das Pizzicato einer Geige. Der Ton wandert demnach mit seinen vier charakteristischen Eigenschaften vom Instrument durch die Luft bis zu Ihrem aufmerksamen Ohr. Das menschliche Ohr ist ohne Zweifel ein bewundernswertes Organ, aber seine Fähigkeit, die vier physikalischen Parameter einzufangen, hat ihre Grenzen. Die Lautstärke darf 120 Dezibel (der Lärm, den ein tieffliegendes Düsenflugzeug erzeugt) nicht übersteigen – darüber verursacht sie Schmerzen und Gehörschäden. Wir hören nur Töne, deren Frequenz höher als 16 und tiefer als 16'000 Hertz (Schwingungen pro Sekunde) beträgt. Töne mit weniger als 16 Schwingungen pro Sekunde nennen wir Infraschall, wir können ihn nicht hören, im Gegensatz zu Elefanten. Töne mit mehr als 16'000 Hertz bezeichnen wir als Ultraschall, auch dieser liegt jenseits unseres Hörvermögens, aber Hunde und Fledermäuse nehmen solch hohe Frequenzen durchaus wahr. Schliesslich können wir Pausen zwischen zwei Tönen, die weniger als 4 Millisekunden dauern, nicht erfassen. Im Gegensatz zu den beschriebenen Grenzen unserer Wahrnehmungsfähigkeit ist die Erkennung der *Harmonien*, des *Timbres*, ein komplexer Vorgang. Wir identifizieren in einem Ton die Harmonien nicht einzeln, wir hören sie als Ganzes und sagen dann: «Aha, das ist eine Klarinette.»

Versuchen wir nun, mit diesen vier elementaren Vorgaben, die einen Ton eindeutig charakterisieren, Musik zu schaffen. Wir werden vorerst eine Reihe von Tönen bilden und diese Reihe anschliessend mit weiteren Tönen «einrahmen», im Sinne einer Begleitung. Die ganze Reihe von Tönen bezeichnen wir, sofern sie nicht auf blossem Zufall beruht, als Melodie. Denn bei der westlichen Musik definiert jede Note eine Auftretenswahrscheinlichkeit für die nächste Note, was zu einer wahrscheinlichen Tonfolge und weiter zu einer wahrscheinlichen Phrasierung führt. Versuchen Sie nicht, diese Auftretenswahrscheinlichkeit für die nächste Note zu unterbinden, denn dadurch würde Ihre Melodie unverständlich und unausstehlich. Wenn Sie beispielsweise die *Marseillaise* oder *Frère Jacques* vortragen, ohne die Tonabstände einzuhalten, und zufällig ausgewählte Töne um eine Oktave höher singen, wird Ihr Gesang haarsträubend klingen, und man wird die melodische Linie nicht mehr erkennen, welche die Feierlichkeit der Hymne oder den Zauber des Liedes ausmacht.

Nun wollen wir die Dinge mit einer *Begleitung* weiterentwickeln. Wir haben soeben angemerkt, dass es einrahmende Töne gibt. Ein Komponist wird mit Elementen der Anspannung und der Entspannung operieren, etwa indem er eine disharmonische Sequenz einfügt, welche in den Ohren schmerzt, während die folgenden harmonischen Sequenzen als wohltuend und gefällig empfunden werden. Er weiss, dass nach konventioneller Auffassung Akkorde als harmonisch empfunden werden, wenn sie die Klangelemente des Timbres einer Note enthalten, während sie als disharmonisch gelten, wenn sie dieser Regel nicht folgen. Auf diese Weise kann er mit der Begleitung auf Momente mit musikalischer Unbehaglichkeit solche mit Wohlbehagen folgen lassen. Die klassischen Komponisten haben diese Methode stets befolgt, im Gegensatz zu jenen des 20. Jahrhunderts, deren häufige dissonante Phasen eine typische Eigenheit ihrer Werke bilden. Als Beispiel lässt sich eine Symphonie von Gustav Mahler heranziehen, und auch das berühmte Le Sacre du Printemps von Igor Strawinsky, dessen Dissonanzen bei der Uraufführung in Paris zu Tumulten im Publikum geführt haben.

Ausser den vier genannten Charakteristiken der Töne und ihrer Gruppierung in Melodien und Harmonien trägt ein letztes Element zur Kostbarkeit des musikalischen Repertoriums bei: der Rhythmus. Sein Ursprung liegt im Tanz. Er verleiht der musikalischen Phrase eine zeitliche Dimension: Langsam oder schnell, im Zweiviertel- oder Dreivierteltakt oder synkopisch, mit Wiederholungen oder ununterbrochenem Fluss, wird der Rhythmus über unser Ohr zum Scheitellappen unseres Gehirnes übertragen, der die verschiedenen erhaltenen akustischen Signale verarbeitet und in der Nähe des Bereiches liegt, der unsere Bewegungen kontrolliert. Das macht verständlich, dass wir bei einem beschwingten Rhythmus das Bedürfnis verspüren, unseren Körper oder zumindest unsere Füsse zu bewegen. [23]

Das Zusammenspiel der Gesetze der Physik und der akustischen Regeln bewirkt die Emergenz der Musik

Nach unseren bisherigen Ausführungen könnte man den Schluss ziehen, dass einzig physikalische Gesetze bestimmen, was Musik ist. Wenn sich Musik mit vier elementaren Parametern (Frequenz, Amplitude, Harmonie und Dauer) und deren Architektur mit den Regeln der Wahrscheinlichkeit der Tonfolgen (Melodie) und ihrer Begleitung (Harmonie) beschreiben lässt – worin besteht dann die Rolle des armen Interpreten? Müssen wir zu dem Schluss kommen, dass Maschinen komponieren können, wenn wir die kürzlich vorgestellte Applikation von Google anwenden, die in Befolgung der strengen Kompositionsregeln von Johann Sebastian Bach aufgrund einiger eingegebenen Noten ein «neues Werk» des berühmten Kantors zu Leipzig künstlich herstellt? Zum Glück ist die Künstliche Intelligenz noch nicht so weit. Denn was Bach gelang, vermag sie beileibe nicht. Einzig ein menschliches interpretatorisches Genie kann eine strenge «akustische Datenbank» in ein ästhetisches und individualisiertes Werk formen. Kehren wir nun zurück in unseren Konzertsaal, in dem gerade das Quintett von Schubert erklingt. Im Adagio unterscheidet man leicht drei simultane Tonfolgen: Eine Stimme drückt die Traurigkeit der Melodie aus, die zweite bildet dazu eine Begleitung, die beinahe einem Kontrapunkt gleichkommt, während die dritte den Takt mit einem langsamen, leisen und aufsässigen Pizzicato unterstreicht. Um diese Phrase möglichst eindringlich zu interpretieren, spielt jeder Solist ganz verhalten ein wenig mit den Gesetzen der Physik: heftiges Anschlagen der Töne, das ihre Reinheit etwas trübt; Verstärkung eines Teiles der Melodie, um die Begleitung zurückzudrängen; geringfügige Verlängerung eines Akkordes, die ein Gefühl der Erwartung auslöst; ebenso geringfügige Verspätung beim Einsatz der Begleitakkorde, um Beunruhigung und Mystik zu erwecken. Die Liste dieser kaum wahrnehmbaren Regelverstösse im musikalischen Werkzeugkasten ist fast grenzenlos und gilt für alle Instrumente. Beispielsweise erleichtert der Anschlag einer Note, das heisst deren Anfangslautstärke, das Erkennen eines Instrumentes. Versuche haben gezeigt, dass die Identifizierung misslingt, wenn man künstlich den Beginn des Anschlages unterbindet. Anderseits ist die Empfindlichkeit des Ohres für die Schwelle der Hörbarkeit eines Tones abhängig von dessen Tonlage, sie ist am erfolgreichsten bei hohen Tönen. Deshalb vermag eine Pikkoloflöte mit ihrem hohen, schrillen Klang leicht gegen ein Streichorchester von 60 Musikern aufzutreten. Ein anderes Phänomen ist das Absinken unserer Aufmerksamkeit, wenn wir die langdauernde eindringliche Wiederholung derselben Note hören.

Ein kunstvoller Musikvortrag, der Ergriffenheit auslöst, ist eine Wiederauferstehung eines musikalischen Werkes, bei welcher der Aufführende über die physikalischen Gesetze und das Hergebrachte hinaus kaum wahrnehmbare Regelverstösse, Respektlosigkeiten und Eigenheiten einfliessen lässt, welche dem Musikstück eine neue Struktur verleihen. Diese Freiheiten müssen aber sehr zart, sehr fein, keinesfalls zu grob und zu aufdringlich sein, sonst wird dem Gehalt des Werkes Unrecht zugefügt, und die Wiedergabe wirkt geschmacklos und primitiv. Bei der Aufführung unseres Schubert-Quintettes verstanden es die Solisten vorzüglich, den «musikalischen Schauer» dieses Werkes auf vornehme und feinfühlige Art auf das dankbare Publikum zu übertragen. [23]

Was geht bei einer solch kunstvollen Aufführung vor sich? In ihrer zurückhaltend persönlich gefärbten Darbietung gelangt die Musik an unsere Gehörschnecke. Stellen Sie sich dieses kleine Organ in der Grösse einer Erbse vor: Es besteht aus einem wurmartigen Schlauch mit einer feinen Lamelle über seine ganze Länge, der kugelförmig aufgewickelt ist. Diese Lamelle wird durch die Töne gemäss einer präzisen Topografie örtlich in Schwingungen versetzt – durch tiefe Töne an ihrem unteren Ende, durch hohe Töne am oberen Ende. 30'000 Nervenzellen, welche die Lamelle auf ihrer ganzen Länge berühren, übertragen diese Vibrationen zum Gehirn. Dank dieses leistungsfähigen Organes und dessen Verbindungen werden alle feinen Schattierungen der Interpretation unserer fünf Solisten mit atemberaubender Geschwindigkeit in Echtzeit dem Gehirn zugeführt. Und hier erwartet uns eine neue Überraschung: Die ursprünglichen Töne, mittlerweile in elektrische Impulse umgewandelt, werden nicht in einen bestimmten Bereich geleitet, sondern auf zahlreiche Sektoren unseres Gehirnes verteilt. Wir besitzen demnach nicht ein eigentliches «Musikzentrum», vielmehr sind viele Gebiete unseres Gehirnes am Hörvorgang beteiligt. Die Signalübertragung erfolgt über die primären und sekundären Areale unseres rechten Schläfenlappens (*cortex temporalis*), der nicht nur musikalische, sondern alle Hörstimulationen empfängt. Beim Hören von Musik ist jedoch nicht nur dieser Schläfenlappen beteiligt, sondern fast das ganze Gehirn: Der Rhythmus wird im Scheitellappen (*cortex parietalis*) analysiert, der in der Nähe des motorischen Zentrums liegt, sowie im Kleinhirn, das unsere Bewegungen steuert. Ausserdem werden weitere Bereiche aktiviert, insbesondere der *Hypocampus*, verantwortlich für unsere emotionalen Empfindungen, der *nucleus accumbens* und weitere Teile mit eigentümlichen Namen. Unser Gehirn wird also von einem wahren Tsunami überrollt, der unseren Geist auf breiter Front aufwühlt und Empfindungen auslöst, wie wenn wir reellen, konkreten Geschehnissen gegenüberstehen würden. Auch unser sympathisches und parasympathisches vegetatives Nervensystem sowie unser neuroendokrines System sind davon betroffen: Unser Puls und unsere Atmung beschleunigen sich, vielleicht kriegen wir gar eine Hühnerhaut, vielleicht werden wir im Gegenteil in eine eigentümliche Ruhe versetzt.

Das Phänomen Musik hört nicht bei dieser reichen und traumhaften Wahrnehmung auf, die eine aussergewöhnliche Aufführung hervorruft. Die Wechselwirkung wäre damit einseitig, weil nur vom Interpreten ausgelöst. Vielmehr haben wir bereits erkannt, dass ein hochstehender Musikvortrag bei uns Zustimmung, Bewunderung, auch Dankbarkeit auslöst. Zu dieser besonderen Wechselwirkung fehlte bisher eine wissenschaftliche Erklärung, die erst in den beiden verflossenen Jahrzehnten gefunden wurde. In der Tat haben die beiden Forscher Rizzolatti und Craighero bei den Makaken eine erstaunliche Entdeckung gemacht. Anlässlich von bestimmten Versuchen über die Erregung verschiedener Gehirnareale stellten sie bei diesen meerkatzenartigen Affen fest, dass nicht nur die aktiv am Versuch beteiligten Affen ein bestimmtes Erregungsmuster im Gehirn zeigten – auch die nicht beschäftigten, lediglich passiv beiwohnenden Affen wiesen das genau gleiche Bild der Gehirnaktivität auf! Somit wurde nachgewiesen, dass die Gehirnzellen der beiden Gruppen, jene der in den Versuch einbezogenen Tiere und jene der blossen Zeugen des Experimentes, aktiviert wurden, ob sie nun direkt an der erregenden Tätigkeit teilnahmen oder nur passiv dem Geschehen ausgesetzt waren. [24] Diese revolutionäre Feststellung wurde seither mehrfach nachgewiesen, insbesondere auch beim Menschen: Beide, der Musiker und der Zuhörer, weisen dieselben Gehirnaktivitäten auf. Das erlaubt bei der Aufführung eines Musikstückes ein gleiches Vorstellungsvermögen und ein gleiches Erlebnis bei beiden Partnern. Als Zuhörer im Konzertsaal haben wir demnach gewissermassen an der körperlichen und geistigen Tätigkeit der fünf Solisten teilgenommen – dank der Leistungen unseres Gehirnes. Diese Feststellung kann noch weiterführen: Selbst die mentale Vorstellung eines Musikstückes löst beim Musiker alle erwähnten Gehirnfunktionen aus, die bei der effektiven Darbietung notwendig wären. Die gehörte Musik hat die gleiche Wirkung im Gehirn wie die bloss im Gedächtnis abgerufene. Ich selbst bin darob sehr glücklich, denn ab und zu komme ich bei Schlaflosigkeit dazu, eine ganze Sonate von Beethoven im Geiste zu «spielen», in dem Wissen, dass mein Gehirn es übernimmt, das

Stück in der Einbildung zu spielen, auf einem bloss eingebildeten Klavier, mit dem doppelten Vorteil, dass ich niemanden störe und dass ich keine Fehler mache!

Diese Entdeckung der geistigen Wechselwirkung zwischen dem Handelnden und dem Beobachter hat zum Konzept der *Spiegelneuronen* geführt. Dieselben Neuronen, die beim Musikinterpreten während des Bedienens seines Instrumentes aktiv sind, ermöglichen es dem Zuhörer, sich dessen Tätigkeit vorzustellen. Das Konzept kann verallgemeinert werden; es wirft ein neues Licht auf wichtige Fähigkeiten wie den Lernvorgang, die Empathie und den Altruismus. Und wir können besser erfassen, was uns das Hören von Musik schenkt: Ausser dem kulturellen und metaphorischen Wert, den unser Geist aufnimmt, ausser der emotionalen Bereicherung, welche unser limbisches System stimuliert, erleben wir dank der Spiegelneuronen ein virtuelles Zusammenspiel mit den Musikern. Vermutlich ist es die Vielfalt von Wechselwirkungen, die ein musikalisches Wunder entstehen lässt wie das unvergessliche Konzert des Tokyo-String-Quartettes.

Die Kostbarkeit des musikalischen Austausches

Wir haben zusammen unser Schulwissen aufgefrischt, unsere Kenntnisse über Akustik und musikalische Töne, über deren Übertragung durch die Luft zu unseren Ohren, über die Umwandlung von Schallwellen in elektrische Nervensignale und deren Wirkung in verschiedenen Gehirnarealen erhellt. Wir haben erkannt, dass die Verknüpfung verschiedener Gehirnareale eine emotionale Empfindung der Musik bewirkt. Ausserdem haben wir das Prinzip der Spiegelneuronen kennengelernt, welches zusätzlich eine motorische Wirkung der Musik auslöst. Diese motorische Wirkung verstärkt die Wechselwirkung zwischen dem Musiker und dem Zuhörer erheblich, der Zuhörer kann sich die Bedienung des Instrumentes vorstellen und viel intensiver am Vortrag teilnehmen.

Wir kehren nun in unseren Konzertsaal zurück, wo sich soeben ein aussergewöhnlich eindrückliches Musikerlebnis abgespielt hat. Der Applaus wogt immer wieder hoch, schliesslich geben die Solisten den letzten Satz des Schubert-Quintettes als Dreingabe, der Applaus flammt nochmals begeistert auf. Ergriffen verlässt das Publikum zögerlich den Saal. Die Augen glänzen, selbst Zuhörer, die sich nicht kennen, tauschen leise ihre bewundernden Kommentare aus, aber die meisten bleiben stumm. Der Saal ist leer, die Lichter erlöschen. Die intensive Atmosphäre des gemeinsamen Austausches ist beendet, die Magie verblasst.

Die Musik, wie wir sie soeben erlebt haben, ist ein universelles und ewiges Verständigungsmittel. Die musikalische Sprache hat gewisse Gemeinsamkeiten mit der gesprochenen Sprache: Beide sind sehr leistungsfähige und hochentwickelte Kommunikationsmittel. Kann man annehmen, dass beide denselben Zweck haben und sich nur in der Vermittlungsart unterscheiden? Die Ähnlichkeiten sind auffallend, und sei es bloss durch die Tatsache, dass sie beide nur vom Menschen erfunden wurden. Es gibt zwar anderweitig auch erstaunliche akustische Verständigungsarten, bei den Vögeln, den Walen, den Delphinen, den Primaten und wahrscheinlich in der ganzen lebenden Welt, die wir jedoch kaum entziffern können oder die wir als weniger entwickelt betrachten.

Bei uns Menschen gibt es jedoch wesentliche konzeptionelle Unterschiede zwischen der sprachlichen und der musikalischen Verständigung: Die erstere ist explizit, klar, eindeutig, wenn möglich sogar logisch. Wie wir es im Kapitel 4 gesehen haben, zielt sie vor allem auf die Schaffung und die Aufrechterhaltung von sozialen Beziehungen, sie dient aber auch einem raschen und sachbezogenen Verständnis, und ihre ausgefeilte Architektur versucht, Mehrdeutigkeiten zu vermeiden. Die musikalische Verständigung hingegen ist eher unterschwellig und andeutend. Sie drückt ihre Botschaft nur mittelbar aus und vermittelt eher Gefühle, die von Erfahrungen stammen, ohne diese klar zu beschreiben. Mit einem Wort: Sie ist metaphorisch. Aber was ist eine Metapher? Der aussergewöhnliche Dirigent und Komponist Leonard Bernstein drückt es so aus: Wenn ich sage «meine Enkelin ist meine Sonne!», drücke ich das als Metapher aus. Logisch ausgedrückt strahlt meine Enkelin dank ihrer Persönlichkeit wie die Sonne, die Sonne selbst strahlt jedoch physisch. Ich kann mir aber erlauben, beide, meine Enkelin und die Sonne, zu vergleichen, weil sie eine Gemeinsamkeit verbindet: Beide strahlen. Aufgrund dieser Gewissheit fasse ich die logische Überlegung in einen unlogischen Satz: Meine Enkelin ist meine Sonne. Wir stellen natürlich fest, dass die logische Aussage das rätselhafte, zweideutige, schwärmerische der Metapher vernichtet. Die logische ist klarer, aber weniger schön. [25]

Leonard Bernstein unterscheidet drei metaphorische Aspekte der Musik, einen davon wollen wir hier heranziehen: Die Musik übersetzt dank ihres strikten Tonsystems das Wesentliche der äusseren Welt, die wir wahrnehmen, und unserer inneren Welt, die wir empfinden, in eine neue Sprache. Die Symphonie Nr. 6 von Beethoven, die *Pastorale*, ist dafür ein gutes Beispiel: Wir hören in ihr den Gesang der Vögel, die Lebensfreude der Bauern, das drohende Gewitter. Beethoven kleidet diese Szenen in Metaphern. Hätte er stattdessen ein Interview mit einem Bauern wiedergegeben, der seine Ernte beschreibt, dann wirkliches Vogelgezwitscher oder eine Tonbandaufnahme von Donner und Regengeprassel, wäre die wundersame metaphorische und poetische Aussage seines Werkes zu einem banalen, nichtssagenden Bericht zusammengebrochen. Beim Zuhören hätten wir bestenfalls beiläufig gelächelt, eher hätten wir uns enttäuscht abgewandt. Die musikalische Literatur ist reich an solchen metaphorischen Stimmungsbildern, äusseren und inneren, die das Murmeln eines Baches, das Rauschen des Waldes wiedergeben, oder unsere Freuden und Schmerzen, unsere Wünsche und Enttäuschungen und Ängste. Im täglichen Leben fällt es uns schwer, alle diese Erinnerungen und Seelenzustände mit anderen Menschen zu teilen. Unser Schamgefühl und unsere gesellschaftlichen Normen hindern uns daran, intime persönliche

Gefühle offenzulegen. Die Musik bringt eine Möglichkeit, unser Innenleben mit unserem Nächsten zu teilen, ohne dafür Gründe vorlegen zu müssen. Die Musik, die passive und die aktive, erlaubt alle diese Äusserungen ohne Scham und Hemmungen: «man versteht sich von selbst». Die Musik ist, kurz zusammengefasst, die Emergenz eines anonymen Mittels des Austausches von unseren Seelenzuständen und unserem geistigen Sehnen und Trachten.

Die Musik ist reich an Wechselwirkungen zwischen dem Ausführenden und dem Zuhörenden, denn wir haben festgestellt, dass das Zuhören nicht nur passiv ist, sondern auch in hohem Grade aktiv, weil daran mehrere unserer Sinne beteiligt sind. Sie bewirkt eine geistige und soziale Teilnahme, ein Zusammenspiel aller daran Beteiligten, sie verlangt Erinnerungsvermögen, Vorausdenken, Nachahmungskönnen, Lernprozesse. Selbst der Jugendliche mit seinem iPhone, durch seine Ohrenstöpsel oder seinen Kopfhörer von seinen Eltern und dem Umfeld abgeschirmt, steht in Wechselwirkung, wenn er in der Metro seiner bevorzugten Popmusik lauscht, mit dem Kopf im Takt nickend und vergnügt lächelnd. Die Distanz zwischen seinem Kopfhörer und seiner Lieblingsband ist allerdings gross und die digitale Übertragung komplex. Sein Musikpartner, mit dem er seine Gefühle austauscht, befindet sich nicht in seinem iPhone, sondern irgendwo in der Ferne, hinter seinem Mikrophon, seine Musik wird in Form von elektromagnetischen Wellen über eine virtuelle Cloud gesendet – und doch werden Gefühle, Emotionen übertragen. Im Gegensatz zu dieser Art des Austausches steht das gemeinsame Musizieren, das im 18. und 19. Jahrhundert in vielen bürgerlichen Salons ausgeübt wurde und noch heute da und dort anzutreffen ist, etwa in einer Bauernstube, mit Hackbrett, Violine und Bassgeige.

Im Konzertsaal sind die Lichter gelöscht. Die Künstler des Tokyo-Quartettes und ihr Gast-Cellist haben sich von ihrem Publikum verabschiedet. Das wunderbare gemeinsame Erlebnis ist zu Ende. Dank unseres bemerkenswerten Gedächtnisses können wir uns diese harmonischen Melodien und diese meisterhaften Akkorde nochmals wachrufen, oder gar dieses Erlebnis nochmals aufleben lassen, wenn wir uns die Tonaufzeichnung dieses Konzertes anhören. Ich lege mir oft die Compact Disc mit dem Barber-Quartett und dem Schubert-Quintett auf. Die glänzende Übertragung dieser beiden Werke erfüllt mich immer mit grosser Freude, aber eines fehlt doch bei diesen Anhörungen: Das Empfinden, das die Unmittelbarkeit eines solchen Austausches zwischen den Musikern und ihrem Publikum auslöst; die einzigartige musikalische Emergenz anlässlich eines Konzertes ist ein seltenes und flüchtiges Ereignis.

Kapitel 6
Der Austausch von Kenntnissen
ist die Triebfeder unseres Wissens

Unsere Welt hat zahlreiche Geschichten. Es gibt eine Geschichte des Universums, eine unseres Heimatplaneten, dann eine seiner biologischen Eroberung durch die ersten Lebewesen, schliesslich die Geschichte der kulturellen Entwicklung der Menschheit, die uns den langen Weg vom ersten Lallen bis zur vollen Reife unseres Gehirnes erzählt. Diese Geschichten veranschaulichen, dass die Expansion des Universums Parallelitäten mit der Entstehung des Lebens und unseres Schicksals aufweist. Sie breiten vor unseren Augen die Entwicklung unserer Kulturen aus, vom Aufblühen bis zum Höhepunkt, von ihren Irrungen bis zum Untergang.

Die ersten grossen Geschichten waren, wie wir es aus der Mythologie kennen, symbolisch angelegt. Sie entsprangen unserem tief verwurzelten Verlangen nach Vergeistigung und Wissen. Die religiösen Texte der Bibel, des Korans und des Buddhismus, anfänglich bloss mündlich überliefert, wurzeln in diesem Verlangen. Sie erlaubten es dem Menschen, der sich die Frage nach seiner Daseinsberechtigung stellte, sich in die Welt einzuordnen, wenngleich es ihm schwerfiel, diese Welt zu begreifen.

Im Verlauf der Jahrhunderte wurden diese frühen Berichte fortwährend weitergesponnen und schilderten die Geschichten unserer Zivilisationen, die Regeln, die sie entstehen liessen und die Umstände, die zu ihrem Untergang führten. Ihr Ursprung liegt in dunkler Vergangenheit, es ist unmöglich, den Zeitpunkt ihrer Entstehung zu bestimmen. Eine Erkenntnis aus diesen Schilderungen lässt jedoch keine Zweifel aufkommen: Jede Zivilisation hat einen Anfang und ein Ende – einen Aufstieg, einen Höhepunkt, einen Niedergang und einen Tod. Das gilt für alle Zivilisationen, für jene der Osterinsel, der Mayas oder der Vikinger ebenso wie für die Reiche der Perser, der Griechen, der Ägypter und der Römer.

Auch die Wissenschaft hat ihre grosse Geschichte. Es ist die Geschichte des Wissens. Das Wissen kommt vom Beobachten, vom Nachdenken, vom Austausch. Woher kommt der Drang des Menschen nach dem Beobachten, Messen, Entdecken und dem Weitergeben des erworbenen Wissens an seinen Nächsten? Wie ist es ihm möglich, sich geistig vom Hier und Jetzt zu lösen, sich in das

Abstrakte zu versetzen, in die Vergangenheit und in die Zukunft? Wie gelingt es ihm, sich das noch nie Erkannte vorzustellen, Dinge zu erfinden, die die Natur noch nie erschaffen hat, sich Können anzueignen, das seinen Vorfahren fehlte, seine geistigen Fähigkeiten – Gedächtnis, logisches Denken, Kreativität – stetig auszubauen? Auch das gehört zur Geschichte unseres Wissens. Die moderne Wissenschaft hat uns Mittel gegeben, um unsere Grenzen zu überschreiten, sodass wir zum Verborgenen vordringen können. Doch die absolute wissenschaftliche Wahrheit entspricht nicht unserer Wahrnehmung, wie aus der berühmten Allegorie Platons von der Höhle hervorgeht. Wenn wir nahe daran sind, diese absolute Wahrheit zu erfassen, entwindet sie sich uns immer wieder, weil neue Ungewissheiten auftauchen.

Wir Menschen sind untereinander sehr verschieden, jeder von uns nimmt Gegenstände, Beobachtungen und sogenannte Tatsachen auf unterschiedliche Weise wahr. Unsere Vergangenheit, unser Gedächtnis, alles, was unser Bewusstsein ausmacht, ist durch unsere persönlichen Erfahrungen geprägt. Um dieser Sackgasse zu entrinnen, müssen wir uns an anderen Menschen messen, müssen wir unser Wissen mit anderen austauschen, müssen wir eine Diskussion aufnehmen und Gegensätze zulassen. Durch die Gegenüberstellung unserer Kenntnisse, deren Verfeinerung und Verallgemeinerung gelangen wir zu einem Konsens, sodass wir sagen können: «Wir sind einig, dass dieses wahr ist.» Der Austausch von Informationen, Gedanken und Meinungen ist demnach der Antrieb, der unser Wissen erweitert.

Wir müssen uns dabei bewusst sein, dass der Austausch nirgendwo hinführt, wenn keine wissenschaftliche Grundlage besteht. Der lange und geduldige Vorgang zu dieser Grundlage, die fortwährende Klärung und der ständige Austausch des Wissens, ist erstaunlich, denn er ist oft undankbar und voller Stolpersteine. Dieses Abenteuer verdient es, in einen weiten Rahmen aufgespannt zu werden: in die grosse Geschichte der Wissenschaften und der Technologien. Zahlreiche namhafte Autoren – Wissenschaftler, Philosophen, Soziologen, Historiker – haben sich dieser Aufgabe angenommen. Es wäre hoffnungslos, ein solches Unternehmen nochmals in Angriff zu nehmen angesichts der unermesslichen Fülle von Wissen, von Visionen und von Überlegungen, die dazu notwendig war. Allerdings wird sich jedermann, der über unsere Wissenschaft und Technik nachdenkt, dazu einige Fragen stellen: Wie, warum, wann hat sich unser phänomenales Wissen entwickelt, das vom unendlich Kleinen bis zum unendlich Grossen reicht? Wann und wie haben wir die Struktur und die Wirkungsweise beispielsweise unserer Wirtschaft erklären können? Wie hat sich der Homo sapiens zum Homo faber entwickelt? Wann hat die Geschichte der Wissenschaft begonnen, wer hat sie belebt, welches sind ihre grössten Erfolge und ihre schlimmsten Fehlleistungen? Wird diese Geschichte, ähnlich wie jene der Zivilisationen, eines Tages an ihrem Ende anlangen? Und, schliesslich, die wichtigste Frage: Hat die Wissenschaft uns Menschen glücklicher und besser gemacht?

Ich habe es bereits dargelegt: Die Geburtsstunde der Geschichten, welche die grossen Abenteuer der Menschheit schildern, kann schwerlich angegeben werden. Dasselbe gilt für die Höhepunkte der Wissenschaftsgeschichte, und zwar aus mehreren Gründen: Die Abfolge von Entdeckungen auf diesem Gebiet ist nicht fortlaufend, sondern sprunghaft, mit Phasen des Stillstandes und der Beschleunigung, mit Verzweigungen und Irrwegen. Sie ist reich an abstrakten Theorien und kühnen Gedanken, die ihren experimentellen Nachweisen vorangegangen sind, sodass es oft schwerfällt zu entscheiden, ob der Gedanke als Anfang gilt, oder dessen Bestätigung im Versuch. Schliesslich sind manche wesentlichen Entdeckungen mehrmals gemacht worden, gleichzeitig oder in einem sehr kurzen Zeitabschnitt, sodass kein eindeutiger Entdecker bezeichnet werden kann.

Der Mensch war immer am «Wie», dann am «Warum» seiner Umwelt interessiert. In diesem Sinne war er also immer zuerst ein Beobachter, dann ein Wissenschaftler. Die Methoden haben sich jedoch im Verlauf der Jahrhunderte grundlegend gewandelt, wie ich es anhand einiger Beispiele aufzeigen möchte. Früher erfolgten wichtige Entdeckungen nicht aufgrund wissenschaftlich durchgeführter Beobachtungen, sondern durch philosophische Eingebungen, durch geniale Ideen. Das erste atomare Modell unseres Universums verdanken wir zwei Philosophen (oder waren es Gelehrte?): den Griechen Demokrit und Aristoteles. Sie gingen von einer richtigen intuitiven Vorstellung aus, nämlich dass die materielle Unterschiedlichkeit der Welt allein auf deren Zusammensetzung aus einer beschränkten Anzahl elementarer, «atomarer» Partikel beruht. Sie konnten jedoch ihre Theorie mangels geeigneter Instrumente in keiner Weise wissenschaftlich, auf bestätigende Beobachtungen, stützen. Diese Bestätigung konnte erst 2'000 Jahre später erbracht werden. Ein zweites Beispiel ist die Entdeckung des Auftriebes, den ein Körper in einer Flüssigkeit erfährt. Diese Entdeckung verdanken wir Archimedes, der sie gemäss dem Mathematiker, Physiker und Ingenieur Vitruv beim Baden gemacht hätte und ihm das berühmte «Eureka» entlockt habe. Erst 15 Jahrhunderte später gelang es, diese Theorie mit dem Begriff der Gravitation in Verbindung zu setzen, den Newton in seiner epochalen Lehre schuf. Als drittes Beispiel ziehe ich die Bestimmung der Distanz zwischen der Erde und dem Mond heran. Schon früh wurde sie durch Trigonometrie mit einer bewundernswerten Genauigkeit ermittelt, die vom effektiven Wert nur um 6 Prozent abweicht. Erst dank Reflektoren, die anlässlich der Apollo-Flüge auf der Mondoberfläche zurückgelassen wurden, hat man den genauen Abstand ermitteln können und dabei festgestellt, dass die Distanz jährlich um die Grösse meines Daumennagels zunimmt.

Dieses Aufblitzen der menschlichen Intelligenz war intuitiv, genial und aussergewöhnlich. Wir stossen vor allem in Europa und in Asien darauf – von anderen Gegenden fehlen uns Spuren davon. Weshalb waren diese Gedankenblitze in der Vergangenheit so selten? Es gibt dafür mehrere Gründe: Die Bevölkerungszahl war gering, die Eliten waren selten und die Gedankenaustausche sporadisch. Ausserdem beruhten zwar die Erfolge der Wissenschaft auf sorgfältigen Beobachtungen und genialen Eingebungen, man kannte aber kaum präzise Instrumente und keine Versuchsmethoden, um sie zu bestätigen, diese kamen erst viel später auf. Schliesslich gingen im Verlauf der Jahrhunderte alle falschen, zweifelhaften, widersprüchlichen und irrealen Beobachtungen und Hypothesen unter. Die Zeit wurde damit zur wichtigen Verbündeten der wissenschaftlichen Wahrheit, sie übernahm dadurch eine ähnliche Rolle wie die natürliche Auslese, lange bevor Darwin diesen grundlegenden Mechanismus der Biologie stipulierte.

Damit die Wissenschaft entscheidende Fortschritte machen konnte und sie die Technik, ihre grosse Verbündete, hervorbrachte, musste das Zusammenwirken von theoretischem Denken und gründlichem Beobachten vorangetrieben werden. Diese neue wissenschaftliche Methode ist vier entscheidenden Entwicklungen im 16. und 17. Jahrhundert zu verdanken. Erstens treffen wir in dieser Epoche auf eine neue Denkrichtung, die sich von den unbewiesenen Dogmen des Mittelalters löste, zweitens wurden neue Messinstrumente erfunden, drittens entwickelten sich neue Untersuchungsmethoden, und schliesslich, viertens, entfaltete sich der weltweite Austausch von Gedanken, Erkenntnissen und Werkzeugen. Auf diese vier grundlegenden Ursachen des Aufbruchs werden wir nachfolgend näher eingehen. Dieser Aufbruch erfolgte natürlich nicht von einem Tag auf den anderen, es brauchte mehr als zwei Jahrhunderte, um von einer Handvoll Gelehrten zu einer weltumfassenden Bewegung zu gelangen, mit verallgemeinerten Regeln, Beobachtungsmethoden, mit organisierter Forschung und dem Willen, das Wissen zu teilen.

Die enge Beziehung zwischen Wissenschaft und Technologie

Es gibt einen grossen Unterschied zwischen den grossen Errungenschaften der Wissenschaft und deren Anwendungen. Erstere kann man als nichtzielgerichtet, als «moralisch neutral» betrachten. Deren Anwendungen hingegen verfolgten einen Zweck, sei dieser soziologisch oder wirtschaftlich, und erhalten dadurch einen gewissen Wert. Es dürfte unbestritten sein, dass es eine Wissenschaft gibt, die moralisch neutral ist, weder «gut» noch «böse» – die Folgen davon sind es jedoch meistens nicht. Nennen wir einige Beispiele aus der Mathematik oder der Physik: Die Erfindung des Integrals, die Regeln der Wahrscheinlichkeitsrechnung oder die Chaostheorie sind reine intellektuelle Erkenntnisse, die in den Wissenschaften allgemein anerkannt und angewendet werden. Dasselbe gilt für das Gesetz der Schwerkraft, für die vier fundamentalen Atomkräfte oder für die Theorie der Expansion des Universums. Diese Erkenntnisse sind Allgemeingut geworden, jedermann ist frei, sie zu verinnerlichen und anzuwenden. Sie wurden von einigen überragenden Denkern formuliert, nach ihrer Veröffentlichung haben sie jedoch ihren intimen Charakter verloren. Wenn wir sie verwenden, schaden wir niemandem, und es kann ihnen kein finanzieller Wert zugemessen werden. Auf diesem Prinzip beruht der heutige Grundsatz des *open access* auf wissenschaftliche Publikationen, der zu einer Strategie des «freien Marktes» für alle Ergebnisse der Wissenschaft geführt hat. Das ist sehr förderlich und wirtschaftlich, weil es den Aufwand und die Kosten für den Zugang zur allgemeinen Wissensbasis entscheidend verringert.

Der Mensch ist jedoch nicht nur ein neutraler Beobachter dieser Welt. Er denkt auch wirtschaftlich und verwertet deshalb das Nutzungsrecht seiner Entdeckung, sei sie im Bereich der Naturwissenschaften erfolgt (zum Beispiel die Erfindung des Rastertunnelmikroskopes), im Bereich der menschlichen Gesellschaft (die Anwendung des internationalen Rechtes) oder im sozialen Bereich (die Methode der Spracherlernung per Computer). Unsere Gesellschaft erkennt dieses Nutzungsrecht an, das den Schutz des Urheberrechtes und die Entgeltlichkeit der Anwendung von Erfindungen umfasst. Es beschränkt die öffentliche Nutzung neuen Wissens und gesteht ihr einen Preis zu. Urheberrecht, Copyright, Benutzungslizenzen und Patente sind soziale Einrichtungen, welche das geistige Eigentum schützen und gleichzeitig seine Anwendung und Nutzung ermöglichen.

Zusammenfassend stellen wir fest, dass eine Entdeckung durch ihre Veröffentlichung von einem privaten zu einem öffentlichen Gut wird, das frei vermarktet werden kann, wodurch ihre Anwendung wiederum zu einem privaten Gut wird, dessen Nutzung ebenfalls marktwirtschaftlich geregelt ist. Diese Regelung im Bereich des Wissensaustausches bewährt sich gut, denn sie erhöht die Bereitschaft der Forscher, ihr Wissen der Allgemeinheit zugänglich zu machen. Die Universität als Elfenbeinturm ist überwunden.

Technische Produkte werden selten aus dem Nichts entwickelt, sie beruhen fast immer auf einer vorangegangenen wissenschaftlichen Entdeckung. Es gibt keine Technologie ohne Wissenschaft. Diese Verkettung ist naturgegeben und unausweichlich. Allerdings hat die Wissenschaft ihre eigene Dynamik, die von der Suche nach der Wirklichkeit geprägt wird, während die Richtung der Technologie von der Nachfrage und der Wirtschaftlichkeit bestimmt wird. Dieser Unterschied kann sich sowohl günstig auswirken (wenn die Technologie wirtschaftlich und gesellschaftlich erfolgreich ist) als auch nachteilig (wie beim Einsatz von Asbest im Bauwesen). Gemäss einem einfachen wirtschaftlichen Prinzip verliert das unnütze oder unverkäufliche Produkt der Technologie seinen Wert und verschwindet vom Markt. Die Dynamik der Wechselwirkungen zwischen Wissenschaft und Technologie ist ein fein abgestimmtes Zusammenspiel mit seinen Grenzen und Zwängen, sodass das Nützliche überlebt und das Unbekannte auftaucht.

Unser heutiges Wissen: Vereinigung von Idee, Werkzeug und Methode im Austausch

Müsste man die Geschichte der Wissenschaft neu schreiben, würde man wohl beim Erscheinen des Menschen beginnen, haben doch seine Beobachtungsgabe und sein Erfindergeist aus ihm einen Wissenschaftler und einen «Ideenumsetzer» gemacht. Ich glaube jedoch, dass die eigentliche Geschichte der Wissenschaft viel später begonnen hat, mit dem Einsetzen des rationellen und spezialisierten Forschens, also in der Renaissance. Das 17. Jahrhundert wird oft als die Zeit der wissenschaftlichen Revolution genannt, die ihren Höhepunkt im 18. Jahrhundert erreichte – wir nennen es deshalb auch das *Jahrhundert der Aufklärung*.

Welche sind denn die Antriebe, die diesen Aufschwung hervorbrachten? Es gibt deren zahlreiche: das Aufkommen einer stringenten wissenschaftlichen Denkweise, neuartige Beobachtungshilfsmittel, neuartige Arbeitsmethoden und neuartige Mittel der Wissensvermittlung. Das Zusammentreffen dieser vier Faktoren hat etwas grundlegend Neues hervorgebracht: die moderne Wissenschaft.

Als erstes wollen wir die wissenschaftliche Denkweise betrachten. Die Renaissance stellt das Denken des Menschen in den Mittelpunkt ihrer Weltanschauung, hebt seinen kritischen Geist hervor, der die Abhängigkeit von bestehenden dogmatischen und scholastischen Glaubenssätzen auflöst. Sie fördert den in der Antike gepflegten Dialog, den Gedankenaustausch. Der Humanismus hebt unsere analytischen Fähigkeiten und unser kritisches Denken hervor und entwirft die Vision eines perfekten, universellen Menschen, sowohl im Körper wie im Geist.

Wie steht es mit den neu geschaffenen Werkzeugen, die zum Erreichen dieses Ideals führen sollten? Es sind Linsen, Fernrohre, Mikroskope, Sextanten, um nur einige zu nennen – alle unverzichtbar für die Erforschung der Erde, des Himmels und des winzig Kleinen. Dank dieser und zahlreicher anderer Werkzeuge kommt die Forschung ins Brodeln, es wird systematisch beobachtet, gemessen, verglichen, geprüft und das Neuentdeckte verbreitet. Letzteres bedingt jedoch eine leistungsfähige und universelle Übertragungsmethode, nämlich den Buchdruck, den Gutenberg im 15. Jahrhundert erfunden hat. So konnte das Wissen breit gestreut und demokratisiert werden. Dieser Entwicklungsschritt erfolgte innerhalb kurzer Zeit. Vor dem Buchdruck dauerte das Schreiben eines einzelnen Buches Monate harter Hand- und Kopfarbeit, sein Preis entsprach einem kleinen Vermögen, während 50 Jahre später eine Stadt wie Venedig bereits Hunderte von Buchdruckereien aufwies.

Der vierte Pfeiler der modernen Wissenschaft ist die Methodik des Experimentes und der Demonstration. Diese neue Methode brach grundsätzlich mit jener des Aristoteles und seiner Zeitgenossen, die im Aufstellen von Thesen bestand. Kopernikus, Galileo und später Francis Bacon machten den Anfang mit ihren Experimenten und daraus abgeleiteten Theorien. In der zweiten Hälfte des 16. Jahrhunderts erlebte diese Strömung einen lebhaften Aufschwung und erreichte ihren Höhepunkt mit Descartes und Newton. Die Entwicklung und Verbreitung der experimentellen Methode, welche die Naturphänomene auf vereinfachte, kontrollierte, begründete und wiederholbare Weise untersucht, stellte eigentlich die Geburt der modernen Wissenschaft dar, wie wir sie zwei Jahrhunderte später bei Claude Bernard antreffen (siehe Kapitel 2). In diese Periode fällt auch das Wiederaufleben der Mathematik. Die rein qualitative Beobachtung wird ergänzt durch Messungen und Statistiken, welche Vorhersagen ermöglichen.

Die moderne Wissenschaft ist allerdings nicht allein dem Aufkommen der neuen Methoden zu verdanken – dem Experiment, den neuen Instrumenten, dem Buchdruck und dem Vertrauen in die Denkfähigkeiten des Menschen –, sondern vor allem dem Zusammenführen dieser vier Faktoren. Sie betrifft alle ihre Zweige, die Physik, die Chemie, die Astronomie, die Biologie, und sie öffnet auch den Weg für die grossen kulturellen, gesellschaftlichen und politischen Bewegungen der Aufklärung. Die moderne Wissenschaft hat nicht nur unser Verstehen der Natur revolutioniert, sondern auch die gesellschaftlichen und philosophischen Gedankenwelten. In Wirklichkeit hat die Aufklärung die gesellschaftlichen Denkweisen noch stärker beeinflusst als die naturwissenschaftlichen, denn sie hat zur Emanzipation des Menschen geführt, indem sie eine Philosophie hervorbrachte, die dem Menschen Vertrauen in seinen Selbstwert und in sein rationales Denkvermögen zusprach. Dadurch förderte die Gedankenrevolution die Idee, dass eine bessere Gesellschaftsordnung und eine bessere Welt möglich sind. Sie ermöglichte auch eine universelle Verbreitung und Demokratisierung des Wissens und schuf letztlich die Grundlagen unserer heutigen modernen Gesellschaft.

Von der wissenschaftlichen Revolution zum Ungleichgewicht zwischen Kultur und Natur

Wir rufen uns nochmals die vier Faktoren in Erinnerung, die durch ihr Zusammenwirken die Geschichte unserer Wissenschaft geprägt haben: neue Ideen, neue Instrumente, neue Forschungsmethoden und neue Verbreitungsmittel. Wahrscheinlich war es nicht das letzte Mal in der Geschichte der Wissenschaft, dass das Zusammenführen verschiedener Bewegungen eine Revolution auslöst und neue Paradigmen hervorbringt. Auf die bahnbrechenden Errungenschaften im 17. Jahrhundert hat es in der Folge mehrere weitere Umwälzungen in der Wissenschaft gegeben, die ebenfalls als revolutionär bezeichnet werden können, wie es Thomas Kuhn 1962 in seinem bedeutenden Werk *The Structure of Scientific Revolutions* postuliert hat. [26] Das lässt uns hoffen, dass weitere Grundwellen der Erneuerung folgen werden – und vieles deutet darauf hin, dass wir damit rechnen dürfen.

Idee, Werkzeug, Methode und Austausch und deren Vereinigung im Zeitraum von zwei Jahrhunderten haben es der Wissenschaft und Technik ermöglicht, rasch einen Teil unseres Planeten zu erobern und unsere Umwelt zu verändern. Diese Eroberung ist einzigartig in der Geschichte. Die Lebewesen, die vor dem Menschen die Erde bevölkerten und heute noch mit uns zusammenleben, haben ihre Umwelt in erster Linie über sich ergehen lassen. In der Pflanzen- und Tierwelt kommt es selten vor, dass Arten ihre unmittelbare Umgebung verändern, um ihre Lebensumstände zu verbessern. Die Anpassung an die Umweltbedingungen erfolgt ausschliesslich über Genmutationen und natürliche Auslese, entsprechend Darwins Evolutionstheorie. Diese Evolution ist allerdings sehr unregelmässig, sprunghaft und läuft ausserordentlich langsam ab. Für uns Menschen ist sie dermassen schwach wahrnehmbar, dass wir innerhalb einer Generation kaum Veränderungen feststellen können. Im Gegensatz dazu entdeckt jedes Kind beim Betrachten eines Familienfotoalbums innerhalb dieser Generation viel auffälligere Änderungen in der Umwelt: bei der Mode, den Möbeln, Werkzeugen, Geräten und Fortbewegungsmitteln. Die biologische Evolution der Natur, deren Takt durch Darwins Evolution bestimmt wird, und die kulturelle und gesellschaftliche Evolution, diese angetrieben durch den menschlichen Geist, laufen nicht nach der gleichen Uhr ab. Die eine zeigt die Zeit in Jahrtausenden an, die andere bewegt sich im Sturmschritt. Dieses Auseinanderdriften der Geschwindigkeit von genetischen und kulturellen Entwicklungen (nach E. O. Wilson: *The genetic and cultural coevolution*, 2012; [27]) hat zu beträchtlichen Verzerrungen geführt. Wir leben in einem kulturellen und sozialen Umfeld, das wir ununterbrochen tiefgreifend verändern, während sich unser Genom höchst langsam und stotternd umwandelt. Einige Beispiele mögen das augenfällig machen: Der Metabolismus des Jägers und Sammlers war auf wechselhafte und spärliche Nahrungsressourcen abgestimmt, er musste Fastenperioden und Schlemmerperioden abfedern können. Mit der Sesshaftigkeit und der folgenden Urbanisierung änderte sich das grundlegend und führte dazu, dass heute 50 Prozent der Weltbevölkerung in Städten wohnt, wo uns vielenorts alles – oder fast alles – Lebensnotwendige üppig zur Verfügung steht. Die Nahrungsfülle verdrängt den Hunger. Wir durchlaufen im Leben keine Perioden, in denen wir auf natürliche Weise die überschüssigen Reserven in unseren Zellen abbauen können, was zwingend zu Übergewicht und zur Zuckerkrankheit führt. Als Folge davon erleben wir eine wahre Epidemie von Fettleibigkeit und Diabetes vom Typ 2. Zu einem weiteren Beispiel des Missverhältnisses zwischen Genetik und Kultur können wir wiederum die Verstädterung auf der ganzen Erde heranziehen, welche zu Megalopolen riesigen Ausmasses geführt hat. Die Lebensformen in solchen Siedlungen unterbinden das gemeinschaftliche Leben in kleinen Familiengruppen, die einander selbstlos unterstützen, wie es eigentlich in unser Erbgut eingepflanzt wurde. Gewisse soziologische Studien kommen zu dem Schluss, dass die «ideale Gemeinschaftsgrösse» nicht über 150 Individuen zählen sollte. Davon sind wir weit entfernt. Wir leben in Gesellschaften, deren Grösse viel grösser ist als unsere biologische Familie. Wir sind eigentlich nicht gerüstet für das Leben in der Welt, die wir geschaffen haben; wir sind Wesen geworden, die an unsere Umwelt schlecht angepasst sind, und dieser Umstand wird sich noch verschärfen – das neue Wort *Zivilisationskrankheit* umschreibt es sehr treffend. Probleme der Städtefehlplanung, der sozialen Ungerechtigkeiten, der Gesundheit, der Energie werden sich häufen. Der ungleiche Entwicklungstakt von Natur und Kultur haben zu einem Bruch zwischen der langsamen biologischen Anpassung und der explosiven kulturellen und gesellschaftlichen Revolution geführt.

Die moderne Wissenschaft hat uns also, dank oder trotz ihrer Fortschritte, zu dieser Dissonanz zwischen genetischer und kultureller Evolution geführt. Ist dieses Auseinanderdriften der einzige Folgeschaden in unserer Gesellschaft, den wir der Wissenschaft anlasten müssen? Nein, denn es gibt eine zweite wichtige Veränderung, die unvorteilhaft verlaufen ist, nämlich die ungewöhnlich stark gewachsene Informationsflut, die, wie wir festgestellt haben, eine sehr bedeutende Rolle beim Aufstreben der modernen Wissenschaft spielte; kann nämlich der breite Gedankenaustausch nicht stattfinden, verkümmert die Wissenschaft, wie wir es in einigen totalitären Staaten beobachten konnten. Wenn jedoch die Informationsmenge explosionsartig zunimmt, beschränkt sich der Informationsaustausch auf Insider, auf die paar wenigen, die die Materie von Grund auf verstehen. So erleben wir gegenwärtig eine Aufspaltung des Wissens. Die experimentelle Methode der Wissenschaft, die vereinfachend ist und auf das Elementare hinzielt, war zwar sehr erfolgreich, enthielt jedoch in ihrem Kern von Anfang an eine potenzielle Gefahr: Sie führte gezwungenermassen zu einer ausgeprägten Spezialisierung und Fragmentierung. Um eine Hypothese zu beweisen, mussten verlässliche Instrumente und Methoden geschaffen werden, die eine lange und vertiefte Praxis voraussetzen und die der Allgemeinheit nicht vermittelbar ist. Die moderne Forschung verlangt eine gründliche und umfassende Kenntnis des Forschungsgebietes, was viel investierte Zeit beansprucht und zwangsläufig zu Fokalisierung und Fragmentierung führt. Diese Entwicklung betrifft alle Gebiete der Wissenschaft. In der Medizin, beispielsweise, trifft man über 40 Spezialgebiete an sowie eine Menge von Subspezialitäten, und die Zahl nimmt ständig zu. Die Psychologie ist unterteilt in Neuropsychologie, klinische Psychologie, vergleichende, erzieherische Psychologie und so weiter. Auch in der Physik, in der Soziologie, in der Theologie kann man diese Aufsplitterung beobachten. Das Resultat ist ein unbekümmerter chaotischer Zirkus des Wissens, in hyperspezialisierte Gebiete aufgesplittert, in sich abschottende Gelehrtenzirkel mit begrenztem Horizont. Man tauscht sich nur noch unter Fachkollegen aus, die alle vom Gleichen reden, in einem eigenen Fachjargon. Dieser Wissensflickenteppich wäre nicht so schlimm, wenn man sich gelegentlich bemühen würde, daraus ein Gesamtbild zu schaffen. Das aber ist zum Scheitern verurteilt, weil der globale Wissensaustausch so schwierig, wenn nicht gar unmöglich geworden ist. Die Teile des Puzzlespiels liegen alle verstreut vor uns, ohne dass es uns gelingt, das Gesamtbild zu erkennen. Ausser dem Versiegen des Austausches zwischen den verschiedenen Wissensgebieten sind noch weitere Hindernisse aufgekommen, die unsere Kultur zerstückeln; die vertikale Gliederung der Fakultäten in unseren Universitäten, die Aufteilung in gesonderte Wissenssilos, trägt wesentlich dazu bei. Die willkürlichen und undurchlässigen Grenzen der Finanzierungsquellen der Wissenschaft und die uferlose Vermehrung der Hochschuldiplome verhindern ebenfalls eine zeitgemässe und kohärente Inangriffnahme der grossen Fragenkomplexe, die sich unserer Gesellschaft stellen. Zusammenfassend müssen wir erkennen, dass unser Wissen in vertikalen Strukturen gespeichert ist, während sich unser Denken in horizontalen Ebenen bewegen sollte. Die heutige Welt gehört den Spezialisten, und unsere Sprachen haben kein gemeinsames Vokabular und keine gemeinsame Grammatik mehr, die für einen breiten Wissensaustausch nötig wären.

Gehen wir dem Ende der Wissenschaft entgegen oder ihrer Renaissance? Für eine neue Kultur des Austausches: Transdisziplinarität

Wo stehen wir nach der Frühzeit der Wissenschaft, nach deren Aufblühen in der Renaissance und in den zwei folgenden Jahrhunderten und jetzigen Eroberung unserer Kultur? Stecken Wissenschaft und Technologie heute in einer Krise oder gar an der Schwelle ihres Unterganges? Ergeht es ihnen nach vier Jahrhunderten des Aufstrebens gleich wie vielen Entwicklungen der Menschheit, die mit der Zeit verkümmert sind? Gehen wir dem Ende einer glorreichen Geschichte entgegen, haben wir *the end of science* erreicht, wie es der wissenschaftliche Schriftsteller John Horgan 1997 behauptet hat? [28] Dieser ist nach der Befragung zahlreicher grosser Persönlichkeiten der Wissenschaft zu dem Schluss gekommen, dass wir alle wichtigen Entdeckungen abgeschlossen haben, die uns einen kohärenten Überblick über unsere Welt erlauben, und dass die grundlegenden Fragen, die noch bestehen, der menschlichen Intelligenz unzugänglich bleiben werden. Diese negative Einstellung, die fast eine Herausforderung bedeutet, wurde von anderen Wissenschaftlern von Rang bestritten und wird wahrscheinlich von den Tatsachen widerlegt: Niemand wird bestreiten, dass gegenwärtig zahlreiche grossartige Fortschritte in ihrem Fach errungen werden. Viele davon führten zu technischen Umwälzungen von hohem praktischem und wirtschaftlichem Nutzen. Aber wir sollten kritisch bleiben: Wenn viele dieser Neuerungen unbestreitbar wertvoll waren und der Behauptung von Horgan widersprechen, muss zugegeben werden, dass der intellektuelle und wirtschaftliche Ertrag den wissenschaftlichen Aufwand nicht immer aufwiegt. Die gegenwärtige Forschung verschlingt pharaonische Beträge bei einer deutlichen Entschleunigung des erworbenen Wissens. Die sogenannte *big science* illustriert diese Tatsache deutlich. Eindrückliche Beispiele dafür sind das Human Genome Project, das Human Microbiome Project, das Human Brain Project, der Large Hadron Collider, die alle riesige Forschergemeinschaften in Anspruch nehmen. Es gibt noch zahlreiche andere Projekte, deren Einsatz in keinem Verhältnis steht zur Arbeit der einsamen Forscher Pascal, Newton oder Turing, deren Entdeckungen dennoch die Welt revolutioniert haben.

Die Philosophen K. Popper [29] und T. S. Kuhn [26] haben in ihren klassischen Werken die These vertreten, dass der Fortschritt der Wissenschaft nicht linear und harmonisch verläuft, sondern auf unzusammenhängende, unregelmässige und undisziplinierte Weise entstanden ist. Er führt von der Widerlegung einer wissenschaftlichen Ursprungstheorie (Falsifikation) über das Experiment und dessen Auswertung zu einem neuen Konzept. Wir wollen diese Prozedur besser verständlich machen: Am Anfang der grossen Entdeckungen stand die Aufstellung von Hypothesen, worauf Versuche ersonnen und durchgeführt wurden, aus denen man Schlüsse ziehen konnte, die ein neues Paradigma ergaben. Eingeschlossen in diesen Rahmen haben andere Wissenschaftler die Suche systematisch weitergeführt. Es erfolgten somit ständig neue Erkenntnisse, wie beim Zusammensetzen eines Puzzles. Die Stücke passten zusammen, die übereinstimmenden Befunde bestätigten das Paradigma, bis plötzlich neue Experimente dem Modell widersprachen, weil bisher unbekannte Feststellungen keinen Platz fanden in diesem Zusammensetzspiel. Das ist der Zeitpunkt, in dem man sich über die Gültigkeit der Hypothese Gedanken macht. Man spricht dann von einer Falsifikation der Ursprungshypothese. Neue Rahmenbedingungen müssen gefunden werden, um das Ganze in Übereinstimmung zu bringen. Die Akteure dieser Revolution sind die herausragenden Genies der Forschung, die unverdrossenen Schöpfer neuer Hypothesen, neuer Gedankengänge. Der Forschungszyklus beginnt von vorn, und die Welt der Forschung stürzt sich in die Erkundung der neuen Paradigmen. Ptolemäus, Kopernikus und Galileo, Crick und Watson, Newton und dann Einstein sind die Helden dieser Revolutionen.

Der moderne Wissenschaftler stellt also eine Hypothese auf und versucht dann aufgrund von Daten, die er in Experimenten mit stabilen Bedingungen ermittelt hat, eine Bestätigung seiner Hypothese zu finden. Er stellt eine Frage und bemüht sich um eine Antwort. Je komplexer die Frage ist, desto erbitterter gestaltet sich die Suche und umso eifriger sucht man nach Vereinfachungen. Man wird zum Spezialisten in diesem Forschungsbereich, dann zum Hyperspezialisten in einem Teilgebiet, und so weiter, man tauscht Erfahrungen aus mit Seinesgleichen – aber was für Erfahrungen? Feinheiten? Einzelne Details? Eine Entwicklung, die das Wissen aufsplittert, hindert uns an einer tiefgreifenden Betrachtung der grossen Fragen, die unsere heutige Gesellschaft bedrängen: Wie können wir alle Menschen ernähren? Wie können wir alle Menschen ausbilden? Wie können wir die zunehmenden psychischen Erkrankungen heilen? Wie sollen wir zusammenleben? Alle diese Fragen verlangen eine ganzheitliche Herangehensweise, mit vermehrtem Wissensaustausch nicht *innerhalb der Wissenschaft*, sondern *zwischen den Wissenschaften*. Gegenwärtig sind zu den oben gestellten und zu zahlreichen anderen Fragen keine Antworten in Sicht – dazu wären gänzlich neue Methodologien nötig, beispielsweise interdisziplinäre, die besonders weiterentwickelt werden müssten. Interdisziplinarität heisst: Wissensaustausch über eine gemeinschaftliche Sprache. Der Wissensaustausch sollte nicht nur darin bestehen, sein erworbenes Wissen lauthals zu verkünden, sondern auch demütig seine Wissenslücken zu erfassen und Aufklärung bei seinem Nächsten zu erbitten. Wissensaustausch sollte nicht nur ein Ausrufen sein, sondern auch ein Hinterfragen.

Wir sollten jedoch weiterhin zuversichtlich bleiben. Die hauptsächlichste Kritik an der heutigen Wissenschaft, nämlich die Zerstückelung des Wissens und die Abschottung ihrer Teilgebiete zu einem Zeitpunkt, in dem komplexe Probleme zu lösen sind, bedeutet noch lange nicht deren Ende, wie einige behaupten, sondern eher den Untergang eines wissenschaftlichen Paradigmas, das Ende eines Zeitabschnittes, wie von Popper und Kuhn klar beschrieben. Wir stehen am Ende einer Epoche, in der hochspezialisierte Forschung und Technik das Monopol besassen, die subjektive Selbstbeobachtung vorherrschte und das Zusammenwirken der verschiedenen Wissenschaftszweige vernachlässigt wurde. Wir denken heute vermehrt über erstrebenswerte Problemlösungen nach, über eine gerechtere Gesellschaft, über die Zukunft unseres Planeten und der Menschheit, über unsere Daseinsberechtigung.

Um die Wissenschaft von ihrem Tunnelblick zu befreien, dem sie durch fortschreitende Zersplitterung und Spezialisierung verfallen ist und der uns die Wahrnehmung der Komplexität der Welt erschwert hat, kann das Modell von Kuhn über die wissenschaftlichen Revolutionen herangezogen werden. Wir brauchen einen breiteren Rahmen, eine neue epistemologische Vision, eine neue Erkenntniswissenschaft. Ziehen wir als Beispiel die erwähnte wichtige Frage des Auseinanderdriftens von genetischer und kultureller Evolution heran: Wir werden sie nie einholen, weder durch Mutationen, durch Genmanipulation noch durch Robotik. Der Rückstand unseres Erbgutes gegenüber unserem veränderten Umfeld, der aus uns Menschen unangepasste Wesen gemacht hat, ist endgültig. Es handelt sich hier keineswegs darum, den wissenschaftlichen und technologischen Fortschritt zu bremsen, sondern darum, diesem Fortschritt einen wahren und neuen gesellschaftlichen und metaphysischen Wert zu verleihen. Um diese Umwandlung bewerkstelligen zu können, brauchen wir ein wirklich neues Paradigma, das unsere individuelle und kollektive Lebensqualität einbezieht. Nur ein neues, synthetisches, interdisziplinäres Denken wird es uns ermöglichen, den Beitrag des Wissens und dessen Verbreitung vordergründig in den Dienst der Menschheit zu stellen. Damit werden wir weit weg sein von den Modellen der *big science*, die heute überall aufblühen und an sich bemerkenswert sind, jedoch in der Tradition der Vergangenheit fussen. Wir werden uns dadurch den zahlreichen gegenwärtigen Geistesbewegungen annähern, die versuchen, ein interdisziplinäres Denken anzuregen, das der wirklichen Wissenschaft besser entspricht.

Wie können wir das erreichen? Um eine ganzheitliche Herangehensweise zu erarbeiten, müssen wir die Anwendung unserer reduktionistischen Forschungsmethoden überdenken, um sie interdisziplinärer zu gestalten. Gleichzeitig müssen wir eine neue Methode erfinden, um die komplexen Systeme besser zu verstehen, wie es Edgar Morin sein ganzes Leben lang postuliert hat. [30] Damit diese neue methodologische Denkart eingeführt werden kann, müssen zwei wichtige Voraussetzungen geschaffen werden. Die erste besteht darin, dass wir künftig die neuen Technologien in den Dienst des Menschen stellen, und nicht umgekehrt. So wie das Mikroskop es ermöglicht hat, extrem kleine Dinge zu entdecken, die vom blossen Auge nicht sichtbar sind, oder die Erfindung des Buches die Verbreitung des menschlichen Gedankengutes und des menschlichen Wissens über alle Grenzen hinweg beflügelt hat, wird uns eine gegenwärtig in voller Entwicklung stehende neue Technologie zugutekommen – sofern wir sie beherrschen: Die digitalen Netze, die Simulationen durch Computer und die Künstliche Intelligenz können gewaltige Datenmengen gleichzeitig bearbeiten und sie für uns erfassbar machen. Die mathematische Durchforstung der Komplexität, die Informatik und die Künstliche Intelligenz, im Verbund mit der menschlichen Intelligenz, werden uns neue Horizonte eröffnen und uns helfen, die Probleme unserer Zeit zu lösen. Allerdings werden wir, um diese neue Grenze des Wissens zu überschreiten, die Schnittstelle Mensch/Maschine beherrschen müssen. Die Verbindung der menschlichen Intelligenz mit der Künstlichen Intelligenz wird ihre Wirkungen vervielfachen, sie wird in kürzester Zeit Datenmassen interpretieren können, die das menschliche Gehirn allein nicht mehr analysieren kann. Das Klima, die verantwortungsvolle Bewirtschaftung der natürlichen Rohstoffe, der Städtebau, Verbrechen und Gewalttätigkeit sind einige Betätigungsfelder, die dringend einer solchen Herangehensweise bedürfen.

Die zweite Voraussetzung für die Einführung einer neuen methodologischen Denkart ist erkenntnistheoretisch: Auf der einen Seite ist es nach vier Jahrhunderten reduktionistischer Experimentalforschung an der Zeit, eine globalere Sicht auf unsere Welt zu gewinnen, indem wir zahlreichere und wirkungsvollere Wissensaustausche zwischen den Naturwissenschaften und den Geisteswissenschaften pflegen. Heute dürfte es beispielsweise einem Philosophen schwerfallen, sich in seinem Fach zu behaupten, ohne über vertiefte Kenntnisse über die neurobiologischen Vorgänge zu verfügen, die das Bewusstsein, die Gefühle und das Gedächtnis erklären, und es scheint kaum möglich, handfeste Geldmarkttheorien zu entwickeln, ohne sich auf die psychologischen Einflüsse zu stützen, die auf Kooperation, Vertrauen und Konflikte wirken. Umgekehrt müssen sich die Naturwissenschaften und die Technik auf breiter Basis darauf besinnen, was ihre Berechtigung und ihren Nutzen in unserer Gesellschaft ausmachen, und sich diesen Fragen kurz- und mittelfristig immer wieder stellen. Die eingebürgerten

Grenzen zwischen den Fachgebieten müssen fallen, wenn wir den ganzen Reichtum unseres Wissens nutzen wollen. Diese brückenbildende Herangehensweise, in der jedermann nicht nur sein eigenes Wissen beiträgt, sondern vor allem das ihm fehlende Wissen bei anderen einholt, stellt man heute zunehmend bei Geistesströmungen und fachübergreifenden Institutionen fest. Bereits jetzt fördern Spitzenuniversitäten neue Projekte, die in diese Richtung laufen und in naher Zukunft ihren Unterricht prägen könnten. Nach dem Zeitalter der vertikalen Struktur der Wissenschaft mit ihrem inneren, intradisziplinären Wissensaustausch wird jenes des horizontalen, transdisziplinären Austausches zwischen den wissenschaftlichen Disziplinen anbrechen.

Der wissenschaftliche Datenaustausch benötigt, wie jeder Gedankenaustausch, eine Vertrauensbasis, in der jedermann das Wohlgefühl des Respektes verspürt und die Überzeugung gewinnt, dass sein Gegenüber «das Spiel mitmacht», die eingespielten Regeln befolgt. Der Mensch trifft auf die Dauer eine falsche Wahl, wenn er nur nach Gewinn, nach Gebietshoheit und Macht strebt. Das gilt gleichermassen für Forscher, seien sie in den Geisteswissenschaften oder in den Naturwissenschaften tätig. Sobald die Wissenschaft von der öffentlichen Hand finanziert wird, tragen die Forscher eine gesellschaftliche Verantwortung und müssen sich um das Wohl unseres Planeten und seiner Bewohner sorgen. Sie sind gegenüber der Gesellschaft, die ihre Tätigkeit finanziert, Rechenschaft schuldig. Durch bessere Information, durch eine gemeinsame Sprache, durch die Beherrschung der unbegrenzten Möglichkeiten der Informatik und der Kommunikation, durch Förderung der Debatte zwischen den Wissenschaftszweigen kann ein neues Zeitalter des Wissens anbrechen, in dem die Probleme gelöst werden können, die jedes verantwortungsvolle Gewissen des 21. Jahrhunderts bewegt. Diese neue Art der Wissensvermittlung wird es ermöglichen, eine bessere Zukunft zu gestalten, die für alle ein gerechteres Leben auf einem wohlbehütenden Planeten bringt.

Kapitel 7
Zusammenleben:
Die Evolution der menschlichen Gesellschaft

Wir beginnen mit der Geschichte von zwei Welten, die beide Seite an Seite leben, aber eine verschiedene Vergangenheit haben. Sie leben seit etwa 1 Million Jahre parallele Existenzen, vermischen sich aber kaum. Beide verfügen über eine gemeinsame Eigenheit: Ihre Bewohner leben in Gemeinschaften und haben dank ihrer eusozialen Verbindungen einen hohen Grad an gesellschaftlicher Ordnung erreicht. Man bezeichnet sie als soziale Wesen, weil sie in Multigenerationenfamilien leben, sie sich an den täglichen Verrichtungen zugunsten der Gemeinschaft beteiligen und deren Überleben sichern, indem sie einigen die Aufgabe der Bildung des Nachwuchses übertragen und anderen den Schutz der Gemeinschaft. Das eusoziale Verhalten ist die höchstentwickelte Gesellschaftsorganisation, die wir kennen, und sie hat sich als grosser Erfolg der Evolution der Lebewesen erwiesen.

Diese zwei Welten, die nebeneinander unseren Planeten bevölkern und die wir nachfolgend näher untersuchen werden, sind die Welt der Ameisen und jene der Primaten.

Das sind nicht die einzigen Gemeinschaften sozialer Wesen auf unserem Planeten, es gibt deren noch etliche, und wir werden hier noch einige erwähnen. Aber die getroffene Auswahl ist aus folgenden Gründen berechtigt: Vorerst sind Ameisen und Primaten offensichtlich zwei sehr verschiedene grosse Familien, die sich vor Millionen Jahren von einem gemeinsamen Ahnen getrennt haben, so eigentümlich das uns scheinen mag. Dann, im Laufe der Zeit, peilten beide Arten dasselbe Ziel an: zusammenzuleben. Die Exploration dieser zwei so verschiedenen Welten wird uns viel über unsere eigenen gesellschaftlichen Wechselwirkungen offenbaren. Die getroffene Wahl hat noch einen persönlichen Grund: Jede schöne Geschichte hat ihren eigenen gewitzten Erzähler, der uns fasziniert. Diese zwei Geschichten werden uns die Gelegenheit geben, zwei Wissenschaftler und Humanisten anzutreffen, die persönlich kennenzulernen ich das Privileg hatte. Sie haben unser Verstehen des Gemeinschaftslebens tiefgreifend geprägt, das bestimmt wird durch die ständigen Wechselwirkungen zwischen ihren Individuen, und das bei den Primaten zur Emergenz von sozialen Werten geführt hat.

E. O. Wilson ist ein Biologe, der sich der Erforschung der Welt der Insekten hingegeben hat. Genauer ausgedrückt, er war Myrmekologe, das heisst Ameisenforscher – aber nicht nur das: Wir verdanken ihm als Soziologen unser Wissen über die Soziobiologie der Ameisen. Dank ihm werden wir grundlegende Überlegungen über die Stabilität unseres Ökosystems anstellen können, über das Funktionieren der Gesellschaften und über die Zukunft unserer Zivilisation.

Der andere Held dieses Kapitels ist viel jünger: Frans de Waal ist ein Primatenforscher von internationalem Ruf, dem es dank seiner scharfen Beobachtungsgabe gelang, das Verhalten und die ausserordentliche soziale Intelligenz der Primaten von Grund auf zu erfassen und die Gleichartigkeit ihres Verhaltens mit unserem aufzuzeigen. Einige seiner Videofilme, in denen Affen Konfrontationen ausgesetzt werden oder Enttäuschungen verarbeiten müssen, erzeugen bei den Zuschauern durch ihre Reaktionen, die den menschlichen so ähnlich sind, grosse Heiterkeit. [31] Durch seine Arbeiten war Frans de Waal ebenfalls ein Fürsprecher für einen grösseren Respekt gegenüber den Primaten. Seine systematische Erforschung ihrer fortgeschrittenen sozialen Gemeinschaften hat es ermöglicht, bei ihnen das Auftreten von Werten besser zu verstehen, die man bisher nur als menschliche Werte betrachtete, wie beispielsweise die Selbstlosigkeit (Altruismus).

Ameisenhaufen: Wohlorganisierte Gesellschaften erobern den Planeten

Man vermutet, dass die Ameisen vor etwa 120 Millionen Jahren im Stammbaum der Evolution auftraten. Von Anfang an haben sie sich in unzählige Arten aufgespalten und haben, ausser der Antartika, alle Kontinente erobert. Bis heute hat man über 18'000 Arten beschrieben, aber das sind bei Weitem nicht alle. Diese grosse Artenzahl widerspiegelt sich in einer riesigen Vielfalt von Körpergrössen, Körpermassen, sozialen Verhaltensarten und Fortpflanzungsarten. [32] Der Grössenrekord fällt einer Art aus Guyana zu mit 30 Millimetern, die kleinste misst nicht einmal 1 Millimeter. Im Verlauf der Jahrtausende hat ihre Grösse offenbar tendenziell abgenommen, hat man doch in Bernstein «Ameisenfossilien» von 10 Zentimetern Länge gefunden. Heutzutage können wir als ungefähres Mittelmass eine Körperlänge von 2 Millimetern und ein Gewicht von 10 bis 20 Milligramm annehmen. Das ist im Vergleich mit uns Menschen winzig, aber sie sind so unvorstellbar zahlreich! Man hat ihre Biomasse auf 10 bis 20 Prozent derjenigen der Landtiere geschätzt, sie ist somit ohne Zweifel grösser als die menschliche Biomasse. Ein Vergleich mit der Weltbevölkerung fällt noch viel eindrücklicher aus: Es braucht etwa 4.5 Millionen Ameisen, um das Gewicht eines einzigen Menschen aufzuwiegen ...

Es sind also eindeutig die Ameisen, die zahlenmässig die makroskopische Tierwelt dominieren. Sie verdanken ihren ökologischen Erfolg einer bedeutsamen Innovation, nämlich ihrer vorbildlichen Organisation in Gesellschaften. Ameisenhaufen sind wahre unterirdische Städte. Man findet darin verschiedenartige Räume, die den mannigfaltigen Tätigkeiten in der Kolonie entsprechen. Im wichtigsten Bereich leben nebst der Königin (gewöhnlich gibt es in einer Gesellschaft nur eine Königin) eine beschränkte Zahl männlicher Ameisen, die für die Fortpflanzung zuständig sind. Neben dieser bevorzugten Bevölkerungsgruppe sind die meisten Bewohner sterile Arbeiterinnen, eine Art Hausdienerschaft, die bei der Arterhaltung nur eine indirekte Rolle spielen – wir werden darauf zurückkommen. Sie erfüllen eher Haushaltspflichten, nämlich in erster Linie die Sorge um den zarten Nachwuchs: Ernähren der Larven und Betreuen der Eiergelege. Bei den Ameisenarten, die Blattläuse aufziehen, säugen sie diese Tiere und gewinnen daraus den Honigtau, eine Mischung aus Zucker und Aminosäuren – ein wahrer Leckerbissen. Nachdem sie ein paar Monate lang diese Hausarbeiten erfüllt haben, führen sie bis zu ihrem Tod eine Art Rentnerleben, indem sie um den Ameisenhaufen herum patrouillieren und verschiedene Nahrungsmittel sammeln. Das sind die Tiere, die wir im Frühling auf unserem Küchenboden bei der Suche nach Konfitürenresten oder Zucker beobachten.

Es gibt also viele Berufe in dieser Stadt, die unter ihren Bewohnern geteilt werden. Die Arbeiterinnen können Ernährerin, Jägerin, Pilzzüchterin, Sammlerin, Netzspinnerin sein. Einzelne bekommen grössere Köpfe und kräftigere Kiefer und werden zu Kriegerinnen. Kürzlich haben Forschungen ergeben, dass diese an das Alter gebundenen Aufgaben epigenetische Ursachen haben (siehe Kapitel 2): Arbeiterinnen und Soldatinnen haben wohl dasselbe Genom, es wirkt sich jedoch durch die Unterdrückung einzelner Gene verschieden aus. In einem Ameisenhaufen erfolgt dies auf natürliche Weise, aber diese Unterdrückung kann heute im Labor künstlich bewirkt werden. Indem man die Zugänglichkeit zu gewissen Genen verändert, stellt man erstaunliche Wirkungen fest: Die Soldatinnen werden friedfertig und machen sich auf die Suche nach Nahrung ... eine Umprogrammierung, die manchen Krieg verhütet hätte, wenn man sie beim Menschen vornehmen könnte!

Eine solch gut organisierte Stadt verlangt auch nach festlichen Anlässen: An einem warmen und feuchten Tag nach ausgiebigem Regen kündigt sich die Zeit des Nachwuchses an. Die noch jungfräulichen Königinnen und die männlichen Individuen verlassen dann den häuslichen Hort zu einem Hochzeitsflug. Nach dieser Verkupplung ist der Lebensweg der Männchen beendet, sie sterben. Die wenigen befruchteten Königinnen suchen vorerst einen Ort zum Eierlegen. Sie entledigen sich ihrer Flügel, indem sie sie am Boden abstreifen – sie werden niemals mehr fliegen. Dann beginnt für sie ein neues Leben, jenes der fortlaufenden Eiablage. Diese Eier werden vor Ort befruchtet, eines nach dem anderen, nach Wahl der Königin, die einem Körperbeutel ein Spermatozoid entnimmt und es auf ein Ei legt. Die Königin bewahrt nämlich die Samen, die sie auf dem Hochzeitsflug empfangen hat, ihr ganzes Leben lang auf. Von Arbeiterinnen ernährt, wird die Königin bis zu ihrem Tod Eier legen, die Eier werden sich zu Larven, dann zu Puppen entwickeln. Diese verwandeln sich dann in Nymphen, dann in erwachsene Ameisen; die meisten davon werden sterile Arbeiterinnen sein, einzelne werden sich zu Männchen entwickeln. Die Dauer der Reifung vom Ei bis zur erwachsenen Ameise wird auf ein bis zwei Monate geschätzt, je nach Art und klimatischen Bedingungen. Ab diesem Zeitpunkt sind ihre Tage gezählt, denn der Tod wird sie innerhalb von Monaten bis höchstens einem Jahr ereilen. Sie erlebt also nur einen Bruchteil der Lebensdauer eines Ameisenhaufens, der auf etwa 15 Jahre geschätzt wird.

Wenn ich auf einen Ameisenhaufen stosse, der durch äussere Umstände beschädigt wurde, betrachte ich mit Staunen seine Struktur und seinen Betrieb. Ich kann die verschiedenen Kammern unterscheiden, die der Aufzucht der Blattläuse und der Aufbewahrung der Lebensmittel dienen. Dann kann ich ohne Weiteres eine Krippe erkennen, in der die Larven und Nymphen behütet werden, und eine Brutstation mit den darin gelagerten Eiern. Mit etwas Glück kann ich sogar das Gemach der Königin entdecken. Die Architektur dieser Räume wird durch unzählige Gänge vervollständigt, ein für uns unentwirrbares Labyrinth, in der sich die Ameisen jedoch dank dreier Informationsmittel zurechtfinden: durch Pheromone, durch Bewegungen und Körperkontakte sowie durch Geräusche.

Vorerst besprechen wir die Pheromone: Das sind die «Parfums» der Insekten, die sie allerdings nicht kaufen, sondern selbst produzieren und durch mehrere winzige Drüsen ausscheiden. Die Ameisen verfügen über mindestens fünf Arten solcher Drüsen, die auf verschiedene Körpersegmente verteilt sind. Die Kinnbackendrüsen, beispielsweise, geben Citronellol aus, welches den Ameisen als Alarmsignal dient und das wir heute als Insektenabwehrmittel einsetzen. Andere Drüsen sind am Hinterleib angeordnet und wirken als Spurenleger: Indem die Ameisen ihr hinteres Körpersegment am Boden abstreifen, verteilen sie dieses Sekret auf ihren Weg.

Die meisten Signalsekrete können in äusserst schwachen, für uns nicht wahrnehmbaren Konzentrationen erkannt werden. Die Alarm-Pheromone haben ein geringes Molekulargewicht, sind demnach flüchtig und kurzlebig, denn das Alarmsignal muss sich rasch, aber nur kurz ausbreiten. Die Spurenleger-Pheromone hingegen haben ein höheres Molekulargewicht und eine längere Wirkungsdauer: Die Wege, die zu Nahrung führen, bedürfen einer stabileren Markierung. In gewissen Situationen, wenn eine Aufgabe für ein einzelnes Individuum zu gross ist, ist rasche Hilfe dringend notwendig – wenn wir einen Schrank verschieben müssen, stemmen wir uns mit unseren Beinen mit voller Kraft gegen den Widerstand. Die Ameise handelt in solchen Fällen ähnlich beim Anfordern von Hilfe: Aus Drüsen, die im Schienbein angeordnet sind, fliesst ein Pheromon längs des Beines zu Boden und führt so Kolleginnen herbei.

Das wohl bekannteste Pheromon ist das Pisten-Pheromon (*trail pheromone*), welches eine Arbeiterin hinterlässt, wenn sie von einer Nahrungsquelle zurückkehrt. Dadurch signalisiert sie diese Quelle ihren Kolleginnen. Das erinnert uns an die Geschichte von Hänsel und Gretel. Es gibt noch mehrere Arten derartiger Marker, die in unserer Gesellschaft ihre Gegenstücke haben, so das Pheromon der Kolonie, das unserer Identitätskarte entspricht, oder das Territorial-Pheromon (Pass, Visum). Sie kennen sicher das *gelée royale*, das ebenfalls von den Arbeiterinnen ausgeschieden wird und zahlreiche Komponenten enthält, von denen einzelne eindeutig eine Pheromonfunktion haben, insbesondere jene, welche für die soziale Bindung innerhalb der Gemeinschaft sorgen, und selbstverständlich eine, welche die sexuelle Aktivität weckt.

Die chemische Zusammensetzung der Pheromone ist äusserst vielfältig, sie gehören ganz verschiedenen Arten von Verbindungen an. Zudem stellen die Drüsen nicht nur eine einzelne Substanz her, sondern einen wahren Cocktail verschiedenster Duftstoffe. Nach deren Ausscheidung werden die Pheromone durch kleine Öffnungen an den Antennen der Ameisen, das sind eigentlich ihre Nasen, von anderen Ameisen aufgenommen.

Dieses Verständigungssystem auf der Basis von Pheromonen ist sehr empfindlich und hochentwickelt. Die grosse Zahl verschiedenartiger Botenstoffe ergibt ein reiches Register an verschiedenen Signalen, das unverzichtbar ist für die Orientierung und die soziale Organisation im Ameisenhaufen. Man hat dieses Austauschverfahren, das zu einer mustergültigen Ordnung führt, als «Demokratie des Geruchs» bezeichnet. Es ist jedoch festzuhalten, dass den Ameisen noch andere Verständigungsmittel zur Verfügung stehen, nämlich die Körperberührungen und namentlich die Berührungen zwischen den Antennen, welche über zahlreiche verschiedene Nervenendungen verfügen. Ferner können sie mittels Dornen an den Beinen, die durch Reibung auf ihrem Panzer eine Art Zirpen hervorrufen, Schallbotschaften austauschen. Diese Schallwellen empfangen die Ameisen mit ihren Füssen, die sie als Vibrationen wahrnehmen.

Diese Forschungsergebnisse zeigen uns, dass vor 100 Millionen Jahren die Evolution der Lebewesen einen neuen Weg beschritten hat, der zur Emergenz von sozialen Gesellschaften geführt hat. Das Gemeinsame dieser Gesellschaften ist die Aufgabenteilung innerhalb einer Generation und die Spezialisierung verschiedener Individuengruppen. Deren auffälligste Errungenschaft ist die «Selbstlosigkeit in der Fortpflanzung», die völlig ungleiche Verteilung der Verantwortung bei der Fortpflanzung – bei den Ameisen Königinnen und männliche Wesen einerseits, Arbeiterinnen und Soldatinnen anderseits. Steht nun diese ungleiche Verteilung der Fortpflanzungsaktivitäten im Widerspruch zu Darwins Theorie, wonach die am besten angepassten Individuen eine zahlreichere und bessere Nachkommenschaft sichern? Diesen scheinbaren Widerspruch haben wir bereits im Kapitel 2 besprochen, er verdient es aber, nochmals im Lichte der Theorie von William D. Hamilton über die Verwandtenselektion (*kin selection*) aufgenommen zu werden. Gemäss dieser Theorie können Lebewesen ihre Gene nicht nur auf direkte Art weitergeben, über die sexuelle Fortpflanzung, sondern auch indirekt, auf «altruistische», «selbstlose» Weise. [33] So kann beispielsweise eine Ameise (oder eine Biene, die ebenfalls zur Gattung der Hymenoptera zählt) bei der Fortpflanzung ihren eigenen Genen dadurch Vorteile verschaffen, dass sie der Königin (ihrer Mutter) zu Nachkommenschaft verhilft, indem sie selbst auf Nachkommen verzichtet. Dabei ergibt sich statistisch, dass sich ihre Gene dank ihrer biologischen Eigenschaften vermehrt auf ihre Geschwister übertragen statt auf ihre hypothetische biologische Nachkommenschaft. Andere Forscher haben moniert, dass die altruistische Selektion die Gattung als Ganzes betrifft. Möglicherweise spiegeln die beiden Theorien verschiedene Ebenen der Beobachtung wider.

Bei den Ameisen ist die genetische Vielfalt der Population, wie wir gesehen haben, nicht stark ausgeprägt: Tausende von Arbeiterinnen sind Halbschwestern, weil sie von der Königinmutter und oft vom gleichen Vater abstammen. Wir wissen auch, dass die kleinen Arbeiterinnen und die grossen Soldatinnen aus epigenetischen Mutationen entstanden sind: Sie besitzen die gleichen Gensequenzen, aber davon einen verschiedenen Ausdruck.

Die Eusozialität, die Aufteilung in eine fruchtbare und eine unfruchtbare Kaste, gibt es bei verschiedenen Tiergattungen, vor allem bei Insekten: bei den Ameisen, den Termiten, den Bienen, den Wespen, den Hummeln. Man trifft sie auch bei einigen Krustentieren und Säugetieren wie beispielsweise den Maulwürfen. Man spricht dann von einer eusozialen Gemeinschaft als ein Superorganismus, mit einem gemeinsamen Nest, einem kollektiven Nahrungsbeschaffungssystem (den Arbeiterinnen), einem gemeinschaftlichen Verständigungssystem und einer einzigen Gebärmutter (jene der Königin, die eine grössere Lebenserwartung hat als die unfruchtbaren Individuen). Das sind alles Eigenheiten eines komplexen selbstorganisierten Systems, mit diversen Emergenzen wie kollektive Intelligenz, Symbiose, Synergie der Fähigkeiten und Anpassungsfähigkeit.

Wir wollen nun die Organisation in einem Ameisenhaufen näher betrachten. Der Ameisenhaufen in meinem Garten birgt mehrere zehntausend Bewohnerinnen. Diese Zahl kann bis auf mehrere Millionen steigen. Ein toter Riesenameisenstaat wurde kürzlich in Südamerika entdeckt, der einer Maya-Ruine vergleichbar ist. Seine Grundfläche beträgt 40 Quadratmeter, seine Höhe 8 Meter. Wenn wir die Körperlänge einer altertümlichen Ameise mit 1 Zentimeter annehmen, entspricht die Höhe dieses Baues dem Burj Khalifa in Dubai, dem grössten je von Menschenhand gebauten Wolkenkratzer mit einer Höhe von 800 Metern! Ein anderes Beispiel: Die Invasion Europas durch die Ameise hat zu einer Megakolonie längs des Mittelmeeres geführt, die sich von Spanien über Frankreich bis nach Italien erstreckt, mit mehreren Millionen Kolonien bestehend aus Milliarden von Bewohnerinnen. Das ergibt das Bild eines riesigen Volkes mit überbordender Aktivität, ein schier unvorstellbares Gewimmel von Beinen, Leibern und Antennen, vergleichbar mit der Geschäftigkeit der ganzen Menschheit. Die geleistete Arbeit dieser Lebewesen ist gewaltig, und die Lebenszeit, die einer Ameise dafür zur Verfügung steht, dauert kaum ein Jahr. Ihr Körper ist winzig und ihr Gewicht gering. Sie muss sich beeilen, ihre Aufgabe in diesem gewaltigen Imperium zu bewältigen. Das Überleben dieser Bevölkerung seit 120 Millionen Jahren auf unserem Planeten war nur dank der vorzüglichen Organisation ihrer Staaten und der leistungsfähigen Wechselwirkungen zwischen den Individuen möglich. Der Ameisenhaufen, Ort des ständigen Austausches, wird heute als Superorganismus erkannt, mit dem menschlichen Gehirn vergleichbar, das ebenfalls ein Superorganismus von Neuronen ist. Diese beiden Superorganismen sind eindeutig Emergenzen: Sie haben Eigenschaften, die den Elementen fehlen, aus denen sie bestehen. Zwei von diesen Emergenzen sind das Gedächtnis und der Altruismus. Diese beiden Begriffe sind bei den beiden Gemeinschaften zwar nicht gleichbedeutend, sie zeigen jedoch, wie die Organisation der Wechselwirkungen in komplexen Systemen die Fähigkeit aufleben lässt, sich zu erinnern und gemeinnützig zu handeln. Das meint E. O. Wilson: Er vermittelt uns nicht nur ein neues Verständnis der Soziobiologie der Insekten, sondern zeigt uns, dass jedes Lebewesen ein komplexes System von Einzelelementen ist, das zu emergenten Eigenschaften führt; jedes dieser Systeme ist dann ein neuer Erzeuger und kann in Wechselbeziehung zu anderen Systemen treten. Schliesslich ist die Menschheit ebenfalls eine Vernetzung von komplexen Systemen, in dem das menschliche Gewissen möglicherweise die bedeutendste emergente Errungenschaft darstellt.

Wohlorganisierte Gesellschaften allenthalben

Bevor wir das Thema auf die Primaten übertragen, stellen wir uns die Frage, ob es zahlreiche solcher sozialen Gemeinschaften gibt und ob Solidarität unter Tieren verbreitet ist. In der Tat kommt diese Lebensform häufig vor, sie ist insbesondere bei Säugetieren weit verbreitet. Wir finden sie aber auch in der Welt der Mikroorganismen. Schauen wir zusammen durch ein Mikroskop: Beeinflusst durch die Arbeiten von Naturwissenschaftlern wie Robert Koch und Louis Pasteur könnten wir annehmen, dass die Welt der Bakterien aus individuellen, unabhängigen Zellen besteht, die sich vor allem um ihr eigenes Überleben kümmern und keine Fürsorge zu ihren Nachbarn aufbringen. Das trifft jedoch nicht zu, wie zahlreiche Forschungen in den letzten Jahrzehnten gezeigt haben. Im natürlichen Umfeld neigen die Bakterien dazu, ihre Umgebung zu ergründen, ihre Nachbarn zu zählen, Informationen untereinander auszutauschen und Oberflächen auszumachen, auf denen sie sich gefahrlos niederlassen können. Ihren wirkungsvollsten Wissensaustausch dafür nennt man *quorum sensing* (Erfassung der Menge umgebender Genossen), eine Prozedur, die für Einzelwesen unbedeutend, hingegen für das Leben in Gemeinschaften sehr wirkungsvoll ist. [34] Sie wird durch das Aussondern von chemischen Verbindungen bewirkt, die Hormonen und Pheromonen ähnlich sind. Diese werden von benachbarten Zellen aufgenommen und verändern dann deren Verhalten. Da jede Zelle gleichzeitig Senderin und Empfängerin von Botschaften ist, zieht die ganze Gemeinschaft daraus Nutzen und kann sich koordiniert organisieren. Dieser Austausch von Botschaften bezieht sich nicht nur auf eine bestimmte Bakterienart. Er verhält sich nicht so, wie wenn Franzosen untereinander französisch reden. Vielmehr handelt es sich um eine Art Esperanto, eine internationale Sprache, die auch andere Bakterienarten verstehen, wodurch leistungsfähigere Gemeinschaften möglich werden. Es entstehen wahre Konsortien, die nichts weniger als Symbiose emergieren lassen (siehe dazu Kapitel 2). Es ist zu beachten, dass Bakterien sesshaft sind – nur im Laboratorium lassen wir sie als Suspension in einer Flüssigkeit schwimmen. Sobald es ihnen gelingt, unterbrechen sie ihr Umherirren und lassen sich auf einer geeigneten Unterlage nieder, was ihrer bevorzugten Überlebensstrategie entspricht. Sie verändern dann ihren Metabolismus, produzieren und sondern verschiedene Sekrete aus wie Polysaccharide, mit denen sie ihre Oberfläche umhüllen wie mit einem warmen Wintermantel. Dieser Biofilm dient als Schutz gegen Antibiotika und andere äussere schädliche Substanzen. Ärzte, Zahnärzte und sogar Schiffseigner und die Erdölindustrie fürchten diesen Biofilm: Für den Arzt ist es ein Problem, wenn sich der Biofilm auf einer Hüftprothese ausbreitet und dadurch eine unüberwindbare Barriere gegen Antibiotika bildet; für den Zahnarzt, weil er die sogenannte Zahnplaque bildet, die durch die Wirkung verschiedener Bakterien zu Karies führt; für die Seefahrt und die Erdölindustrie ist er schädlich, weil er die biologische Verschmutzung der Schiffsrümpfe und der Leitungen, die Wasser, Erdöl oder anderer Flüssigkeiten befördern, anrichtet und grosse Unterhaltskosten verursacht.

Es gibt noch zahlreiche weitere Beispiele von Tiergemeinschaften: der Starenflug, der Bienenschwarm, das Wildschweinrudel, die Elefantenherde – unsere Sprache hat dafür mannigfaltige Begriffe geprägt. Alle diese Tiergattungen, so verschiedenartig sie sind, haben ein gleiches Bestreben: Sie bestehen aus lauter Einzelwesen, opfern jedoch ihr individuelles Verhalten zum Wohl und zum Überleben der Gruppe. Wir können daraus ein wichtiges Postulat ableiten: Der Herdentrieb einer Gemeinschaft muss einen grossen Vorteil im Zuge der Evolution gebracht haben. Das Zusammenwirken in Gruppen von Gefährten bringt in der Tat grosse Vorteile bei der Nahrungssuche und bei der Abwehr von Feinden, sodass Tiere mit Herdentrieb mehr Nachwuchs haben. Die Vergesellschaftung ist bei Säugetieren besonders stark verbreitet und wirkt ihren geringeren Fruchtbarkeiten entgegen. Sie ist nicht spontan in der Evolution der Gattungen aufgetreten, sondern hat sich im Verlauf der Jahrtausende systematisch zu einer Überlebensstrategie entwickelt. Da jedoch alle diese Tiergattungen in verschiedensten ökologischen Umfeldern leben, haben sie unterschiedliche Arten der Verständigung unter den Individuen entwickelt, um den Zusammenhalt der Gruppe zu erhalten. Nehmen wir als Beispiel den Flug der Stare, der Tausende von Vögeln umfassen kann. Beim Fliegen in der Luft besteht keine Möglichkeit, Pheromone oder Blicke auszutauschen, und zu unserer Überraschung, fehlt auch ein Leittier, wie bei einer Blasmusikkapelle oder einem Regiment. Nach heutiger Auffassung funktioniert ein Vogelschwarm durch eine Wechselwirkung von zwei Reaktionen zwischen benachbarten Individuen, die fast augenblicklich ausgetauscht werden: einerseits Annäherung, anderseits Abstandseinhaltung. Demnach würde sich der Vogelschwarm wie ein komplexes System verhalten, bei dem die einzelnen Vögel untereinander Informationen über ihre gegenseitige Lage austauschen – vergleichbar mit mechanischen Federn –, wobei die resultierende Information für jedes Tier die momentane Lage im Raum bestimmen würde. Der Austausch von diesen beiden einfachen Informationen scheint auch die Emergenz von Kohäsion in einem Schwarm mit Millionen von Fischen zu erklären: «Beschleunige, wenn Du weit von Deinem Nachbarn bist, verzögere, wenn Du ihm zu nahe kommst.» Man kann sich dabei die Frage stellen, wie gross die Zahl der Nachbarn ist, mit denen ein Fisch wechselwirken muss – zwei, drei, zehn Fische? Wir können die Frage nicht beantworten, die Zahl ist möglicherweise bei jeder Tierart verschieden. Aber das Konzept vom Austausch einfacher Daten, taktweise, zwischen einer beschränkten Anzahl von benachbarten Individuen passt zum Begriff der komplexen Netzwerke und Systeme, der voraussetzt, dass der Informationsaustausch gegenseitig, vom Inhalt her einfach und von der Anzahl her vielfältig sein muss. Daraus entsteht dann ein neues System mit neuen Eigenschaften. Dieses Thema wird uns nochmals im Kapitel 12 beschäftigen.

Von den Ameisen zu den Primaten: Führt dieser Weg zur Emergenz von moralischen Werten?

Wir überspringen nun mehrere hunderttausend Jahre der Evolutionsgeschichte und beschäftigen uns mit dem heutigen Gemeinschaftsleben der Primaten, besonders mit jenem der Gorillas und der Schimpansen, die uns bekanntlich nahestehen. Diese Gemeinschaften sind natürlich viel komplexer als die vorher besprochenen. Neu erworbene Verhaltensweisen beeinflussen deren Gruppenmitglieder: Das Aufkommen der Empathie, des Altruismus, des Selbstbewusstseins und anderer Errungenschaften werden unser Interesse wecken.

An dieser Stelle möchte ich aber zuerst meine Bewunderung für E. O. Wilson ausdrücken, der uns die Augen geöffnet hat mit seiner soziobiologischen Analyse der Ameisen und der daraus folgenden Verallgemeinerung auf die überraschende Eusozialität der Lebewesen. Ich hatte den Vorzug, diesem grossartigen Wissenschaftler, Myrmekologen, Umweltschützer, Schriftsteller und Philosophen bei mehreren Gelegenheiten zu begegnen. Unser erstes Treffen fand vor etwa

15 Jahren an der Harvard-Universität in Cambridge statt, an der er lehrte, und zwar im Klub der Fakultät. Ich erwartete ihn in der Eingangshalle dieses noblen Klubs, ein ehrwürdiger Raum mit dunklen holzgetäferten Wänden, an denen die Portraits berühmter Akademiker aus früheren Zeiten hingen. Draussen wütete einer dieser in Boston berüchtigten Schneestürme. Hier flackerte ein lebhaftes Kaminfeuer, ich sass in einem bequemen Ledersessel und genoss die ruhige, feierliche Stimmung, als Professor Wilson eintrat: gross, schlank, die legendäre Strähne hing vom weissen Haarschopf herab. Er trug eine alte Jacke und riesige Stiefel. Diese erste Begegnung war sofort warmherzig, das anschliessende Essen einfach und bescheiden, wie er es liebte. Ed beantwortete meine Fragen nach reiflicher Überlegung und mit sorgfältiger Wortwahl, mit so sanfter Stimme, dass ich genau hinhören musste. Ich erkannte dabei eine bewährte pädagogische Methode, die grosse Lehrer anwenden, um die Aufmerksamkeit ihrer Zuhörer zu schärfen. Über die Jahre folgten zahlreiche weitere Gespräche mit diesem grossartigen Forscher, die sich immer um seine Bemühungen drehten, das Verständnis zu wecken für die Verallgemeinerung der Erkenntnisse der Ameisenforschung auf andere Spezies, für die Wechselwirkungen der verschiedensten Tierarten mit ihrem Umfeld dank ihrer Austausche, für den verlorenen Respekt vor der Natur, der unbedingt zurückzugewinnen ist. Für ihn gilt, dass wir alle eine gleiche Abstammung haben und dass dies von uns die Achtung und Wertschätzung aller Lebewesen auf unserem Planeten verlangt.

Wie kann man komplexe Systeme wie das gemeinschaftliche Leben der Primaten besser verstehen? Wie kann man dieses Phänomen im natürlichen Umfeld beobachten? Dieses Privileg wurde mir vor einigen Jahren zuteil. Ich will versuchen, es kurz zu beschreiben. Es ist morgens 5 Uhr; Kigali, die Hauptstadt von Ruanda, schläft noch. Wir brechen bei Tagesanbruch auf. Die umliegenden Hügel sind noch in dichten Dunst gehüllt. Wir sind zu dritt, ausgestattet mit einer behördlichen Vollmacht, die uns den Zutritt zum nationalen Reservat der Vulkane verschafft, das nordwestlich von Kigali liegt, in der Nähe der Ortschaft Ruhengeri. Er misst 125 Quadratkilometer und gehört zu den drei Naturreservaten im Gebiet Virunga, im Grenzgebiet zwischen der Demokratischen Republik Kongo und Uganda. Mit seiner aussergewöhnlichen pflanzlichen und tierischen Biodiversität ist er auch eines der letzten Schlupfwinkel der Berggorillas. Diese Art ist am Aussterben, man zählt heute weltweit höchstens noch etwas mehr als 100 Tiere.

Nach mehreren Stunden Autofahrt tauschen wir unser Strassenfahrzeug gegen einen zerbeulten 4x4-Geländewagen. Wir folgen nun einem kaum auszumachenden Fahrweg bis zur Beobachtungsstation der Ranger, die unsere Ausweise genau kontrollieren. Von hier aus setzen wir unseren Ausflug zu Fuss fort, in einem hügeligen tropischen Urwald, in dem Bambus vorherrscht. Die Atmosphäre ist schwül, ein feiner Regen durchdringt uns. Die Ranger kennen die Gegend bestens, ebenso die Gorillafamilie, die wir besuchen wollen und die sie noch am Vortag gesichtet haben. Ihr heutiger Aufenthaltsort ist leicht zu finden dank gewisser Spuren, insbesondere reichlichem Kot, der von ihrer vegetarischen Ernährung herrührt.

Es geht bergauf, bergab, wieder bergauf, es ist rutschig, ich kämpfe mit dem Gleichgewicht, mühsam bewegen wir uns vorwärts. Der Anmarsch dauert ein paar Stunden und ist sehr ermüdend. Plötzlich hält der führende Ranger, zeigt nach vorn und flüstert: «Sie sind da!» Sogar mit dem Fernglas sehen wir nichts, ausser in einer Distanz von etwa 100 Metern ein paar Zweige, die sich bewegen. Wir nähern uns behutsam und leise, und was ich dann plötzlich sehe, werde ich mein ganzes Leben nicht vergessen: Teilweise von der üppigen Vegetation verdeckt, dreht uns eine junge Mutter den Rücken zu. Sie trägt ein Junges in den Armen, das sein Kinn auf die Schulter der Mutter legt und in unsere Richtung späht. Von unserer unauffälligen Anwesenheit neugierig gemacht, schiebt es mit seinen kleinen Fingern einige Bambuszweige zur Seite, die seine Sicht behindern. Seine Aufmerksamkeit und seine Bewegung sind derart menschlich – es ist wie ein Kind, das einen Vorhang leicht aufschiebt –, dass ich zutiefst gerührt bin. Mein Blick schweift nun über die Lichtung, in der die ganze Familie ihren Tagesaufenthalt gefunden hat. Sie besteht aus neun Mitgliedern: Man erkennt sofort das männliche Oberhaupt, den «Silberrücken». Die Familie hat ausserdem mehrere Weibchen mit ihren Jungen, und zwei weitere Gorillas mittlerer Statur, die ich als Halbwüchsige bezeichnen würde.

Was folgt, ist ein Wirbel gemeinschaftlicher Aktivitäten: Nahrungssuche, Kratzen, Entlausung, Verständigung mit Kichern und Grunzen, die Jungen spielen miteinander, machen Wettkämpfe und Verfolgungsjagden. Später legt sich das Oberhaupt auf den Rücken und macht ein Nickerchen. Die Jungen kümmert das nicht: Sie setzen ihr Treiben fort, klettern auf Bäume, springen von Ast zu Ast und necken sich unter schrillen Schreien. Mit der Zeit scheint dieses hektische Umhertollen unseren Silberrücken zu ärgern: Er erhebt sein 200 Kilogramm schweres Muskelpaket und weist die Jungen mit einigen heftigen Armbewegungen und unter lautem Brüllen zurecht. Nun kehrt wieder etwas Ruhe ein, und der Alte kann sein Schläfchen weiterführen.

Man hat mich immer vor der Versuchung gewarnt, Anthropomorphismus zu betreiben, den Tieren menschliche Wesenszüge zuzuschreiben. Aber dieses Erlebnis, in Tausenden Kilometern Entfernung von zuhause, inmitten eines unendlichen Urwaldes im Herzen Afrikas, in einem ungewohnten tropischen Klima versetzt mich geistig in die Zeit des Ursprungs unserer Gattung. Die Beobachtung dieser Gorillafamilie auf ihrer Wanderung, die sich mit Gebärden und der Stimme verständigt, sich bald friedlich, bald kämpferisch verhält und fähig ist, Versöhnung und Zärtlichkeit auszudrücken, ist unvergesslich. Ihr Verhalten ist erfüllt von vertrauten Bildern, die an einen Sonntagsspaziergang einer Menschenfamilie erinnert. Wenn ich daran denke, überkommt mich die Überzeugung, dass uns eine genetische, verhaltensmässige und soziale Verwandtschaft mit den Gorillas verbindet, und diese Überzeugung werde ich niemals ablegen können.

Auf der Rückfahrt nach Kigali verharren wir alle in Schweigen. Jeder von uns spürt die Müdigkeit vom langen Marsch und die Schönheit des Erlebten und versucht, sich diesen Besuch der Gorillafamilie einzuprägen. Wie können wir die Gleichartigkeit der Funktionsweise dieser Familie und unserer eigenen verstehen, wo sich doch die Urahnen der Gorillas von unseren Urahnen vor 6 Millionen Jahren getrennt haben? Während dieser langen Zeit haben die Gorillas ihre soziale Evolution fortgesetzt und haben Ausdrucksformen der Traurigkeit, des Glücks, der Enttäuschung, der Zärtlichkeit und der gegenseitigen Hilfe gefunden, die in mehrerer Hinsicht unseren eigenen entsprechen. Gibt es eine Anzahl gleicher Ziele, die anzustreben sind für ein Leben in Gemeinschaften? – In solche Überlegungen versunken, gedenke ich auch Dian Fossey, Primatologin der ersten Stunde, die 1985 in Virunga ermordet wurde, als sie sich einsam um das Schicksal der Berggorillas sorgte.

Das unvergessliche Erlebnis im Virunga-Nationalpark hat mich bewogen, mich vertieft mit der umfangreichen Literatur zum Thema zu befassen. Ich habe dabei bestätigt gefunden, dass die Primaten über ein breites Register an Gebärden verfügen, von denen ein grosser Teil unseren Gebärden ähnlich ist: das Zeichen der Mutter, das das Junge einlädt, ihren Rücken zu besteigen, das Zeichen der Aufforderung zum Spielen zwischen Jugendlichen, indem sie den Partner an der Hand fassen, verschiedene Gesichtsausdrücke für Aufforderung, für Besänftigung, für Billigung oder Missbilligung. Sie können ein Familienmitglied trösten, wenn es angegriffen worden ist. Andere Austausche sind komplexer und weniger leicht auszumachen. Man hat beobachtet, dass sie niederknien, um einem anderen Gruppenmitglied das Pflücken einer hochhängenden Frucht zu ermöglichen, bereit sind, die erlangte Frucht mit anderen zu teilen, und dass diese gegenseitigen altruistischen Leistungen meistens nicht nach einer unmittelbaren Gegenleistung rufen. Die meisten altruistischen Wechselwirkungen sind ausgeglichen, sie werden in irgendeiner Art gleichwertig erwidert – oft nicht umgehend, sondern zeitverzögert.

Selbstloses Verhalten und gegenseitige Hilfe sind häufig beobachtete Verhaltensweisen bei Gorillas. Dem niederländischen Forscher Frans de Waal verdanken wir einen grossen Teil unseres Wissens über Altruismus und Gegenseitigkeit und deren Bedeutung in der Evolution der Arten. [35] Gegenwärtig ist er Leiter des Nationalen Forschungszentrums für Primaten Yerkes in Atlanta. Vor allem ist er Primatologe, aber auch Ethnologe, Vulgarisator und Schriftsteller. Bei seinen spannenden und leidenschaftlichen Vorträgen zieht er seine Zuhörer mit einer Mischung von scharfsinnigen Beobachtungen, komplexen Gedankengängen, mitreissendem Humor und überraschenden Videoclips in seinen Bann. Ich hatte das Glück, ihm mehrmals zu begegnen, und ich war jedes Mal beeindruckt von seiner Menschlichkeit und seinem Geschick, seine Zuhörer zu fesseln. Für Frans de Waal hat der menschliche Geist viele Ähnlichkeiten mit jenem der Primaten. Wir werden uns davon überzeugen lassen, indem wir mit ihm den Begriff Altruismus näher untersuchen, den man als uneigennütziges Handeln mit dem Ziel, dem Nächsten Gutes zu tun, umschreiben kann. [35]

Empathie, Altruismus und Asymmetrie der Wechselwirkungen

Vor allem sollten wir den Begriff Altruismus genauer definieren. Altruismus tritt unter den verschiedensten Umständen auf, oft ohne Bedacht. Kann man es Altruismus nennen, wenn die Ameisensoldatin sich das Leben nimmt, indem sie zum Schutz des Ameisenhaufens Ameisensäure auf einen Eindringling spritzt und dabei stirbt? Oder wenn die Biene stirbt, nachdem sie ihren Stachel in die Hand des Imkers gesteckt hat, der dem Bienenstock Honig entnimmt? Und da Egoismus das Gegenteil von Altruismus ist – handelt das Efeu egoistisch oder einfach unbekümmert um seine Umwelt, wenn es einen Baum umhüllt und ihn damit erstickt?

Jedes Verhalten kann besser verstanden werden, wenn man es in zwei verschiedene Elemente aufteilt: einerseits in das verfolgte Ziel, und anderseits in den Mechanismus, den es auslöst und in Bewegung hält. Das altruistische Verhalten entgeht dieser Regel nicht: Am Anfang steht das Erfassen einer kritischen Situation oder eines Wunsches – oder das Erkennen eines Bedürfnisses eines Dritten. Dann braucht es den Entscheid, situationsgerecht zu handeln, ohne auf eigene mögliche Nachteile oder Einschränkungen Rücksicht zu nehmen. Man kann davon ausgehen, dass die Ameise und die Biene das Ziel der vorgesehenen Handlung erkennen, nämlich der Gemeinschaft zu nützen. Hingegen sind die ausgelösten Mechanismen angeboren und erlauben keine Wahl. Diese Insekten können ihrem kollegialen Verhalten nicht entsagen, es wird ihnen durch Hormone und andere spezifische Wechselwirkungen aufgedrängt. Sie verspüren bei ihrem Verhalten keine persönliche Motivation. Das Fehlen einer Entscheidungsmöglichkeit schliesst demnach Altruismus aus. Bei den Primaten und zahlreichen Säugetieren hingegen hängt Altruismus eng mit neuropsychologischen Mechanismen zusammen, die vorerst ein allgemeineres Phänomen auslösen, nämlich Empathie. Dieses Wort setzt sich zusammen aus *en*, «drinnen», und *pathos*, «Leiden». Die Empathie versetzt ein Subjekt in sofortige und starke emotionale Beziehung mit einem anderen Subjekt, sie ist somit eine emotionale Fähigkeit, die uns erlaubt, den Schmerz, das Leiden eines anderen Lebewesens selbst zu «erleben». Man sagt, «ich versetze mich in Deine Haut». Oft betrifft sie eine uns nahestehende Person, sie kann sich aber auch auf einen Fremden beziehen, der beispielsweise Opfer eines Unfalls ist, oder auf ein leidendes Tier. Der Mensch kann dank seiner Einbildungskraft eine plötzliche Zuneigung empfinden, indem er sogar die Zeit oder die Distanz überwindet: Man kann Empathie verspüren für die Opfer eines Erdbebens, das ein fernes Land vor Tagen oder Wochen heimgesucht hat. Beim Lesen eines Zeitungsberichtes über einen grässlichen Mord kann ebenfalls Mitgefühl für das Opfer aufkommen, oder für den tragischen Tod des Helden in einem Roman, oder im Kino bei der Darstellung sozialer Ungerechtigkeiten gegenüber ausgebeuteten Arbeitern. Man legt dann das Buch auf die Seite, oder verlässt den Kinosaal mit nachdenklicher Mine, mit beengter Brust. Es gelingt uns in solchen Fällen, die Leiden in zeitlichem Abstand nachzuempfinden, indem wir uns spontan vorstellen, welche Verzweiflung das gleiche Vorkommnis bei uns auslösen würde. Unsere Überlegungen können dann verschiedene Wege einschlagen: Wir können uns mit Abscheu abwenden, oder geistig entsetzt flüchten, oder am Leiden teilnehmen und selbstlos und ohne Hintergedanken unser Gut, unsere Kenntnisse und unsere Dienste für den Nächsten einsetzen. Das ist Altruismus, die unter den zahlreichen möglichen geistigen Haltungen die vornehmste Form von Altruismus.

Die Empathie, die am Ursprung des Altruismus steht, ist das Gegenteil der gefühlsmässigen Gleichgültigkeit. Sie ist im breiten Fächer des menschlichen Verhaltens so tief verankert, dass ihr Nichtvorhandensein als Charakterfehler betrachtet wird, den man Egoismus nennt. Persönlichkeiten ohne Empathie zeichnen sich dadurch aus, dass nichts sie zu kümmern oder zu ergreifen vermag, was der Auslöser für Kriminalität sein kann, wie bei Sozialpsychopathen.

Um Empathie zu verspüren, muss man sich für andere Menschen interessieren. Die Empathie wird bei uns durch das Aktivieren eines Empfindens ausgelöst, das jenem des anderen Menschen entspricht. Es scheint eine mysteriöse Verbindung zwischen den geistigen Vorgängen bei unserem Gegenüber und unseren eigenen zu bestehen. Hier stossen wir wiederum auf die Wichtigkeit unserer Wechselwirkungen, die Empathie hervorbringen, und zwar nur für das Lebendige, nicht für das Leblose. Wir fühlen sie beim Anblick eines verletzten Vogels oder von Migranten auf einem überfüllten Boot, selbst wenn wir die Episoden bloss auf dem Fernsehschirm verfolgen. Ein Bagger, der eine Mauer niederreisst, oder ein 500 Meter hoher Wolkenkratzer vermögen hingegen keine vergleichbaren Emotionen auszulösen. Somit muss «etwas» fliessen zwischen uns und dem Blick oder der Persönlichkeit des Leidenden. Dieses Phänomen ist lange unverstanden und unerklärlich geblieben, bis kürzlich neuere Erkenntnisse über diesen offenbar übersinnlichen Austausch gewonnen wurden. Das Geheimnis konnte teilweise gelüftet werden durch die Entdeckung der Spiegelneuronen, denen wir schon im Kapitel 5 begegnet sind. Durch das Gesehene wird in unserem Gehirn sofort eine Empfindung ausgelöst, die ähnlich jener ist, welche unser Gegenüber erlebt. Verletzt sich dieser beispielsweise am Finger, können wir uns vorstellen, wie es wäre, wenn uns dasselbe widerfahren würde. Dieser Mechanismus ist ursprünglich bei Primaten untersucht worden, und zahlreiche Beobachtungen und Experimente haben das gleiche Phänomen beim Menschen aufgedeckt: Gewisse

Motoneuronen spiegeln unser Umfeld wider. Sie werden aktiviert, wenn wir eine Tätigkeit ausüben, aber auch, wenn wir dieselbe Tätigkeit bei unserem Gegenüber feststellen. Sie aktivieren sich, wenn wir eine Tätigkeit ausüben und ebenso, wenn wir dieselbe ausschliesslich beim Nachbarn beobachten. Die Entdeckung dieser Wechselwirkung hat übrigens auch unsere Vorstellung von unserem Lernvermögen erhellt: «watch it, do it, teach it» wurde als eine neurologische Realität erkannt. Sie hat auch unseren Begriff der Empathie beeinflusst: Der zarte Ausspruch «ich spüre Dich, wie wenn ich Du wäre» entspricht heute einer wissenschaftlichen Erkenntnis, wobei dem «wie» eine besondere Bedeutung zukommt.

Da Empathie zu dem Entscheid führen kann, vorbehaltlos dem Nächsten zu helfen, könnten tatsächlich gewisse moralische Werte beim Menschen dem Altruismus in der Tierwelt entsprechen. Drei Argumente sprechen für diesen Gedanken: Die emotionale Grundlage für Altruismus ist Empathie, eine Charakteristik, die wir bei vielen Säugetieren antreffen; das Bedürfnis, jemandem zu helfen, aktiviert beim Menschen ähnliche Gehirnareale für Emotionen wie bei den Primaten; und schliesslich: Die Beobachtung von Primaten in freier Wildbahn offenbart zahlreiche selbstlose Hilfegebaren, die auch beim Menschen bestehen.

Aber diese Wechselwirkung weist eine seltsame Asymmetrie auf, denn der eine gibt und der andere empfängt. Umgekehrt hat der Empfangende dem Gebenden eine persönliche Botschaft gesandt: «Hilf mir!» Eines Tages wird es eine ausgleichende Tat geben. Diese zeitbedingte Asymmetrie finden wir bei allen Wechselwirkungen, die wir in der Natur antreffen. Wenn bei Wechselwirkungen zwischen zwei Menschen, Zellen, Molekülen oder Atomen anfänglich nicht die feinste Asymmetrie bestehen würde, bliebe alles an Ort und Stelle und es gäbe keine Veränderungen. Der junge Pasteur hat schon 1840 postuliert, dass «Dissymmetrie das Leben ist», um das Verhalten von gewissen Molekülen zu erklären. Unsere sozialen Verhaltensweisen sind im Allgemeinen leicht asymmetrisch, sie schaffen Vertrauen und verlangen an ihrem Ursprung, dass der eine Partner «den ersten Schritt» unternimmt, damit Verlässlichkeit zwischen beiden entsteht. Dasselbe gilt für den uneigennützigen Akt Altruismus.

Ist denn ein Altruist tatsächlich uneigennützig? Hat man nicht immer ein «Gegengeschäft» im Hinterkopf? Erwartet man nicht immer eine Gegenleistung? Seit Jahrzehnten debattieren Neurobiologen, Soziologen, Psychologen und Psychoanalysten über diese Frage, aufgrund zahlloser Beobachtungen und Experimente. Die Auseinandersetzung verliert jedoch an Bedeutung, wenn man die Begriffe Empathie und Altruismus in eine Theorie der Wechselwirkungen einbettet. Diese sind immer, wie wir soeben gesehen haben, am Anfang leicht asymmetrisch, unabhängig davon, ob sie grosszügig oder gewinnstrebig angelegt sind, denn sie zielen immer auf das Auftreten von Gegenseitigkeit und ein zu begründendes Vertrauensverhältnis, die der Festigung der Gemeinschaft dienen und dadurch ihren Wert begründen. Und dass wir diesen sozialen Instinkt mit anderen

Lebewesen teilen, verringert den moralischen Wert des Altruismus keineswegs. Wir Menschen haben ihn jedoch zu einem kulturellen, gar religiösen Wert befördert, indem wir seine Reichweite vergrössert haben: Da wir durch unsere «Intellektualisierung» des Altruismus den Kreis viel weiter als auf zwei Partner spannen und die gemeinsamen Emotionen dadurch verallgemeinern können, motiviert ein einzelner Mensch durch seine Selbstlosigkeit nicht einmalig eine einzige Person, sondern wir wenden ihn jederzeit bei allen Bedürftigen an. Der Altruismus erhält dadurch eine ethische Dimension, die nur wir kennen. Indem wir dadurch alle wissenschaftlichen Erkenntnisse mit unseren moralischen Werten verbinden können, erhält der Altruismus zwei sich ergänzende Lesarten, eine biologische und eine moralische, je nachdem ob er sich spontan zugunsten einer einzigen Person auswirkt oder ob er zu einem allgemeinen gesellschaftlichen oder gar religiösen Prinzip wird.

Eine einmalige Begegnung und eine Lektion in Menschlichkeit

Wir schreiben den 9. September 2008. Crans-Montana, der elegante Ferienort im Wallis, schenkt uns einen Bilderbuch-Sonnenuntergang. E. O. Wilson und ich machen einen gemütlichen Spaziergang und halten ab und zu inne, um die schneebedeckte Bergkette zu bewundern, die sich in ihrer ganzen Pracht von Ost nach West erstreckt. Mein Gast ist entzückt. Er wird das Symposium leiten, das morgen beginnt und dem Thema «Gemeinschaftliches Verhalten, Altruismus und Konflikt: vom tierischen Verhalten zur Volkswirtschaft und zur Prävention der Gewalt» gewidmet ist. Wir erwarten etwa 400 Teilnehmer und mehrere Redner von internationalem Rang, darunter Frans de Waal.

Wir nähern uns dem Zentrum von Crans-Montana. Ed möchte gern beim Nachtessen die letzten Sonnenstrahlen geniessen. Tatsächlich finden wir ein Restaurant mit Sitzplätzen im Freien. Beim Nähertreten winkt uns ein Gast mit beiden Armen freudig heran: Es ist Frans de Waal, der angesichts des majestätischen Panoramas allein vor gedecktem Tisch sitzt! Ich freue mich, Frans wiederzusehen und stelle die beiden berühmten Wissenschaftler einander vor, die sich noch nie getroffen haben, aber natürlich ihre gegenseitigen Publikationen kennen. Dann setzt sofort eine lebhafte Diskussion ein, ausgehend für den einen von seinem Ameisenhaufen, für den anderen von einer Waldlichtung mit einer Gruppe Primaten. Fragen um Fragen tauchen auf: Wie funktioniert die Kommunikation innerhalb dieser Gemeinschaften? Welche verborgenen Signale werden dabei ausgetauscht? Wie ist das Zusammenleben in der Gesellschaft geregelt? Welchen Grad an Selbständigkeit hat das Individuum bei Entscheidungen? Wie entstehen Konflikte? Wie erfolgen die Versöhnungen? Haben diese ge-

gensätzlichen Wechselwirkungen allenfalls beide eine Bedeutung bei der Belebung des Gemeinschaftslebens?

Ich mache mich klein und schweige, begreife, dass ich begnadeter Zuhörer eines aussergewöhnlichen Dialoges bin, in dem jeder das auszudrücken versucht, was er vom eigenen Sachgebiet nicht weiss und gern hier eine Antwort von dem Anderen erfahren möchte. Das Gespräch ist voller Wohlwollen, gegenseitiger Bewunderung, Respekt, ich spüre ihre Ehrfurcht vor dem Wissen des Partners. Der Abend geht zur Neige. Meine Freunde haben einen Teil ihrer Kenntnisse ausgetauscht, aber vor allem auch erfahren, wo ihrer beider Wissen Lücken aufweisen. Ich suche mein Hotelzimmer auf, aufgewühlt von der gegenseitigen Hochachtung der beiden Forscher. Mir kommt in den Sinn, das Ed Wilson ein ganzes Buch dem Austausch von Nichtwissen gewidmet hat: *Consilience, The Unity of Knowledge*, New York, Vintage Books/Random House, 1998. [36]

Kapitel 8
Vertrauen und Geldverkehr

Finanzwesen, Geld und Tauschhandel

Martina ist eine junge energische Frau, 25 Jahre alt, ausgebildete Biologin. Vor drei Jahren ist sie von einem grossen Forschungslaboratorium angestellt worden, um ihre Dissertation zu schreiben. Heute feiert sie den Abschluss ihrer Arbeit: Sie hat ihrer Fakultät die über 100 Seiten lange Abhandlung eingereicht, die ein sehr aktuelles Thema behandelt, nämlich die genetischen und molekularen Mechanismen beim Geruchssinn der Mäuse. Die Ergebnisse ihrer Dissertation haben schon das Interesse mehrerer Forschergruppen geweckt und die Bewunderung – und vielleicht etwas Neid – ihrer Laborkollegen ausgelöst. Martina beschliesst, sich eine Woche Ferien zu gönnen, und da ihr Freund Alexander, ein 27-jähriger Jurist, bald seinen Geburtstag feiern wird – warum soll sie ihm nicht eine Überraschung bereiten und ihm ein paar gemeinsame Tage der Erholung schenken? Sie entscheidet sich für ein kleines Hotel am Meer, wo sie schon gemeinsam einen genussvollen Aufenthalt hatten und in bester Erinnerung behalten.

Nach dem hastig eingenommenen Frühstück in ihrem kleinen Studio setzt sich Martina vor ihren Laptop und öffnet die Website eines Reisebüros, dessen Dienste sie oft für ihre beruflichen Reisen in Anspruch nimmt. Sie hat Glück: Das Hotel ihrer Wahl bietet noch Aufenthalte zu günstigen Bedingungen an. Mit einigen Klicks reserviert sie ein Zimmer und zahlt den Preis für die ersten zwei Nächte mit ihrer Kreditkarte, wobei sie mit grosser Sorgfalt den korrekten Code und die richtigen Identifikationsdaten eingibt. In ein paar Minuten ist die Angelegenheit erledigt, eine anonyme, aber mit dem Schein des Persönlichen verschnörkelte Antwort erscheint auf dem Bildschirm: «Guten Tag, Martina, Ihre Reservierung für eine Woche und Ihre Zahlung für zwei Nächte werden bestätigt. Wir freuen uns, Sie und Alexander bei uns begrüssen zu dürfen.» Zufrieden macht sich Martina an die nächste Aufgabe, die Reservierung der Flugtickets. Auch diese Zahlung erledigt sie mit ihrer Kreditkarte. Der E-Mail-Austausch wird durch eine andere Meldung abgeschlossen: «Wir bestätigen für Martina und Alexander die Buchung zweier Retourflüge zu den angegebenen Daten.»

In den letzten Wochen war Martina durch den Abschluss ihrer Doktorarbeit stark beansprucht und konnte sich nur wenig um ihre häuslichen Angelegenheiten kümmern. Als gewissenhafte Frau erledigt sie nun gleich die Bezahlung einiger Rechnungen, die in dieser Zeit eingetroffen sind. Das ist kein Problem: Sie führt die gleiche Prozedur auf ihrem Laptop aus, um auf die Website ihrer Bank zu gelangen und sich auf ihrem Privatkonto einzuloggen. Es weist einen erfreulichen Saldo auf, sodass sie getrost mit ein paar Klicks die Daten ihrer Kreditoren und die geschuldeten Beträge eingeben kann. Eine Meldung bestätigt ihr unverzüglich, dass die Zahlungen sofort beglichen werden.

Befriedigt, dass sie das Dringlichste erledigt hat, kann sich unsere junge Biologin nun angenehmeren Tätigkeiten zuwenden. Sie möchte ein Geschenk für Alexander kaufen, Geld wechseln, etwas herumtrödeln bis zum vereinbarten Lunch mit ihrer besten Freundin Donatella, und dann schliesslich Alexander die gute Überraschung überbringen, der noch völlig ahnungslos ist.

Martina begibt sich also auf den Weg zur nächsten Busstation. Um keine Zeit zu verlieren, zückt sie auf dem Weg ihr iPhone und wählt die App der öffentlichen Verkehrsbetriebe, um ihre Fahrt rationell zu planen und zu bezahlen. An ihrer Zielhaltestelle geht sie geradewegs zu einem Antiquitätenhändler, den sie gut kennt: Herr Moosbrugger ist ein Freund ihres Vaters. Vor einigen Wochen hatte sie in seinem Schaufenster eine reizende kleine Terrakottastatue aus der späten Han-Dynastie entdeckt, die eine Hofdame darstellt. Sie hatten sie gemeinsam bestaunt, und der Amateursammler Alexander bedauerte, sich das prächtige Stück nicht leisten zu können. Die Statuette war sehr anmutig, trotz eines leicht lädierten Armes, was ihren Preis erschwinglich machte. Ihr typischer Rock mit dem glockenförmigen Saum, ihre stolze Haltung verströmten eine Würde, welche die leichte Beschädigung ohne Weiteres ausglich.

Mit Enttäuschung muss sie feststellen, dass die Statuette nicht mehr im Schaufenster steht. Sie weiss aber, dass sich Herr Moosbrugger, wie viele leidenschaftliche Antiquare, nicht gern von ihren beliebtesten Objekten trennen. Sie tritt trotzdem in das kleine Geschäft und trifft ihn an seinem Ladentisch beim Betrachten einer Goldmünze. Ja, Herr Moosbrugger hat die kleine Statue noch, scheint aber nicht geneigt, sich von ihr zu trennen. Schliesslich gibt er ihrem Drängen nach: «Weil Du es bist und ich Dich schon als kleines Mädchen gekannt habe.» Als es ums Bezahlen geht, fragt sie: «Kann ich das mit einer Kreditkarte erledigen?» Herr Moosbrugger entgegnet: «Leider nicht, ich habe kein Vertrauen in Plastikgeld. Als Numismatiker vertraute ich früher dem wahren Wert einer Münze, der durch das Gewicht ihres Goldes bestimmt war. Dann musste ich lernen, dass dies nicht mehr der Fall ist, denn seit Langem entspricht ihr Geldwert nicht mehr jenem ihrer Legierung. Ich musste mich an diese Entwicklung anpassen, aber den Banknoten und Schecks traue ich noch weniger. Jetzt ist es noch schlimmer, denn der ganze Handel läuft entweder über Plastik oder über Internet, das ist für mich alles Schwindel.»

Zum Glück hatte Martina mit der Marotte des Antiquars gerechnet und etwas Bargeld mitgebracht. Während Herr Moosbrugger mit seinen von Arthrose gekrümmten Fingern ungeschickt ein Geschenkpäckchen schnürt, entwickelt sich ein Gespräch zwischen der jungen Biologin, die am selben Morgen ihr ganzes Vertrauen in ihre digitalen Zahlungen gesteckt hatte, und dem alten Antiquitätenhändler mit seinem Misstrauen gegen ebendiese Prozeduren. Er holt weit aus: «Stell Dir vor – als diese kleine Statue in einer prunkvollen Epoche Chinas geschaffen wurde, erlebte das Römische Reich – Da Qin nannten es die Chinesen – ebenfalls eine glorreiche Zeit. Aber die beiden Zivilisationen kannten sich bloss aus indirekten Berichten, von Mund zu Mund durch Händler und Reisende weitergegeben. Es gab einen regen Handel mit Seide, Pferden, Edelsteinen, Gewürzen, Handwerk, aber alle diese Waren gingen von Mensch zu Mensch, bevor sie ihr Endziel erreichten. Es brauchte viel Vertrauen, um die nötigen Verhandlungen zu führen und den Warenaustausch über diese lange Kette zu gewährleisten, denn alle Völker auf der Strecke, die Städte auf diesem Weg, hatten verschiedene Sitten und verschiedene Sprachen. Eine elegante Art des Austausches war der stumme Handel, eine besondere Art des Tauschhandels. Zwei Händler stellen ihre Ware, die der andere möglicherweise begehren würde, getrennt ans Ufer eines Flusses. Wenn der eine Händler einen Tausch als angemessen erachtet, nimmt er die Ware des anderen und geht seines Weges, andernfalls rührt er sich nicht, bis der andere Partner sein Angebot auf genügende Weise ergänzt. Ist dieser der Meinung, ein grösseres Angebot sei nicht angemessen, so findet der Handel nicht statt. Auf diese Weise gelangten Waren von Hand zu Hand von China über die Steppen Zentralasiens nach Indien, weiter nach Persien, zum Kaspischen Meer und schliesslich vielleicht ins Römische Reich. Dieser umständliche und wundersame Warenverkehr erforderte unzählige Tausche und jeweils gegenseitiges Vertrauen. Heute, in der Zeit des virtuellen Zahlungsverkehrs, grenzt das Vertrauen an Leichtgläubigkeit, und wir sind nie gegen einen Betrug gewappnet. Das Finanzwesen ist uns vollkommen entglitten.»

Martina, ihr Geschenkpäckchen unter dem Arm, verlässt ihren Antiquar in nachdenklicher Stimmung. Und wenn dieser weise Mann recht hätte? Sind ihre virtuellen Zahlungen vom frühen Morgen tatsächlich beim rechtmässigen Empfänger eingetroffen? Entsprechen die virtuellen Milliarden Dollar, die jede Minute in der Welt ausgetauscht werden, dem tatsächlichen Wert der erbrachten Dienstleistung, der gelieferten Ware, oder sind sie bedeutungslos, ohne materielle Grundlage? Kann man denn diesem ganzen ungreifbaren Zirkus um Wirtschaft und Finanzen Vertrauen schenken? Doch sicher nicht! Es wimmelt überall von Unterschlagungen, von Betrügereien, von Krisen – aber wie kann man diesem Unwesen Einhalt gebieten, wie kann man ihm ausweichen? «Ich muss dieses Thema beim Lunch mit Donatella aufgreifen, sie ist schliesslich Volkswirtschafterin», überlegt sie sich. Bald darauf biegt sie in einen hübschen kleinen Park ein, wo sie sich mit Donatella zum Lunch verabredet hat.

Donatella und Martina kennen sich seit über 20 Jahren und sind beste Freundinnen, obwohl sie nicht dasselbe Temperament haben. Während Martina schon immer positiv und pragmatisch war, neigt Donatella eher zu Nachdenklichkeit, und ihre Überlegungsart scheint oft etwas gekünstelt. «Ich diskutiere immer mit Ausrufezeichen, und Du überlegst mit lauter Fragezeichen», hat ihr Martina einmal gesagt. Dank ihrer Intelligenz hat Donatella zuerst ein Studium in Sozialwissenschaften abgeschlossen, dann eines in Wirtschaftsgeschichte, was ihr eine Anstellung als Assistentin eines berühmten Professors eingebracht hat.

Die Begegnung der beiden Freundinnen pflegt gewöhnlich, nach dem Austausch einiger Klatschgeschichten über ihre Bekannten, rasch in interessante Diskussionen zu münden. Nachdem Martina über ihre morgendlichen Beschäftigungen berichtet hat, erzählt sie von ihrem Gespräch mit ihrem alten Freund Moosbrugger. Zwei Fragen beschäftigen sie: «In der Biologie kennen wir das verbreitete Phänomen der Wechselwirkungen, das zur Emergenz neuer Eigenschaften führt. Das Leben, das Gedächtnis, das menschliche Bewusstsein sind herausragende Beispiele für Fälle, in denen ‹das Ganze mehr ist als die Summe seiner Teile›, was die beste Definition ist für den Begriff Emergenz. Dasselbe galt, als man eine Ware gegen Münzen, Banknoten oder Schecks tauschte: Der Vorgang verlangte anfänglich etwas Vertrauen (Gibt er mir das Geld, das er in der Hand hält, nachdem er meine Ware ergriffen hat, oder verschwindet er ohne zu bezahlen?). Nach der sofortigen Bezahlung festigt sich natürlich das Vertrauen. Wie steht es aber, wenn ich das Versprechen der finanziellen Beteiligung an einem Geschäft gegen ein anderes virtuelles Versprechen tausche? Welche Garantien erhalte ich dafür?» Die andere Frage, die sie vorträgt, betrifft das Gespräch mit dem Antiquar: «Herr Moosbrugger hat mir die historischen Hintergründe des Tauschhandels erklärt. In seinen Augen ist dieses System das einzige vertrauenswürdige, weil der Wert der getauschten Güter leicht bewertet werden kann. Wenn ich hingegen eine Zahlung per Internet vollziehe, findet weder ein materieller noch ein geldmässiger Tausch im engeren Sinn statt. Ich tausche ‹nichts› gegen ‹nichts›. Der erste Vorgang ist gemäss Herrn Moosbrugger verlässlich, der zweite, den ich heute morgen durchgeführt habe, jedoch nicht, obwohl er allgemein angewendet wird. Worin liegt der Unterschied? Beruhen beide Systeme auf dem Prinzip des Vertrauens? Wahrscheinlich nicht, denn im Krisenfall wird das Vertrauen in immaterielle Austausche erschüttert, und die Menschen kehren zum ursprünglichen Tauschhandel zurück, wie es kürzlich während der Inflationskrise in Argentinien geschehen ist.»

Donatella lächelt zunächst bei der etwas unbeholfen vorgetragenen Analyse ihrer Freundin. Ihr Studium der grossen monetären Krisen hat ihr ein kritisches Verständnis für das heutige System der finanziellen Transaktionen verschafft. Sie erörtert es für ihre Freundin in ihrem eigenen Stil – mit Gegenfragen: «Du hast recht, wie kann man einem Tauschverfahren trauen, bei dem sich beide Partner nicht kennen? Bei dem die ausgetauschten Beträge rein virtueller Natur sind? Bei dem die Kontrollsysteme, die das menschliche Vertrauen ersetzen sollten, oft staatlich sind?» Und sie fährt gleich fort: «Ich habe mir diese Frage oft gestellt. Sollte man nicht lieber zu einem einfachen, alten Tauschverfahren zurückkehren? Ich habe kürzlich für unsere Studenten zu diesem Thema einen kurzen Text verfasst, der sie zum Nachdenken anregen sollte.» Als moderne Wissenschaftlerin führt sie diesen Text auf der Dropbox ihres Laptops bei sich und nimmt das Gerät aus ihrer Mappe. Mit zwei Klicks sendet sie ihn auf das iPhone ihrer Freundin, «damit Du ihn lesen kannst, wenn Du dazu Zeit hast.» Die Diskussion endet hier, und die beiden Freundinnen setzen ihre Unterhaltung fort, über weniger akademische Themen.

Als Martina nach Hause zurückgekehrt war, verfolgten sie immer noch ihre Gespräche mit Herrn Moosbrugger und ihrer Freundin, und sie konnte nicht widerstehen, Donatellas Bericht gleich zu lesen. Wir schauen ihr dabei über die Schulter:

Vom Tauschhandel zum Geld: Eine kurze historische Übersicht über die Wirtschaft

Der Tauschhandel gehört zu den nichtmonetären Handelsarten. Er betrifft einen Austausch von Gütern oder Dienstleistungen ohne Einsatz von Geld, was auch bei der ehrenamtlichen Tätigkeit oder der Nachbarschaftshilfe zutrifft. Er stellt eine Urform des Handels dar und setzte schon in der Frühzeit der Menschheit ein, als die Landwirtschaft und die Viehzucht aufkamen. In dieser Zeit vollzog sich der Übergang von der Selbstversorgung und des Überlebens, in der man nur erntete, was dem Eigenbedarf diente, zu einer Wirtschaft, in der die Überproduktion ausgetauscht werden konnte. Diese Wirtschaft war der Ursprung des Tauschhandels, ein Austausch der Überschüsse, ohne Einsatz von Geld. Für einen Tausch zwischen zwei Individuen brauchte es einerseits das gleichzeitige Bedürfnis nach zwei verschiedenen Gütern oder Hilfeleistungen, anderseits das Vereinbaren eines Tausches, der zu gegenseitiger Befriedigung führt: Der Wert der angebotenen Waren oder Dienste musste jenem der erwarteten Gegenleistung entsprechen. Tauschverfahren, die beide Partner zufriedenstellten, führten in der Folge zu vertieften gesellschaftlichen Beziehungen zwischen den Beteiligten und vergrösserte das gegenseitige Vertrauen, das als Grundlage für weitere Geschäfte diente. Es ist einleuchtend, dass der Erfolg des Tauschhandels zwischen zwei Partnern zu einer Verallgemeinerung des Prinzips von Angebot und Nachfrage geführt hat. Zunächst handelten mehrere miteinander, dann entstanden Märkte, Orte des regen Austausches von Waren und Dienstleistungen. In der Antike findet man unzählige Beispiele berühmter Märkte.

Allerdings hatte der Tauschhandel auch seine Grenzen: Vorerst musste, wie wir gesehen haben, eine doppelte Voraussetzung erfüllt sein, nämlich der gleichzeitige Wunsch von zwei Partnern, ein Geschäft abzuschliessen, und dies mit übereinstimmenden Zielen; sodann die Beschränkung der möglichen Partner, die Beschränkung der infrage kommenden Güter und Dienstleistungen, und schliesslich die Lagerung verderblicher Waren. Bald tauchte die Notwendigkeit auf, den Tauschhandel durch ein besser beherrschbares zwischenliegendes Tauschsystem zu ergänzen. Dieses Zwischensystem musste mehrere Eigenschaften aufweisen: es musste stabil, nicht verderblich, einfach zu transportieren und allgemein als universelles Tauschmittel anerkannt sein. Mehrere Versuche mit Korn, Gewürzen, Seide wurden unternommen, aber rasch setzten sich Edelmetalle durch. Dazu führten wichtige Eigenschaften wie ihre Robustheit, die einfache Bestimmbarkeit des Wertes durch Wägen und ihre Seltenheit.

Die Vorteile des Geldes waren zahlreich: Sie ermöglichten, einen neutralen Preis für Waren und Dienstleistungen festzusetzen; sie ermöglichten das Sparen; sie ermöglichten die Errichtung von grossen Austauschplattformen für Personen, die sich nicht kannten; und sie ermöglichten die Erfindung des Darlehens. Es erstaunt nicht, dass alle Zivilisationen unabhängig voneinander früher oder später das Geld als Austauschsystem erfunden haben und dass das Vertrauen in seine Sicherheit zunehmend die ganze menschliche Gesellschaft erobert hat. Die Hindernisse, die zuvor bestanden – Zeit, Raum und Anonymität – waren überwunden.

Aber das Vertrauen in ein Finanzsystem, das auf dem Tausch von Geld beruht, sei es real oder virtuell, war nie absolut. In Zeiten von Wirtschaftskrisen, beispielsweise während einer Hyperinflation, kommt das System des Tauschhandels wieder als sicheres Tauschsystem auf, als taugliches Mittel anstelle des versagenden Geldsystems. So geschah es während der grossen Wirtschaftskrise von 1930 und der Rezession von 1980, aber wir treffen es auch noch in unserer Zeit in zahlreichen Entwicklungsländern an. Der Mensch hängt mehr an dem, was er sieht und anfassen kann, als an Versprechen, die er hört oder liest.

Austausche – Gegenseitigkeit und Vertrauen

Während Martina sich weiter ihren Reisevorbereitungen widmet, wollen wir uns über das Verhältnis zwischen monetärem und nichtmonetärem Handel unterhalten, und über die Emergenz des Vertrauens. Wir werden auch zwei psychologische Dämonen entlarven, die dabei rasch aufgetaucht sind, zwei Unwesen, die tief in der Natur des Menschen verankert sind: das Streben nach Besitztum und Macht und die Angst vor Risiko und Verlust.

Um die Verhaltensmechanismen besser erfassen zu können, welche den Warenhandel oder den Geldverkehr beherrschen, ist es nützlich, eine einfache Transaktion wie den Tauschhandel zwischen den Partnern X und Y aufzugliedern. Als Grundvoraussetzung besteht der Wunsch beider nach einem Gegenstand oder einer Ware, den oder die er nicht besitzt, aber erwerben möchte und von dem oder der er annimmt, dass der Partner ihm das Gewünschte in einem erschwinglichen und gerechten Tausch liefern kann. Voraussetzung ist demnach, dass jeder der beiden Partner eine klare Vorstellung hat vom Wert der Ware, die er besitzt oder zu erhalten wünscht, denn ein Tausch ist nur möglich mit Dingen, die offensichtlich vergleichbar und bewertbar sind. Der Handel kann dann vonstatten gehen, wobei zwei Bedingungen erfüllt sein müssen: Erstens muss es während der ganzen Dauer der Transaktion im Interesse von X und Y sein, das ursprünglich gegebene Wort zu halten, und zweitens müssen während der ganzen Dauer X und Y überzeugt sein, dass der andere Partner sein Versprechen hält.

Diese beiden Bedingungen sind eng verknüpft: Die erste Bedingung setzt Vertrauen voraus, und dieses Vertrauen darf nicht ein «blindes» sein, denn man muss überzeugt bleiben, dass sich der andere Partner bis zum Schluss an das gegebene Wort hält. Die zweite Bedingung verlangt, dass das Versprechen eingehalten wird, dass es nicht ein leeres Wort ist, sondern eine feste Verpflichtung. Die hier vorgestellte Darstellung entspricht in vereinfachter Form der Theorie des Gleichgewichtes des grossen Mathematikers John Nash, einer der Väter der Spieltheorie und Preisträger des Nobelpreises für Wirtschaftswissenschaften. [37]

Etwas einfacher ausgedrückt kann man sagen, dass ein Tausch, sei er monetär oder nichtmonetär, nur zustande kommen kann, wenn beide Partner sich bemühen, die zwei Bedingungen der Einhaltung des Versprechens und der Aufrechterhaltung des Vertrauens zu erfüllen. Gehaltenes Versprechen und geschaffenes Vertrauen erfordern ausgeprägte Koordination zwischen den Partnern und werden durch mehrfachen Wort- oder Schriftwechsel erhärtet. Die Respektierung der beiden Geisteshaltungen hat zudem die Tugend, dass zukünftige Tauschhandel einfacher zustande kommen werden. Selbst wenn sie ein anders gestaltetes Geschäft betreffen, werden die Partner den Rahmen gemäss den Prinzipien von Nash grundsätzlich beibehalten. So wird man ein vertrauenswürdiger und vertrauensvoller Handelspartner.

Aber leider verläuft im Handel nicht immer alles so ideal. Wir erleben zahlreiche Fälle, in denen das Gleichgewicht gemäss Nash nicht eingehalten wird. Wenn X im Verlauf der Transaktion feststellt, dass er sich gegenüber Y einen Vorteil herausschinden kann, wird er in Versuchung geraten, die vereinbarten Regeln zu verletzen, also die erste Bedingung – die Einhaltung des gegebenen Versprechens – zu verletzen. Er wird dann raffinierte Überlegungen mathematischer, logischer und ethischer Art anstellen, um das Potenzial eines höheren Gewinnes gegen mögliche Nachteile eines solchen Vorgehens abzuwägen. Sein Entscheid wird sein, entweder die vereinbarten Regeln einzuhalten, oder sie zu seinem Vorteil und zum Nachteil seines Partners abzuändern. Im zweiten Fall würde das von Nash verlangte Gleichgewicht gestört und ein Konflikt mit Y ausgelöst, der zum Abbruch des Handels durch Vertrauensverlust führen muss. Unsere Gesellschaft hat zahlreiche Reglemente und Prozeduren aufgestellt, um solche Verlockungen zu unterbinden, die ausser dem gegenseitigen Vertrauensbruch weit unerfreulichere Folgen haben können; denn wenn sich der Bruch von vereinbarten Regeln verallgemeinern würde, wären negative Auswirkungen auf den gesamten Warenhandel die unausweichliche Folge. Es gibt viele verschiedene disziplinäre Mittel, von denen nicht alle juristischer Natur sind. Im Kreis der Familie beispielsweise sind sie informell und vor allem moralischer Art, wie beispielsweise Liebesentzug, Respektentzug oder Ächtung, wenn ein Mitglied ein

Versprechen gebrochen hat. Im weiteren Umfeld kommen soziale, moralische oder religiöse Mechanismen zum Tragen, die steuernd und strafend auf das Einhalten von Verträgen hinwirken. Schliesslich gibt es ein breites Gesetzeswerk und staatliche Aufsichtsbehörden, die im Verlauf der Jahrhunderte aufgebaut wurden, um die Voraussetzungen für ein geregeltes Finanzwesen zu schaffen; oft greifen sie jedoch zu spät und können üble Machenschaften nicht verhindern.

Wir haben unsere Untersuchung mit der Beschreibung des Tauschhandels begonnen, der ein einfacher Tauschvertrag ist über materielle Güter zwischen zwei Individuen. Dessen Regelungen können bei jeder anderen Art von finanziellen oder kommerziellen Transaktionen angewendet werden. Wie gestalten sich jedoch bei solchen komplexeren Geschäften das Versprechen und das Vertrauen, diese beiden so bedeutsamen Bedingungen für den einfachen Tauschhandel? Wenn wir die finanziellen Transaktionen untersuchen, welche heutzutage eine grosse Rolle spielen, stellen wir grosse Unterschiede fest: Anstelle unserer zwei Partner X und Y, die von Auge zu Auge ein Geschäft abwickeln und sich zwangsläufig persönlich kennen, treten anonyme Institutionen, die durch keine persönlichen Beziehungen verbunden sind, und statt dinglichen Waren werden zahlenmässig erfasste Beträge, virtuelle und abstrakte Grössen getauscht, gestern schriftlich und heute durch Klicks im Internet. Ausserdem sind die getauschten Beträge oft riesengross und jenseits unseres Vorstellungsvermögens. Und schliesslich ist eines unserer zwei Kontrollsysteme, nämlich jenes, das an unsere gesellschaftlichen Normen gebunden ist, angesichts der Anonymität der beiden Akteure und deren örtlichen Trennung nicht mehr wirksam. Es bleiben somit als Garanten bloss gesetzliche Bestimmungen und Aufsichtsbehörden, die zunehmend Mühe bekunden, in den Dschungel der zahllosen Geldtransfers mit hohen Beträgen und verschiedenen Währungen einzudringen, die zudem Produkte und Dienstleistungen mit schwer ermittelbarem Wert betreffen. Die Bedeutung des ehemals unverzichtbaren Vertrauens zwischen den Partnern, gestützt auf persönliche Bekanntschaft, ist dadurch untergegangen. Die virtuellen, immateriell gewordenen Transaktionen haben anonyme staatliche Kontrollinstanzen auf den Plan gerufen, sodass das Vertrauen nunmehr in die Verlässlichkeit dieser Institutionen fliessen muss statt in die Persönlichkeiten, die für ein zustande gekommenes Geschäft geradestehen mussten. Das gelegentliche Versagen dieser Kontrollsysteme hat bekanntlich zu einigen historischen Finanzdebakeln geführt.

Diese Entmaterialisierung der Transaktionen und die Verschiebung des Vertrauens haben nicht nur das Wesen des Handels verändert, sondern auch seine Substanz, das Geld. In der Tat wurden auch die Zahlungsmittel von dieser Entwicklung betroffen, wie die Geschichte es uns eindrücklich darlegt. [38] Vor Jahrtausenden spielte sich der Warenaustausch zwischen zwei Tauschwilligen durch einen konkreten Vergleich ab: 28 Kilogramm Weizen gegen 10 Meter Seide. Dann wurde das Geld erfunden in der Form von Münzen. Vor etwa 2'000 Jahren erfolgte im Nahen Osten und in China eine erste Entkoppelung, indem die anfängliche Parität zwischen dem Wert einer Münze – zum Beispiel eine Dukate – und ihrem Gewicht in Gold oder Silber rasch infrage gestellt wurde; man hat diese Entwicklung angenommen, weil sie vom König oder von Handelsverbänden garantiert waren. Etwa 1'500 Jahre später löste die Erfindung des Papiergeldes (in Form von Banknoten, Wechseln oder Schecks) einen weiteren Schritt der Entmaterialisierung aus. Dadurch ging jede Beziehung verloren zwischen dem Betrag, der auf dem Dokument angegebenen war, und seinem materiellen Wert – die Herstellungskosten für eine 50-Gulden-Banknote betragen einen sehr kleinen Bruchteil ihres Tauschwertes. Die vollständige Entkoppelung von virtuellem und materiellem Wert verlangt ein absolutes und blindes Vertrauen in ein Zahlungsmittel. Nicht umsonst nennt man das darauf gegründete Finanzwesen «Fiatwirtschaft», abgeleitet vom lateinischen *fiducia*, das Vertrauen bedeutet. Hier hat sich der Garantieträger zum Staatsoberhaupt und dann zum Staat gewandelt. Wohl hat der Wandel in ungeahntem Masse zum Aufblühen der Wirtschaft beigetragen, er hat aber auch zu einigen dramatischen Finanzkrisen geführt. Eine davon, genannt *crise des assignats* («Krise der Wechsel»), hat vermutlich das historische Ereignis der Französischen Revolution beschleunigt. In der Folge hat die Finanzwirtschaft weitere Entwicklungen durchgemacht, indem Ende des 19. Jahrhunderts Geldtransfers per Telegramm aufkamen und im 20. Jahrhundert durch Kreditkarten; bald darauf, im 21. Jahrhundert, kam die kontaktlose Zahlungsart per Smartphone auf, ihrerseits seit Kurzem durch Kryptowährungen konkurrenziert. Wir stellen fest: Die ganze Weltwirtschaft ist von schemenhaften, immateriellen Vorgängen getragen, und das Volumen des Welthandels hat Werte erreicht, die jede Vorstellung übersteigen – und dennoch glauben wir immer noch an die Zuverlässigkeit des Systems!

Fassen wir zusammen: Wir haben erkannt, dass die explosionsartige Zunahme der Finanztransaktionen in unserer Zeit zwar unbestreitbare Vorteile gebracht hat, aber auch – weniger offensichtlich – unerfreuliche Folgen. Die wichtigste negative Konsequenz ist der Verlust des direkten Zusammenhanges, der bei erfolgreichen zwischenmenschlichen Transaktionen entsteht, denn er schuf Vertrauen als emergenten Wert, während Finanztransaktionen keine Seele mehr haben. Dies führt uns zu einer klaren Erkenntnis, die im Widerspruch zum zentralen Postulat dieses Buches steht: Es gibt also doch Austausche, die kaum emergente Eigenschaften haben. Der Gewinn aus einer Finanztransaktion ist in der Tat nicht emergent, er ist ein neuer Wert, der sich mit einem anderen vergleichen lässt. Finanzspekulationen sind ein anderes Beispiel: Man setzt auf Veränderungen des Marktes, die für die einen voraussehbar, für andere zufällig sind, ohne dass daraus ein neuer Wert entsteht. Wenn wir am Bancomat Geld beziehen oder mit unserem Smartphone kontaktlos bezahlen, was wir im täglichen Leben oft tun, spüren wir keinen neuen Wertgewinn, der aus dieser Handlung emergiert. Wir sind weit entfernt vom Händedruck oder vom Dreier Weisswein, die früher oft einen erfolgreichen Handel besiegelten. Wir unterhalten – ob wir es wollen oder nicht – eine anonyme weltumspannende Finanzmaschinerie, die ihr vordergründig spekulatives Netz über den ganzen Planeten ausbreitet. Und der Durchschnittsmensch, abgestumpft durch die riesigen Beträge der internationalen Finanzbewegungen zwischen den Ländern, zwischen Banken und Industriekonzernen, kann keinerlei Zusammenhang zwischen seinen täglichen finanziellen Sorgen und diesen verdeckten Aktivitäten finden. Diese Entwicklung war wohl unausweichlich, denn ihre Grundprinzipien, das Darlehen, dann die Entmaterialisierung des Warenhandels, waren für die Entwicklung des Welthandels unumgänglich. Diese an sich nützliche Metamorphose ist allerdings durch zwei Verhaltensarten des Menschen geprägt, die seine Überlegenheit gegenüber anderen Arten seit jeher bestimmt haben: das Verlangen nach Gewinn – das unseren Ahnen einen entscheidenden Vorteil im Wettstreit gegen andere Arten verschaffte –, und die Furcht vor dem Risiko, die uns vor Gefahren schützt.

Zwei gewichtige Mitspieler am Tisch der Austausche: Die Versuchung nach Gewinn und die Furcht vor dem Risiko

Die Ökonomen vertreten nicht selten völlig gegenteilige Meinungen. Einig sind sie sich jedoch meistens bei folgender Feststellung: Eine Förderung der Wirtschaft ist ohne Darlehen nicht möglich. Wenn wir nämlich wollen, dass jedermann, auch wenig Bemittelte, Zugang zum lokalen oder internationalen Markt haben, müssen wir ihnen angemessene finanzielle Startmittel zur Verfügung stellen, also Kapital vorschiessen. Jede Innovation, selbst eine kleinere, braucht eine Investition. Zum Begriff Darlehen gehört aber auch der Begriff Schuld: Man ist wohl bereit, einer Person Geld zur Verfügung zu stellen, aber unter der Bedingung, dass sie die Schuld eines Tages tilgen kann – wenn möglich! Jedes Darlehen ist somit ein gewährter Kredit. Der Begriff leitet sich vom lateinischen *credere* ab und bedeutet Glauben. Dieser Glaube, dieses Vertrauen, hat seinen Preis, der umso höher liegt, je grösser das Risiko ist. Es empfiehlt sich deshalb, vor einer Kreditgewährung eine wohlüberlegte Abwägung über das Für und Wider durchzuführen. In ausserordentlichen Fällen kann man aus sozialen, menschlichen oder politischen Gründen das Risiko vernachlässigen und einen niedrigen oder gar keinen Zins vereinbaren. Man kann sogar in die Lage kommen, die Schuld zu löschen, sei es aus Grosszügigkeit oder zugunsten einer Gegenleistung. Ein berühmtes historisches Beispiel ist die Verbrennung eines Schuldbriefes vor Karl V. durch den reichen Bankier Anton Furgler, der sich daraus mannigfaltige künftige Vergünstigungen versprach und auch zugesprochen erhielt.

Ganz allgemein bewirkt ein Darlehensgesuch, wenn ihm entsprochen wird, eine Verschuldung. Die Schuld wird mit einem bestimmten Zinssatz belastet sowie mit einem bestimmten Rückzahlungsplan versehen, wobei für beides konkrete Voraussetzungen massgebend sind. Für die Gewährung des Darlehens sind mehrere Fakten entscheidend: der Zweck des Darlehens und der Wert des damit finanzierten Projektes, die hinterlegten Sicherheiten und die Vertrauenswürdigkeit des Gläubigers sind einige davon. Hier treten nun die zwei oben erwähnten menschlichen Eigenschaften auf den Plan, die beide subjektiv sind: das Verlangen nach Gewinn und die Furcht vor dem Risiko. Beide Eigenschaften sind gegensätzlich und irrational, und somit schwer einschätzbar. Dieses Ungleichgewicht kann auf die eine oder andere Seite kippen. Untersuchungen haben beispielsweise gezeigt, dass junge Investoren eher auf einen hohen Gewinn zielen und dafür höherer Risiken eingehen, während es der ältere Darlehensgeber vorzieht, einen geringeren Gewinn in Kauf zu nehmen, indem er die Rückzahlung seines Vorschusses versichert. Es gibt also in der heutigen Zeit unbeeinflussbare irrationale Umstände, die auch auf einfache finanzielle Transaktionen einwirken. [39] Der Einfluss der menschlichen Psyche, verstärkt durch die Algorithmen des automatischen *tradings*, erklären denn auch die Volatilität des Börsenhandels, der durch das irrationale Handeln der menschlichen Gemeinschaft bestimmt wird. Demzufolge kann am Markt innerhalb weniger Monate, manchmal sogar weniger Stunden, eine Blase in eine Krise umschlagen. Zusammenfassend stellen wir fest, dass eine Wirtschaftstheorie zwingend den Einbezug der Verhaltenswissenschaften bedingt, insbesondere das Verständnis für emotionales Handeln, um die Wechselhaftigkeit der Märkte und die Komplexität der Finanztransaktionen zu erklären.

Dieser kurze historische Rückblick und die ebenso kurzgefasste Analyse der heutigen Finanztransaktionen führen also zu einem Widerspruch: In den vorigen Kapiteln haben wir erfahren, wie Austausche zu positiven Emergenzen führen, sodass das Ganze zu mehr wird als die Summe der Teile. Wie steht es nun bei den Finanztransaktionen – welches sind ihre emergenten Werte? Ist es der Gewinn? Wenn dem so wäre, müsste er einen Mehrwert darstellen, der vor der Transaktion unbekannt war. Das ist jedoch nicht der Fall, weil der Gesamtwert einem Geldbetrag entspricht, der in der Transaktion enthalten ist. «Ich leihe 100 Euro aus, zu einem Zinssatz von 5 Prozent, sodass ich zuletzt einen Gewinn von 5 Euro erziele.» Die allermeisten Geldtransaktionen sind demnach neutral und führen zu keinerlei positiver Emergenz, sondern nur zu einem finanziellen Gewinn. Ist das tatsächlich immer so? Nein! Denn gewisse Finanztransaktionen können zu einem Wohltätigkeitseffekt führen, der im Voraus nicht bekannt war. Die Voraussetzung dafür ist, dass deren Ziel nicht nur in einem einfachen Geldgewinn besteht, sondern einem übergeordneten Zweck entspringt, der beispielsweise von Freigebigkeit geprägt ist und einen Gewinn für eine breite Gemeinschaft bringt. Man kann Geld verdienen und dabei gleichzeitig anderen helfen: Die Finanzierung einer Wasserversorgung für ein Dorf, das noch kein solches Netz besitzt, bringt einen Mehrwert, nämlich Wohlstand, welcher nicht eigentlicher Bestandteil der Finanztransaktion war. Wir treffen heute vermehrt auf neue, interessante Bestrebungen, die nicht nur einer spekulativen, rein gewinnorientierten Logik entspringen, sondern sozialwirtschaftlichen Nutzen bringen. Zu einigen dieser Versuche passt der Begriff *inklusive Finanz*. Diese Entwicklung, die grosse Erfolge und einige Fehlschläge erfahren hat, ist die logische Folge der Mikrofinanz, die Muhammad Yunus erfunden hat, der «Bankier der Armen» und Träger des Friedensnobelpreises 2006. [40] Das inklusive Wachstum verzichtet nicht auf einen Gewinn aus einem Darlehen, stellt jedoch eine Verbindung her zwischen angemessener Verschuldung einerseits, und kostengünstiger Investition in Güter und Einrichtungen von allgemeinem Nutzen anderseits; ihr Wirkungsfeld liegt vornehmlich in der Landwirtschaft, in Energie, Bildung und Kommunikation. Dank ihrer geringen Verwaltungskosten, ihrer tiefen Zinssätze und ihrer gemeinnützigen Strategie fördert sie Wohlstand unter der wenig bemittelten Bevölkerung. Sie führt drei verschiedene Interessen zusammen: jenes des Kapitalgebers, der einen Gewinn erzielt, jenes der durch Investitionen Begünstigten, die daraus einen gesellschaftlichen Fortschritt erfahren, und jenes der Allgemeinheit dank der daraus erwachsenden Solidarität. Die ersten beiden Ergebnisse – der Ertrag und sein Risiko – sind messbar und das Charakteristikum der gewöhnlichen Finanztransaktionen ohne Emergenz. Das Letztere ist der effektiv emergente Gewinn, weil er einen gesellschaftlichen und umweltschonenden Mehrwert schafft. Diese dritte Wirkung der inklusiven Finanz ist demnach eine grossartige und visionäre emergente Eigenschaft. [41]

Auf vereinfachte Weise bietet sich folgendes Bild an: Konventionelle Finanztransaktionen, die wir als spekulativ bezeichnen, bemessen sich nach ihrem Preis, die sozialverantwortlichen Transaktionen hingegen bringen dem Tausch einen emergenten Wert. Es herrscht häufig Verwirrung um den Preis von getauschten Waren oder Dienstleistungen und deren Wert. Worin liegt der Unterschied? Der Preis kann auf einfache Art arithmetisch berechnet werden, es ist der zu bezahlende Betrag bei einem Tausch, eine objektive Grösse, die wir mit einer Zahl ausdrücken. Der Wert hingegen ist eine subjektivere, eher persönliche Grösse, die der Bedeutung entspricht, die wir einer Sache beimessen. Donatella, die wir am Anfang dieses Kapitels kennengelernt haben, erklärt ihrer Freundin Martina den Unterschied zwischen Preis und Wert dank ihres pädagogischen Geschickes mit folgender Metapher: «An einem schönen Sommertag liegst Du am Strand eines Sees. Das Thermometer zeigt 29 °C im Schatten an, eine präzise Grösse – sie würde dem Preis entsprechen. Als Biologin kennst Du den Unterschied zwischen der Temperatur und der empfundenen Wärme. Was Du aber in diesem Augenblick empfindest, wird von verschiedenen Umständen beeinflusst, von der Feuchtigkeit Deiner Haut, vom Wind, der sie streichelt, von der Orientierung Deiner Körperteile zur Sonne – diese Empfindungen wären der Wert. Beide Begriffe sind verwandt, drücken sich jedoch verschieden aus, der eine objektiv, der andere subjektiv.»

Preis und Wert sind also, wie die Temperatur und die empfundene Wärme, eng verbundene Begriffe. Man unterscheidet zahlreiche Dinge und Dienstleistungen, die einen Marktwert haben und denen ein Preis zugemessen werden kann, wie einem Laib Brot oder einem Arztbesuch. Daneben gibt es Werte, die nicht in Franken und Rappen ausgedrückt werden können, wie der Geruch des Brotes, das gerade aus dem Ofen kommt, oder der Gehalt des Gespräches mit seinem Arzt. Doch es gibt noch unzählige emotionale Erfahrungen, wie die Freundschaft, die Grosszügigkeit, die Intelligenz, den Altruismus, die Hilfe am Krankenbett eines Familienmitgliedes – hier können wir keinen Preis festlegen, er existiert einfach nicht. Es sollte auch keinen Preis für den menschlichen Körper und seine Organe geben, oder für unser Genom, für den Sauerstoff, den wir einatmen. Lange waren diese Werte ausserhalb des wirtschaftlichen Systems geblieben. Leider ist dem heute nicht mehr so, wir leben in einer Zeit, in der für sie einen Preis verlangt wird: Wir sind in einer Ära der allgemeinen Kommerzialisierung angelangt.

Preis und Wert: Wie können wir der Kommerzialisierung von nichtfinanziellen Werten entrinnen?

Kürzlich konnte ich in London einige der zahlreichen Bilder von Vincent van Gogh, die Sonnenblumen darstellen, betrachten. Von ihrer Schönheit gepackt begann ich darüber nachzudenken, welch unfassbaren kulturellen Wert die Werke dieses genialen Künstlers haben, der in tiefster Armut lebte und nur wenige Jahre malte. Für das einzige Bild, das er zeitlebens verkaufen konnte, durch die Vermittlung seines Bruders Theo – die *rote Rebe* von Arles –, erhielt er 200 Franken damaliger Währung. Dieser Preis stand in keinem Verhältnis zum Wert dieses Meisterwerks, ebenso wenig wie zu den extravaganten Preisen, zu denen seine Bilder heute gehandelt werden. Der Wert ist das Abbild des Genies, der Preis die Folge der Kommerzialisierung mit etlichen Handänderungen zwischen Spekulanten und einigen Kunstliebhabern. Dieses Beispiel zeigt, wie der Wert von Kulturgütern zu einem Preis mutiert – es ist beileibe kein Einzelfall: Durch ihre Profitgier hat sich unsere Gesellschaft nach und nach aller schwer handelbaren Werte bemächtigt, um ihnen einen Preis zu geben. In gewissen Fällen mag dieser Vorgang berechtigt sein: etwa bei wissenschaftlicher oder technologischer Forschung, wo gute Gründe bestehen, den Wert des intellektuellen Aufwandes für Erfindungen zu schützen. Wenn sich nämlich die Erfindung in ein handelbares Produkt überführen lässt, das durch eine Lizenz oder ein Patent geschützt wird, kann ein ausgewogenes Verhältnis zwischen Wert und Preis entstehen, aufgrund gut eingespielter und allgemein eingehaltener Regeln. Aber diese Bemühungen, einen Wert mit einem Preis zu versehen, haben eine Grenze, die nicht überschritten werden sollte, beispielsweise wenn dieses Verfahren auf den Menschen übertragen wird – sie wird dann widersinnig, wenn nicht unmoralisch: Was ist der Preis, den man einem Blutspender zahlen soll, wo doch die Spende das Leben eines Unfallopfers retten wird? Oder für eine transplantierte Niere, die einem

Patienten fortan die Dialyse erspart? Oder für Dinge, die der Allgemeinheit dienen, wie das Trinkwasser für eine Familie, die in der Sahelwüste lebt? Für den Sauerstoff, den wir atmen?

Die Kommerzialisierung, die den inneren, wahren Wert von Waren und Dienstleistungen in einen kommerziellen Preis umwandelt, kommt aus einem menschlichen Hang, dem wir schon begegnet sind: aus jedem Gegenstand, aus jeder Erfindung, jeder Dienstleistung einen Gewinn herausschlagen zu wollen. Diese Strategie muss aber ethischen Prinzipien unterworfen werden, die es zu respektieren gilt. Es drängt sich deshalb auf, abzuschätzen, was gehandelt werden darf und was nicht. Die Grosszügigkeit beispielsweise ist ein moralischer Wert, der schwer zu beziffern ist und nicht mit Geld aufgewogen werden kann. Das liegt daran, dass wir soziale Wesen sind, die das Interesse des Nächsten wahren und Empathie kennen. Die Grosszügigkeit handelbar zu machen, ist absurd: Man kann das Verlangen zum Geben nicht bezahlen. Das intime Gespräch des eng verbundenen Verwandten oder Freundes mit einem Sterbenden, die einem Bedürftigen gewährte Unterstützung, die Hingebung einer Mutter zu ihrem kranken Kind haben keinen Preis, sondern ausschliesslich einen zutiefst menschlichen Wert, der überhaupt keinen Zusammenhang mit Geld hat.

Hier wollen wir zu Martina zurückkehren, die wir nach ihrem Lunch mit Donatella verlassen haben. Sie ist nach Hause zurückgekehrt, hat das Geschenk für Alexander sorgfältig auf den niedrigen Tisch vor dem Sofa gestellt und sich dann in den Text ihrer Freundin vertieft. Sie erfasst leicht seine Bedeutung und zieht daraus die Lehre, was den Unterschied zwischen Wert und Preis ausmacht. Nun ist es an der Zeit, ihren Freund im vertrauten Restaurant zu treffen, wo sie der Wirt wie alte Freunde empfängt. Martina und Alexander schmieden Pläne für die nächsten Tage, führen verliebte Gespräche und trennen sich schliesslich, um all die nötigen Vorbereitungen für ihre gemeinsamen Ferien zu treffen.

Wieder zuhause angelangt, springt ihr das kleine Päckchen mit der kleinen Han-Statuette in die Augen. Der liebenswürdige Antiquar hat es mit zittriger Hand in ein goldglänzendes Papier gewickelt, umschnürt mit einem passenden grünen Band, das dem Geschenk ein kostbares Gepräge verleiht. Martina wird nachdenklich: «Warum zum Teufel habe ich den guten alten Herrn Moosbrugger gebeten, sich die Mühe für eine derart aufwendige Verpackung zu machen, wenn sie in wenigen Tagen hastig aufgerissen wird?» So kommen ihr wieder die Gespräche des Tages in den Sinn. Sie erfasst, dass ein Geschenk auch ein Tausch ist, mit einer festlichen Umhüllung als Symbol. Ein Geschenk ist der Tausch eines Gegenstandes mit einem Wert – und nicht mit einem Preis! –, für beide Partner, aus dem sich ein Lächeln, ein Kuss, eine Freude, eine Glückseligkeit über die Zusammengehörigkeit entfalten. Zu diesen Emergenzen gesellt sich eine weitere, feinere und beständigere, nämlich die Vertiefung und Bereicherung des bestehenden Verhältnisses zwischen zwei Personen. Wenn man schenkt, hat man im Gegenzug eine Erwartung, nämlich die eines Dankes, als offensichtliches Signal und als unterschwellige Botschaft, seinerseits die Verbundenheit zu bekräftigen. Das Geschenk wird so zu einem emergenten Symbol erfolgreicher Wechselwirkungen.

«So gelangt die Verpackung zu ihrer wichtigen Bedeutung», denkt Martina. «Sie ist nicht nur ein verzögerndes Hindernis zur überraschenden Entdeckung des geschenkten Gegenstandes, denn ein gewöhnliches Packpapier hätte dazu genügt. Die schmückende Wirkung der Geschenkhülle ist notwendig, um die besondere, von beiden empfundene Bedeutung des Inhaltes auszudrücken, nämlich ihren Wert.»

Und im gleichen Atemzug realisiert Martina eine weitere Bedeutsamkeit: Der Begriff «Geschenk» entspricht einer «Entmarktung»: Ein Geschenk ist ein Mittel, den Preis eines Gegenstandes auszulöschen und ihm wieder einen eigenen inneren Wert zuzuordnen. Deshalb verlangen wir im Geschäft die Entfernung des Preisetikettes, bevor das Geschenk hübsch verpackt wird. Wir unterstreichen damit seinen emotionalen Wert und verschleiern den merkantilen Vorgang des Kaufes, um ihm die gebührende Würde zu verleihen. Mit der Schenkung eines Gegenstandes stellen wir die Emergenz wieder her, die er in den Kaufvorgängen verloren hat. Wir senden damit folgende Botschaft an unseren Nächsten: «Dieses Geschenk hat den Wert, den ich mit Dir tauschen möchte, nämlich Zuneigung, Dankbarkeit, Freundschaft, Liebe.» Roland Barthes hat das so ausgedrückt: «Die Hülle ist nicht mehr ein vorübergehendes Zubehör, sondern sie wird selbst ein wertvoller, versprechender Gegenstand.» [42]

Vor dem Einschlafen fasst Martina als intelligente Frau mit der Gabe, das Verallgemeinern gut zu beherrschen, ihre Gedankengänge zusammen: «In dieser oft unbarmherzigen Welt der Finanzbewegungen haben wir zu oft zwei Versuchungen nachgegeben: der Anonymität der Transaktionen und der Kommerzialisierung der menschlichen Werte. Heute war ich Zeugin und Handelnde zugleich: Ich habe volles Vertrauen in das weltumspannende Finanzsystem gesetzt – zu Recht, denn ich erhielt die Bestätigung, dass alle meine Zahlungen erfolgt sind. Mein Vertrauen wurde verstärkt, aber ich habe begriffen, dass es unbeständig ist und dass im Umgang mit ihm Vorsicht angebracht ist. Und dann habe ich ein Kunstwerk aus der Vermarktung herausgelöst, um ihm wieder einen Wert zu geben. Wir können also in dieser Finanzwelt Emergenzen wiederherstellen, sichere Hafen für Wechselwirkungen. Wir können den Altruismus, die Grosszügigkeit, die Freundschaft und die Liebe aufblühen lassen, die wiederum unsere Beziehungen bereichern können – das sind wahrlich tugendhafte Kreisläufe, wie ich sie in der Biologie oft angetroffen habe.»

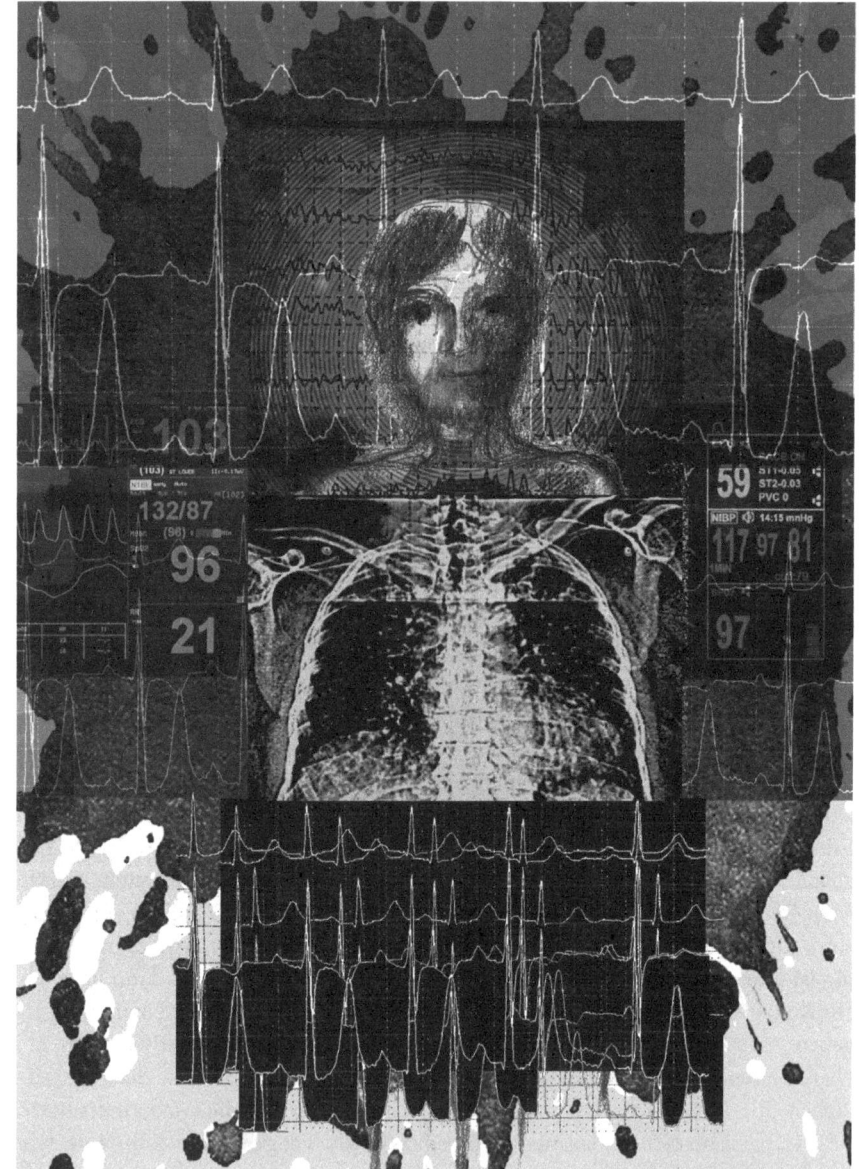

Kapitel 9
Die Medizin:
Wissenschaft oder Kunst?

Die gewaltigen Fortschritte in der Forschung während der letzten zwei Jahrhunderte haben der Medizin zu festen Grundlagen verholfen. Niemand wird daran zweifeln, dass sie zu einer Wissenschaft geworden ist – die neuen, sehr präzisen Diagnostikmethoden zeugen davon. Zwei Beispiele mögen das offenbaren: Die biochemischen Marker spüren zahlreiche Krankheiten auf, und die modernen bildgebenden Techniken erlauben, unseren Körper bis zu den kleinsten Details zu durchforschen. Neue, höchst wirksame Behandlungen wie Impfungen, Antibiotika und Virustatika sowie krebsbekämpfende Medikamente haben das Schicksal zahlloser Patienten verändert. Die Herz- und Gehirnchirurgie und Fortschritte in der Anästhesie sind weitere überzeugende Beispiele, und die Liste liesse sich beliebig verlängern.

Selbst wenn die medizinische Wissenschaft es ermöglicht, aufgrund statistischer Erkenntnisse allgemeine Folgerungen und Entscheidungen zu treffen, müssen wir objektiv und bescheiden bleiben: Ihre Anwendung beim einzelnen Patienten bleibt ein fallbezogener Vorgang. Mit anderen Worten: Die Medizin muss sich fallweise auf offenkundige Tatsachen abstützen, deren Verallgemeinerungen im Einzelfall jedoch nicht ohne sorgfältige Abklärung anwendbar sind. Obwohl sie an breiter Front über gesicherte Erkenntnisse verfügt, die aus der medizinischen Forschung hervorgegangen sind – die Ausübung des Arztberufes wird immer eine Kunst bleiben, welche die Achtung vor der Individualität und den Besonderheiten eines jeden menschlichen Wesens verlangt und deshalb die Fähigkeit des Dialoges, der Empathie und des Respektes voraussetzt.

Betrachten wir zuerst den wissenschaftlichen Aspekt der modernen Medizin. Sein Ursprung liegt im Gedankengut des Arztes und Physiologen Claude Bernard, der im 19. Jahrhundert die Prinzipien einer neuen Betrachtungsweise der Natur begründet hat, beruhend auf der experimentellen Forschung. Seine Methode erscheint uns heute als selbstverständlich – letztlich ist es das Schicksal jeder genialen Idee, eines Tages banal zu werden, weil sie von allen anerkannt wird. Damals jedoch war sie revolutionär. Man stellt eine handfeste Hypothese auf, überprüft sie durch zweckmässige Experimente, indem man die verschiedenen Voraussetzungen verändert, und zieht daraus die richtigen Schlüsse. Die an sich so einfache Idee konnte nicht nur einem einzigen Geist entspringen. Flüchtige Anzeichen dieser experimentellen Methode finden sich auch in den Schriften des arabischen Gelehrten Alhazen (Ibn al-Haytham) aus Basra, der um das Jahr 1000 lebte, und man trifft sie vermutlich noch bei anderen, unbekannten frühen Denkern an. Zwei Gelehrte, seien sie noch so genial, lösen zusammen noch keine Revolution aus. Unsere heutige Wissenschaft ist das Ergebnis unzähliger Experimente, die mit dieser Methode in den Laboratorien der ganzen Welt durchgeführt wurden, und spiegelt die Verbreitung ihrer Resultate wider dank des Wissensaustausches unter Gelehrten durch Zeit und Raum, wie wir es in Kapitel 6 gesehen haben. Die heutige Medizin beruht auf dem Austausch in diesem dichten Netz zwischen Frauen und Männern, die das Phänomen des Lebens mit der experimentellen Methode durchforscht haben und ihr Wissen mit uns teilen.

Die Medizin ist also eine Wissenschaft, sie ist aber auch eine Kunst. Diese zweite Aussage ist leicht einzusehen, aber schwieriger darzulegen. Ist sie Kunst im Sinne von Ästhetik? Bestimmt nicht, obwohl natürlich eine gewisse Schönheit in einem präzisen und lebenserhaltenden chirurgischen Eingriff liegt, oder in einer Diagnose, die auf scharfsinniger Auslegung einer klinischen Beobachtung beruht. Die medizinische Kunst ist eher mit dem griechischen Begriff *tekne* verwandt, welcher Handwerk, also das Beherrschen eines materiellen Herstellungsverfahrens bedeutet. So betrachtet, führt uns die medizinische Kunst zur einsamen, geduldigen, sorgfältigen Tätigkeit des Handwerkers, der einen Gegenstand für einen Kunden fertigt. Er zeigt ihm die noch unvollendete Arbeit, erkundigt sich nach gewünschten Verbesserungen, passt die Grösse und die Form an, damit das Bestellte gut in der Hand liegt. Der Gegenstand ist zu einem Austauschobjekt geworden. In die Sprache der Medizin übersetzt, entspricht dieser Dialog dem intimen Zwiegespräch, das der Arzt mit seinem leidenden oder verzweifelten Patienten führt. Die medizinische Kunst, aus dem allgemeinen Wissensfundus schöpfend, wendet diesen Dialog auf personifizierte Weise beim Individuum an. Die Wissenschaft und die ärztliche Kunst gebrauchen den Austausch in verschiedener Form, in zwei sehr unterschiedlichen Registern, wie ein Organist, der auf zwei Klaviaturen spielt: In der Wissenschaft erhält der Austausch, als Gemeingut, die Rolle der Akkorde, der Dialog zwischen Arzt und Patient, in seiner Sachbezogenheit, wird die Rolle der Melodie übernehmen.

In diesem Kapitel wollen wir einer Feststellung nachgehen, die sich in der heutigen Medizin aufdrängt: Auf der einen Seite haben wir die medizinische Wissenschaft, die sich dank der zunehmenden Erfolge und Publikationen mit enormer, fast nicht mehr beherrschbarer Geschwindigkeit entwickelt, auf der anderen Seite den Gehalt und den Reichtum der medizinischen Kunst, die am Verkümmern sind. Die beiden Arten des Austausches, beide sehr verschieden, durchlaufen eine gegenläufige Entwicklung: Die medizinische Wissenschaft triumphiert, die medizinische Kunst verblasst. Es bleibt aber der Trost, dass diese Kunst immer ihre Bedeutung behalten wird, denn sie ist eng mit der Endlichkeit unseres Lebens verknüpft. Sie erinnert uns täglich daran, dass wir nie dem Leiden und dem Tod entrinnen werden, wie gross auch immer die Erfolge der Wissenschaft sein werden. Einem Patienten erklären zu müssen, «dass ich medizinisch nichts mehr für Sie tun kann», wird immer eine Betreuung erfordern, die mit Wissenschaft nichts zu tun hat und eher auf Gefühlen als auf erlernbarer Methodik beruht. Auch die sich abzeichnende Möglichkeit, die Lebenserwartung zu verlängern, wird nichts an der Gewissheit unserer Endlichkeit ändern.

Arzt und Ingenieur schöpfen beide aus der Wissenschaft

Die Skeptiker unter meinen Lesern muss ich bitten, mir die Kühnheit, gar die Vermessenheit meiner folgenden Feststellung zu verzeihen: Die Berufe der Ingenieure und der Mediziner haben zahlreiche Ähnlichkeiten. Ich will mich genauer ausdrücken: Deren Ähnlichkeit äussert sich eher auf der Ebene der Methode als auf jener der Ziele, eher bei den geistigen Vorgängen als bei den Entwicklungsleistungen der Berufe. Zuerst die Ähnlichkeiten: Beide Berufe schöpfen ihr Wissen aus den Ergebnissen der Forschung auf ihren Gebieten und geben ihnen einen praktischen Wert. Der Beruf des Ingenieurs besteht jedoch in der Entwicklung von Ausrüstungen, Maschinen, Brücken und Industrieverfahren, die uns im täglichen Leben Nutzen bringen und sich in einem wirtschaftlichen Wert äussern. Der Beruf des Mediziners hingegen nutzt die Wissenschaft, um ihm die Erhaltung, die Förderung und Wiederherstellung der Gesundheit zu ermöglichen. Der Gesichtspunkt der Wirtschaftlichkeit tritt dabei in den Hintergrund. Vereinfachend ausgedrückt bedeutet das: gleiche Methodik, aber mit verschiedenen Inhalten und Zielen, in praktischer Wirksamkeit und Geldwert ausdrückbar bei den Ingenieuren, in Sicherheit und Leistung bei den Medizinern.

Lange Zeit war die Ähnlichkeit zwischen den beiden Berufen wenig offensichtlich und ihre gegenseitige Abgrenzung kaum zu überwinden. Der Beruf des Ingenieurs verlangte vor allem ausgeprägte Kenntnisse in den exakten Wissenschaften wie Mathematik, Physik, Chemie, Statik – das Wissen über das Lebendige und über das Verhalten der Lebewesen war eher nebensächlich. Diese Sichtweise ist vielleicht etwas zu verallgemeinernd, denn es hat im 19. Jahrhundert und zu Beginn des 20. Jahrhunderts einzelne überlappende Gebiete zwischen den beiden Berufen gegeben. Vor etwa 50 Jahren hat sich die Lage jedoch grundlegend geändert, der Dialog zwischen Ingenieurwesen und Medizin erlangte zunehmende Bedeutung, und heute gehört er zum Alltag, er ist zu einer Realität, ja sogar zur Notwendigkeit geworden.

Die beiden Berufe haben eine entscheidende Gemeinsamkeit: Nicht nur fussen beide auf grundlegenden Wissenschaften, sondern auch untereinander haben sie gewissermassen eine brüderliche Brücke geschlagen. Wer hätte sich je am Ende des Zweiten Weltkrieges folgendes Geschehen vorstellen können: Alan Turing, genialer Mathematiker, erfindet das ACE, das Automatic Computing Engine, den ersten riesigen Computer. Acht Jahre später und völlig unabhängig davon beschreiben Watson und Crick, auf den pionierhaften Spuren der unglücklichen Rosalind Franklin, das Modell der Doppelhelix der DNA. Und dann – und das ist das unvorstellbare Szenarium – vollziehen innerhalb eines halben Jahrhunderts die Molekularbiologie und die Informationstechnologie, beide vorher völlig unabhängige Wissensgebiete, ihre Vereinigung. Diese Verbindung ermöglicht nun die vollständige Entzifferung des menschlichen Genoms. Damals jedoch beanspruchte dessen Aufschlüsselung einige Jahre, heute braucht dieser Prozess wenige Tage. Dank der Verbindung der Genetik mit der Robotik und der Informatik kann der Onkologe innerhalb von Stunden das Genom eines Lungenkrebses identifizieren und die richtige Behandlung anordnen. Dieses Zusammenwirken von Ingenieurwesen und Biologie hat weitere Verbindungen unter Wissenschaftszweigen befruchtet und zur chirurgischen Robotik geführt, zur Erforschung des menschlichen Geistes, zur bildgebenden Untersuchung der Zellen und deren Funktionalität, zu der Gewebezüchtung, zu Bioprothesen, zu Stimulantien der physiologischen Funktionen und vielen anderen Neuerungen. Diese zahlreichen Wissensverbindungen wurden durch die Fortschritte in der technologischen Miniaturisierung gefördert, die heute den Bereich des Nanometers (millionstel Millimeter) erreicht hat, der Bereich, in dem sich das Leben abspielt. Wir können heute in Realzeit beobachten, wie sich in ultrakurzen Zeitabständen die Pseudopoden (eine Art Füsschen) der Zellen bewegen, die sich ihrem Opfer nähern, oder die Dilatation und Kontraktion eines Moleküls, das sich mit einem Sauerstoffatom vereinigt oder von ihm trennt, und dies alles innerhalb von Nanosekunden. Ohne Hilfe der stets erfinderischen Ingenieure könnten wir niemals die Welt des Lebendigen in ihrem Massstab und in Realzeit beobachten, wir wären ausserstande, das gewonnene Wissen zu analysieren und zu verschmelzen, und vor allem ihm einen Sinn und eine verständliche Ordnung zu geben.

Die technische Miniaturisierung und die schier unbegrenzte Speicherbarkeit von Daten führten zu einer breiten Anwendung neuer Technologien in wichtigen Bereichen der Medizin. Zuerst seien die elektronischen Sensoren erwähnt, weil sie bereits vielfach in direkter Verbindung mit unserem Körper angewendet werden und lebenswichtige Parameter des Blutes erfassen – wir werden weiter unten ein besonders nützliches Beispiel beschreiben. Die Miniaturisierung steht auch am Ursprung eines wahren Wunders der Biotechnologie: die Implantation von kybernetischen Systemen, welche die Bewegung von gelähmten Gliedern ermöglichen, indem Prothesen durch Hirnströme gesteuert werden. Ein weiterer bewundernswerter Fortschritt besteht im Einbau von Hörgeräten der neuesten Generation in die Ohrschnecke, die einigen Hörgeschädigten nicht nur das Hörvermögen verleihen und damit die Fähigkeit, Gesprächen zu folgen, sondern auch am Musikgenuss teilhaben zu können. Wir stehen auch am Anfang der Möglichkeit, Blinden das Augenlicht zurückzugeben, indem man ihnen eine künstliche Netzhaut einpflanzt. Schliesslich erlaubt das Internet, dass uns unsere Smartwatch bei unseren täglichen körperlichen Betätigungen überwacht und berät.

Zusammenfassend stellen wir fest, dass sich Ingenieurwissen und Medizin verbunden haben, um ein neues gemeinsames Fach zu schaffen – die Biotechnologie –, das ungeahnte neue Möglichkeiten mit vielen erstaunlichen Auswirkungen eröffnet. Zahlreiche Universitäten haben diese Revolution vorausgesehen und Forschungsprogramme und Fakultäten aufgebaut, welche die drei Gebiete in einem gemeinsamen Lehrgang vereint. Wer diese grenzenlose Entwicklung in Angriff nimmt und fördert, mit ihren atemberaubenden Konsequenzen, ist jedoch in der Pflicht, auch die daraus folgende Verantwortung zu tragen. Unser ethisches Verhalten gegenüber dieser Welt neuer Entdeckungen und vor allem gegenüber unseren Patienten, bei denen wir die neuen Technologien anwenden, muss im Verhältnis zu ihrem riesigen Potenzial stehen. Vier wichtige und verhältnismässig einfache Grundsätze müssen unser Verhalten leiten, wie es die Geschichte uns schon gelehrt hat: der Respekt der Autonomie (der Patient muss einsichtig und in seiner Entscheidung frei sein); die Gefälligkeit (die Behandlung muss dem Patienten zunutze sein); die Nichtschädigung (das *primum non nocere* von Hippokrates); und schliesslich die Gleichberechtigung und Gerechtigkeit (alle sollen gleiche Möglichkeiten und Rechte haben). Diese Prinzipien sind angesichts der Hoffnungen und der finanziellen Gewinnaussichten nicht immer einfach durchzusetzen. Wir wollen deshalb einige historische Vergleiche aufgreifen, die uns Beispiele für richtiges Verhalten liefern können.

Wissenschaft, Technologie, Medizin: Die Geschichte von drei beispielhaften Bündnissen – Pocken, Röntgenstrahlen, Mikrosensoren

Das in den letzten Jahrzehnten eingegangene Bündnis zwischen der Wissenschaft, dem Beruf des Ingenieurs und jenem des Arztes ist nicht von einem Tag auf den anderen zustande gekommen. Aus der Geschichte kennen wir etliche erfolgreiche Initiativen und Realisationen, die zu lebensrettenden und leidensmildernden Mitteln geführt haben. Wir wollen deren drei näher schildern. [43]

Wir beginnen mit der Impfung gegen Pocken. Die Krankheit kennen wir seit Urzeiten. Sie wird durch ein Virus ausgelöst, das sehr ansteckend ist und während Jahrhunderten in Europa und Asien furchtbare Verheerungen verursacht hat. Bei der Entdeckung der Neuen Welt trugen die europäischen Seefahrer das Unheil nach Amerika, wo es die einheimische Bevölkerung beinahe auslöschte. Die Ansteckung, welche Fieber und einen Hautausschlag mit zahlreichen Pusteln auslöst, bedeutete praktisch ein Todesurteil, denn spontane Heilungen sind äusserst selten. Wir verdanken einem englischen Naturwissenschaftler und Arzt,

Edward Jenner, die bedeutsame Entdeckung, dass die den Menschen heimsuchende Pockenkrankheit auffallend einer anderen Krankheit gleicht, die beim Vieh vorkommt, und dass diese Krankheit den Menschen vor Pocken schützt: Die Viehkrankheit verursacht Pusteln am Euter, und es zeigte sich, dass sie sich beim Melken auf den Menschen übertragen kann. Beim Vieh verläuft die Krankheit nicht tödlich, und sie hat die glückliche Eigenschaft, den Menschen gegen die menschlichen Pocken immunisieren zu können. Die Einimpfung des Eiters einer Euterpustel beim Menschen wurde in ferner Vergangenheit gelegentlich in China und Kleinasien angewendet. Es ist Edward Jenner zu verdanken, dass diese Methode systematisch aufgenommen wurde. Am 14. Mai 1796 impfte er den siebenjährigen James Phipps mit dem Eiter der Pustel einer Bäuerin, die mit Rinderpocken befallen worden war, und rettete ihn. Die Antipockenimpfung war geboren. Ab diesem historischen Zeitpunkt wurde sie angewendet und erfuhr dank Fortschritten in der Wissenschaft und Technologie laufend bedeutende Verbesserungen. Grob gesagt unterscheidet man vier Generationen von Impfstoffen: Von der ersten Anwendung von Eiterpusteln abkommend, wurden Methoden zur besseren Reinigung und Abschwächung des Virus entwickelt; dann wurde die Produktion des abgeschwächten Virus durch Zellkultur ermöglicht, und schlussendlich schritt man zur Herstellung von Virusantigenen mittels Gentechnologie. Diese Fortschritte fussen auf der engen Zusammenarbeit mit der Pharmaindustrie, der es gelang, ihre Methoden der Produktion, der Lagerung und des Vertriebes den neuen wissenschaftlichen Entdeckungen anzupassen. Die Massenproduktion von Impfstoffen und deren sichere Verteilung haben davon fortlaufend profitiert. Ab 1967 wurde ein ehrgeiziger weltweiter Feldzug eingeleitet, der die Wissenschaft, die Medizin, die Technologie und die Politik einbezog, unter Einsatz einer straffen Überwachungs- und Aufklärungsstrategie. Am 26. Oktober 1977, zehn Jahre nach diesem planetaren Kraftakt und 180 Jahre nach der ersten Impfung durch Edward Jenner, konnte die Weltgesundheitsorganisation die endgültige Ausrottung der Pockenkrankheit verkünden. Dieser Zeitraum von fast 200 Jahren mag lang erscheinen. Tatsächlich hat der Sieg über diese Geissel der Menschheit im letzten Jahrzehnt eine beträchtliche Beschleunigung erfahren, hauptsächlich dank des ständigen Erfahrungsaustausches zwischen Wissenschaft, Medizin und Industrie. Ohne diese Partnerschaft hätten wir diese Krankheit niemals bezwingen können. Dieser eindrücklichen Geschichte verdanken wir den wissenschaftlichen Namen für Impfstoff, Vakzin, der von *Variola vaccina*, «Pocken der Kuh», abstammt.

Die Geschichte der Entdeckung der Röntgenstrahlung und ihrer zahlreichen Anwendungen in der Medizin ist ebenfalls von eindrücklichen Erfolgen interdisziplinären Zusammenwirkens geprägt. Im November 1885 beugte sich der deutsche Physiker Wilhelm Röntgen in seinem Laboratorium über ein Experiment zur kathodischen Strahlung, einsam und beharrlich. Für den Nichtphysiker sei grob erklärt, dass es sich um ein einfaches System handelt, bestehend aus einem

Glasrohr, durch dessen Vakuum man elektrischen Strom fliessen lässt. Erzeugt man zwischen den beiden Enden des Rohres eine elektrische Spannungsdifferenz, schiessen die elektrisch geladenen Elektronen auf eine phosphoreszierende Platte, welche beim Aufprall aufleuchtet. Das Experiment wirkte am Anfang etwas ungeheuerlich: Man erzeugt eine nicht wahrnehmbare Luftleere, dann einen unsichtbaren elektrischen Stromfluss, und es flammt Licht auf. Im 19. Jahrhundert wurde dieses Experiment auf Jahrmärkten herumgereicht, zur Verblüffung von Jung und Alt, dann formulierte man eine einfache Erklärung dazu, es versank in Vergessenheit – und aus war es mit der Magie!

Beim Wiederholen dieses an sich banalen Experimentes stiess Röntgen auf eine neue Strahlungsart ausserhalb seines Glasröhrensystems, das von Materie schwach absorbiert wurde. Neugierig geworden, führte er seine Versuche weiter und bat seine Frau, ihre Hand zwischen die Glasröhre, die diese neuen Strahlen aussandte, und einen Empfangsschirm zu halten, welcher das Phänomen auffing. Das war die welterste Radiografie! [44] Sie ist uns erhalten geblieben, man sieht darauf deutlich die Fingerknochen von Frau Anna Röntgen sowie ihren Ehering am Ringfinger. Zwei Monate später, Ende 1885, meldete er sein Resultat der Physikalisch-Medizinischen Gesellschaft von Würzburg, und nannte die neue Strahlung «X-Strahlen», ein Hinweis auf ihren unbekannten Ursprung. Heute wissen wir, dass diese Strahlen zum riesigen Spektrum der elektromagnetischen Strahlung gehören, gleich wie die Radiostrahlung und die Lichtstrahlung, die unser Auge wahrnimmt. Die Röntgenstrahlung nimmt ein enges Segment des gesamten elektromagnetischen Strahlungsfächers ein, von 0.001 Nanometer bis 10 Nanometer (10^{-12} bis 10^{-8} Meter).

Die Medizin hat die Bedeutung dieses Versuchsprozesses rasch als eine bisher unbekannte und einzigartige Methode erkannt, um die Knochen der Hand von Frau Röntgen sichtbar zu machen und in der Folge das ganze Innere des menschlichen Körpers. Zwölf Jahre später, 1897, war das Interesse daran enorm gewachsen, insbesondere für die Diagnose der verheerenden Lungentuberkulose. Ein erster Röntgenapparat wurde dafür im Tenon-Spital in Paris eingerichtet. Eine weitere frühe Anwendung dieser neuen Technologie waren kleine ambulante Radiologiegeräte, die Marie Curie entwickelt hatte. Man nannte sie «petites Curies» und setzte sie im ersten Weltkrieg in Frontlazaretten ein, wo sie Tausende Leben retteten.

Die fundamentale wissenschaftliche Entdeckung, für die Wilhelm Röntgen 1901 den Nobelpreis erhielt, erfuhr bald eine ausserordentlich fruchtbare Entwicklung dank des erfindungsreichen Geistes der Ingenieure und der neuen diagnostischen Methoden, die der Medizin neue Wege öffneten. Radiografien, Tomografien (radiografische Bilder, die schichtweise von Organen erstellt werden), Angiografien (Opazifikation der Blutgefässe zur Kontrolle ihres Zustandes) sind die herausragenden Entwicklungen, die rasch die Medizinwelt erobert haben. Später kam die Informatik dazu, die zu einer neuen Revolution geführt hat: die

Erfindung der Tomodensitometrie (Computertomografie), welche als Verbindung von Röntgenbildgebung und numerischen Berechnungen ermöglicht, unsere inneren Organe in zwei oder drei Dimensionen unglaublich genau darzustellen. Diese Fortschritte haben jedoch alle ihren Preis und bewirken grosse Veränderungen. Wenn früher Ihr Hausarzt, wenn Sie ihn mit Husten und Fieber aufsuchten, eine Lungen-Röntgenaufnahme machte und diese in seiner Dunkelkammer entwickelte, erfordert heutzutage eine Anlage für Tomodensitometrie das Zusammenwirken eines Radiologen, eines Informatikers und eines Ingenieurs. Wissenschaft, Medizin und Ingenieurwesen sind bei der medizinischen Bildgebung ein untrennbares Trio geworden. Während die Maschinen brummen, der Bildschirm Daten anzeigt und der Arzt die Resultate auswertet, harrt der Patient in seinem Tunnel: Die zwischenmenschliche Beziehung ist untergegangen, Stress und Angst lauern.

Seit einigen Jahren stellen wir fest, dass neue Messmethoden aufkommen: Auf oder in unserem Körper befindliche Sensoren liefern uns in Echtzeit wichtige physiologische Daten und übertragen sie sogar unserem Arzt, wenn wir beide über Internet verbunden sind. Diese Geräte sind wahre winzige Laboratorien und verleihen dem Patienten eine wertvolle Unabhängigkeit, während der Arzt auf diskrete Weise unseren Körper überwachen kann. Diese bemerkenswerte Entwicklung ist ausgeklügelter technischer und wissenschaftlicher Forschung zu verdanken. Ihre Frucht erfüllt wesentliche Bedingungen wie extreme Miniaturisierung, Sicherheit, Widerstandsfähigkeit, Verträglichkeit mit dem benachbarten Gewebe, Zuverlässigkeit der Messungen und deren Übertragung.

Einige dieser Entwicklungen verändern das Leben der Patienten grundlegend. In meinem Umfeld kenne ich eine mir sehr nahestehende Person, die seit Jahren an einem schweren Diabetes leidet. Die Kontrolle ihres Insulinspiegels ist äusserst heikel. Zahlreiche Fälle von Hypoglykämie haben ihren Lebenslauf belastet und sogar beim Autolenken zu Komata geführt. Durch ihren Beruf als Ingenieur und dank ihres wissbegierigen Wesens erkennt sie durchaus die Gefahren ihrer Krankheit und die Schäden, die diese ihrem Organismus infolge zu hoher Zuckerwerte zufügen kann. Ihr ausgeprägt sorgfältiges Wesen verleitet sie zu übermässiger Überwachung ihres Zustandes, was sie oft dazu verführt, das Insulin überzudosieren, mit schwerwiegenden Folgen wie Hypoglykämie und Bewusstlosigkeit. Eines Tages sitzen wir zusammen in einem Restaurant und reden über dies und das. Bei der Bestellung des Menüs beobachte ich meinen Tischnachbarn: Üblicherweise nahm er in diesem Zeitpunkt ein elegantes Etui aus seiner Tasche, das eine Spritze, ein Desinfektionsmittel und ein kleines Gerät enthielt, um den Zuckerspiegel zu messen – ein Vorgang, den Diabetiker mehrmals täglich durchführen müssen, um das Mass an Insulin zu bestimmen, das sie sich vor dem Essen spritzen müssen. Heute jedoch zückt er ein neuartiges Gebilde, das einem iPhone der letzten Generation ähnelt. Er drückt es durch die Kleidung leicht an seinen linken Oberarm, und zeigt es mir: Es zeigt einen Wert von 4.6 an. Diese Zahl gibt dann die genaue Insulindosis an, die er sich spritzen muss. Kürzlich konnte ich mir seinen ständigen medizinischen Begleiter etwas näher ansehen. Das System nennt sich FreeStyle Libre und ist nicht das einzige Gerät dieser Art auf dem Markt. [45] Ein Sensor in der Grösse einer 2-Euro-Münze wird unter der Kleidung direkt am Oberarm auf der Haut befestigt. Er misst ständig den augenblicklichen Blutzuckerspiegel. Ungefähr alle drei Wochen wird er ausgewechselt, was sich sehr einfach bewerkstelligen lässt. Zum System gehört ausserdem das oben erwähnte Taschen-Lesegerät, das wie ein iPhone aussieht und in Echtzeit den gemessenen Wert anzeigt. Dieses Tandem aus Sensor und Auswertungsgerät hat nicht nur das Leben meines Gastes verändert, sondern auch jenes zahlloser anderer Diabetiker in der ganzen Welt. Ein zusätzlicher Vorteil des Systems besteht darin, jederzeit die Auswertung einer ganzen Reihe von Dosierungen anzuzeigen, sodass man damit die zu erwartende Fluktuation abschätzen kann. So ist der Patient in der Lage, die nächsten erforderlichen Injektionen besser aufeinander abzustimmen.

Der Vorteil solcher Mikrosensoren ist offensichtlich und öffnet zahlreiche andere Anwendungsgebiete. Man setzt sie unter anderem auch bei der ständigen Überwachung von Bluthochdruck ein, oder für die Messung des Sauerstoffgehaltes des Blutes bei Atembeschwerden und der Körpertemperatur bei Frühgeborenen, oder zur Registrierung der Körperbewegungen älterer Personen, um allfällige Stürze feststellen zu können. Der Einsatz von Mikrosensoren aller Art hat allerdings ein so grosses wirtschaftliches Potenzial, dass – wie in Luigi Pirandellos Schauspiel *Sechs Personen suchen einen Autor* – die rasch wachsende Zahl solcher Systeme eher auf der Jagd nach möglichen neuen Anwendungen ist, als umgekehrt. So ist es fraglich, ob ein Gürtel mit Sensoren, der Sie online und konstant über die Haltung Ihres Rückens informiert, dem Wohlbefinden der ganzen Bevölkerung dienlich wäre oder höchstens den wenigen, die unter chronischem Hexenschuss leiden. Gleiches gilt wohl für ein Gerät, das Sie über die Tiefe Ihres Schlafes informiert, wenn Sie bereits schlafen – es trägt gar nichts bei zu Ihrem Bestreben nach einem gesunden Lebenswandel; allerhöchstens könnte es einen Nutzen bringen, wenn es an der geringen Zahl der Bus- und Lastwagenführer eingesetzt würde, oder bei älteren Automobilisten, indem es bei einsetzender Schläfrigkeit einen Alarm auslöst. Schliesslich sind auch mit Künstlicher Intelligenz ausgestattete Gabeln vorstellbar, die den zu hastig essenden Vielfrass bremsen, oder Schönheitsspiegel, die beim missratenen Make-up diskret Verbesserungen ins Ohr flüstern – lauter phantasievolle Neujahrsgeschenke! Offensichtlich bewegen wir uns völlig abseits nützlicher Sensoren im Bereich der Medizin.

Es sind heute über 30 Sensorsysteme auf dem Markt, die unter den Begriff MEMS (*microelectromedical systems*) fallen, und deren Zahl nimmt laufend zu. [46] Einzelne davon stellen einen enormen Fortschritt dar, andere wecken grosse Hoffnungen, aber es sind auch nicht wenige darunter, die ohne jeglichen medizinischen Nutzen sind. Und das ist bedenklich. Der mögliche Anwendungsbereich dieser Technologien ist derart breit gefächert und deren finanzielle Bedeutung so hoch, dass sie den an sich schon grossen Gesundheitsmarkt geradezu überschwemmen – der ohnehin bekannt ist für seinen Hunger nach Innovation und für sein Unvermögen, zwischen Unverzichtbarem, Nützlichem, Unbedeutendem und Überflüssigem zu unterscheiden. Damit stellen sich neue Fragen: Wird eines Tages die Menschheit durch übermässig eingepflanzte Technologie entmenschlicht? Wird der Mensch noch über Urteilsfähigkeit und Entscheidungsfähigkeit verfügen, wenn er von 10, 20 oder mehr vernetzten Systemen überwacht und gesteuert wird?

Genetik, Informatik und Medizin treten gemeinsam gegen Krebs an

Wenn man dem im 21. Jahrhundert erfolgreichsten Gebiet der Medizin eine Prämie verleihen würde – welches hätte es am ehesten verdient? Höchstwahrscheinlich würde man sie der Bekämpfung der Krebskrankheit verleihen. Die enormen Fortschritte in diesem Kampf sind dem intensiven Zusammenwirken von drei Wissenschaften zu verdanken, die ursprünglich eigene Wege gingen: der Genetik, der Informatik und der Medizin. Deren Bündnis hat die Diagnostik, die Behandlung und die Prognose dieser Geissel der Menschheit verwandelt. Zahlreiche Arten von Krebs und Leukämie, deren Diagnose früher ein fast sicheres Todesurteil bedeuteten, bleiben zwar ernsthafte Krankheiten, sie können jedoch heute mit erfolgreichen Therapien behandelt werden, die noch vor wenigen Jahren undenkbar waren. Brustkrebs, Prostatakrebs, Darmkrebs und viele Leukämien und Lymphome können wir wenn nicht vollständig heilen, so doch in Schach halten, sodass die Patienten noch jahrelang ein erträgliches Leben führen können. Das neue Verstehen der komplexen Mechanismen, die das Wachstum der Tumore bestimmen, haben zur Entwicklung neuer gezielter Behandlungen geführt, die entweder in die Richtung der Bekämpfung des Krebsgeschwürs oder der Verbesserung der Immunantwort gehen. Es handelt sich dabei nicht um die Verbesserung bestehender Methoden, sondern stellt ein grundlegend neues Konzept dar, das nicht bloss aus biologischen Experimenten in medizinischen Laboratorien hervorging, sondern dabei die moderne Genetik mit ihren technologischen Grundlagen aus der Informatik und der Robotik miteinbezieht. Ohne diese Strategie der engen Zusammenarbeit wären die explosionsartige Zunahme des Wissens und die gewaltige Verbesserung der Therapien nicht möglich gewesen.

Als Beispiel wollen wir uns die Revolution in der Chemotherapie vornehmen. Dabei wird uns der Vergleich mit der Behandlung von Infektionskrankheiten helfen, den erzielten Fortschritt zu erfassen, denn zwischen Infektionen und bösartigen Krebsgeschwüren besteht eine gewisse Ähnlichkeit. Die Gemeinsamkeit zwischen einer Infektion und einem Krebs besteht darin, dass es gilt, gegen einen schädlichen Erreger zu kämpfen, der seinen Wirt angreift – Mikroben und Krebszellen sind ähnliche Feinde. Die Mikroben kommen von aussen, der Krebs, der zu bekämpfen ist, kommt vom Körperinneren. Dank der Mikrobiologie und der Antibiotika hatte der Kampf gegen Infektionskrankheiten allerdings viele Jahre Vorsprung. Wenn wir als Beispiel die Lungenentzündungen nehmen, stellen wir fest, dass alle ihre Arten ein ähnliches klinisches und radiologisches Bild zeigen. Die Mikrobiologie erlaubt jedoch seit etlichen Jahren, bei dieser Krankheit mindestens zehn verschiedene Erreger zu unterscheiden, nämlich Bakterien wie die berüchtigten Pneumokokken, Viren wie jene, welche die Grippe verursachen, und andere. Dies ermöglicht uns eine neue therapeutische Strategie: Vorerst wird im mikrobiologischen Labor der spezifische Erreger identifiziert, sodass man aufgrund dieses Befundes den geeigneten Infektionshemmer einsetzen kann. Es genügt also nicht, einfach eine Lungenentzündung zu diagnostizieren, sondern es muss auch das auslösende Agens bestimmt werden, um die Krankheit erfolgreich zu bekämpfen. Nun wenden wir uns dem Lungenkrebs zu. Während Jahren kannte man lediglich vier Arten davon, die sich in ihrem mikroskopischen Aufbau unterschieden und die jeweils auf spezifische Art therapiert wurden. In den letzten Jahrzehnten hat sich nach andauernden Misserfolgen gezeigt, dass diese Unterscheidung bei Weitem ungenügend ist, der Lungenkrebs entzog sich einer wirksamen Behandlung. Wenn bei der Lungenentzündung die erfolgreiche Heilung von der richtigen Abstimmung auf seinen Erreger abhängt, fehlte beim Lungenkrebs das vertiefte Wissen über die Krebszellen. Diese Wissenslücke ist heute behoben, indem wir von jedem Krebs die Genkarte bestimmen können. Durch die Entnahme von Krebszellen und die sofortige Aufschlüsselung ihres Genoms wurde es möglich, deren besondere Wachstumsmechanismen zu verstehen und dadurch eine gezielte Behandlung zu wählen. So wie seit geraumer Zeit bei jeder Art von Lungenentzündung durch die genaue Bestimmung des Infektionsauslösers eine spezifische Bekämpfung möglich ist, kann heute dank der Kenntnis seiner Genkarte für jede Krebsart eine zielgerichtete Chemotherapie bestimmt werden.

Eine solche Strategie erforderte natürlich gewaltige Anstrengungen, um Methoden für eine rasche genetische Aufschlüsselung und für das Aufdecken der Wirkungsweise von krebserregenden Genen zu entwickeln. Auch hier stossen wir wieder auf die unentbehrliche Hilfe des medizinischen Ingenieurwesens, das dem Onkologen innerhalb kürzester Zeit mithilfe von Robotik, Miniaturisierung, Informatik und Künstlicher Intelligenz unerlässliche Angaben vermittelt, die nicht etwa in einer unbegreiflichen Litanei von Genbezeichnungen besteht, sondern eine leicht interpretierbare Darstellung ihrer Empfindlichkeitsprofile liefert und dadurch eine grosse Hilfe bietet bei der Wahl der einzusetzenden Mittel. Dieser Durchbruch bedeutet einen sehr grossen medizinischen Fortschritt, auch in ethischer Hinsicht: Er befreit uns von der früheren Praxis, die auf Versuch und Irrtum beruhte und den Patienten sozusagen zum eigenen Versuchskaninchen machte. Die Onkologie ist präzise und voraussehbar geworden und verhindert dadurch unnötiges Leiden.

Wir wollen uns nun eine etwas weit hergeholte Frage stellen: Was wäre, wenn die Krebszellen nicht so grundlegend schädlich wären, wie wir annehmen, sondern einfach unser Abwehrsystem hintergehen würden und sich dadurch das Recht eroberten, in ein für ihr Wachstum günstiges Gewebe oder Organ zu dringen und dabei die bisherigen Zellen vertreiben würden? Wir stossen hier auf das Denken Darwins, das das Überleben des Stärkeren in einem gegebenen Umfeld postuliert. Die Erkenntnis, dass das Umfeld das Eindringen eines Tumors begünstigen könnte, ist nicht auf die Medizin beschränkt. Wir treffen das Phänomen überall an und es wurde bei zahlreichen Beobachtungen in der Tierwelt beschrieben. Die Argentinische Ameise hat dank der gesellschaftlichen Organisation ihrer Völker, die mehrere Königinnen umfasst, die südlichen Staaten der USA und die spanischen und französischen Küsten des Mittelmeeres erobert; die asiatischen Karpfen sind in den Mississippi eingedrungen dank ihres weniger wählerischen Appetits, ihrer raschen Vermehrung und ihrer Fähigkeit, Hindernisse zu bewältigen; die Zebramuschel hat sich der Grossen Seen im Nordosten der USA dank ihrer Kapazität zur Ablagerung und ausgeprägten Filtrierfähigkeit bemächtigt. Keine dieser Eigenschaften ist an sich schädlich, aber jede bietet einen darwinistischen Vorteil im Wettbewerb mit anderen Arten.

Kehren wir zu den Krebszellen zurück, die Ähnlichkeiten mit anderen invasiven Arten aufweisen. Sie breiten sich ebenfalls aus, weil sie sich in einem für ihr Wachstum günstigen Umfeld befinden. Der Mensch stellt ebenfalls ein Ökosystem dar, bestehend aus mehreren Arten von Zellen, von denen einige zu unserem Immunsystem gehören. Diese ganze harmonische Welt wird durch Tumorzellen verändert: Unser Immunsystem wird örtlich lahmgelegt, die benachbarten normalen Zellen werden aufgeschreckt und geben eine ganze Schar von Enzymen, Wachstumsfaktoren und Chemokinen frei, welche die Ausbreitung des Tumors unterstützen. Es geht nun darum, der lokalen Zellgemeinschaft, die wehrlos geworden ist und vor der Vernichtung steht, Abwehrkräfte zu verleihen: An diesem Punkt kann eine Zelltherapie ansetzen, die unserem Immunsystem beibringt, die Krebszellen zu erkennen und sie dann zu zerstören. Die Meister einer solch kriegerischen Fähigkeit sind die T-Lymphozyten, eine besondere Art von weissen Blutkörperchen. Durch raffinierte biotechnologische Vorgänge werden solche T-Lymphozyten vom Blut des Patienten ausgesondert, ins Laboratorium gebracht und derart behandelt, dass sie einen Rezeptor bilden, der den Tumor erkennt – das sind die berühmten CAR-T-Zellen (*chimeric antigen receptor*). [47] Nachdem sie derart umgeformt worden sind, spritzt man sie wieder in die Blutbahn des Patienten, damit sie die Tumorzellen auffinden und zerstören können. Eine einzige CAR-T-Zelle kann bis zu 1'000 Krebszellen töten. Eine Metapher kann die Zelltherapie gut erklären: der Kampf gegen Terroristen. Terroristengruppen verstecken sich an den verschiedensten geheimen Orten. Sie verfügen über mehrere Kampfmittel und verkehren nur unter sich, und das so wenig wie möglich. Die Antiterrorbrigaden müssen folglich über geeignete Mittel zu deren Aufspürung und Bekämpfung verfügen, um erfolgreich zu sein: Nachtsichtgeräte, Lauschangriffe, Laserwaffen. Der Einsatz dieser Mittel ist anspruchsvoll und bedarf einer geeigneten Schulung in besonderen Ausbildungslagern, ehe die Jagd auf den Feind beginnen kann. Das sind die erwähnten CAR-T-Zellen, die im Labor neu programmiert werden, um ihre Aufgabe des Aufspürens und der Zerstörung der Krebszellen aufnehmen zu können.

Diese bahnbrechende Strategie der Krebsbekämpfung, das sei hier festgehalten, steht noch im Versuchsstadium, und die geschilderte Behandlung ist ausserordentlich teuer, was die Fragen der Ethik auf den Plan ruft: Kann sie die weiter oben gestellte Forderung nach Gleichbehandlung aller Patienten erfüllen? Bei wem soll sie angewendet werden? Gibt es angesichts der beschränkten Mittel in der Medizin wichtigere Prioritäten in unserer Gesellschaft? Wie kann man diese technokratische Medizin in Einklang bringen mit der täglich zu leistenden Krankenpflege, mit der Medizin als Kunst?

Irrwege der heutigen Medizin

Die Kunst der Medizin leidet. Sie durchlief zwei Jahrhunderte konstanten und bewunderungswürdigen Fortschritts. Aber diese Erfolge hatten auch ihre Schattenseiten, sie blieben nicht von Irrungen verschont. Vor allem stiegen die Kosten der Medizin unablässig und gerieten ausser Kontrolle. Dazu gesellt sich die Tatsache, dass nicht alle Gesellschaftsschichten gleichermassen ihre Nutzniesser sind, selbst in wohlhabenden Ländern nicht. Auch die übermässige Aufsplitterung in Spezialgebiete führte zu Nachteilen, indem sie die Koordination zwischen Arzt, Pflegepersonal und Patient zunehmend erschwerte. Die Zeit, die der Arzt seinem Patienten widmen kann, wird immer kürzer. Und es liessen sich noch andere Irrwege aufzeigen. Kurz gesagt: Die medizinische Wissenschaft macht andauernd grosse Fortschritte, während die Kunst des Heilens stagniert. Während die spektakulären Erfolge der Spitalzentren und der Forschungslaboratorien laufend in den Medien gefeiert werden, wächst die Schwierigkeit der täglichen Betreuung der Patienten an den Orten, an denen der zwischenmenschliche Kontakt am wichtigsten wäre: in der Notfallstation, im Sprechzimmer des Hausarztes und bei seinen Hausbesuchen – all diese Nahtstellen, an denen die wahren Helden, die praktischen Ärzte, die Pfleger und die Angehörigen wirken, geraten zunehmend ins Hintertreffen. Der Dialog zwischen den Spezialärzten, zwischen ihnen und dem Hausarzt, zwischen dem Hausarzt und seinem Patienten gerät unter Zeitdruck und ist oft bruchstückhaft. Wenn wir vertreten – wie wir es im Kapitel 7 getan haben –, dass die Wechselbeziehungen für einen Gemeinschaftssinn unentbehrlich sind, müssen wir zu der Erkenntnis kommen, dass die Situation in der medizinischen Praxis davon abweicht. Mangels genügender Zeit leiden darunter das geduldige Zuhören, das Trösten, das vertrauliche Gespräch schmerzlich.

Eine vertiefte Analyse zeigt, dass die erwähnten Fortschritte wohl grosse Erfolge gebracht, aber auch Fallen gestellt haben. Eigentlich hätte die Digitalisierung der Medizin den administrativen Aufwand verringern und dadurch mehr Zeit für Patientengespräche schaffen sollen. In der Tat können Ärzte wohl rasch per E-Mail mit ihren Patienten kommunizieren, Dokumente mit ihren Kollegen tauschen, den Apotheken Rezepte digital senden, aber gleichzeitig wenden sie viel Zeit auf für die Übermittlung ihrer Zeiterfassung (*time sheets*) und Leistungsrapporte an ihre Verwaltung und an die Krankenkassen. Der Austausch von Ratschlägen unter Kollegen, der früher im direkten Gespräch mit all seinen Feinheiten erfolgte, hat sich in flüchtig verfasste Texte gewandelt, die auf ihren Bildschirmen aufschimmern. Kleine Nebensächlichkeiten erfasste man mit einem Lächeln, heute in einer SMS, bestenfalls mit einem Smiley versehen. Statt der erhofften engeren Bindung zwischen den Ärzten und dem Pflegepersonal ist eher ein weitmaschigerer Diskurs entstanden. Und wie hat sich die Beziehung des Arztes zum Patienten entwickelt? An die Stelle des frontalen Zwiegespräches von Mensch zu Mensch, in dem der Gesichtsausdruck ebenso viel verrät wie das gesprochene Wort, ist eine Dreiecksbeziehung getreten, denn der Arzt kommuniziert nun zusätzlich und vorzugsweise mit seinem Computer. Ein Patient erklärte mir nach seinem letzten Praxisbesuch: «Ich blicke meinen Arzt an, aber ich sehe sein Gesicht nur von der Seite, und während ich ihm mein Leiden schildere, schaut er gebannt auf den Bildschirm. Der so wertvolle Kontakt Auge zu Auge ist zu einer Beziehung Auge zu Profil verkommen, der Patient hat das Privileg der vollen Aufmerksamkeit dem Computer abgeben müssen.»

Das hochwirksame technologische Arsenal im Dienst der Diagnose hat auch unerfreuliche Konsequenzen: Es hat den ersten Teil des Zwiegespräches zwischen Patient und Arzt, die Anamnese – die vertiefte Übersicht über die Krankheitssymptome –, zu einer rein formellen Ausgeordnung heruntergestuft. Weshalb auch Zeit vertrödeln mit einer Befragung, die zu bloss verschwommenen Beschreibungen führt, wenn die zur Verfügung stehende technische Ausrüstung der Sache direkt auf den Grund geht? Und doch war es die geschickt angewandte Anamnese, die früher den grossen Kliniker zu einer präzisen Diagnostik führte. Dass ein noch so raffinierter Algorithmus dies gleich rasch und vollkommen richtig erbringen kann, ist höchst unwahrscheinlich. Anamnese bedeutet Reminiszenz, «Erinnerungen aufwecken»; das bedeutet nicht bloss banales Aufzählen von Symptomen, es verlangt nach vertieftem Durchwühlen des subjektiven Gedächtnisses, um darin verfolgungswürdige Spuren zu finden, die später in der klinischen Untersuchung und im Laboratorium konkretisiert werden können. Der Untergang des persönlichen Kontaktes zwischen Arzt und Patient wird durch das Beinahe-Verschwinden des Stethoskops symbolisiert, dieser genialen Erfindung durch René Laennec im Jahre 1816, «um die Geräusche des Körpers zu hören». Um den Hals geklemmt, lässig in die Tasche des Arztkittels gesteckt oder fest mit der Hand geführt wurde es zum Symbol der medizinischen Tätigkeit. Heutzutage droht ihm die Verdrängung durch Echografen und andere ausgeklügelte Aufzeichnungsgeräte. Aber es gilt immer noch «Geräusche des Körpers» abzuhören: Wenn der Arzt nach einer geduldig und mit Geschick durchgeführten Anamnese mit den magischen Worten «Jetzt wollen wir mal abhorchen» das Stethoskop in die Hand nimmt, wird es ganz still, und der Patient empfindet die Genugtuung, dass er «gehört» wird, dass er ernst genommen wird. Das Stethoskop ist wahrlich ein wunderbares Instrument, denn es bringt eine objektive Bestätigung des Gespräches mit dem Patienten. Es verschafft dem Arzt die Gelegenheit einer kurzen Denkpause in der schwierigen Diagnosephase und hat zudem eine Funktion, die es mit Bedacht anzuwenden gilt: Gegenüber einem Patienten, der allzu gesprächig ist, führt das «Jetzt wollen wir mal abhorchen» zu einer eleganten Art, ihn einen Augenblick zum Schweigen zu bewegen ...

Wir sind in diesem Kapitel auf einige Beispiele enormer Fortschritte in der medizinischen Genetik gestossen, die grosse Hoffnungen auf neue Behandlungsmethoden geweckt haben. Ausser auf vererbbare Krankheiten, die auf ein einzelnes verändertes Gen zurückzuführen sind, wie die zystische Fibrose und andere, seltene, sogenannte Orphan-Krankheiten, hat sich die Forschung auf wichtige Bereiche der öffentlichen Gesundheit, wie den Krebs, fokussiert. Die bei diesen beiden Krankheitsgruppen angewandte Strategie mit dem Ziel, in das Herz unserer biologischen Existenz zu dringen, zu unseren Genen oder zu den Tumoren, hat zu dem populären Begriff der *personifizierten Medizin* geführt. Streng genommen ist dieser Begriff unangemessen, besser wäre der Begriff *Präzisionsmedizin*, was an sich schon ein Kompliment wäre. Wir wollen jedoch den Begriff der personifizierten Medizin für den praktizierenden Arzt beibehalten, der den Dialog mit seinem Patienten führt, denn der Beruf dieses Arztes kann als Kunst verstanden werden, wenn er sich am Lager eines Krebskranken befindet und diesen als singuläre Person betrachtet. Dessen richtige Behandlung besteht nicht nur in der Bestimmung des Genoms seines Geschwürs und der darauf beruhenden Verordnung der richtig abgestimmten Chemotherapie. Er wird auch die trockene Mundhöhle des Kranken – was mühsam ist – befeuchten, seine Schmerzen lindern, ohne seine geistigen Fähigkeiten zu beeinträchtigen – was schwierig ist –, seine Verstopfung – was unangenehm ist – behandeln. Er muss seine Entmutigung bekämpfen, andere Beschwerden in Betracht ziehen, die schon vor dem Krebs bestanden, und ihn psychologisch aufrichten, den Angehörigen behilflich sein, die ihm täglich zur Seite stehen – und ihn vielleicht auf den Tod vorbereiten. Diese grosse Aufgabe beansprucht viel Zeit und setzt Interdisziplinarität voraus. Einmal mehr sind wir bei den zwischenmenschlichen Beziehungen angelangt, bei denen wir die Emergenz der menschlichen Werte wie Vertrauen, gegenseitigen Respekt und Dankbarkeit erfahren.

Ein letzter Irrweg der heutigen Medizin ist ihre allgemeine Kommerzialisierung: Wohl ist die Medizin kostspielig, ihre Finanzierung belastet den öffentlichen Haushalt und auch viele Familienbudgets schwer. Es war deshalb wünschenswert und schliesslich unumgänglich, dass sich die Wirtschaft mit ihrem Kosten-Nutzen-Verhältnis auseinandersetzt, um, wenn möglich, unnötige und übertriebene Kosten zu verringern. Das hat zu einer mächtigen Institution geführt, zur Gesundheitswirtschaft, die sich bemüht, geeignete Geschäftsmodelle auf Spitäler und ambulante Zweige auszudehnen, indem sie diese berät, sodann ihre Finanzierungsmodalitäten vorschreibt. Das Medizinalwesen wird heutzutage in einer monetären Optik an ihrer Produktivität gemessen. Dieser Vorgang, der durch die Digitalisierung gefördert wird, ist an sich nützlich, hat jedoch zu einer Bürokratisierung der Tätigkeit der Ärzte und des Pflegepersonals, zu einer umfassenden Dokumentation der Leistungen und des Risikomanagements zu Händen der Öffentlichkeit und der Wirtschaft geführt. Zu Beginn war diese wirtschaftliche Bewertung willkommen, hat aber bald übergeschäumt und sich von einer Hilfe zu einer autoritären Einmischung gewandelt. Wie so oft ist eine an sich gute Methode ins Extreme gewachsen, wo sie schädliche Folgen zeigte und das Opfer ihres Erfolges wurde.

Die Vermarktung der Medizin hat ihre Grenzen, die dringend und partnerschaftlich mit den beteiligten Parteien neu zu verhandeln sind. Angesichts der zahlreichen Unwägbarkeiten in der Medizin kann nur eine Zuteilung von grossen Budgetrahmen Klarheit über die Verteilung der Kosten und Investitionen zwischen Spitalbetrieb und Ambulatorium sowie zwischen öffentlichem und privatem Betrieb bringen. Dasselbe gilt für die Bemessung der für einen Patienten aufzuwendenden Zeit: Es wäre vernünftig, die Zeit für ein Kollektiv vorzugeben, denn die minutenscharfe Erhebung der Dauer einer Patientenbesprechung hat keinen Sinn. Wie ich es im Kapitel 8 dargelegt habe, sollten gewisse wirtschaftliche Untersuchungen auf Gebieten, auf denen zwischenmenschliche Beziehungen eine Rolle spielen, mit grosser Vorsicht unternommen werden. Diese Untersuchungen sollte man nicht auf die Minute hinunterbrechen. Was passiert schon in einer Minute? Manchmal nichts, manchmal bricht ein Universum zusammen, manchmal geschieht ein Wunder.

Emergenzen, die uns morgen erwarten

Die medizinische Wissenschaft und die medizinische Kunst haben also verschiedene Wege eingeschlagen: Die Wissenschaft schreitet fort, die Kunst stirbt. Die medizinische Wissenschaft wird weiterhin Fortschritte machen, und dem ist sicher gut so. Jenen, die am Ort des Leidens wirken, die die praktische Medizin ausüben, obliegt nun die Aufgabe, die Zweckdienlichkeit, die soziale Tragweite, die innewohnenden Risiken, allgemein den Wert der neuen Errungenschaften abzuschätzen. Einen weiteren Irrweg gilt es zu korrigieren: Da der wissenschaftliche Fortschritt dem Wirken von Spezialisten zu verdanken ist, droht eine Verzettelung des Wissens. Die Kliniker tragen demnach die Verantwortung, gegen diese Fragmentierung zu wirken, das heisst, die Fragmente in eine ganzheitliche Praxis des Berufes einzubauen. Es ist an der Zeit, aus der Abkapselung des Wissens zu treten und gegen die Vereinsamung zu kämpfen, die von den Technologien und institutionellen Zwängen ausgeht, indem der Dialog mit seinen emergenten Qualitäten wieder geweckt wird. Das Gesundheitswesen aller Länder, das an sich schon wegen der menschlichen Natur und ihrer Krankheiten komplex ist, wird seine Irrtümer nicht mit einem Zaubertrick beseitigen können, sondern nur durch mühseliges und stures Hinwirken, über viele Jahre hinweg, zu einem einzigen Ziel: Wiederherstellen des Dialoges, Förderung des Wissensaustausches auf allen Ebenen, Drängen auf die Respektierung der emergenten Werte der ärztlichen Kunst.

Und hier mache ich einige Vorschläge: In erster Linie, weil einfach zu organisieren, muss den Ärzten in ihrer klinischen und ambulatorischen Ausbildung Raum und Zeit geboten werden, damit sie sich über wissenschaftliche Erkenntnisse, Erfahrungen der Älteren, Enttäuschungen und Erwartungen formlos austauschen können – Tag und Nacht. Es ist dringend notwendig, die Polarisierung zwischen der Administration und den Praktikern zu verringern, indem man die Abläufe auf das Wesentliche beschränkt und den Zeitaufwand für die administrative Arbeit auf ein vernünftiges Mass bringt. Es ist ebenfalls wünschenswert, das Auswahlsystem der Studierenden zu überdenken und zu korrigieren. Gegenwärtig beruht es auf Prüfungen, die vor allem ihre wissenschaftlichen Kenntnisse ermitteln. Wenn dieser Auswahlmodus wohl geeignet ist für künftige Forscher oder Spezialisten, sind für die alltägliche Krankenpflege andere Qualitäten erforderlich. Der praktizierende Arzt von morgen wird seine Kunst gut anwenden können, wenn seine wissenschaftlichen Kenntnisse seiner mentalen Ausgewogenheit, seiner Empathie und seinem Teamgeist ebenbürtig sind. Um dies zu erreichen, muss eine neue Strategie entwickelt und gelehrt werden, jene der Interdisziplinarität. Sie muss im Zeichen der Bescheidenheit ausgeübt werden, denn sie verlangt, dass verschiedene Berufe und Hierarchien auf gleicher Ebene Patienten behandeln, die an Mehrfachpathologien, auch als komplexe Krankheiten [48] bezeichnet, leiden. Interdisziplinarität ergibt sich nicht spontan, sie entwickelt sich aus einem organisierten Lehrgang mit nachfolgender Überführung in die Praxis dank Koordinationssitzungen zwischen dem Patienten, den helfenden Angehörigen, dem Pflegepersonal und, wenn nötig, weiteren Beteiligten. Glücklicherweise stösst diese Entwicklung heutzutage auf zunehmendes Interesse und führt zu erstaunlichen Erfolgen: Die damit ausgelöste kollektive Intelligenz ermöglicht eine wissenschaftlich basierte Behandlung, verbunden mit einer wahrhaft menschlichen Herangehensweise, und bringt allen berufliche Genugtuung; die Methode vermag auch, das Syndrom der beruflichen Erschöpfung zu verdrängen, die unter dem überlasteten Pflegepersonal so häufig geworden ist.

Mein letzter Vorschlag ist vielleicht am schwierigsten zu umschreiben: Seit etwa einer Generation zieht der Arztberuf Nutzen aus dem wachsenden Frauenanteil. In der aktuellen Medizin tauchen wichtige neue Aspekte auf, wie die Teilzeitarbeit, die zu findende Ausgeglichenheit zwischen beruflicher und privater Tätigkeit, die Zunahme der Berufszweige mit hoher psychosozialer Sensibilität, die Bereitschaft zu Teamarbeit, der Respekt vor der Umwelt. Das neue Gleichgewicht zwischen den Geschlechtern spielt dabei eine bedeutende, wenn nicht gar entscheidende Rolle. Denn die Feminisierung des Berufes ist ein Glücksfall für die Ärztekunst, den es zu auszubauen gilt. Sie wird dabei ihren hohen wissenschaftlichen Wert bewahren und gleichzeitig die Begegnung zwischen Arzt und Patient aufwerten, Austausche, die seit jeher und weiterhin die Schönheit und den hohen Anspruch des Berufes begründen.

Kapitel 10
Wenn die Austausche spärlich werden:
Misstrauen, Konflikte und Zusammenbrüche

«Bei uns ist es wie in der Bronx», presst der Jüngling hervor. Er liegt halb im Sessel vor dem Pult seines Sozialtherapeuten, die Hörpfropfen seines iPhones in den Ohren, die langen Beine hingestreckt. «Es gibt keine Gespräche mehr, keine Worte. Nicht einmal Schreie. Keine Meinungsaustausche. Früher, als ich nach Hause kam, traf ich Leben an. Geräusche aus der Küche oder vom Fernsehen, das stille Weinen meiner Schwester, das vertraute Streiten meiner Eltern. Jetzt, da sie sich getrennt haben, ist Chaos. Jeder macht, was er will, Du bedienst Dich im Kühlschrank, wann es Dir passt, Du lässt Deinen Kram irgendwo liegen ... meine Mutter rastet aus, aber mir ist alles wurscht. Jeder lebt nach seiner Fasson.» Der Therapeut nickt langsam. Es ist nicht das erste Mal, dass man ihm einen jungen Schüler schickt, der in der Schule nicht mehr nachkommt, mit einer nebulösen «Antisozial»-Diagnose, obwohl das Problem anderswo liegt: Nicht er ist krank, sondern die ganze Familie. Und er überlegt, dass es eigentlich drei Arten von Krankheiten gibt: Jene, die ein Organ befallen – das gehört zum Reich des Spezialisten; jene, die das ganze Individuum betreffen – das ist Sache des Generalisten oder des Psychiaters, wobei die Entscheidung der Zuweisung oft schwierig und manchmal unnötig ist; und schliesslich jene einer ganzen Familie, deren Leiden sich auf alle ihre Mitglieder auf verschiedene Weise auswirken. Aber wer kann ihr Therapeut sein, wer nimmt sich tatsächlich der ganzen Familie an?

«Wir haben uns nichts mehr zu sagen, die Botschaften kommen nicht mehr an.» Die beiden ehemaligen Geliebten sitzen einander in einem Restaurant gegenüber. Es ist spätabends, die meisten Tische sind leer, die letzten Gäste sind am Aufbrechen. Der Wirt ordnet seine Theke für den nächsten Tag. «Es waren ein paar wunderschöne Jahre, erfüllt von Liebe, von Leidenschaft, von Glück, mit gelegentlichen Streiten, die meist vom Zaun gerissen waren, um desto innigere Versöhnungen herbeizuführen», sagt der eine – ein schelmisches Lächeln begleitet seine Erinnerung an diese Szenen. «Ja», antwortet der andere und blickt auf sein halbleeres Glas und auf seinen kaum angetasteten Teller, «aber das Feuer ist erloschen. Wir schlafen nicht mehr miteinander, die Abende verlaufen eintönig und wortlos, denn wir haben uns nichts mehr zu sagen, keine Meinungen mehr zu tauschen.» Wie es weitergehen wird, kann man sich denken, die Trennung steht bevor, mit aller Mühsal: Leiden, Eifersucht, Bedauern, Reue, Traurigkeit, Wut.

In früheren Kapiteln haben wir den Wert der Austausche auf allen Ebenen ermessen, die zu neuen emergenten Zuständen führen können. Wir werden in den beiden folgenden Kapiteln versuchen, einen Teil des Geheimnisses der Emergenz auszuloten – wie sie zustande kommt, entflammt. Hier wollen wir uns mit einer ebenso wichtigen Frage beschäftigen, nämlich der Umkehrung des Vorganges: Was geschieht, wenn diese Austausche verblassen, sich erschöpfen, zusammenbrechen, zu Staub werden? Überlebt der vorher erworbene emergente Zustand? Verändert er sich, oder geht er in diesem neuen Schweigen unter? Bleibt das erworbene Vertrauen bestehen, oder weicht es dem Misstrauen oder gar dem Konflikt, wenn die Austausche versiegen oder sich wandeln?

Das Absterben von Austauschen zwischen Menschen kommt häufig vor und kann auch hierarchische Beziehungen treffen wie im Falle des Chefs eines Unternehmens, der seinem Verkaufsleiter eröffnet: «Die falschen Entscheidungen, die Sie vor zwei Jahren getroffen haben, und die gegenwärtigen schlechten Geschäftsergebnisse haben zur Folge, dass niemand mehr Vertrauen zu Ihnen hat.» Und ein ähnliches Fiasko offenbart sich, wenn anlässlich der Abendnachrichten im Fernsehen der Sprecher, verkündet: «Angesichts des Scheiterns der Verhandlungen wurden die wirtschaftlichen und politischen Beziehungen zwischen den beiden Staaten abgebrochen und die Botschafter in ihre Hauptstädte zurückberufen.»

Versiegen der Austausche und Verlust des Vertrauens: Biologie und soziale Motivation

Die harmonischen Beziehungen zwischen zwei oder mehreren Individuen, und sogar zwischen Gemeinschaften, können sich häufig verschlechtern, verblassen, untergehen – oder gar in Aggressivität kippen. Und doch bestanden sie vorher, in friedlichen Zeiten, sie waren der Kitt, der das Paar, das Familienleben oder die soziale Gruppe zusammenhielt. Man tauschte Worte aus, Erinnerungen, Vorhaben und geleistete Dienste. Auf der Ebene der Gemeinschaften und der Institutionen waren diese Austausche komplexer, denn sie mussten verschiedenen Interessen dienen, wirtschaftlichen, sozialen, politischen. Ob nun die erzeugte Emergenz politische Stabilität, Frieden in der Familie oder Vertrauen zwischen Partnern bringt – die erzielte Ausgewogenheit ist empfindlich und muss ständig durch neue gegenseitige Anstrengungen bekräftigt werden. Dieses Rollenspiel ist anforderungsreich und muss feinfühlig geführt sein, es muss durch zahlreiche Wechselbeziehungen aufrechterhalten werden, getragen vom Interesse aller Beteiligten am Fortbestand des erzielten harmonischen Zustandes. Die Wechselbeziehungen können wirtschaftlicher Natur sein, sich in erbrachten Diensten äussern, sie können eine rein symbolische oder uneigennützige Bedeutung annehmen. Im Gegensatz dazu führt jede Beeinträchtigung der Austausche rasch zum Zusammenbruch der emergenten Vorteile – Familienfrieden, wirtschaftliche Stabilität, Vertrauen. Das ganze komplexe System fällt auseinander: Wenn die Wechselwirkungen zu einer kollektiven Intelligenz führten wie beispielsweise zu Vertrauen zwischen Menschen, bewirkt deren Abbau einen brutalen Zusammenbruch des Systems. Es braucht viel Zeit, um Vertrauen zu schaffen – in wenigen Sekunden kann man es verlieren. Es kann aber noch schlimmer werden, nämlich, wenn sich Wut, Enttäuschung, Trauer, Angst, Rachegelüste unter die negativen Gefühle mischen. Dann verwandeln sich die Vorzüge der Emergenzen in schädliche Wechselwirkungen. Das ist die Geburt des Konfliktes in den verschiedensten Gestalten, vom einfachen Wortgefecht bis zur physischen Gewalt. Hier entpuppt sich die Ambivalenz des menschlichen Wesens: Engel und Dämon, des Besten fähig wie des Schlimmsten. Wenn wir auch meistens unsere Konflikte auf friedliche Weise regeln, so ist die sprachliche oder physische Gewalt oft nicht weit, weil sie tief in uns verwurzelt ist. Wir erleben sie ständig um uns herum, die Medien führen sie uns tagtäglich vor, sie ist uns so vertraut, dass wir ihr leicht verfallen.

Ob sie physisch oder psychisch, augenscheinlich oder verdeckt, vorsätzlich oder fahrlässig ist – die Gewalt ist verbreitet, sie hat verschiedene Ursachen und immer verheerende Auswirkungen: Sie schädigt den Betroffenen. Es ist oft schwierig, den Ablauf von der Ursache bis zum Ausbruch zu verfolgen. Glücklicherweise führt nicht jede Enttäuschung zu Gewalttaten. Aber wir erleben alle Tage Vorgänge, die auf dem Untergang von Wechselbeziehungen, auf Vertrauensbrüchen beruhen, auf Verbitterung und unterdrückter Wut. Kann man diesem schleichenden Zusammenbruch menschlicher Beziehungen vorbeugen und rechtzeitig Mittel dagegen einsetzen?

Oft ist der Untergang von Austauschen, mit seinen zerstörerischen Folgen, das Resultat ihrer missbräuchlichen und übermässigen Asymmetrie. Er wird für den Betroffenen unerträglich, unabhängig davon, ob er absichtlich oder unbewusst hervorgerufen wurde. Jedes Verhältnis zwischen zwei Individuen ist grundsätzlich auf unterschwellige Weise asymmetrisch; ebenso unterschwellige Ausgleichsimpulse wirken diesem Ungleichgewicht jedoch ständig entgegen. Der Aufbau von Vertrauen ist demnach ebenfalls asymmetrisch und oszillierend. Diese Bewegung kann beginnen mit: «Ich gehe vorerst ein kleines Risiko ein und beobachte dann den weiteren Verlauf.» Die Reaktion darauf wird entscheidend sein: Entweder entsteht bei diesem ersten Schritt eine gegenseitige Beziehung, und das Vertrauen wird aufgebaut, oder die Beziehung wird abgebrochen. Im ersten Fall besteht die Fortsetzung der Beziehung in einer einfachen Weiterentwicklung dieser asymmetrischen Wechselwirkung. So wächst fortlaufend das Vertrauen, aufgebaut auf Gegenseitigkeit. Wir erkennen, dass diese verdeckten Asymmetrien für die Emergenz notwendig sind – wir sind diesem Phänomen bereits im Kapitel 3 begegnet, in dem wir die Homöostase und deren schwankenden Verlauf beschrieben haben. Wenn diese Asymmetrie zu auffällig und deren Schwankungsbreite zu gross werden, entsteht ein Bruch des Gleichgewichtes, der zum offensichtlichen Vorteil für einen der beiden Partner führt: Die Beziehung erschöpft sich, die intensiv aufgebaute Qualität der Emergenz weicht dem Misstrauen, das System kollabiert. Die Ausprägung dieses Bruches hängt vom Mass der entstandenen Asymmetrie ab: Ist es gering, wird sich die Beziehung wieder einpendeln; sind die Abweichungen bescheiden, aber häufig, werden sich fortschreitend Zweifel und Misstrauen einstellen; starke Abweichungen lösen dann bei einem der Partner, der sich benachteiligt fühlt, oder bei beiden Partnern heftige emotionale Reaktionen aus.

Diese Feststellungen verdanken wir experimentellen Forschungen, die auf den Gebieten der Soziologie, der Wirtschaft, der Psychologie, der Neurowissenschaft und sogar – das wird Sie überraschen – der Endokrinologie durchgeführt wurden. Welche Rolle könnte ein Hormon in diesem Verhalten spielen? In neueren Erklärungen des Phänomens Vertrauen wird eine interessante Rolle dem Hormon Oxytozin zugesprochen. Dieses Neuropeptid kennt man seit bald 100 Jahren wegen seiner Bedeutung gegen Ende der Schwangerschaft als Stimulator der uterinen Kontraktionen bei der Geburt und als Agens, das den Austritt der Muttermilch beim Stillen bewirkt. Erst kürzlich hat man herausgefunden, dass ihm auch eine wichtige Rolle zukommt beim Verhalten im Vorgang der Bildung von sozialen Bindungen, bei der Bewältigung von Stresssituationen und beim Empfinden von Vertrauens- und sogar von Freudegefühlen. Zu seiner ursprünglichen Bezeichnung als Hormon der Mütterlichkeit ist jene des Hormons des Vertrauens und der sozialen Bindung hinzugekommen. Es wird durch Strukturen an der Basis des Gehirns sekretiert, die den eigentümlichen Namen supraoptische und paraventrikulare Kerne des Hypothalamus tragen – die Neuroanatomen haben es uns sprachlich nie leicht gemacht –, es wirkt entweder indirekt über die Blutbahn (bei der Geburt und danach) oder direkt auf interaktive Weise auf der Ebene des Gehirns, wobei es diese wichtigen Verhaltenseffekte hervorruft. [49] Aber bleiben wir vorsichtig und kritisch: Es genügt natürlich nicht, ein Nasenspray mit Oxytozin zu verabreichen, um einen Verbrecher gesetzestreuer oder jemanden an einem gesellschaftlichen Anlass umgänglicher zu machen, denn es bleiben über seine Wirkungsweise noch viele Fragen offen. Seine Funktion tritt nicht rasch und gezielt ein. Sie liegt eher im Hintergrund und beeinflusst die dauernde Disposition, Grosszügigkeit oder soziale Empathie zu verspüren sowie Verängstigung aufzuheben und zu Gemeinschaftlichkeit zu motivieren. Auf dieser Basis von «hormonalem Klima» könnten sich dann grundlegendere neuronale Aktivitäten entwickeln wie die Stimulation von Vertrauen. Zahlreiche Untersuchungen von Neuroökonomen, Betriebswirtschaftlern, Neurobiologen, Psychologen und Spezialisten der bildgebenden Hirnaktivitäten einbezogen, scheinen eine solche Annäherungsweise an das Problem zu bestätigen, indem sie die Hirnaktivitäten untersuchten, die bei Spielen das Vertrauen unter den Beteiligten voraussetzen. Beobachtungen mittels funktioneller Magnetresonanz (die heutzutage präziseste Methode zur Messung der Hirnaktivität) haben beim Erstellen von Vertrauensbeziehungen eine erhöhte Aktivität in einer *mediofrontaler Cortex* genannten Hirnregion gezeigt, die nahe der Erregungszone bei Emotionen liegt. [50] Dies würde gut zu der intuitiven Überlegung passen, dass das Vertrauen sowohl einem rationalen wie einem irrationalen Geisteszustand entspricht, wobei das Resultat dieses Cocktails von mehreren Umständen abhängt: von der Grösse und dem Risiko des Einsatzes, von der Aussicht, eher zu verlieren als zu gewinnen, dem Alter der Partner (die Jüngeren sind risikofreudiger), der persönlichen Erfahrung (wie sind die letzten Handel verlaufen?), dem institutionellen Rahmen (welche Garantien werden uns angeboten?). Beim Eingehen auf ein Vertrauensverhältnis machen wir deshalb schnell einen Check der verschiedenen realen und emotionalen Faktoren: Wir schätzen kaltblütig die Kompetenzen und die moralische Integrität unseres Partners ein, gleichzeitig vergegenwärtigen wir uns die emotionalen Eindrücke, die wir erlebt haben; wir versuchen, beim Gegenüber das Wohlwollen und die Sympathie zu erfassen, die er uns entgegenbringt. Das Verhältnis dieser verschiedenen Komponenten bilden ein Ganzes, aber das Ganze ist eine Momentaufnahme und wird laufend neu bewertet. Das Gewicht dieser Erkenntnisse kann sich mit der Zeit verändern und wiegt für das Vertrauen schwer. Ich habe eines Tages ein berühmtes Mitglied einer grossen internationalen Wohltätigkeitsinstitution, bekannt als guter Unterhändler, gefragt: «Wie bringen Sie das fertig, eine wichtige internationale Verhandlung während einer ganzen Nacht durchzustehen und zu einem guten Ende zu führen?» Seine Antwort war: «Im Verlauf dieser unablässigen Diskussionen stellt sich mit der Zeit bei allen Anwesenden Müdigkeit ein, die zu einer Art Vertrautheit führt. Man gähnt, steht auf, macht ein paar Schritte, man verspürt Hunger. Dann sagt plötzlich jemand: ‹Wie wäre es, wenn wir etwas essen würden?› Jeder hat irgendwo in seinem Büro eine heimliche Notration versteckt. Man einigt sich auf eine kleine Pause, einer bringt etwas Käse, der andere einige Biere oder eine Flasche Wein. Man nascht, trinkt einen Schluck, macht sich über die Argumente des einen und anderen lustig, stellt Fragen zum Familienleben, tauscht Erinnerungen aus. Dann nehmen alle wieder ihre Plätze ein, die Verhandlung hebt wieder an, sie ist jetzt von einem gewissen Kameradschaftsgeist geprägt, erfüllt mit Wohlwollen, reicher an Emotionen, das Klima ist gelöster, fast freundschaftlich geworden, Lösungen zeichnen sich ab. Oft werden harte Gesprächsführer danach Freunde.»

Ich bin also der Ansicht, dass es kein Molekül des Vertrauens gibt, wie das behauptet wurde: Das Oxytozin fördert eher eine sehr allgemeine Funktion wie die soziale Motivation, ein gattungsbezeichnender Begriff, der alle Einflussfaktoren des sozialen Verhaltens eines Individuums umfasst. Man könnte sagen, dass man unter Oxytozin ein sozialverträglicher Mensch wird, aber nichts darüber hinaus; dadurch würden lediglich die Wechselbeziehungen mit Mitmenschen optimiert. Das Vertrauen hingegen ist eine enger gefasste Empfindung, welche Sicherheit, sogar Glauben an jemanden oder an etwas umfasst. Präzise auf das Ziel ausgerichtet (man kann nicht allem vertrauen, und ein Vertrauen kann nicht ewig aufrecht erhalten bleiben), ist es der Ausdruck einer Überzeugung, bereichert durch gesprochene und stillschweigende Austauschvorgänge, die sowohl rational wie irrational sein können.

Das Zweigespann Vertrauen – Zuverlässigkeit

Wie es die berühmte Philosophin Onora O'Neill [51] in ihrem Werk darstellt, ist jemandem zu vertrauen ein aktiver Prozess, der eine unabdingbare Bedingung voraussetzt, nämlich die Zuverlässigkeit der Person, mit der man in Beziehung steht. Man erstellt kein Vertrauensverhältnis mit einer fremden Person, der man zum ersten Mal begegnet, ohne mehr über sie zu wissen. Diese vorauszusetzende Bedingung ist recht genau umschrieben und dient einem wohldefinierten Zweck. Eine Person kann zwar für einen bestimmten Handel als vertrauenswürdig gelten, aber für andere Wechselbeziehungen dieser Bedingung nicht genügen; ich kann ihr sicher ein Geheimnis anvertrauen, aber die Lenkung meines Autos mangels Fahrerfahrung verweigern.

Wenn der Anspruch an die Zuverlässigkeit einer einzelnen Person für eine bestimmte Wechselbeziehung verhältnismässig einfach formuliert werden kann, wird die Angelegenheit komplizierter, wenn es um die Vertrauenswürdigkeit von öffentlichen Instanzen geht. Wer garantiert deren Zuverlässigkeit? Die Zuverlässigkeit der Öffentlichkeit muss dauerhaft und stabil sein, ihre Basis kann nur durch demokratische Vorgänge und Dekrete verändert werden und muss klar begründet sein. Es ist offensichtlich eine der grundlegenden Pflichten der staatlichen Einrichtungen, die Bedingungen der Beständigkeit zu gewährleisten. Die politischen Institutionen haben Kontrollmechanismen eingerichtet wie die Menschenrechte, die Demokratie, die Gesetze, um deren Vertrauenswürdigkeit gegenüber dem Bürger sicherzustellen und eine zuverlässige Befehlsgewalt zu gewährleisten. Aber selbst diese Schutzbestimmungen können nicht verhindern, dass das öffentliche Vertrauen oft unterwandert wird. Revolutionen, Kriege, wirtschaftliche Zusammenbrüche, korrupte Regierungen können jederzeit den Verlust ihrer Zuverlässigkeit hervorrufen. Um in einer solchen Gemeinschaft überleben zu können, muss die öffentliche Vertrauenswürdigkeit trotz des Versagens des politischen Systems wiederhergestellt werden – eine Wiederaufbauarbeit, die Jahre dauern kann.

Vertrauen, als Emergenz aus erfolgreichen Wechselbeziehungen, ist somit ein komplexer Prozess, der Objektivität mit Subjektivität verbindet. Hat man die Zuverlässigkeit seines Partners erkannt, legt man seine eigene Verwundbarkeit in dessen Hände. Vertrauen ist quantitativ nicht messbar – was bedeutet eine Vertrauensabstimmung mit 55 Prozent zugunsten einer Regierung? Aber es besitzt einen reellen qualitativen Wert: Man hat mehr oder weniger Vertrauen, je nach den Umständen. Heute sind wir in der Lage, individuelle Emergenzen von Vertrauen durch die neurologische Bildgebung zu beobachten. Man hat dabei eine Korrelation zwischen der Emergenz des Vertrauens und gewissen Hirnaktivitäten kognitiver und emotionaler Art feststellen können. Die angewendeten Versuchsanordnungen (Studenten, die Investitionsstrategien durchspielen) sind allerdings von der täglichen Realität recht verschieden, beispielsweise von einem Austausch von Geheimnissen oder dem Vertrauen in seinen Neurochirurgen. Trotzdem hat unser wissenschaftliches Verständnis in dieser Materie grosse Fortschritte gemacht, und man ist zu der Auffassung gelangt, dass es tatsächlich ein biosoziales Modell des Vertrauens gibt, wie wir es beim Altruismus kennengelernt haben. Man kann übrigens die Aussage wagen, dass Vertrauen und Altruismus im Verlauf von Jahrtausenden als für das Leben in Gemeinschaften unabdingbare soziale Werte emergiert sind. Ohne diese beiden Werte ist ein Leben in Gemeinschaften nicht möglich, während ihre Rolle diesem gemeinschaftlichen Leben einen eindeutigen selektiven Vorteil bringt: «In dieser Gesellschaft kann jeder auf den anderen zählen» und «Zusammen sind wir stärker». Eigentlich ist Vertrauen nichts anderes als eine elegante Weise, auf eine Person zuzugehen und sie um eine Art Sicherheit zu bitten, während der Altruismus in der anderen Richtung wirkt, indem diese Person die Hilfe zusagt. Das Leben in der Gemeinschaft bietet unleugbare Vorteile durch Sicherheit und Teilung von Tätigkeiten. Die Gemeinschaft bringt dadurch eine kollektive Intelligenz zustande, aber sie verbindet das mit Verpflichtungen. Beides ist unverzichtbar für die Aufrechterhaltung des harmonischen Lebens in der Gemeinschaft und dessen Gegenstück, die notwendige Bewältigung von Konflikten. Unzählige Institutionen, Verfahren und Gesetze sind im Verlauf der Jahrhunderte eingesetzt worden, um das Zusammenleben zu fördern, Austausche zu befruchten und Konflikte zu vermeiden oder zu schlichten. Ohne sie wäre das gemeinschaftliche Leben nicht möglich.

Wir wollen nun auf die Frage zurückkommen, die wir eingangs dieses Kapitels gestellt haben: Was geschieht, wenn Austausche verblassen, sich erschöpfen, zusammenbrechen? Führen sie auch in anderen Systemen zu ihrem Zusammenbruch und zum Untergang ihrer emergenten Werte? Wenn beispielsweise das Phänomen «Leben» als emergenter Wert des komplexen Systems entsteht, der auf dem Austausch unter Molekülen in einer Zelle beruht – würde dieser Zusammenbruch der Wechselbeziehungen zur «Ent-Emergierung», zum Verschwinden des Lebens führen?

Der Zerfall der Austausche verursacht eine «Ent-Emergierung»

Wir wollen uns nochmals das Beispiel der menschlichen Zelle vor Augen führen, das wir im Kapitel 2 untersucht haben. Die Zelle wächst, erfüllt ihre Funktionen und vermehrt sich als Folge von verschiedenen molekularen Interaktionen, die wir zusammen betrachtet haben. Um diese Wechselwirkungen zu koordinieren, braucht es einen übergeordneten Dirigenten, der den Ton angibt. Dieser ist in der DNA der Chromosomen angesiedelt; die Maschinerie der Zelle gehorcht seinen Anordnungen und spielt nach seinen festgelegten Regeln – es gibt kaum Möglichkeiten, aus diesem molekularen Schicksal auszubrechen. Pro Zelle gibt es einen Chef, der befiehlt. Aber das Überleben unserer Zelle wird auch von ihrem Umfeld abhängen, aus dem sie die notwendigen Substanzen gewinnt, um zu wachsen und ihre Aufgaben zu erfüllen. Sie muss sich auch ihrer Abfälle entledigen, indem sie diese nach aussen befördert. Dieses doppelte Hin und Her erfolgt durch die Zellmembran, eine sehr selektive Austauschfläche: Es kann nichts hineingelangen, das nicht darf, es darf nichts heraus, das drin bleiben muss. Dieses komplizierte Ballett benötigt Energie, welche die Zelle aus chemischen Verbindungen aus ihrem Umfeld gewinnt. Sie ist täglich, stündlich, Minute für Minute, ja Millisekunde für Millisekunde von diesem Materialzufluss abhängig; nur dank dieses Materialzuflusses kann sie ihr Überleben sichern, indem sie grosse Moleküle zusammensetzt, um sich selbst aufzubauen, zu reparieren und fortzupflanzen. All diese Arbeit leistet sie gewissenhaft unter Einhaltung der universellen chemischen und physikalischen Gesetze. Sie untersteht ausserdem dem zweiten Hauptsatz der Thermodynamik, welcher aussagt, dass jedes geschlossene System unweigerlich seinem Untergang entgegengeht. Diese Gesetzmässigkeit bedeutet für unsere Zelle, dass sie unerbittlich dem Tod geweiht ist. Zwei unabhängige Vorgänge tragen dazu bei: die Nekrose und die Apoptose. Die Nekrose ist eine Art verfrühter Tod, überraschend und brutal, der entweder durch Einwirkung eines giftigen Stoffes, durch Energiemangel oder durch ein feindliches Lebewesen, ein Virus oder ein Bakterium, herbeigeführt wird. Nekrose bedeutet einen gewalttätigen Tod.

Im Gegensatz zur Nekrose umschreibt die andere Todesart, die Apoptose, einen sanften Zelltod. Die Zelle kann den Zeitpunkt ihres Todes selbst bestimmen: Sie leitet einen Selbstvernichtungsvorgang ein, einen Selbstmord, der genetisch programmiert ist. Der Vorgang beginnt mit der Beeinträchtigung der Funktion der Hülle um die Mitochondrien, diesen zahlreichen kleinen Energiespeichern in den Zellen, die Ermüdungserscheinungen zeigen. Ihre Auflösung setzt proteolytische Enzyme frei, sogenannte Caspasen, die mit grosser Geschwindigkeit die rund 1 Million Bestandteile der Zelle zerstören, was alle normalen Austauschvorgänge aufhebt; auch die Zellmembran ist davon betroffen, sie verliert ihre Fähigkeit, an ihrer Oberfläche selektive Durchdringungen zu steuern. Der Selbstmord der Zelle schreitet fort: Ihr genetisches Material verkommt, das Ganze zerfällt. Das ist der Zeitpunkt, in dem die Abfallentsorger zum Zuge kommen, die weissen Blutkörperchen, die den menschlichen Körper von seinen Zerfallsprodukten befreien. Sie arbeiten zügig, im Nu ist alles verschwunden. Dieser Tod verläuft im Verborgenen, keine Leiche und kein Grabstein zeugen davon. [52] Man hat diesen Film unzählige Male, mit Varianten, unter dem Mikroskop vorgeführt, denn schliesslich begehen alle Zellen eines Tages Selbstmord. Wie in jedem guten Film finden wir darin zwei weitere metaphysische Botschaften, die unsere Endlichkeit ansprechen: Dieser Vorgang des Sterbens ist die spektakuläre biologische Bestätigung des zweiten thermodynamischen Hauptsatzes, der besagt, dass der Zelle, wenn sie nicht ständig wieder mit externer Energie aufgeladen wird, nur die Möglichkeit verbleibt, unterzugehen und dem Nichts zu verfallen. Die energetischen Austausche schaffen Leben, ihr Erlöschen bedeutet den Tod. Die andere Botschaft lautet: Der zweite thermodynamische Hauptsatz, dem sie zum Opfer fallen, ist das einzige universell gültige physikalische Gesetz, das den Faktor Zeit einbezieht. Die Gesetze von Newton, Maxwell und anderen Physikern sind nicht gerichtet, ihre Gleichungen kommen ohne Zeitbegriff aus. Die Gravitation, beispielsweise, enthält die Grösse «Zeit» nicht, Körper ziehen sich einfach an, Punktum! Es gibt dabei kein Vorher und kein Nachher, im Gegensatz zum zweiten thermodynamischen Hauptsatz über die Abnahme der Energie und dem daraus folgenden Schluss, der Zunahme der Entropie. Hier spielt die Zeit eine entscheidende Rolle, es gibt ein Vorher und ein Nachher, es gibt kein Zurück. Die für die Apoptose verantwortlichen Gene bestimmen den Zeitpunkt, an dem das Programm «Leben» und der fast unendliche Kampf gegen die Entropie zum Abschluss kommen muss; die Zelle muss ihre Bindungen, bestehend aus externen und internen Austauschen, auflösen, um zum universellen Chaos zurückzufinden ... wo alles wieder von vorn beginnen kann, wenn neue Energie zur Verfügung steht.

Die Lehren aus der Physik: Von den Grundkonstanten zur Hyperkomplexität

Wieder bei der Physik angelangt, stellen wir uns auf der Ebene des Atoms die gleiche Frage: Kann der Abbruch der Wechselwirkungen unter den im Kapitel 4 angetroffenen subatomaren Partikeln ebenfalls vernichtende Konsequenzen haben? Wir wollen uns nochmals die vier Wechselwirkungsarten zwischen den subatomaren Partikeln in Erinnerung rufen. Einige sind gut erforscht, wie die Photonen, die Gluonen und gewisse Bosonen, andere bleiben hypothetisch, wie die Gravitonen. Was würde geschehen, wenn ein übernatürlicher Geist deren Spielregeln ändern würde? Die Antwort ist einfach und eindeutig: Selbst die minimalste Änderung ihres Tanzes würde zur Folge haben, dass Sie gar nicht existieren und folglich diese Zeilen nicht lesen können – zudem würde dieser Text nicht vorhanden sein, denn es gäbe keine Kohlenstoffatome, die diese Buchstaben auf dem Papier darstellen. Das ganze Sortiment der über 100 chemischen Elemente, die unser Universum, unseren Planeten und auch uns selbst bilden, ist dank der Umformung von Energie in Materie im Verlauf der Jahrmilliarden langen Geschichte unseres Universums entstanden. Zuerst erfolgte die Bildung von Wasserstoff und Helium im Verlauf des Urknalls, ein Prozess, der auch heute noch in den Sternen abläuft. Dann entstanden die «Atome des Lebens», Kohlenstoff, Sauerstoff, Stickstoff und zahlreiche andere Elemente bis zum Eisen, sie kamen durch die Kondensation riesiger dichter Gaswolken zustande, die sich unter den Gravitationskräften und der starken Kernkraft bildeten. Wäre diese Kondensation nur um ein Geringes schwächer gewesen, hätte ihre Kraft nicht zum Zusammendrängen der Atome und deren Verschmelzung zu grösseren Atomen geführt, die Struktur des Universums wäre uniform, ohne Sterne ... Wäre sie stärker gewesen, wären alle ursprünglichen Atome zusammengeballt geblieben, und auch in diesem Fall wären keine komplexeren Elemente entstanden. Schliesslich ist anzumerken, dass für die Erschaffung grösserer Atome noch viel höhere Temperaturen notwendig sind. Solche Bedingungen finden sich nur in den Sternexplosionen zu Supernovae.

Die heutige Physik erteilt uns hier eine gewichtige Lektion: Die Erschaffung des Universums war keine einfache Sache. Wenn wir das Glück haben, zu leben, einen sternübersäten Himmel zu bewundern oder dem Requiem von Mozart zu lauschen, verdanken wir das letzten Endes den unablässigen und unendlichen Wechselwirkungen zwischen subatomaren Partikeln, Atomen, Molekülen, zwischen Zellen und Organen, zwischen den Organismen, die unseren Planeten bewohnen – und letztlich erst seit Kurzem den Austauschen, die zur kollektiven Intelligenz der Menschheit geführt haben. Eine kleine Änderung in einer der fundamentalen Konstanten der Physik (man geht von etwa 20 bis 30 numerischen physikalischen Grössen aus, die unsere Welt bestimmen [53]), und dieses ganze wunderbare Konstrukt würde zusammenbrechen.

Die kleinste Veränderung der subatomaren Austauschmechanismen würde demnach das ganze Schicksal der Menschheit wegfegen – und wir könnten nichts dagegen unternehmen. Es gibt aber noch andere Wechselwirkungen, deren Beeinträchtigung eine vernichtende Wirkung auf uns Menschen haben könnten. Wenn unsere zwischenmenschlichen Beziehungen darunter leiden, können wir dank unseres Bewusstseins und Gewissens gegen ihren Untergang wirken. Mit unserer Handlungsweise und unserem Betragen können wir Vertrauen festigen, Misstrauen zerstreuen, die Harmonie in unseren Austauschen fördern und gegen ihre Perversionen kämpfen. Vor allem haben wir das seit jeher mit unseren Gesetzen erreicht, die vermutlich so alt sind wie unsere ersten Gemeinschaften. Man findet ihre ersten Spuren bei den juristischen Satzungen im babylonischen Reich des Königs Hammurabi; ein zweiter wohlbekannter Ursprung sind die Zehn Gebote, in eine Tafel geritzt und Moses übergeben. Diese ersten Schriften sind ein Hinweis auf ein kollektives Bedürfnis einer jeden menschlichen Gesellschaft, wann und wo immer sie entstanden sind, rasch Mittel gegen die Zerrüttung ihres Zusammenlebens zu finden. Sie haben die Austausche formalisiert, ihnen den Wert der Gegenseitigkeit verliehen, sie wirken gegen Betrug und Boshaftigkeit. Das Gesetz, vorbeugend und bestrafend, ist ein schönes Beispiel intelligenter Leistung der Menschheit, das dazu dient, Auswüchsen zu begegnen und ein friedliches Zusammenleben zu ermöglichen. Es ist aber nur indirekt wirksam, denn es wirkt hinter den Ereignissen nach, und zeigt seine Effizienz durch die Schaffung von Zuverlässigkeit im Staat und in der Gesellschaft.

Die Landesgrenzen schaffen ambivalente Austauschsysteme

Ab und zu ertappe ich mich beim Vagabundieren über unseren Planeten – natürlich nur auf virtuelle Art, um ein zeitgemässes Wort anzuwenden. Ich greife nach einem Atlas und blättere darin, oder benütze meinen Computer, sodass ich gratis reise. An diesen Ort binden mich schöne Erinnerungen, jenen möchte ich noch entdecken. Berühmte Bauten tauchen vor meinem geistigen Auge auf, im Dschungel verborgene Tempelruinen, Fauna und Flora, die vielleicht dem Untergang geweiht sind, märchenhafte unbekannte Landschaften ... Dann fällt mein Blick auf Grenzen: Wie wurden sie gezogen? Ihrer viele sind unlöschbare Narben vergangener Kriege. Andere sind selbstherrlich von Politikern und Kolonialisten bestimmt worden. Ich vermute, dass sich gewisse absolut gradlinige Grenzverläufe nur so erklären lassen, wie jene vom Pazifik bis zu den Grossen Seen zwischen Kanada und den Vereinigten Staaten, oder die Abgrenzung zwischen Algerien und Mali, oder zwischen Libyen und Tschad. Ohne Zweifel stammen sie aus geopolitischen Entscheiden am Runden Tisch, ausgehandelt ohne Rücksichtnahme auf die Völker und Kulturen dies- und jenseits der neuen Grenze.

Politiker, Philosophen, Soziologen, Biologen, Geografen und viele andere haben sich über die Natur und die Rolle der Grenzen Gedanken gemacht. Sie sind im höchsten Grade Orte der Steuerung der menschlichen Austausche. Im Falle von Konflikten zwischen Völkern oder Staaten dienen sie zu deren Trennung – oder sollten dazu dienen; in Friedenszeiten werden sie für Waren und Geld durchlässig, bleiben aber für gewisse Personen willkürlich geschlossen. Sie erinnern an historische Begebenheiten unserer Zivilisation. Und wenn wir zusehen müssen, wie unzählige Migranten sie bei Nacht und Nebel unter Beschimpfungen und Beleidigungen zu überschreiten versuchen und von Zöllnern und Soldaten zurückgewiesen werden, während gleichzeitig die gleichen Grenzen Milliarden von Dollars virtuell und unbehindert durchlassen, erhält der Begriff Ort der Überwachung eine besondere Bedeutung. Man überlegt sich dann, wie man diesem Ort eine Emergenz verleihen und ihm dadurch die gleiche Ehrwürdigkeit zubilligen könnte wie der Zellmembran – dem Ort, an dem auf beiden Seiten harmonische Wechselwirkungen stattfinden, welche die Quelle des Lebens sind. Auf diese Weise würden Grenzen zu Orten des Austausches für ein konfliktfreies und gleichberechtigtes menschliches Zusammenleben.

Kann man Vertrauen wiederherstellen? Mediation und Versöhnung

Vertrauen wird leider oft durch zweifelhafte oder gar betrügerische und gemeine Beziehungen erschüttert. Wir wollen uns hier vergegenwärtigen: Vertrauen ist die Grundlage und das Ergebnis von verschiedenartigsten finanziellen, wirtschaftlichen und auch immateriellen Wechselbeziehungen zwischen verlässlichen Personen und verkörpert die wichtigste verbindende Kraft in unserer Gesellschaft. Wir müssen dabei jedoch bedenken, dass wohl jede erfolgreiche Transaktion zwischen zwei Partnern dieses Gefühl verstärkt, dass es jedoch bei einem Scheitern plötzlich und brutal zusammenbrechen kann. Aufbau und Verlust von Vertrauen haben somit nicht die gleiche Dynamik und betreffen möglicherweise nicht dieselben Hirnbereiche. Um das Vertrauen nach seinem Verlust wiederherzustellen, benötigen wir grossen Einsatz, viel Geduld und Zeit – sofern das überhaupt wieder gelingen kann.

In einer Gesellschaft, die wie die unsere auf Wechselbeziehungen gründet, sind Konflikte unausweichlich, weil verschiedenste Einflüsse gleichzeitig auf die Gesellschaft einwirken. Um die Konflikte aufzulösen, haben wir mehrere Mittel, um gemeinsam den beschwerlichen Weg zur Versöhnung zu gehen – denn dies ist für das gute Einvernehmen der Partner unabdingbar. Die bekanntesten sind die Verhandlung und die Mediation. Beide unterscheiden sich in einem entscheidenden Punkt: Während der gewiefte Verhandler eine Lösung anstrebt, bei der gewisse seiner Vorteile gewahrt bleiben, ist der Mediator eine Drittperson, die nicht am Konflikt beteiligt ist. Er ist neutral. Die Mediation ist ein uralter Prozess und bewährt sich bestimmt schon seit der Gründung unserer menschlichen Gemeinschaften. Wir treffen sie an, wenn zwei Personen im Streit einen Weisen aufsuchen, um zu schlichten. Im Verlauf der Jahrtausende hat sie natürlich viele Wandlungen durchgemacht und ist heute eine wichtige professionelle Einrichtung bei juristischen Auseinandersetzungen geworden. Sie wird an Managementkursen und Psychologiefakultäten gelehrt, aber sie bleibt eine Kunst, für die einzelne Menschen eine ausserordentliche Begabung haben. Diese Meister der Mediation müssen über die Fähigkeit verfügen, eine Stimmung der Ruhe, des Wohlwollens und der Geborgenheit zu schaffen, damit sich die Beteiligten ungezwungen und ohne Zeitdruck äussern können und ihre Emotionen nicht unterdrücken müssen. Der Mediator wird einen fairen Dialog herbeiführen, bei dem jeder dem anderen seine Redezeit gewährt. Er darf die Streitpunkte nicht gleich am Anfang der Diskussion auf den Plan rufen. Mit Geschick wird er etwas Humor in die Auseinandersetzung streuen und versuchen, einen gemeinsamen Nenner im Konflikt zu finden, auf den man sich einigen könnte und der den tugendhaften Prozess der Wiederherstellung des Vertrauens in Fluss bringt. In einer Gesellschaft, die dazu neigt, sich in eine immer komplexere Richtung zu entwickeln, hat die Mediation eine goldene Zukunft, weil es immer mehr Konflikte geben wird. Angesichts eines riesigen und überlasteten juristischen Apparates ist die Möglichkeit, solche Konflikte aussergerichtlich lösen zu können, eine glückliche Vorgehensweise, die eine Kunst ist, wie es uns die Weisen der guten alten Zeit vorgemacht haben.

Schliesslich gibt es eine elegante und grosszügige Art, Konflikte zu lösen, Austausche zu fördern und Vertrauen wiederherzustellen: das Verzeihen. Die Verzeihung hat einen religiösen und geistigen Stellenwert und ist ausserdem ein höchst wirksamer, zutiefst menschlicher Akt, der effektiv «tabula rasa» macht und das Vergangene aufhebt. Das Verzeihen ist nicht einfach; viele Menschen stützen sich auf die Religion, um es zu vollziehen. Mit der Verzeihung ist jedoch das Vertrauen nicht gezwungenermassen wiederhergestellt: Man kann verzeihen und trotzdem kein Vertrauen mehr haben, denn die Vertrauenswürdigkeit des anderen ist erschüttert und wird durch die Generosität dieser Geste nicht wieder aufgebaut. Beide Beteiligten müssen dazu mit viel Geduld eine grosse Anstrengung erbringen. Die Verzeihung ist ein schöner Vorgang, denn er beruht auf der Duldsamkeit und Milde, die man vor der Zerstörung der Austausche mit dem Ehegemahl, der Freundin, dem Partner hegte. Selbst ausserhalb der Religiosität offenbart sie eine Seelengrösse der Person, die sie ausüben kann.

Kapitel 11
Botschaften: Vom Meldeläufer der Schlacht von Marathon zur Nachrichtenflut im Infozeitalter

Im sechsten Band seines Werkes mit dem Titel *Geschichten* schildert Herodot, erster Historiker und Geograf unserer Zivilisation und ausführlicher Erzähler, detailreich die Schlacht von Marathon, die sich die Perser gegen die Athener um 490 vor Christus lieferten. Die schwerbewaffneten Griechen eilten nach ihrem Sieg schnurstracks nach Athen, um nötigenfalls ihre asiatischen Feinde erneut zu bekämpfen, die sich auf dem Seeweg dorthin wandten, das Kap Sounion umschiffend. Der akribische Bericht des gewissenhaften Herodot endet hier, aber er wurde in der Folge durch einen Mythos unbekannten Ursprungs ergänzt, den Mythos des Meldeläufers von Marathon. Hiess er Philippides? Hat sich die Geschichte so zugetragen? Gemäss der Legende war Philippides durch den Feldherrn Miltiades nach Athen beordert worden, um deren Bürger vor der drohenden Gefahr zu warnen. Die 40 Kilometer messende Strecke Marathon – Athen habe er in vier Stunden zurückgelegt. Am Ziel trug er die Warnung vor und rief die frohe Botschaft aus: «Nike, freuet Euch, wir haben gesiegt!», worauf er tot zusammenbrach. Zweitausendfünfhundert Jahre danach wird das immer noch mystische Rennen in der Rekordzeit von zwei Stunden und ein paar Sekunden gelaufen; das stellt eine unglaubliche sportliche Leistung dar, aber im Vergleich zur Geschwindigkeit heutiger Nachrichtenübermittlung ist sie völlig ungenügend. Denn heutzutage stellen wir an Nachrichten, wie wir gleich sehen werden, sehr hohe Anforderungen: Sie müssen schnell übermittelt werden, sie müssen genau und vollständig sein und ausserdem oft vertraulich bleiben. Der Mensch als ein ausgesprochen soziales Wesen liebt die Kommunikation über alles. Sein fast zwanghafter Drang nach Austausch von Neuigkeiten hat fortwährend zur Verbesserung dieser drei Eigenschaften geführt, sodass wir heute bei einer verzugslosen Übermittlung von Botschaften in fast unbegrenztem Umfang angelangt sind, frei zugänglich oder vertraulich – je nach den Bedürfnissen –, sodass die Frage berechtigt ist, ob diese Werte noch gesteigert werden können.

Wenden wir uns zuerst der Übermittlungsgeschwindigkeit zu: Während Jahrhunderten war sie durch die Geschwindigkeit beschränkt, in der sich der Mensch fortbewegen konnte – eindrücklich vorgeführt durch den Meldeläufer Philippides, der etwa 10 Kilometer pro Stunde schaffte. Mit dem Einsatz des

Pferdes konnte sie bestenfalls verdoppelt werden, was immer noch eine unbefriedigende Leistung war. Wie schneller werden? Das Auge und das Gehör boten sehr rasche, in der Zeitwahrnehmung unserer Ahnen fast sofortige Übertragungsmöglichkeiten an. Das Auge gewann vorerst! Mit Feuern und Rauchsignalen konnten elementare Signale gesendet werden, die sich auf die Ankündigung von Gefahr beschränkten. Ihre Anwendung hing naturgemäss von geografischen und meteorologischen Bedingungen ab und erforderte zahlreiche Relaisposten. Man findet Spuren dieser Posten auf Ruinen verschiedener Kontinente, wie auf der chinesischen Grossen Mauer oder in Kleinasien; Agamemnon soll die Methode benützt haben, um Botschaften von Troja bis zum Peloponnes zu senden. Sie wurde auch häufig von den römischen Legionen angewendet, und später von den Indianern im amerikanischen Westen.

Die beiden Hauptnachteile der optischen Signale – ihre höchst beschränkte Semantik und ihre Unterbrechung durch optische Hindernisse – werden durch akustische Signale überwunden. Der Ton kann moduliert werden und erlaubt dadurch zahllose Signalbedeutungen, und der Schall, dank seiner kugelförmigen Ausbreitung, kann Hindernisse umfliessen. Diesen Vorteilen steht ihre kurze Übertragungsdistanz gegenüber, weil der Schall bei seiner Ausdehnung an Intensität verliert. Diese Charakteristiken erklären, weshalb akustische Kommunikation vor allem in den tropischen Wäldern des Amazonas und Afrikas aufkam. Dort entwickelte sich eine wahre Kunst der Herstellung von Trommeln aller Art und Formen, die auf dem Prinzip der gespannten Ledermembran beruht, welche die durch Schläge hervorgerufenen Vibrationen auf einen Resonanzkörper übertragen. Alle Zivilisationen, alle Volksstämme haben diese Schlaginstrumente angewendet, wobei die Nachrichtenverbreitung nur eine unter zahlreichen Funktionen war: Die Trommeln dienten auch beim Tanz, bei kriegerischen Einsätzen, bei rituellen und religiösen Anlässen. Der auf Trommeln erzeugte Schall ist bezüglich Intensität, Tonhöhe und Rhythmus variabel, wie wir es in Kapitel 5 beschrieben haben. Er kann einer einfachen Sprache entsprechen, er kann aber auch Emotionen, einen Seelenzustand wiedergeben, er kann eine aggressive oder beruhigende Stimmung verbreiten. So ist es verständlich, dass die Trommel, obwohl später als Übermittlerin von Nachrichten verdrängt, ein unverzichtbares Ausdrucksmittel für Musik oder Körpersprache geblieben ist. In der düsteren Zeit der Sklavenhaltung wurde ihre Anwendung von den «Herren» verboten, weil sie den bedauernswerten Geschöpfen mittels ausgeklügelter Verschlüsselung die geheime Verständigung untereinander ermöglichte. Im Blues, im Jazz und in anderen Volksmusiken konnten wir das Instrument jedoch wieder lebendig machen und es auf kunstvolle Art bespielen. Es bewegt uns immer, wenn wir heutzutage diesen dumpfen und eindringlichen Tönen lauschen und aus ihnen eine rhythmische Erinnerung an eine längst vergangene Zeit heraushören.

Während sich die akustischen Übermittlungsmethoden weiterentwickelten und zu einem wichtigen Instrument für kulturelle Austausche wurden, führten die visuelle Nachrichtenverbreitung und später jene durch das Licht in eine ganz andere Richtung. Das ist eingedenk unseres heutigen Wissens, dass Licht nur ein winziger Teil des breiten Spektrums der elektromagnetischen Wellen einnimmt, gut verständlich. Das auf Feuer gründende optische System, anfänglich höchst primitiv, erlebte vorerst in Frankreich eine bedeutende Weiterentwickelung. Wir machen einen Zeitsprung zurück bis zur Französischen Revolution und erspähen aus Holz gezimmerte Türmchen auf Hügeln und Einzelbauten, mit beweglichen Armen. Die verschiedenen Positionen der Arme symbolisierten Buchstaben und Zahlen. Die Gebrüder Chappe haben dieses erste System «verbaler» Fernkommunikation erfunden, genannt Semaphor oder «Lufttelegraph». Es war von grossem Erfolg gekrönt. Man zählte in Frankreich ungefähr 500 über das ganze Land verteilte Chappe-Türme. [54] Aber jede Erfindung trägt in sich den Keim ihres eigenen Unterganges, der bereits die nächste Erfindung vorbereitet. Der menschliche Erfindergeist kennt keine Ruhe, wie wir es gleich sehen werden. Wir wenden nun den Blick nach Amerika, dieser jungen Nation in vollem Aufschwung, wo die Entwicklung des Wissens über Elektrizität aufblüht. Zu Beginn des 19. Jahrhunderts bemühen sich unzählige Forscher und Ingenieure um die Nutzung der elektrischen Energie für mechanische Zwecke und für die Energieübertragung. 1832 segelt Samuel Morse, Professor für Kunst an der New York University, Kunstmaler und Wissenschaftler, Exzentriker und Reisefanatiker, an Bord der *Sully* von Europa nach den USA. Auf dieser Überfahrt findet er die Musse, seine Idee eines elektrischen Telegraphen zu vertiefen. Sie beruht auf einem einfachen Prinzip: Mit einem drehbaren Elektromagneten an einer Kurbel erzeugt man einen elektrischen Strom, den man mit einem einfachen Tastenhebel unterbrechen kann. Auf der Empfangsstation erfolgt das Gegenteil: Bei fliessendem Strom senkt sich ein Tintenstift, der auf einem laufenden Papierband je nach Impulslänge einen Punkt oder einen Strich druckt. Mehrere Forscher hatten dieses System erdacht, sodass der eigentliche Erfinder der Übertragung unbekannt ist. Noch bedurfte es eines zweckmässigen Codes, um eine numerische Nachricht zu senden. Die Idee von Samuel Morse bestand im Ersinnen des Codes «Punkt-Strich», den Morse-Code, der in der Folge dank der Zeichenfolge •••——— ••• = SOS zahllose Menschenleben rettete. Wir schreiben das Jahr 1838. Ab diesem Zeitpunkt begann ein wahrer Siegeszug seines genialen Einfalles. 1844 erfolgt die erste Nachrichtenübermittlung von Washington nach Baltimore. Sieben Jahre später sind Paris mit London verbunden. 1861 verbreitet der Präsident der USA Abraham Lincoln seine «Botschaft über den Stand der Nation» über das ganze Land im Takt von 82 Worten pro Minute – also fast in Echtzeit.

Aber das Schicksal aller Erfindungen traf auch den elektrischen Telegraphen: Nachdem dieser den optisch-mechanischen Telegraphen verdrängt hatte, fiel er einem unüberwindlichen Nachteil zum Opfer: Wohl konnte er Texte verbreiten, aber es fehlte ihm am Reichtum der Stimme, der ihn menschlicher gemacht hätte. Diese wichtige Verbesserung haben wir einem Erfinder zu verdanken, der sein ganzes Leben in den Dienst der Überwindung der Schwerhörigkeit und der Taubheit stellte – Alexander Graham Bell. Mit ihm öffnet sich ein schönes Kapitel der Wissenschaftsgeschichte und ihrer Vermählung mit der Technik zum Wohl der Menschheit. [55] Bell wurde von der Geschichte seiner Familie geprägt: Seine Mutter war schwerhörig, und sein Grossvater und sein Vater hatten sich zeitlebens mit Sprechbehinderungen befasst. Er selbst lehrte über lange Zeit Schwerhörigen die Physiologie der Stimme und verwendete dazu seine originellen pädagogischen Erfindungen, wie Zeichnungen, die die Entstehung von Tönen beim Menschen erklären, oder an die Brust gedrückte Luftballone, welche die durch die Stimme ausgelösten Vibrationen verstärken und spürbar machen. Eigentlich ermöglichte er ihnen, Töne zu «sehen» und zu «fühlen» und konnte so ihre Behinderung überwinden. Mit besonderer Hingebung brachte er diese Techniken einer jungen gehörlosen Schülerin bei, Mabel Hubbard, die in der Folge seine Gattin wurde.

Bell hatte erkannt, dass die Sprache sehr feine Druckunterschiede in der Luft bewirkt, die eine Membran zum Schwingen anregen können. Die Herausforderung, der er sich stellte, war ungewöhnlich schwierig: Wie kann man diese Schwingungen und mechanischen Vibrationen in entsprechende elektrische Impulse verwandeln, diese übertragen und sie wieder in verständliche Laute umsetzen? Auf der Fährte der Forschungen von Hermann von Helmholtz, denen wir im Kapitel 5 begegnet sind, und dank seiner unentwegten Arbeit gelang ihm die erste telephonische Sprachübermittlung.[2] Am 10. März 1876 rief er seinen Assistenten an – sein nunmehr berühmter Satz «Herr Watson, kommen Sie her, ich will Sie sehen» ging in die Geschichte ein. Diese fast magische Erfindung, immer noch im täglichen Gebrauch, besteht aus einem Sender mit einem Diaphragma, einer feinen metallischen Membran, deren Vibrationen einen elektrischen Strom von niedriger Spannung modulieren. Durch die elektrische Leitung gelangt er zum Empfänger, in der beschriebenen Szene zu Herrn Watson, heutzutage zu uns allen. Der Empfänger funktioniert ähnlich wie unsere Stimmbänder dank einem schwingenden Diaphragma, angeregt durch zwei Elektromagnete, und lässt auf diese Weise die menschliche Stimme des Gesprächspartners erklingen. Später perfektionierte Thomas A. Edison das Übertragungssystem, sodass wir heute mit dem Telephon über ein Instrument von unschätzbarem Wert im Dienst der menschlichen Austausche verfügen.

Der Erfolg dieser Erfindung war gewaltig. Ein Jahr später verband der erste Telephondraht von 4.6 Kilometern Länge Boston mit Somerville. 1880 zählte

---

2   Anmerkung des Übersetzers: Ich verwende hier bewusst die alte Schreibweise für *Telegraph* und *Telephon*, weil der Ersatz von *ph* durch *f* gerade im vorliegenden historischen Kontext die Abwegigkeit einiger Missetaten der sogenannten Deutschen Sprachreform aufzeigen (das altehrwürdige Gerät *Telephon* wird zu *Telefon*, aber das topmoderne *smartphone* darf sich mit einem eleganten *ph* schmücken).

man in den USA bereits 48'000 Telephonapparate. Das Telephon hatte damit den Telegraphen von Morse völlig verdrängt, so wie dieser den «Lufttelegraphen» mit den Chappe'schen Signaltürmen in Vergessenheit gebracht hatte. Und die Geschichte setzte sich fort, denn Bells Telephon hatte auch gewisse Nachteile, so das Erfordernis eines riesengrossen Leitungsnetzes. Die Erfindung der drahtlosen Telephonie verwies diese Übertragungsart auf den zweiten Rang. Es war Guglielmo Marconi, ein genialer, aber umstrittener Erfinder, der als Erster im Dezember 1901 eine solche Einrichtung realisierte, in der kleinen kanadischen Stadt Saint John's. Mit ihr konnte die erste transatlantische Radioverbindung zwischen Neufundland und den Cornwall-Inseln hergestellt werden.

Die drahtlose Telephonie führte in der Folge mit der Erfindung des Smartphones zu einer wahren planetaren Flutwelle, indem sie die weltweit zeitgleiche Kommunikation ermöglichte. Auch das in der Folge aufkommende Internet trug dazu bei, ebenso kurz darauf das Internet der Dinge, das Milliarden von Gegenständen untereinander in Interaktion brachte. Und das Spiel der sich überschlagenden Erfindungen wird sich fortsetzen. Ohne Zweifel wird sich unsere heutige Welt der Wechselbeziehungen unter dem Einfluss der virtuellen Realität noch weiterentwickeln und wandeln.

Nach diesem kurzen Überflug sind wir im digitalen Zeitalter angelangt. Es hat uns eine zu Beginn völlig unvorstellbare Ausdehnung der menschlichen Fähigkeit auf dem Gebiet der Kommunikation und des Gedächtnisses gebracht. Betrachten wir Letzteres ausführlicher. Obwohl das Gedächtnis eine wunderbare geistige Veranlagung ist, die uns ohne Mühe die Vergangenheit aufleben und dadurch auch die Zukunft erahnen lässt, kann es uns oft im Stich lassen. Wir vergessen viel, und das ist segensreich, denn die Menge an neuen Informationen, die wir jede Sekunde von unseren Sinnen empfangen, ist einfach viel zu gross. Es drängt sich also ein Auswählen auf, ein Ausscheiden des Banalen, ein Beschränken auf das Wesentliche. Und doch wären wir froh, mehr Wissen speichern zu können, als uns möglich ist. Wie können wir die Erinnerung bewahren? Die Schrift war das erste erfolgreiche Mittel, Vergessenes wiederzufinden und Geplantes sich zu vergegenwärtigen. Man datiert ihre Erfindung auf ungefähr 3'400 Jahre vor Christus, gestützt auf die Entdeckung von Tafeln mit keilförmigen Schriftzeichen, die wirtschaftliche Beziehungen in Mesopotamien wiedergeben – sozusagen Kassenzettel. Ihre Anwendung wurde auf andere Bereiche ausgedehnt, sodass sie bald den Fortbestand von Mythen und grossen Geschichten der Menschheit sichern konnte: Die *Odyssee*, *Iliade*, das Alte und Neue Testament, der Koran wurden zu schriftlich festgehaltenen und verbreiteten Referenzen. Die Erfindung der Schrift trug jedoch auch eine Gefahr in sich, die Platon richtig einschätzte: «Die Schrift führt zu einer Verarmung des Denkens und zum Vergessen sowie zum Verlust der Aufmerksamkeit, denn man vernachlässigt damit das Gedächtnis». [56] Der Schritt vom Geschriebenen zum Buchdruck dank der Erfindung Gutenbergs im 14. Jahrhundert hat zu einer weiteren Festigung des kollektiven Gedächtnisses in Zeit und Raum geführt und damit den Austausch des menschlichen Denkens vervielfacht und demokratisiert. Auch hier liessen sich gewisse Zweifel vernehmen, insbesondere durch Erasmus von Rotterdam, der darauf aufmerksam machte, dass zwar einzelne von Mönchen und anderen Gelehrten niedergeschriebene Texte mit Fehlern behaftet waren, dass sich diese jedoch kaum weiter übertrugen: Jedes Manuskript war ein unabhängiges Unikat, im Gegensatz zu gedruckten Dokumenten, die eine weite Streuung erfuhren und dadurch Fehler beständiger machten. Diese Kritik hat in unserer Zeit angesichts der digitalen Botschaften im Internet eine beträchtliche Bedeutung erhalten.

Die Nachrichtenübermittlung hat sich auf ihrem Entwicklungspfad vom Marathonläufer zum Smartphone ständig entmaterialisiert, zuerst durch den optischen, dann den elektrischen Telegraphen, und rief immer wieder Kritiker und Gegner auf den Plan, zum Beispiel die Skeptiker, die in den elektromagnetischen Wellen eine Gefahr für die Gesundheit orten. Der Sprung zu den digitalen Technologien hat uns die heutige Verbreitung und Beschleunigung unserer Nachrichtenübermittlung gebracht und eine enorme Ausweitung unseres kollektiven Gedächtnisses bewirkt. Wir nennen das Phänomen *Infosphäre*: Ein erdumspannendes Nachrichtennetz verbindet Milliarden von Smartphones, interaktiven Computern, zusammengeschalteten Sensoren und gewaltigen Datenbanken. Ein wachsender Teil der Menschheit profitiert täglich davon, in Echtzeit Zugriff auf diesen universellen Wissensfundus zu haben, und der vollständige Einbezug aller Erdbewohner ist unausweichlich und nicht mehr fern. Diese Entwicklung ist geografisch bedingt, sie erfolgt zuerst in den modernen Städten und Dörfern. Bedeutsamer ist ihre generationenübergreifende Dimension: Während für die vor dem 21. Jahrhundert Geborenen die Infosphäre ein Raum war, den man aufsuchen musste, ist gegenwärtig der weitaus grösste Teil der Erdbewohner in diese vernetzte Welt geboren und eingebunden. Er braucht ihn täglich wie den Sauerstoff, den er einatmet. Die reale Welt der Biosphäre von gestern und die virtuelle Infosphäre von heute haben begonnen, in Wechselwirkung zu treten – das Greifbare und das Fiktive verschmelzen. Wohin geht die Reise? Die Umwelt von morgen können wir heute in den Studios der virtuellen Realität erleben, die da und dort ihre Spiele anbieten. Statten wir einmal einem solchen Saal einen Besuch ab.

Die neuen künstlichen Welten der Infosphäre: Das Escape-Spiel als Beispiel

Albert, erst kürzlich 75 Jahre alt geworden, ist ein noch jugendlich gebliebener Grossvater und verfolgt aufmerksam, wie sich seine Enkelkinder in dieser neuen vernetzten Welt zurechtfinden. Kürzlich nahm er an einer Diskussion im Rahmen der Familie teil, die sich um die Frage über eine Beschränkung der Benützungsdauer von Tablets, iPhones und anderen Netzwerkgeräten drehte. Sie erinnerte ihn an ähnliche Auseinandersetzungen in seinem Kindesalter über die Verweildauer am Telephon, dann später, als Erwachsener, an jene über den Fernsehkonsum seiner Kinder. Jede neue Technologie führt zu denselben Erziehungsfragen.

Anlässlich des gleichzeitigen Geburtstages zweier seiner Enkel beschliesst er, ihnen nebst einem traditionellen Geschenk einen Besuch in einem der neuen *Escape Rooms* zu bieten. Er möchte mit ihnen beim Eintauchen in die virtuelle Realität das gemeinsame Lösen der in dieser technologischen Spielwelt gestellten Aufgaben erleben. Zenia, vierzehnjährig, und Elias, zwölfjährig, sind von diesem Vorschlag begeistert und finden ihren Grossvater «megacool». Seine Tochter Verena meint fürsorglich: «Ich begleite Dich, ich werde Dir helfen, denn es wird für Dich nicht einfach sein. Das ist wirklich nicht Deine Welt!»

So trifft eines Tages das Quartett aus drei Generationen im kürzlich eröffneten *Escape Room* ein. Dessen Gründer und Direktor, ein lässiger junger Informatiker in Jeans und T-Shirt, erklärt ihnen das Wesentliche des Abenteuers: «Willkommen! Ihr seid das Team *Alpha-Omega*. Eine geheime Macht hat alle eure Kommunikationssysteme unterwandert und beherrscht sie. Sie droht mit der unmittelbaren Zerstörung eures Planeten. Ihr seid die möglichen Retter und müsst den Feind während eurer Reise durch die Zeit und den Raum daran hindern, sein schändliches Vorhaben auszuführen. Jeder von euch kriegt einen Helm mit Kopfhörern und eine Brille mit virtueller Realität sowie fiktive Greifhände in Form von Zangen. Ihr werdet in verschiedene Landschaften versetzt, die verschiedenen Geschichtsperioden entsprechen, und müsst gemeinsam Rätsel lösen, um die Welt zu retten. Es stehen euch dazu 60 Minuten zur Verfügung.»

Mit seiner Ausrüstung, die ihn in eine virtuelle Realität versetzt, wird jeder der vier Abenteurer in einen gesonderten Raum geführt. Es wird dunkel, das Experiment kann beginnen. Sogleich finden sich alle in der Steuerkanzel eines Zeit-Raum-Schiffes vereint. Der erste Auftrag lautet: sich gegenseitig erkennen durch Worte, Bewegungszeichen und Farbe des Helmes und der Greifhände. Dann muss jeder sein Passwort abgeben, das mittels einer virtuellen Tastatur in einen Geheimcode zu verwandeln ist – für Zenia und Elias ein Kinderspiel. Auch Verena kommt damit zurecht und zeigt dann Albert, wie er vorgehen soll: «Du musst Deine Zahlen und Buchstaben mit Deinem Zeigefinger in die Tastatur tippen!» Albert zögert, er hat keinen Zeigefinger, nur eine zangenartige Hand, und die Tastatur ist ein Hologramm, das Wort «tippen» bedeutet für ihn, einen harten Gegenstand zu treffen, wo doch seine eigentümliche Hand die immaterielle Tastatur durchdringt. Nach einigen erfolglosen Versuchen gelingt es ihm schliesslich, die paar Zeichen «in die Leere» zu tippen. Seine Mitspieler zeigen ihren Beifall, indem sie die Arme erheben. Eine Roboterstimme setzt das Zeit-Raum-Schiff in Richtung Vergangenheit in Bewegung, und man befindet sich augenblicklich in einem mittelalterlichen Schloss mit seinen Türmen, Ringmauern, Zinnen, seinem Burggraben mit der Zugbrücke. Verschiedenartige Aufgaben warten nun auf unser Team *Alpha-Omega:* das Öffnen verschlossener Türen mit versteckten Schlüsseln, das Enträtseln von halb verblichenen Codes auf Pergamenten, das Aufschliessen eines Koffers, in dem sich die Werkzeuge zum Einbruch in einen Geldschrank befinden. Zenia und Elias suchen vorerst ergebnislos, bis Verena, Liebhaberin von Abenteuer- und Science-Fiction-Filmen, sie auf die richtige Fährte führt. Sobald sie auf die darin aufbewahrten Gegenstände stossen, begreifen sie sofort deren Zweck. Albert hingegen verharrt unbeweglich. Aus Angst, von der Ringmauer in den tiefen Burggraben zu fallen, wagt er sich kaum zu rühren. Wenn er sich bückt, um einen Gegenstand aufzuheben, weiss er nicht, ob sein Gleichgewichtssinn ihn über die Distanzen der realen oder der eingebildeten Welt informiert. Wenn er den Schlüssel ergreift, der die Panzertür als Ausweg zur nächsten Welt öffnen soll, nimmt er weder den gewohnten Widerstand noch das Klickgeräusch eines Schlosses wahr. Dank des guten Zusammenwirkens aller können schlussendlich alle Aufgaben gelöst werden, der Code des Antriebes wird entziffert und das Zeit-Raum-Fahrzeug fliegt weiter in eine prähistorische Zeit, in der angreifende Dinosaurier abgewehrt werden müssen. Dann führt sie das Abenteuer in unwirtliche Schluchtenlandschaften, wo riesige schwarze Vögel sie bedrohen. Mithilfe ihrer Laserwaffen können sie alle zerstören. Nun folgen Wüsten und Dschungel, mit ihren Gefahren und Rätseln, die aufzulösen sind. Die vorletzte Szene spielt sich auf dem Mond ab, wo Albert sich zwar völlig verfremdet fühlt, sich aber an einem prächtigen Erdkugelaufgang erfreut. Die übrigen Mitglieder des Teams haben dafür jedoch keine Musse, denn eine Roboterstimme mahnt: «Ihr habt nur noch fünf Minuten Zeit, um das Mondmodul zusammenzusetzen, das euch auf die Erde zurückbringt!» Verena übernimmt nun das Kommando. Jeder erhält den Befehl, die Einzelteile des Gefährtes zusammenzusuchen. Albert, immer noch verstört, muss sie mit einem Schraubenschlüssel zusammensetzen, den Elias ihm zuwirft. «Viel zu stark geworfen», ruft er ihm zu, «denn die Anziehungskraft ist hier sechsmal schwächer als auf der Erde!» Elias, folgsam und beflissen, wiederholt den Wurf viel langsamer. Das Werkzeug fliegt ganz ruhig, wie ein Vogel in der Luft, sein Grossvater streckt seinen imaginären Arm aus und hört ein Klickgeräusch: Er hält es fest und denkt bei sich: «Das war mein einziger, aber rettender Beitrag während dieser Reise: Meine Kenntnis des Gravitationsgesetzes von Newton, das auch auf dem Mond gilt ...».

Die Einzelteile des Mondmoduls werden mühelos zusammengebaut, das Gerät ist reisefertig und der Rückflug zur Erde erfolgt ohne Zwischenfälle. Zurück im Kommandoraum des *Escape Rooms* gratuliert die näselnde Roboterstimme dem Team *Alpha-Omega* zum guten Gelingen der Raum-Zeit-Fahrt. Es wird hell, die vier Abenteurer betrachten sich, immer noch mit Helm, Brille und Greifhandschuhen ausgerüstet. Der Direktor beglückwünscht die Gruppe und hält sie auf einem Erinnerungsbild fest, mit unserem blauen Planeten als Hintergrund, der soeben von seiner vollständigen Vernichtung bewahrt worden ist, zumindest virtuell ...

Drei Generationen, drei verschiedene Erfahrungen: Albert, von diesem völlig neuartigen Erlebnis begeistert, ist froh, wieder festen Boden unter den Füssen zu spüren. Verena hat sich während dieses aufregenden Abenteuers an die Gefühle erinnert, die sie in der Jugendzeit in Science-Fiction-Filmen verspürte. Zenia und Elias haben glänzende Augen, sie sind überglücklich, eine Stunde in virtueller Realität verbracht zu haben, die sie von ihren zahlreichen Computerspielen kennen, und darüber mit ihren Kameraden diskutieren zu können. Für sie stellt sich immer noch die Frage: Wo ist die «wirkliche» Realität, hier, oder dort im *Escape Room*?

Eine neue Revolution: Die Infosphäre, ihre Beziehung zur Biosphäre und ihre ethische Dimension

Die neue virtuelle Welt der Infosphäre, in die unsere vier Abenteurer während einer Stunde eingetaucht sind, wurde während der letzten paar Jahrzehnte entwickelt und dringt allmählich in unsere natürliche Umwelt ein, in unsere Biosphäre, deren langsame Entwicklung Millionen Jahre dauerte. Unsere Biosphäre ist Bestandteil unseres Erbes, durch die Evolution geschmiedet, und auch ein wenig durch unsere Kultur. Aus dem paradiesischen Biotop, das noch vor 200 Jahren bestand, haben wir uns allerdings zu einer verstädterten und industrialisierten Zivilisation entwickelt und dadurch ihr ureigenes Wesen radikal verändert. Besessen vom technischen Fortschritt haben wir die Verletzlichkeit unseres Planeten, seiner Vegetation, seines Klimas lange verkannt. Wir sind uns der Schäden gar nicht bewusst, die wir ihm durch unsere Eroberung zugefügt haben.

Während die genetische Evolution ihren langen und gemächlichen Weg ging, hat unsere Intelligenz den Rhythmus unseres Planeten durcheinandergewirbelt, indem sie innerhalb weniger Jahrhunderte Innovation an Innovation einbrachte. Wenn wir uns die Geschichte der Telegraphie vornehmen, die sich vom optischen Prinzip zum elektrischen, dann zum drahtlosen und schliesslich zum digitalen entwickelte, können wir diese Entwicklung mit einer genetischen Mutation vergleichen, die wie ein Film im Zeitraffertempo abläuft. Diesen atemberaubend schnellen Fortschritt beobachten wir nicht nur bei der Kommunikation, sondern auch in allen Bereichen der Wissenschaft, der Technik und der Kultur der Menschheit: «Virtuelle» Mutationen haben uns von der Landwirtschaft zu Industriekomplexen, von den ersten Fluggeräten der Gebrüder Wright zum Überschallflug, von den Chorälen von Johann Sebastian Bach zu den Beatles geführt, mit einer teuflischen Geschwindigkeit, die mit den Gesetzen der Natur nicht zu vergleichen ist. Es hat ein Bruch stattgefunden zwischen der langsamen genetischen Evolution Darwins und der nichtdarwinistischen kulturellen «Superrevolution». In der Folge dieses raschen Wandels konnten wir uns der Welt, die wir geschaffen haben, nicht mehr genügend anpassen. Heute aber, da wir uns dieses Bruches bewusst werden, ist es an der Zeit, ein Umdenken einzuleiten. Verunsichert durch diese schwerwiegende Tatsache suchen wir nach Lösungen, die im planetarischen Massstab unsere Fähigkeiten übersteigen. Während wir noch hilflos an der Rettung unserer Biosphäre werkeln, taucht eine neue Gefahr am Horizont auf: Wir müssen unsere alteingesessene Biosphäre, die wir aus dem Gleis geworfen haben, in Einklang bringen mit der neu geschaffenen Infosphäre. Biosphäre im Untergang, Infosphäre im Aufschwung – das ist die Gleichung, die wir schnellstens lösen müssen.

Die sich entwickelnde und in unsere Welt von allen Seiten eindringende Infosphäre ist nicht bloss eine neue technologische Errungenschaft, die wir zur Befriedigung unserer Wünsche und Bedürfnisse einsetzen, wie wir das so oft in unserer der Geschichte der Technik und Industrie erlebt haben. Sie stellt vielmehr eine immaterielle Realität dar, in die wir unablässig eintauchen. Wir sind nicht mehr selbständige Individuen im existentiellen Sinn des Begriffes, sondern vernetzte Wesen unter dem Einfluss einer neuen, fortschreitend überhandnehmenden Technologie. Biosphäre und Infosphäre sind in einem permanenten Austausch, und zwar in einer zunächst noch symmetrischen Wechselwirkung, deren Gleichgewicht jedoch zu kippen droht. Hier leben wir noch in einer realen Welt, die in einer bekannten analogen Logik strukturiert ist und dank der Karbon-Biologie funktioniert, dort emergiert ein neuer virtueller Raum mit einer digitalen Logik und einer neuen Chemie, der Silizium-Chemie. Bald wird es jedoch nicht mehr ein Hier und ein Dort geben, denn diese beiden Welten verschmelzen von Tag zu Tag mehr. Für ältere Personen bedeutet die Infosphäre eine unverständliche Verrücktheit, die heute 50-Jährigen können die beiden Welten noch unterscheiden, einzelne sind mit der Infosphäre vertraut geworden. Für die junge Generation, die ins digitale Zeitalter geboren wurde, bedeutet die Infosphäre etwas Gewöhnliches, Alltägliches, Selbstverständliches – wenn man ihr den Zugang dazu verwehrt, ist sie frustriert, wenn nicht gar deprimiert. Der moderne Mensch ist auf dem Weg, ein «inforg» zu werden, ein hybrides Wesen in ständiger Wechselwirkung mit der Welt der Informatik.

Die Menschheit hat zahlreiche fundamentale wissenschaftliche und kulturelle Revolutionen erlebt. Man nennt oft deren drei, ausgelöst durch Kopernikus (Verlust des Planeten Erde, weil er nicht mehr im Zentrum des Sonnensystems steht), Wallace und Darwin (Verlust der Überlegenheit des Menschen, der ein Glied der Evolution ist), und Freud (Verlust der Vorherrschaft des Ichs, denn es wird durch innere Impulse und die Naturgesetze bestimmt). Diese Auflistung ist allerdings beschränkt, denn es gibt auch andere Theorien, die kulturelle Revolutionen ausgelöst haben, etwa jene von Newton und Einstein, um nur deren zwei zu nennen. Deshalb ist es etwas überheblich, das Aufstreben der Infosphäre als «vierte Revolution» zu bezeichnen, wie gelegentlich vorgeschlagen wird. Aber im

Gegensatz zu den drei erwähnten Revolutionen weist sie ein neues wesentliches Charakteristikum auf: Sie betrifft uns alle und beeinflusst zunehmend unser tägliches Leben, während die ersten drei anfänglich nur von einem kleinen gebildeten Kreis der Gesellschaft wahrgenommen wurden und kaum einen Einfluss auf das tägliche Leben ausübten.

«Infosphäre» ist ein Neologismus, analog zum Begriff «Biosphäre». Die Infosphäre stellt eine neue Sphäre der Zukunft dar, die von unserer heutigen Welt nicht unabhängig ist, sondern sie durchdringt. Wir müssen uns mit ihr bezüglich ihrer ökologischen Aspekte ebenso ernsthaft auseinandersetzen wie mit unserer Biosphäre, wenn wir unseren Nachkommen einen lebensfreundlichen Planeten hinterlassen wollen. Nehmen wir uns beispielsweise die Ethik der Biosphäre vor, dieses neue Gebiet der Philosophie, das sich seit ein paar Jahrzehnten mit unserem natürlichen, kulturellen und vor allem technischen Verhältnis zu unserer Umwelt befasst – einbezogen sind auch die mineralische, die pflanzliche und die tierische Natur. Jede neue Entwicklung oder Erfindung wird dabei an unseren moralischen Werten und unserem Respekt vor der Biosphäre gemessen. Genau so wird die Ethik der Infosphäre vorgehen müssen: Sie muss sich in erster Linie parallel dazu ausrichten oder gar in jene der Biosphäre integrieren. Diese Ethik der Kommunikation steht allerdings noch ganz an ihrem Anfang. Hier drängt die Zeit noch mehr, wenn wir nicht von den Problemen überrollt werden wollen, wie dies bei der Biosphäre geschehen ist. Beispielsweise besteht in der Informatik ein Graben nicht nur zwischen armen und reichen Ländern, sondern auch bei uns zwischen jenen, die vermögend sind und denen, die weniger bemittelt sind, zwischen den Gebildeten und den weniger Gebildeten. Dieser Graben muss rasch überwunden werden, wenn wir eine neue Spaltung in unserer Gesellschaft verhüten wollen. Der Nachholbedarf hat jedoch seinen Preis, nämlich den Wert und die Qualität der Materie, die vermittelt werden muss. In zweiter Linie muss die Energie, welche von der Informatik verschlungen wird, in vernünftigen Schranken gehalten werden, denn deren Verbrauch nimmt jeden Tag zu. Es gibt noch zahlreiche andere grundlegende Fragen, die einer Lösung bedürfen, darunter jene der Gewährleistung der Vertraulichkeit für jedermann. Die Ausbeutung der Daten des Individuums und der Handel mit unseren Kaufgewohnheiten durch Adressenverkäufer muss unterbunden werden. Die perversen Ausschweifungen der Sozialnetze sind zu verbieten und zu bestrafen. Weitere Herausforderungen sind die Gewährleistung der Zuverlässigkeit der ausgetauschten Informationen, der Qualität der Datenbanken, des Schutzes des Eigentums und der Privatsphäre. Wenn uns schon der Schutz der Biosphäre vor grosse Probleme stellt, wird uns jener der Infosphäre noch schwerer fallen, weil die Infosphäre immateriell, nicht fühl- und nicht greifbar ist und ihre Inhalte in alle Windrichtungen ausgestrahlt werden. Ausserdem unterscheiden sich die beiden Gebiete durch ihre verschiedenen Entwicklungsgeschwindigkeiten: Während Städtebau und Industrialisierung über Jahrhunderte an der Zerstörung unserer Umwelt wirkten, verdoppelt sich die Leistung unserer Computer alle 18 Monate, und dies seit 1975. Wir befinden uns in einem anderen Zeitmassstab.

Information ist ein köstliches neues Gut. Sie bricht das Schweigen und das Warten. Nach einem Austausch ist es immer anders als vor diesem Austausch – es sei denn, unser Gedächtnis, das auch ein wunderbarer Filter ist, vertraue das Gespräch, wenn es banal war, dem Vergessen an und lösche es. Die Informatik bringt uns indessen mit ihrem unablässigen Nachrichtenfluss laufend neues Wissen, ohne Filter, sodass die Zahl der Austausche ins Uferlose wächst und somit die einzelne Botschaft untergeht, denn es gibt kein Geheimnis, keine Überraschung mehr, die Emotionen verblassen und die Banalität breitet sich aus. Wenn wir gegen die Auflösung unserer Emotionen und unseres innersten Erlebens kämpfen wollen, müssen wir uns stumme Momente ohne Kommunikation bewahren, Zeiten der Stille in dieser Infosphäre, die uns ständig alles sofort mitteilen will. Wir müssen uns auch dagegen wehren, dass die persönlichen Austausche mit unseren Lieben zu Plattheiten verkommen, denn sie verdienen es, geschätzt zu werden, genauso wie ein Brief an einen Freund mehr wert ist als die Briefmarke auf seinem Umschlag. Die sozialen Netzwerke setzen jedoch alle unsere Beziehungen zu Freunden und zu Unbekannten auf dasselbe Niveau. Wir sind alle vernetzt in einer grossen Familie, deren Mitglieder sich nicht kennen. Mit unseren Internetbotschaften finanzieren wir ausserdem die Betreiber der sozialen Netzwerke, jede Menge Werbung und schliesslich die kommerzielle Nutzung der von ihnen gesammelten Daten. Aus der gigantischen Flut persönlicher Daten in den sozialen Netzwerken greifen die mächtigen Riesen der Informatik unsere persönlichen Daten heraus und modellieren damit unsere kommerziellen, politischen und intimen Verhaltensweisen. Diese sogenannten Big Data verkaufen sie zu horrenden Summen dem Meistbietenden – letztendlich auf unsere Kosten! Als ständige Internetnutzer stellen wir ohne Gegenleistung, ohne Wissen und ohne Zustimmung alle diese Daten Unbekannten zur Verfügung: eine neue Form der Ausbeutung. [57]

Noch schwerer wiegt, dass wir in doppelter Hinsicht von der Infosphäre abhängig geworden sind: Einerseits, weil eine ganze Generation ausserstande geworden ist, darauf zu verzichten und den lieben langen Tag mit Pseudofreunden kommuniziert – und dabei einsam bleibt; und anderseits, weil wir blindlings Illusionen glauben, uns von obskuren Geistern vorgegaukelt, deren Abstammung bei den Geisterbahnbetreibern und Wahrsagerinnen auf den Rummelplätzen unserer Jugend liegt.

Negativ wirkende Emergenzen?

Um die negativen Emergenzen der Infosphäre wie die Zerstörung der Information durch die Informatik, die Vermarktung unserer Austausche sowie unsere Geiselnahme durch die Kommunikationskonzerne besser zu erkennen, machen wir einen Sprung in die Zeit, in der sich die Armeen der Athener und Perser auf der Ebene vor Marathon gegenüberstanden. Wir verabschieden jedoch den gewissenhaften Historiker Herodot und schreiben eine neue Geschichte, in welcher sich der Kriegsführer Miltiades und sein Meldeläufer Philippides in moderne Unternehmer verwandeln. Vor dieser Schlacht, als der erste Perserkrieg noch wütete und zur Ausbreitung des persischen Reiches führte, hielten die beiden Partner vor Athener Würdenträgern folgende Rede: «Da wir selbst mit unseren Verbündeten zu schwach sind, um die Perser zu schlagen, besteht unsere Stärke in unserer Mobilität, und diese hängt von der Geschwindigkeit unserer Nachrichtenübermittlung ab. Wir haben deshalb ein Kommunikationsunternehmen gegründet. Unsere Agenten sind Sklaven. Wir sind bereit, euch Stunde für Stunde über den Stand der Schlacht bei Marathon zu unterrichten, und zwar gratis.» Die Schlacht dauerte zwar weniger als einen Tag, aber jede Stunde machten sich Sklaven auf den Weg, um den Verlauf der kriegerischen Handlungen nach Athen zu berichten, allerdings mit einer Verzögerung von vier Stunden. Als den Athener Kriegern schliesslich die Umzingelung der persischen Truppen gelang und der Sieg sich abzeichnete, war die Begeisterung in der Athener Agora gewaltig. Und als der letzte arme Sklave ausser Atem eintraf, waren die Stufen der Arena fast leer, denn die letzte Nachricht war bloss noch eine Bestätigung; wie bei einem Fussballspiel hatte sich die Menge verflüchtigt, als am Sieg nicht mehr zu zweifeln war. Ein Übermass an Informationen tötet das Warten, die Gewissheit hat die Ungewissheit verdrängt, es gibt keine Überraschungen mehr.

Stellen wir uns nun dieselbe Kommunikationsfirma von Miltiades und Philippides zehn Jahre später vor. Es tobt der zweite Perserkrieg, die Situation der Griechen ist verzweifelt, Athen wurde geplündert, die übermächtige persische Flotte bereitet sich für die entscheidende Seeschlacht von Salamis vor. Wie bei allen kriegerischen Konflikten blüht die Kommunikationsfirma unserer zwei Partner in dieser Zeit auf. Sie verfügt nun über 250 Sklaven. Das Geschäftsmodell, so würde man heute sagen, bewährt sich: Die Sklaven sind befreit, sie erhalten Kost und Logis. «Wir vermitteln Ihnen eine praktisch ununterbrochene Reportage über die bevorstehende Schlacht. Sie müssen sich nicht mehr in die Agora begeben, unsere bestens ausgebildeten Agenten liefern Ihnen aktuelle Berichte direkt in Ihr Haus. Gleichzeitig nehmen sie Ihre Nachrichten entgegen und überbringen sie beliebigen Bürgern Athens. Selbst Einkäufe und andere Aufträge besorgen sie Ihnen gern. Diese Dienstleistungen sind gratis, denn wir finanzieren unser Geschäft durch Beiträge von örtlichen Händlern und Handwerkern, die ihre Ware und Leistungen anpreisen wollen.»

Die Schlacht von Salamis findet statt, die Athener siegen, Frieden stellt sich wieder ein. Die Kommunikationsdienste von Miltiades und Philippides nehmen täglich an Bedeutung zu, werden aufsässig und indiskret, drängen zu jeder Tages- und Nachtstunde in das Familienleben ein, zerstören die Ruhe des Privatlebens. Es kommt aber noch schlimmer: Das Kommunikationsunternehmen besitzt nun Informationen über alle besuchten Haushalte. Wer hat Interesse an Schiffsausrüstungen, an Gewürzen aus dem Orient, an wertvollen Keramiken? Die reichen Familien in ganz Athen sind nicht mehr einfach Kunden, sie werden insgeheim ausgenützt. Miltiades und Philippides verkaufen die Beschreibung deren Lebensstils den verschiedensten Lieferanten zu saftigen Preisen.

Da erheben sich eines Tages an der Versammlung der Ecclesia Stimmen gegen diese zunehmenden Unsitten: «Wir verabscheuen diese Vermarktung unseres Privatlebens, wir lassen nur einen reellen Handel zu, der allen passt, unter Kontrolle bleibt und von solider Qualität ist. Eigentlich sind wir heute Sklaven unserer Sklaven geworden!»

Dieser letzte Satz trifft ins Schwarze, er wird zum politischen Schlagwort und führt bei der Abstimmung zum Sieg. Eine Reglementierung wird beschlossen. Die Aufgabe ist nicht einfach, denn Athen zählt bereits 300'000 Einwohner, und die Firma von Miltiades und Philippides hat Nachahmer gefunden. Diese verfeinern das Geschäftsmodell: Ausgebildete Schreiber fassen die gewonnenen Daten zusammen und verteilen sie an ihre Agenten. Diese werden besser bezahlt und ausgebildet, sie müssen sich zu Zuverlässigkeit und Verschwiegenheit verpflichten. Die Finanzierung gründet nunmehr auf einer bescheidenen Gebühr für die Nutzung des Netzes. Der Zugang zum Netz wird geregelt, sogar eine Berufsethik wird festgelegt, die anrüchige und falsche Informationen bestraft. Alle diese Errungenschaften führen zu einer der kultiviertesten Perioden unserer Zivilisation, der Blütezeit der Athener Kultur mit ihren Wissenschaftlern, Philosophen und Dramaturgen.

Wir haben in diesem Kapitel die der Infosphäre innewohnenden Risiken aus verschiedenen Winkeln beleuchtet. Dem wollen wir doch noch zwei optimistische Betrachtungen beifügen: Zum einen erleichtert sie unsere Austausche beträchtlich, und zum anderen nimmt sie uns zahlreiche tägliche banale Tätigkeiten ab. Wie zuvor die industrielle Revolution die Menschheit von harten physischen Anstrengungen befreite, erweitert die Informatik-Revolution die Leistungen unserer Gehirne, indem sie sie vernetzt, und ermöglicht die Emergenz einer neuen kollektiven Intelligenz. Es ist heute ein angenehmes Empfinden, sich an seinen Computer zu setzen und nach einigen Klicks mit der Welt unserer Wahl in Verbindung zu treten – der vergangenen, der gegenwärtigen und der zukünftigen, einer reellen oder virtuellen, gesellschaftlichen oder kulturellen. Eine besser gezähmte Infosphäre könnte jedoch nach meiner Meinung noch einen zusätzlichen begrüssenswerten Effekt bewirken: Sie könnte eine neue Kultur hervorbringen, indem sie uns dazu verhilft, unser Weltbild entmaterialisiert zu betrachten. Wie im Kapitel 1 erwähnt, ist unsere Wahrnehmung unserer Umgebung auf das Materielle fokussiert: Häuser, Bäume, Blumen und Tiere werden durch unsere Sinne wahrgenommen, vor allem durch unsere Augen, und von unserem Gehirn als abgegrenzte Gegenstände verstanden, ohne Wechselbeziehungen, ohne Austausche. Die Infosphäre vermag uns ein neues Bild des Universums zu vermitteln, in welchem alles in ständiger Verbindung und Wechselwirkung zueinander steht, allgegenwärtig, unaufhörlich, wie wir es in diesem Buch dargestellt haben. Dieser neue Blickwinkel führt uns zurück zu den vortechnologischen Zivilisationen und Kulturen, die ähnliche transzendente Vorstellungen nährten. Damit hätten wir den Kreis geschlossen: beginnend mit einer Gemeinschaft des Austausches über den Weg einer industriellen Gesellschaft, welche von den unzähligen technischen und wissenschaftlichen Errungenschaften Nutzen zieht, bis hin zu der Einsicht, dass alles, was lebt und sich fortpflanzt, dank der unablässigen Wechselbeziehungen mit seiner Umwelt existiert.

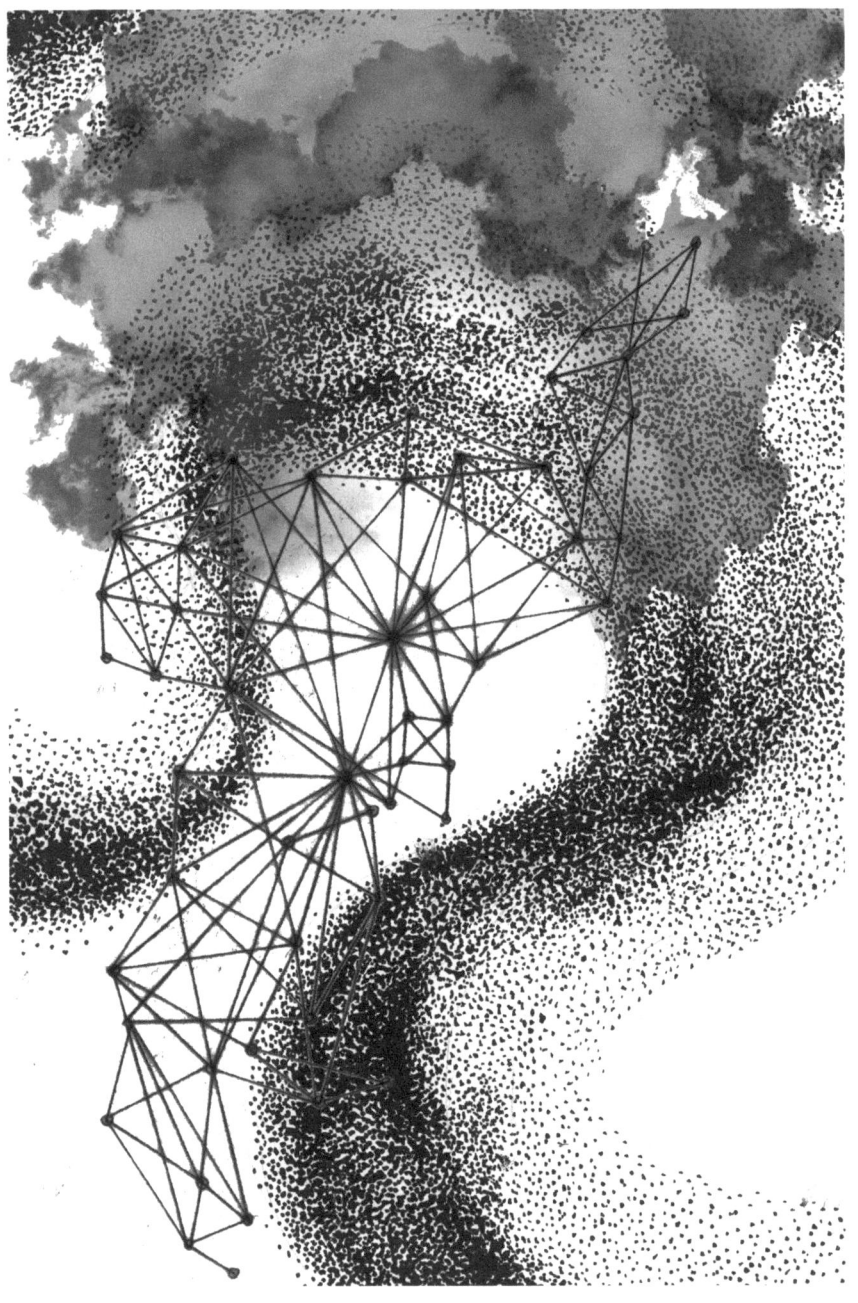

Kapitel 12
«Das Ganze ist mehr als die Summe seiner Teile»:
Emergenz und komplexe Systeme

In mehreren vorangegangenen Kapiteln hatten wir Gelegenheit, uns mit Austausch- und Emergenzsystemen vertraut zu machen, wobei die beteiligten Elemente einmal subatomare Partikel waren, die untereinander mit einer der vier atomaren Fundamentalkräfte wechselwirken, oder makromolekulare Stoffe, die das Leben ermöglichen, oder auch ein «gewisses Etwas», das Vertrauen schafft: Jedes Mal geschah es, dass eine neue Eigenschaft entstand. Es scheint hier angebracht, diese Zusammenhänge zu überdenken und zu versuchen, wenn nicht gar die Gründe, so doch wenigstens ihr Wesen und die Bedingungen ihrer Entstehung zu erklären. Eine einleuchtende Erklärung des Phänomens «Emergenz» würde es uns erleichtern, ihre Allgegenwart in unserer Welt besser zu begreifen. Um die Bedeutung des Begriffes zu erfassen, werde ich vier persönliche Erinnerungen heranziehen.

Einige Emergenzbeispiele

Das erste Beispiel reicht in die Zeit meines Medizinstudiums zurück. In der Mikrobiologie haben wir die Hefenart *Candida albicans* kennengelernt, ein infektiöses Agens, das eine unangenehme Krankheit im Mund und im Rachen mit der Bezeichnung *Soor* auslösen kann, aber auch gelegentlich systemische Krankheiten bei erheblich geschwächten Patienten. Diese Hefe kommt in zwei leicht unter dem Mikroskop identifizierbaren Formen vor: In der einen sehen wir sie als einzelne unabhängige Zellen, in der anderen als mehrzellige verzweigte Strukturen. Das Experiment ist leicht durchzuführen: Bringen Sie eine solche Hefe in ein Reagenzglas – ihre Zellen werden sich brav vermehren, aber Individuen bleiben. Wenn Sie die Umgebungsbedingungen der Zellkultur verändern, wird sich die Hefe in eine baumartige Struktur verwandeln, mit einem Stamm und Zweigen. Die einzelnen Individuen haben sich zu einer Gruppe vereinigt, die eine neue Eigenschaft hat, welche bei den eigenständigen Zellen nicht vorhanden war: Aus einer harmlosen Zellpopulation ist ein aggressives, invasives Gewächs entstanden. Erstaunlich dabei ist die Reversibilität des Vorganges: Wenn Sie die ursprünglichen Umgebungsbedingungen wiederherstellen, werden Sie sehen, dass die Zellen die Gruppierung auflösen und zu unschädlichen Einzelgängern werden.

Meine zweite Erinnerung ist jüngeren Datums. Tief beeindruckt durch die Arbeiten des Entomologen E. O. Wilson, dem wir im Kapitel 7 bereits begegnet sind, über die Soziobiologie der Ameisen, beobachte ich gern in meinem Garten ihr unablässiges und geschäftiges Herumlaufen. Ein alltägliches Vorkommnis in der Welt der Insekten bietet eine gute Gelegenheit dazu: Eine Raupe ist gestorben. Eine Ameise, möglicherweise durch chemische Botenstoffe aus dem Kadaver aufmerksam geworden, nähert sich dem toten Körper, umkreist ihn, berührt ihn mit ihren Antennen. Sie wendet sich wieder ab, zögert, kehrt mit drei Kolleginnen zurück, die ein ähnliches Gebaren aufführen. Nach und nach verschwindet der Kadaver unter einer Meute kleiner Arbeiterinnen. Die aufgeregten Tiere krabbeln um die unverhoffte Beute herum, besteigen und zerstückeln sie. Dann legen sie eine Versorgungspiste zum Ameisenhaufen an und pendeln eilig und ruckweise, aber ohne Stockungen, hin und her. Aus einer zufälligen Gruppe von wenigen Ameisen, die im Ameisenhaufen ihren individuellen Tätigkeiten nachgingen, ist eine selbstorganisierte, disziplinierte Armee geworden, die sich der Aufstockung der Nahrungsreserven in ihrer gemeinsamen Unterkunft widmet. Jedes einzelne Tier ist Mitwirkerin in einer emergenten gemeinsamen und selbstlosen Aufgabe von hoher Wirksamkeit geworden. Als ich einige Stunden später an die Stelle der Leichenfledderei gelange, ist gar nichts mehr zu sehen. Vielleicht schweben noch einige Pheromone umher, die ich nicht wahrnehmen kann, und zeigen an: «Operation abgeschlossen».

Eine weitere Erinnerung, aus längerer Zeit: Als junger Arzt hatte ich die Gelegenheit, mich einer Gruppe Freiwilliger anzuschliessen, deren Ziel es war, in einem Pariser Aussenquartier jungen maghrebinischen Arbeitern das Lesen beizubringen. Die Kurse fanden am Abend statt, nach der Arbeit, in einem von der lokalen Behörde zur Verfügung gestellten Hangar. Die einfachen Lehrbücher verbanden Bilder aus dem Alltag mit den entsprechenden Begriffen in Grossbuchstaben. Mein etwa 50-jähriger Schüler zeigte Mühe – er war wohl erschöpft von der harten Tagesarbeit. Ich weise auf eine vereinfachte Zeichnung hin, sie stellt zwei Reihen Häuser dar, zwischen denen einige Kinder spielen, ein paar Autos sind geparkt, irgendwo ein streunender Hund: offensichtlich eine Strasse. Eine STRASSE. Sein Zeigefinger gleitet über die sieben Buchstaben, er buchstabiert, sucht nach einem Zusammenhang mit dem Bild. Dann schaut er mich an: «S – T – R – – ASSE – aha, eine Strasse?» Er strahlt, sein Zeigefinger weist auf die Zeichnung, ein Lächeln flammt auf. Aus den Buchstaben ist ein Wort entstanden, das Wort lässt im Geiste eine bildliche Vorstellung aufkommen, die sich mit dem Gedächtnis austauscht.

Und schliesslich eine vierte Episode. Nach einem langen Flug nähern wir uns der Stadt São Paulo, einer der Megapolen Brasiliens. Die näselnde Lautsprecherstimme kündigt die Landung in 20 Minuten an. Wir fliegen in dunkler Nacht. Schon erkennen wir durch die Fensterluken die Lichter der Stadt, zuerst vereinzelte, dann Hunderte, Tausende. Einige stillstehende Lichter beleuchten Wohnstätten, in denen ganze Familien leben. Andere, senkrecht ausgerichtet, stammen aus Hochhäusern, in denen Tausende Menschen noch wach sind. Farbige Blitze deuten wohl auf Einkaufszentren. Dazu erblicken wir bewegte Lichter auf geordneten Bahnen: Fahrzeuge aller Art auf Strassen, Alleen, Autobahnen. Dieses lautlose Ballett, so wird mir bewusst, ist die Spur der unablässigen menschlichen Tätigkeit in dieser Grossstadt. Unter uns liegt ein lebendiger Organismus, riesenhaft, bewunderungswürdig für sein Angebot, aber bedauernswert wegen seines Abfalles. Jedes Licht steht für menschliches Tun, zeugt von Beiträgen zum Funktionieren der Gemeinschaft, die sich auf einem riesigen Teppich unter uns ausbreitet, aber auch von ihren Konflikten und Fehlverhalten.

Was ist das Gemeinsame, das diese vier auf den ersten Blick so verschiedenen Erlebnisse verbindet? Ihr gemeinsames Wesen ist, dass neue Eigenschaften auftauchen, die den einzelnen sie bildenden Elementen fehlen. Eine neue Makrofunktionalität emergiert aus den sie bildenden Mikrofunktionalitäten. In unseren beiden ersten Beispielen, die in der Biologie angesiedelt sind, ist diese Emergenz leicht erkennbar: Bei der Hefe bewirkt der Übergang von der Gruppe einzelner Zellen zu einem mehrzelligen Gebilde eine neuen Fähigkeit, nämlich die aggressive Invasion in Körperorgane; bei den Ameisen ermöglicht sie der Gemeinschaft, einen Ameisenhaufen, einen eigenständigen Staat, zu betreiben. Im Gegensatz dazu ist in den beiden anderen Beispielen, in denen menschliche Wesen beteiligt sind, der Übergang zur Emergenz schwieriger zu beschreiben: Beim Menschen, der das Lesen lernt, müssen zuerst verschiedene Funktionen aktiviert werden – das Schauen, die Motorik, das Gedächtnis, das Erkennen von Mustern –, dann, plötzlich und gemeinsam, schaffen diese Fähigkeiten das Verständnis für ein Konzept, das weder im Sehen der Buchstaben noch in deren Identifikation wirksam war. Und im vierten Beispiel, jenes der Betriebsamkeit einer Stadt, ist es nicht das individuelle Tun ihrer Bewohner, das diesen riesenhaften Organismus emergieren lässt, mit all seinen Bedürfnissen nach Gütern und Energie, seinen Sorgen um Abfallbeseitigung, sondern das gemeinsame Zusammenwirken aller Einzelwesen. Es sind wohl Menschen, die diese Gemeinschaft bilden, aber diese sorgen sich nur um ihren eigenen Alltag, nehmen jedoch Anteil an der Emergenz einer ganzen Gemeinschaft.

Emergenz, ein Kennzeichen komplexer Systeme

Das Konzept der Emergenz ist nicht neu. Seine Allgegenwart beschäftigt seit Langem Wissenschaftler und Denker auf den verschiedensten Gebieten wie Physik, Biologie, Mathematik, Sozialwissenschaften und Philosophie und wurde in zahllosen Abhandlungen beschrieben. [58] Seine viele Disziplinen übergreifende Bedeutung wurde allerdings erst spät erkannt, denn die Denkweise der konventionellen Wissenschaft seit dem 17. Jahrhundert war jene des Reduktionismus – dem Verstehen des Komplizierten durch seine Aufteilung in einfachere Elemente, die der Vorstellung, dem Experiment und der Erklärung zugänglicher sind. Das Emergenzphänomen war somit seit Jahrhunderten bekannt, aber die Bedingungen zu seiner Entstehung und sein tieferes Wesen blieben ein Rätsel. Es fehlte an einer vereinigenden Theorie, welche die Gemeinsamkeiten von selbstorganisierenden Systemen zusammenführt. Adam Smith, Friedrich Engels, Charles Darwin und Alan Turing, alle haben ihre Bedeutung und Berechtigung anerkannt, aber nicht ihre Universalität. Erst in den letzten 40 Jahren hat die disziplinenübergreifende Forschung über Emergenz Bedeutung erlangt, angeregt durch die in der Wissenschaft angetroffene Schwierigkeit, sich verworrener Systeme anzunehmen. Unterstützung fand sie bei der Entwicklung der Theorie der komplexen Systeme und deren mathematischen Modellen sowie dem wachsenden Interesse an Epistemologie und Sozialwissenschaften. Heute wird die gefestigte Verwandtschaft zwischen den zahlreichen Wechselwirkungen der komplexen Systeme und der Emergenz allgemein anerkannt. [59] [60]

Bevor wir jedoch das Wesen der Emergenz und ihre Konsequenzen untersuchen, drängen sich zwei Überlegungen auf. Erstens ist es wichtig, zwischen dem Phänomen einer Emergenz und demjenigen, banaleren, eines Ergebnisses zu unterscheiden: Wenn ein Ereignis ein Ergebnis hervorbringt, werden die Konsequenzen quantifizierbar und voraussehbar sein. Wir stellen das beispielsweise bei chemischen Reaktionen fest – sind die Ausgangsstoffe und die Bedingungen der Prozesse bekannt, sind keine Überraschungen hinsichtlich des neuen Stoffes zu erwarten. Im Gegensatz dazu werden bei einer Emergenz die Auswirkungen neuartig, unvorhersehbar und, möglicherweise, Quelle neuer Kausalitäten sein. Die beiden Phänomene unterscheiden sich also in ihrer Voraussehbarkeit.

Die zweite Überlegung ist eher didaktisch. Ich habe absichtlich darauf verzichtet, ein fünftes, oder eher: ein erstes Beispiel für Emergenzsysteme aufzuführen, nämlich ein Beispiel über Emergenzen, die von den Gesetzen der Physik bestimmt werden. Wenn Sie beispielsweise bei grosser Kälte das Äussere einer Glasscheibe befeuchten, werden sich darauf prächtige Eisblumen bilden, die durch ihre Ästhetik an Stickereien erinnern. Man nennt ein derartiges Phänomen ein «System gewöhnlicher Komplexität», denn es folgt den unverrückbaren Gesetzen der Physik. Und doch ist es emergent, denn die wunderschönen Eiskristalle haben keine gemeinsamen Eigenschaften mit den sie bildenden Wassermolekülen, die zuvor in chaotischer Bewegung waren. Die Erklärung ist einfach: Bei sinkender Temperatur verändert sich das Verhältnis der atomaren Kräfte, die auf die unzähligen Moleküle wirken. Wasser ist ein interessantes Molekül, das aus zwei Wasserstoffatomen und einem Sauerstoffatom besteht. Die sie verbindenden atomaren Kräfte verleihen ihm eine spassige Form, die einem «Micky-Maus-

Kopf» ähnelt: Die beiden Wasserstoffatome bilden die Ohren. Da die elektrischen Ladungen verschieden sind – positiv für den Wasserstoff, negativ für den Sauerstoff –, ist der Micky-Maus-Kopf wie ein kleiner Magnet polarisiert. Die Wassermoleküle müssen diese physikalische Gesetzmässigkeit respektieren, sie wird jedoch durch ihre thermische Bewegung behindert, sodass die Moleküle sozusagen aneinander vorbeigleiten. Kühlt man sie ab, verringert sich ihre thermische Bewegung, und das physikalische Gesetz bekommt wieder die Oberhand. Sobald der Gefrierpunkt erreicht ist – bei 0 °C auf Meereshöhe –, müssen sich die Magnetkörperchen schlagartig gemäss den elektromagnetischen Feldkräften anordnen, sodass die Micky-Maus-Köpfe ein geometrisches Muster bilden: Das sind die hübschen Eiskristalle, die unser Auge erfreuen. Dieses Emergenzphänomen ist den Physikern wohlbekannt, sie nennen den Vorgang «Phasenübergang». Wir stossen hier auf eine grundlegende Eigenschaft des Emergenzphänomens: Es ist nicht linear, sondern sprunghaft und plötzlich. Dieser unsanfte, plötzliche, nichtlineare Übergang ist eine der wichtigsten Eigenschaften aller Emergenzen in komplexen Systemen. [61]

Zusammenfassend halten wir fest: Komplexe Systeme, Quellen von Emergenzen, finden wir auf allen Gebieten. Wir werden im nächsten Kapitel näher auf sie eingehen. Es gibt natürliche komplexe Systeme und solche, die von den Menschen geschaffen werden – beiden Arten ist gemeinsam, dass sie aus einer grossen Zahl einzelner Elemente bestehen, die unter sich wechselwirken und sich gemäss bestimmten einfachen, nicht zentral gesteuerten Regeln selbst organisieren. Dieses gemeinschaftliche Verhalten schafft einen neuen, nicht im Voraus bestimmbaren emergenten Zustand, der die verschiedenartigsten und überraschendsten Formen annehmen kann, so wie wir es in den vorangegangenen Kapiteln angetroffen haben.

Kehren wir nun zu unseren zwei ersten Beobachtungen zurück, zur sich vermehrenden Hefe und zu den nahrungssuchenden Ameisen, und untersuchen wir sie im Lichte der Theorie der komplexen Systeme. Damit diese zwei Populationen zu den komplexen Systemen gezählt werden können, müssen sie folgende Bedingungen erfüllen: Sie müssen sehr zahlreich sein, zu Hunderten, zu Tausenden; sie müssen untereinander mit einem einfachen Code kommunizieren können, den alle anwenden können und der für alle verständlich ist; und sie müssen auf die sich verändernden äusseren Bedingungen wie Wärme, Licht oder chemische Verbindungen reagieren können. Nur wenn alle diese Bedingungen erfüllt sind, kann eine neue Eigenschaft entstehen. In unserem Hefezellenbeispiel besteht die Emergenz darin, sich zusammenbinden und in eine aggressive Form verwandeln zu können. Bei den Ameisen lautet die Bedingung, gemeinsam die Zerstückelung und den Transport der Raupenreste zu bewältigen. Wir können Hunderte von Ameisen bei dieser Arbeit beobachten, die zusammen eine überwältigende Menge Nahrungsbestandteile verfrachten, welche das Vierzigfache ihres Gewichtes ausmacht! Kein Wunder, dass wir nach einigen Stunden statt der Raupenleiche einen blitzblanken Platz vorfinden ...

Sobald wir lebende Wesen in Betracht ziehen, wird es um einiges komplizierter als das Umordnen von Wassermolekülen in ein Kristallgitter. In der Tat weisen die biologischen Systeme der Hefe oder der Ameisen eine gemeinsame Anpassung an neu aufgetauchte Bedingungen auf, die von allen zahlreichen Beteiligten, individuelle Zellen oder Insekten, respektiert werden müssen. Hier tritt also eine Form von Intelligenz auf, die weit über das Prinzip der Selbstorganisation hinausgeht. Man nennt diese komplexere Emergenz «autoadaptiv». Nicht alle Emergenzen haben somit den gleichen Wert.

Bei den Hefen und den Ameisen wissen wir, dass chemische Substanzen am Werk sind, kleine Botenmoleküle für die einen, komplexe Pheromone für die anderen. Im Gegensatz dazu bleibt das Wesen der kollektiven Transformation als neue Emergenz ein Mysterium. Die Gemeinschaft der Ameisen reagiert wohl durchgehend auf bestimmte Signale, es stellt sich aber die Frage, ob ihre Mitglieder einen freien Willen haben. Sind «individualistische Arbeiterinnen» denkbar, die sich den Aufforderungen widersetzen und sich beispielsweise einer Streikbewegung anschliessen, indem sie die chemischen Signale im Sinne eines Aufstandes bewusst missachten? Das ist nicht der Fall, der Übergang zu einer kollektiven Tätigkeit erfolgt schlagartig und geordnet. Ebenso unerklärlich ist die Umkehrbarkeit des Phänomens. Die Ordnung ist also nicht endgültig im Verhalten des Einzelnen festgeschrieben, sondern wird durch die herrschenden Umstände bestimmt. Dieser Drang nach kollektivem Verhalten ist übrigens bei sehr vielen Arten des Tierreiches festzustellen, und gemäss zahlreichen Forschern ist diese Emergenz gar ein Evolutionsvorteil im Kampf um das Überleben in Bezug auf Sicherheit und Nahrungsbeschaffung. Diese Theorie mag zwar möglicherweise das Warum erklären, sie versagt aber beim Wie. Nehmen wir als Beispiel den Fischschwarm oder den Vogelflugschwarm: Es ist eine Freude, der harmonischen Bewegung der Gruppe im Wasser oder in der Luft eine Zeit lang zuzuschauen. Rasch verliert man das Individuum aus dem Blick und bewundert die schönen Figuren, gebildet aus Tausenden Individuen, als Ganzes. Es gibt keinen Führer, keinen «Orchesterdirigenten», jeder Fisch oder Vogel gibt sein Bestes für das Wohl aller. Von einigen Fischarten weiss man, dass diese makellose Aufführung von allen Individuen die strikte Kontrolle der Distanz zu den Nachbarn verlangt – «ich bin zu nahe», «ich bin zu weit». Das kollektive Ballett läuft nur geordnet und harmonisch ab, wenn jeder die Regeln befolgt. Ein ähnlicher Mechanismus der «Nachbarschaftskontrolle» hat man bei Staren nachgewiesen. Zusammenfassend gilt, dass man die Prinzipien, welche das Zusammenwirken von Tiergemeinschaften steuern, zu verstehen beginnt, wobei festgestellt wird, dass jede Art ihre eigenen Kommunikationsmethoden hat.

Die Diskussion über Emergenzprozesse wird noch schwieriger, wenn man unsere letzten zwei Beispiele komplexer Systeme betrachtet, den Lernvorgang beim Lesen und das Wachstum der Städte. Tatsächlich sticht dabei ein auffallender Unterschied zu den zwei vorangegangenen Beispielen in die Augen, nämlich die Rolle, welche die menschliche Komponente spielt. Die Ameisenarbeiterinnen reagieren unmittelbar und blindlings auf verschiedene chemische Signale und auf deren physische Wahrnehmung durch ihre Antennen: Sie haben keine Wahl. Man kann das als eine gewisse Stumpfsinnigkeit betrachten – jede Ameise lebt in ihrem täglichen Mikrosystem, mit einer Lebenserwartung von einigen Monaten, sie hat keine Vorstellung von ihrem Makrosystem, dem Ameisenhaufen, dessen angenommene Existenzdauer etwa 15 Jahre ist, bis zum Tod der Königin. Wenn wir hingegen die komplexen Systeme von uns Menschen betrachten, wird der Einfluss des menschlichen Bewusstseins eine verwirrende Rolle spielen, denn er führt in die Gleichung neue, ihrerseits komplexe Eigenschaften ein, wie zum Beispiel das Gedächtnis, die Überlieferung, die Absichtlichkeit, die Prognose, die symbolischen Vorstellungen, den freien Willen und den Anspruch, sich zu behaupten. Der maghrebinische Arbeiter in unserem dritten Beispiel, in seinem Bestreben, das Lesen zu lernen, setzte alle seine Fähigkeiten ein, um einen siebenstelligen Code zu entziffern, der ein Wort, ein Bild bezeichnet. Das Lesenlernen ist ein komplizierter Vorgang, der dem Menschen nicht angeboren ist wie das Gehen, die Gesichtserkennung, die Nahrungsaufnahme, die Sprache oder das Liebesspiel. Das Lesen erfordert zahlreiche emergente Eigenschaften unseres Gehirnes, das Gedächtnis, die Aufmerksamkeit, die Konzentration, die Mustererkennung und deren Abgleich mit dem im Gedächtnis gespeicherten Bild oder Gedankenkonzept. Wir entdecken hier eine neue Eigenschaft der Emergenz aus komplexen Systemen: Der Mensch stellt eine enge Vernetzung von unzähligen komplexen Systemen dar, welche alle zu emergenten Fähigkeiten führen, die ihrerseits neue Fähigkeiten und komplexe Systeme generieren – wir sind ein Gerüst, eine Pyramide aus komplexen Systemen. Unser lernbegieriger Maghrebiner hat es uns vorgeführt: Er strukturierte seinen Lehrgang dank der zahlreichen Emergenzen aus seinem komplexen neuronalen System. Diese Emergenzen stammten aus anderen Emergenzen seines Körpers, seiner Organe, seiner Zellen. Schliesslich ist jedes menschliche Bewusstsein die Krönung von Emergenzen. Es entwickelt sich aus dem hierarchischen Prinzip der komplexen Systeme, auf unterster Stufe auf subatomarer Ebene, dann den Regeln der Newton'schen Physik gehorchend, dann jenen der Biochemie; für sein Überleben kämpft es gegen das thermodynamische Gesetz, welches das schicksalshafte Sterben der Zellen zur Folge hat, und vereinigt synaptische Netze in Sinnesorganen und Gehirnregionen, sodass das individuelle Bewusstsein emergiert, das uns zum Privileg des Lebens in der Gemeinschaft verhilft. Im Verlauf dieses langen Aufstrebens werden die komplexen Systeme immer komplexer, die Emergenzen immer abstrakter. Wir sind Meisterwerke einer Architektur aus komplexen Systemen in einer natürlichen Umwelt, die ihrerseits hochkomplex ist.

Eine Rundsicht über komplexe Systeme

Vor einigen Jahren, anlässlich einer Reise nach Südamerika, stellte ich beim Landeanflug auf die Stadt São Paulo wieder einmal fest, dass sich aus der Vogelsicht alle Grossstädte gleichen. Ihre Lichter, stellenweise wohlgeordnet, anderswo chaotisch, stillstehend oder im Fluss, sind ein direktes Abbild ihrer menschlichen Aktivitäten und Austausche. Sie sind das Abbild des Lebens, schillernd durch die Wechselwirkungen unter den Menschen. Soziologen, Architekten, Stadtplaner und Erforscher komplexer Systeme haben die Frage ihrer Wirkungsweise und ihrer Fehlleistungen untersucht. Es ist Geoffrey West zu verdanken, dass wir darüber eine Gesamtübersicht erhalten haben. Er konnte sich dabei auf bestehende Untersuchungen über das Verhalten komplexer Systeme lebender Gemeinschaften beziehen. Der Abbruch des amerikanischen Projektes eines grossen Teilchenbeschleunigers (ähnlich jenem des CERN) im Jahr 1993 hat den theoretischen Physiker Geoffrey West schwer enttäuscht. Er hat sich darauf der formalen Darstellung eines faszinierenden fachübergreifenden Problems gewidmet, nämlich der Funktionsweise – in der Fachsprache: dem Metabolismus – der Städte. [62] Zu diesem Zweck schloss er sich dem Santa Fe Institute an, das einige Jahre zuvor gegründet worden war und sich mit der Grundlagenforschung über komplexe Systeme befasst. Das Institut, dessen Präsident er in der Folge wurde, liegt in der kargen Landschaft der Hügel um das Sangre-de-Christo-Gebirge in Neu-Mexiko, in der Nähe von Santa Fe. Dank seiner ausgesprochen gastfreundlichen Atmosphäre ist es ein friedlicher Hort und befruchtet das Nachdenken über die grossen Probleme unseres Planeten. Geoffrey, mit den hinter dicken Brillengläsern vor lauter Intelligenz glühenden Augen, seinem gepflegten Bart, der im Kontrast steht zum wilden Haarschopf, spricht zum Thema der komplexen biologischen Systeme in umgänglicher, aber leidenschaftlicher Weise. Ich hatte die Gunst, seinem Vortrag beizuwohnen, und will versuchen, ihn zusammenzufassen:

> Meine Überlegungen setzten bei der folgenden Frage ein: Sämtliche Lebewesen, von den Bakterien bis zu den Menschen und den Elefanten, sind komplexe Systeme, die aus denselben chemischen Elementen bestehen, folglich denselben physikalischen Gesetzen folgen – folgen sie demnach auch einem gemeinsamen Gesetz, das ihr Zellleben, ihren Metabolismus steuert? Die erste überraschende Erkenntnis war: Ja, dem ist so. Wenn Sie in einer grafischen Darstellung das Verhältnis zwischen dem Gewicht des Lebewesens und seinem Metabolismus aufzeichnen, ergibt sich eine Gerade, mit einer Steigung von 3:4. Würde die Steigung 1:1 betragen, wären die beiden Grössen genau proportional, das würde bedeuten: Je grösser man ist, desto mehr konsumiert man. Die flachere Steigung bedeutet, dass mit der Grösse der Tiere ihr Wirkungsgrad zunimmt. Wenn das Gewicht um 100 Prozent wächst, beträgt die Zunahme des Metabolismus nur 75 Prozent. Eine Maus oder ein Vogel lebt somit viel aufwendiger als ein Pferd.

Wenden wir uns nun dem Menschen zu: Mit zunehmendem Alter wird er ebenfalls metabolisch effizienter, der Energiebedarf seines Körpers nimmt im Verhältnis zu seinem Gewicht ab, was zu einer Abflachung der Kurve unseres Wachstums führt. Wendet man die gleiche mathematische Formel bezüglich der Grösse und des Wachstums bei den Städten an, erhalten wir dasselbe Ergebnis: Die Funktion des «Metabolismus» der Stadt zur Zahl ihrer Bewohner liegt auf einer steigenden Geraden – wir haben die Berechnung für einige hundert Agglomerationen auf den fünf Kontinenten durchgeführt. Die Steigung der Geraden ist jedoch viel steiler, sie kann den Wert von 1.15 erreichen, was bedeutet, dass die Stadt pro Einwohner immer mehr konsumiert, je mehr sie wächst, immer mehr, immer mehr, und es gibt keine Grenze! Ihr Wachstum in Funktion ihrer Bevölkerung wächst logarithmisch, sowohl was die Dichte ihres Verkehrsnetzes betrifft, den wirtschaftlichen Ertrag, die Zahl der ihrer Industrie erteilten Patente, der geleerten Abfallbehälter, aber auch ihrer Universitäten und deren Erfindungen. Und hierin liegt insgesamt die Stolperfalle: das unaufhaltsame Wachstum führt auf die Dauer zum Zusammenbruch. Wir haben festgestellt, dass die Natur nicht verschwenderisch ist, sondern haushälterisch vorgeht. Die verstädterte Menschheit hat jedoch das Prinzip, das sie aus dem biologischen Wachstum hätte übernehmen können, über Bord geworfen und ein neues erfunden, das sie nicht beherrscht. Eigentlich wären katastrophale Krisen nötig, um das Wachstum der Städte wieder auf ein vertretbares Niveau zu bringen.

Nicht alle Emergenzen des städtischen Metabolismus, die aus dem unkontrollierten Wachstum entstehen, sind nachteilig: Die Bildung, die Wissenschaft, die Kultur und der Wohlstand, der zumindest einigen Bürgerschichten zugänglich ist, bedeuten ohne Zweifel einen Mehrwert. Das Leben in breiten Gemeinschaften ist eine der wesentlichen Errungenschaften der Menschheit. Es bringt ständige soziale, kulturelle, wissenschaftliche und künstlerische Austausche hervor. Alle diese grossen Bewegungen sind nicht in ländlicher Umgebung entstanden. Sie werden allerdings durch ihre negativen Erscheinungen aufgewogen: durch die Umweltverschmutzung, die Kriminalität, den Zeitverlust in den Verkehrsmitteln, Nachteile, die Geoffrey West sehr wohl in seine Modellrechnungen einbezogen hat. Ich nehme an, dass die von ihm beschriebenen schädlichen Eigenheiten der Stadtbildungen auch bei anderen von unserer Zivilisation eingeführten komplexen Systemen zutreffen; beispielsweise sind beim Flugverkehr, bei den Telekommunikationsnetzen, bei der Weltwirtschaft, beim Internet und bei den sozialen Netzwerken nirgends Bestrebungen für Selbsteinschränkungen zu erkennen, vernünftige Wachstumsbremsen sind nicht in Sicht.

Es stellt sich also folgende Frage: Verfügt die Biologie über eine «angeborene Weisheit», sodass sie nur nutzbringende Emergenzen zulässt? Höchstwahrscheinlich nein: Es hat im Verlauf der Jahrtausende unzählige negative Emergenzen gegeben, wir kennen sie jedoch nicht, denn die Evolution – zögerlich und langsam, aber unerbittlich in ihren Selektionsprinzipien – hat sie laufend aufgehoben, als sie keine Vorteile boten. Das trifft für unsere Zivilisation nicht zu, die immer wieder künstliche komplexe Systeme entwickelt, ohne jene auszuschalten, die negative Emergenzen hervorbringen. Die Theorie der komplexen Systeme, mit ihrer Fähigkeit, uns die Irrwege eines unkontrollierten Wachstums aufzuzeigen, sollte uns helfen, unseren städtebaulichen, industriellen und digitalen Entwicklungen einen mehr biologischen Rahmen zu geben. Aber diese relativ junge Theorie ist noch nicht in der Lage, die zahlreichen methodologischen und erkenntnistheoretischen Probleme zu lösen, worunter das Wichtigste das eigentliche Wesen der wünschenswerten Emergenzen und deren Bewertung aus der Sicht der menschlichen Werte ist – zum Beispiel: Welche sind die positiven oder negativen Werte der sozialen Netzwerke? Welche sind ihre Wohltaten, ihre Schäden? Wer kann das beurteilen?

Wir müssen zusammenfassend feststellen, dass die Wissenschaft der sich selbstorganisierenden komplexen Systeme und ihrer Emergenzen noch in den Kinderschuhen steckt. Wir haben das Feld abgesteckt, aber erst wenige seiner Inhalte skizzenhaft dargestellt. Wir könnten hier sinngemäss die römischen Kartografen zitieren, die wohl die Küstenstriche ihres Reiches kannten, aber das Innere des Landes noch kaum erkundet hatten. Um ihre Karten etwas aufzumöbeln, gaben sie den jungfräulichen Gebieten blumige Namen wie *terra incognita* («unbekanntes Land») oder *hic sunt leones* («hier hat es Löwen») – ob sie damit ihre Ignoranz hervorheben oder verbergen wollten, sei dahingestellt ...

Welche komplexen Systeme sind auf unserem Planeten bedeutungsvoll?

Um unsere Überlegungen zu komplexen Systemen und ihrem Emergenzvermögen zum Abschluss zu bringen, wollen wir auf drei unserer Beispiele zurückkommen, die wir am Anfang dieses Kapitels dargelegt haben, und versuchen, uns in die Haut von Raumfahrern zu versetzen, die sich mit ihrem Raumschiff aus den Tiefen des Universums aufgemacht haben, um unseren Planeten näher zu betrachten. Diese Besucher gleichen uns bestimmt nicht; sie sind in einer fernen Galaxie geboren und haben eine andere Evolution durchgemacht. Sie unterstanden den gleichen kosmologischen Kräften, aber verschiedenen lokalen Bedingungen, sodass ihre Zivilisation einen anderen Verlauf nahm – vielleicht hat sie einen Vorsprung von 1 Million Jahren gegenüber der unseren. Beim Überfliegen unseres blauen Planeten verfügen sie über Sensoren, die sich mit Sicherheit von den unseren unterscheiden. Vielleicht setzen sie ein mikroskopisches Analysegerät ein, das auf grosse Distanz wirksam ist, oder ein System, das mehrere gleichzeitige Geschehnisse simultan und zusammengefügt darstellen kann, oder – warum nicht – eine Vorrichtung, die statt Gegenständen Austausche wahrnimmt. Unter diesen drei Beobachtungssystemen könnte das Bild unseres Planeten vielleicht folgendermassen aussehen: Die Erde besteht nicht vordergründig aus Ozeanen, grossen unfruchtbaren Festlandzonen und einer Konzentration von Menschengemeinschaften hauptsächlich an deren Küsten, sondern aus einer Kugel mit einer grossflächig verteilten tierischen Biomasse, in der drei sehr verschiedene Populationen um die Vorherrschaft kämpfen: Bakterien, Ameisen und Menschen. Unsere Besucher würden sich zuerst den Bakterien zuwenden: Diese bilden, zusammen mit ihren Vorfahren, den Archaea, und Vettern, den Stamm einer riesigen Biomasse, zahlenmässig allen anderen überlegen. Sie sind winzig, ihre Zahl ist unvorstellbar gross – man schätzt sie auf 5×10^{30} Zellen, mit einem Fehlerkoeffizienten von 10, was angesichts dieser enormen Anzahl und unserer geringen Kenntnisse über diese Lebewesen nicht erstaunt. Die Bakterien bevölkern alle Landstriche und Ozeane in ihrer ganzen Fläche und Tiefe. Wir treffen sie an Orten mit extrem unwirtlichen Verhältnissen an, sowohl in kochenden schwefelhaltigen Quellen in der Tiefsee wie auch in eisigkalten Seen unter den Gletschern der Arktis und Antarktis. Sie verfügen über einen einfachen Metabolismus. Ihre auffälligsten emergenten Merkmale sind zweifellos ihre aussergewöhnliche Vielfalt und ihre erstaunliche Anpassungsfähigkeit. Die Evolution hat es jedoch verpasst, ihnen eine für die vollständige Übermacht auf unserem Planeten unabdingbare Fähigkeit zu verleihen, nämlich eine Mobilität mit grosser Reichweite. Dank ihrer unübertrefflichen Anpassungsfähigkeit haben sie diesen Nachteil dadurch überwunden, dass sie sich zu den wichtigsten und heimlichsten Passagieren aller öffentlichen Verkehrsmittel der Erde entwickelt haben: Indem sie sich zu Konsortien organisierten, haben sie alle Lebewesen in ihrer Reichweite kolonisiert, die über Mobilität verfügen. Man trifft sie in Insekten, in Landtieren und Wasserbewohnern an, und auch im Menschen, wo ihre Zahl jene der Zellen ihrer Gratistransporteure um das Zehnfache übersteigt. Sie beeinflussen dank der gemeinschaftlichen Wirkung ihres Mikrobiomes deren Gesundheit und Wohlbefinden, selbst deren psychische Gesundheit, und ermöglichen deren Überleben. Über ihre Eroberung zu Land und zu Wasser hinaus haben sie über Jahrtausende ihren Feldzug bis ins Tiefste des Phänomens Leben getragen. Und hier begegnen wir aufs Neue dem Mysterium, das uns noch vor wenigen Jahren unvorstellbar erschien: Sie haben sich sogar ins Innere aller lebenden Zellen verpflanzt, indem sie sich zu Mitochondrien und Chloroplasten verwandelten, diesen kleinen Kraftwerken, denen wir die Produktion und die Nutzung des für das Leben unerlässlichen Sauerstoffes verdanken und die wir bereits im Kapitel 2 kennengelernt haben. Wenn wir die Zahl ihrer Austausche – ihren Metabolismus, ihre Wechselwirkungen innerhalb ihres Umfeldes, ihren Einfluss auf andere lebende Organismen, und vor allem ihre Bedeutung als Mitochondrien und Chloroplasten – in Betracht ziehen, sind wir davon vollends überwältigt. Die mikrobiologische Welt kann, angesichts ihrer emergenten Eigenschaften bezüglich Anpassung und Vielfältigkeit, zu Recht den Titel der Königin unseres Planeten beanspruchen: Sie trägt unser Schicksal seit 2 Milliarden Jahren – obwohl ihr zwei entscheidende Fähigkeiten fehlen, die bereits erwähnte Mobilität und die Entwicklung eines eigenen Nervensystems für Kommunikation, Verständnis und Innovation.

Dann wollen wir annehmen, dass unsere Besucher auf Ameisenvölker stossen: Sie hätten ihr Mikroteleskop und andere Instrumente auf diese riesige Tierfamilie gerichtet, die mehr als 10'000 Arten zählt. Diese Insekten haben ebenfalls unseren Planeten kolonisiert, aber in einem viel kürzeren Zeitabschnitt und unter Ausschluss der Meere, der Arktis und Antarktis. Die fremden Raumfahrer würden feststellen, dass diese Lebewesen viel komplexer gebaut sind als die Bakterien, denn sie sind mehrzellig und bestehen aus drei Körpersegmenten. Überdies verfügen sie über ein Nervensystem, über Kommunikationsorgane und einem hochentwickelten Selbstorganisationsinstinkt. Termitenbauten und Ameisenhaufen trifft man auf der ganzen Erdoberfläche. Sie entsprechen Städten mit mehreren Millionen Einwohnern, und ihr ausgeklügelter Aufbau umfasst Lagerkammern und Pilzplantagen für die Ernährung sowie chemische Alarmvorrichtungen für ihre Verteidigung. Gewisse Kolonien sind wie Megapolen angelegt, mit mehreren Milliarden Einwohnern, wie jene Kolonie, die sich über 6'000 Kilometer längs des Mittelmeeres erstreckt. Unsere Besucher würden erkennen, dass die Ameisen dank ihrer sechs Beine zwar mobil sind, dass jedoch ihre Reichweite angesichts ihrer bescheidenen Grösse beschränkt ist. Die Eroberung unseres Planeten fiel ihnen sicher nicht leicht, aber wir Menschen, unermüdliche Reisende, haben ihnen dabei geholfen, indem wir sie mit unseren Transportmitteln zu Land, zur See und später sogar in den Lüften verfrachteten. Die Argentinische Ameise, beispielsweise, hat sich im 19. und 20. Jahrhundert mithilfe der Handelsschifffahrt weltweit verbreitet.

Man schätzt die Grösse dieses riesigen Volkes auf 10 Millionen Milliarden Individuen. Sie sind Allesfresser, belüften Böden und versorgen sie mit Nährstoffen, tragen zum Gleichgewicht von Insektenvölkern bei und befruchten gewisse Pflanzenarten. Sie sind ein grenzenloses System von Wechselwirkungen und spielen dadurch eine überragende Rolle in unseren Ökosystemen. Es wäre leicht verständlich, wenn unsere Besucher aus dem All in diesem Volk mit seinen Megapolen die wahren Eroberer unseres Planeten betrachten würden. Aber auch in dieser Hinsicht hat die Evolution einen entscheidenden Schritt nicht vollbracht: Jede Ameise besitzt ihr eigenes Nervensystem sowie ein hochentwickeltes Kommunikationssystem, der Ameisenhaufen selbst ist jedoch kein Organismus wie das Gehirn der Säugetiere. Bei den Ameisen ist das Nervensystem noch aufgesplittert in eine Reihe von etwa zehn Nervenknoten, sogenannten Ganglien, und ein Steuerungsorgan, dem rudimentären Gehirn, das gewisse Sinnesfunktionen steuert. Im Ameisenhaufen gibt es keinen Ort für die Emergenz eines eigentlichen Bewusstseins.

Schliesslich würden unsere Raumfahrer ihre Instrumente auf die dritte Gruppe Lebewesen richten, die für sich die Eroberung des Planeten in Anspruch nimmt: die Menschenrasse. Nach der Zahl lebender Individuen kann es diese Gruppe unmöglich mit den anderen beiden aufnehmen: Mit etwas mehr als 8 Milliarden stellen wir nur eine kleine, vergleichsweise schlecht organisierte

Truppe dar. Man hat wohl, wie es E. O. Wilson vorschlägt, die Menschheit bezüglich der sozialen Beherrschung der Erde auf den ersten Rang gehoben, aber wir haben uns dabei auf die Nutzung eines Teiles des Festlandes beschränkt; die Tiefen der Ozeane, die Wüsten und die undurchdringlichen Dickichte der Urwälder überlassen wir den beiden anderen Konkurrenten. Wie ich es bereits beschrieben habe, ist zweifellos die Gründung von Städten, mit den ihnen anhaftenden Vorteilen und Nachteilen, eine unserer effizientesten sozialen Errungenschaften; sie fusst auf einer anderen fundamentalen Emergenz, nämlich auf der Entwicklung unserer Intelligenz. Seit der UNO-Deklaration von 2008 leben mehr als 50 Prozent der Menschen in unseren Städten, in denen die Bevölkerung wöchentlich um 1 Million Einwohner wächst. Wir sind entschieden Städter geworden. Verglichen mit den Bakterien sind wir zwar wenig anpassungsfähig, und im Verhältnis zu den Ameisen wenig diszipliniert – trotzdem hat uns unsere kollektive Intelligenz, die sich in Austauschen ausdrückt, zur Schaffung von urbanen Gemeinschaften befähigt – einem unserer grössten evolutionären Erfolge. Hier finden die unzähligen und fruchtbaren Austausche statt, hier entsteht Neues durch Begegnung und Nachahmung, hier blüht der Dialog, der unser Denken fördert. Die emergente Stadt fördert die Entwicklung unserer Zivilisation, trotz ihrer von Geoffrey West hervorgehobenen De-Emergenz infolge der zahlreichen problematischen Wachstumsnachteile.

Meine Wortschöpfung «De-Emergenz» habe ich mit Bedacht gewählt, obwohl sie nicht ganz nachvollziehbar ist, denn sie ermöglicht die Einführung einer neuen Dimension des Emergenzkonzeptes. Wir haben weiter oben festgestellt, dass der eigentliche Wert der Emergenz je nach den Umständen und den untersuchten komplexen Systemen verschieden sein kann. Wenn wir das Beispiel des kristallisierenden Wassers vergleichen mit jenem des Maghrebiners, der eine Sprache lernt, werden wir uns intuitiv bewusst, dass beide Systeme nicht den gleichen Komplexitätsgrad aufweisen und dass man die Emergenzwerte der beiden Vorgänge nicht vergleichen kann. Bei der baumförmigen Kristallstruktur des Eises oder des Schnees sind wohlbekannte physikalische Kräfte im Spiel, die Anordnung der Moleküle folgt den deterministischen Gesetzen und führen zur Emergenz von 35 verschiedenen Formen von Schneeflocken, das ist schon beachtenswert. Beim anderen Komplexitätsextrem stände die Emergenz des menschlichen Bewusstseins, welches auf einer Vielzahl wechselwirkender komplexer Systeme beruht. Und es gibt viele Emergenzen von mittlerer Komplexität, wie das Lernen einer Sprache. Der Satz «das Ganze ist mehr als die Summe seiner Teile» trifft somit die entscheidende Eigenschaft der Emergenz gut, aber gewährt uns eine gewisse Bandbreite, um dieses «Mehr» zu definieren und zu «messen», sowohl im Reich der Physik, aber auch der Chemie, der Biologie, der Verhaltenswissenschaften oder in zahlreichen anderen, bekannten und unbekannten Gebieten.

Wir tragen für unsere negativ wirkenden Emergenzen die Verantwortung

Wie wir es in Bezug auf die De-Emergenz der Städte erfahren haben, kann das «Mehr» gelegentlich auch einen negativen Wert annehmen – in gewissen Fällen kann das «Ganze» «weniger als die Summe seiner Teile» betragen. Das ist schwierig zu verstehen, wir wollen versuchen, es durch ein leichter zu begreifendes Beispiel besser darzustellen. Wir kehren zu den Genmutationen zurück, denen wir in der Biologie begegnet sind. Sie erfolgen unermüdlich seit Millionen von Jahren. Nach dem Zufallsprinzip verändern sie die DNA eines Organismus und verleihen dem Gen neue Eigenschaften. Wenn diese schlechter als die ursprünglichen sind, wenn das «neue Ganze» dem vorangehenden qualitativ unterlegen ist, hat diese Mutation zu einer negativen Emergenz geführt und wird prompt eliminiert. So funktioniert das Leben, unbeirrbar und unbeugsam hinsichtlich künftiger Mutationen: Sie müssen, um bestehen zu können, einen Überlebensvorteil bieten. Die Geschichte der Evolution unserer Welt des Lebendigen ist gepflastert mit fiktiven Leichen aus unfruchtbaren Versuchen. Jedes «Ganze» muss sowohl der Summe seiner Teile überlegen sein als auch dem «Ganzen», dem es entsprungen ist, um Bestand zu haben, das ist die Wirkungsweise der natürlichen Auswahl.

Bei uns Menschen verläuft das Szenario der Selektion auf dem Gebiet unserer technisch-industriellen Innovationen, und neuerdings im digitalen Bereich, auf komplizierte Weise. Erstens macht die Komplexität der Emergenzen deren Analyse schwieriger, weil sich anfänglich als vorteilhaft betrachtete Errungenschaften erst im Nachhinein als sehr schädlich erweisen. Und zweitens sind die Menschen, ganz im Gegensatz zur Natur, die ständig ihre unerbittliche Auswahl trifft, beim Erkennen von negativen Auswirkungen wie von Blindheit geschlagen, weil sich unsere Gedanken durch das als Fortschritt bezeichnete Positive betrügen lassen. Nehmen wir als Beispiel die Erfindung des Kunststoffes: Vor über 50 Jahren als grosse Innovation der Petrochemie gefeiert, hatte die Erfindung der aus dem Petrol-Cracking hervorgegangenen Polymere den Reiz des technischen Fortschritts. Mit verschiedenen Verfahren konnte man ihm immer wieder neue Eigenschaften verleihen: Weichheit, Verformbarkeit, Durchsichtigkeit, Beständigkeit. Im medizinischen Bereich beispielsweise hat er unzählige Menschenleben gerettet, man kann sich ein Gesundheitswesen ohne Katheter, Perfusionsgeräte und Prothesen aus diesem Material gar nicht vorstellen. Aber ihr Merkmal der Dauerhaftigkeit, das ihren Erfolg begründete, war für unsere Umwelt verhängnisvoll. Dauerhaftigkeit bedeutet Widerstand gegen jeden Verfall – so erstickt heute unser Planet unter den jährlich anfallenden 100 Millionen Tonnen Plastikabfall. Er überbordet in Städten, er verseucht die Ozeane und verursacht den Untergang zahlreicher Arten von Meeresbewohnern. Man könnte noch zahllose andere Beispiele von Emergenzen auflisten, die aus dem menschlichen Erfindergeist entstanden sind und sich auf die Dauer ambivalent gezeigt haben: Überstürzte Industrialisierung zur Erhöhung der Produktivität, unbesonnene Betonierung zur Förderung der Urbanisierung, Globalisierung der Finanzwirtschaft zur Anhäufung von Reichtum sind einige historisch bedeutungsvolle davon. In neuerer Zeit sind es die selbstorganisierten komplexen Systeme des Datenaustausches, die uns überschwemmen: Vielfältige Informatikanwendungen wie Videospiele und vor allem soziale Netzwerke. Heimtückischerweise haben sich diese negativen Emergenzen tief in unser tägliches Leben eingenistet. Die sind die Folge unserer Geringschätzung der Fähigkeit der Natur, auszuwählen und das Überflüssige auszusondern. Wie wir es in Kapitel 13 sehen werden, geht es uns nicht darum, dem von uns Vollbrachten den Kampf anzusagen, sondern um ein sorgfältigeres Abwägen der Vor- und Nachteile der komplexen Systeme, die wir hervorgebracht haben. Wir sind für diese Aussortierungen des Schädlichen, wie es uns die Natur seit der Entstehung des Lebens vormacht, verantwortlich.

Ein sehr schönes Beispiel eines
«unvorhergesehenen, sichtbar gemachten Ereignisses»

Kapitel 13
Die menschliche Natur:
Eine Vielfalt von Emergenzen,
hervorgegangen aus unzähligen Austauschen

Beobachten und experimentieren:
Zwei Arten, die Welt zu erfassen

«*Panta rhei*», alles fliesst, oder freier ausgedrückt: «jedes Ding ist in Bewegung»: Dieses Axiom wird Heraklit zugeschrieben, dem Philosophen aus Ephesos, der ungefähr von 544 bis 484 vor Christus lebte. Mit seinem berühmten Ausspruch hält er fest, dass kein Ding unbewegt bleibt, dass alles fliesst, wie in einem Strom. Zu dieser genialen Eingebung eines Denkers des Altertums gesellt sich eine andere, ebenso weitsichtige Aussage, der wir im Kapitel 4 begegnet sind: Die Feststellung, die Demokrit zwei Jahrhunderte später macht, wonach die Materie aus einer beschränkten Anzahl unteilbarer Elemente besteht und die er «Atome» nennt.

Heraklit schlägt also vor, dass unsere Welt allgegenwärtigen und wiederholten Veränderungen entspringt. Seine Überlegung führt ihn zu der etwas paradoxen Schlussfolgerung, dass nur der ständige Wechsel konstant ist, ob wir nun einen vorbeiziehenden Fluss betrachten, die Natur um uns herum oder das menschliche Schicksal. Im folgenden Text veranschaulicht er seinen Gedankengang: «Es ist dasselbe, ob wir tot oder lebendig sind, wach oder schlafend, jung oder alt, denn dieses verwandelt sich in jenes, und das verwandelt sich wiederum in dieses». [63] «*Panta rhei*» fasst auf ergreifende und poetische Weise die Stellung der Menschheit in der Welt zusammen: Wir leben in einem Universum des Hin und Her, des ständigen Austausches, des permanenten Wechsels – und: mit einer unbestimmten Zukunft. Fünfundzwanzig Jahrhunderte später erhält diese abstrakte Vision eine Bestätigung durch die Beobachtungen, Entdeckungen und Experimente in allen Wissenschaften, ob sie nun die Natur, den Menschen oder die Gesellschaft betreffen. In den vorangehenden Kapiteln sind wir auf den Begriff des Austausches gestossen, bei den Atomen und ihren Bestandteilen, bei den Mechanismen, welche die Zellen zum Leben befähigen, bei den Verhaltensweisen, die zu Gemeinschaften und Gesellschaften führen, bei den Sprachen und den

Kunstwerken, die die Voraussetzung unserer Kommunikation sind. Die Bedeutung des Austausches erfassen wir, wenn wir uns im Gegensatz dazu die Konsequenzen von beobachteten oder gedachten Katastrophenszenarien vorstellen, die der Untergang der Wechselwirkungen bewirken würde: Das Leben stirbt, der Dialog verstummt, das Misstrauen macht sich breit. Letztlich ist das Universum, in dem wir leben, ohne diese unsichtbaren Beziehungen unvorstellbar.

Diese Betrachtungsweise unserer Welt ist allerdings nicht die einzig mögliche und einzig gültige. Es gibt zahlreiche andere, denn es ist nachvollziehbar, dass man unsere komplexe Welt auf vielerlei Arten deuten kann und dies verschiedene Erklärungen zulässt, selbst solche, die den wissenschaftlichen Beobachtungen standhalten. Das auffallendste Beispiel finden wir in der Physik: Beim Übergang zum Ultrakleinen, unter die Konstante des Planck'schen Wirkungsquantums, müssen wir die Newton'sche Physik aufgeben und sie durch die Quantenmechanik ersetzen.

In unserem Alltag ziehen wir es vor, unsere Umwelt auf eine etwas realere, bildhaftere Weise zu betrachten. Sie besteht aus Objekten und Strukturen, die wir betasten, riechen, kosten, hören und vor allem sehen können. Unsere fünf Sinne beruhen auf bemerkenswerten biologischen Entwicklungen, die uns ein freies Bewegen und die Wahrnehmung der Schönheiten unserer Welt ermöglichen. Aber gewisse im Verlauf der Evolution erworbene Errungenschaften haben ihre Grenzen: Unser Gesichtspektrum ist eng, es erfasst nur ein schmales Band der elektromagnetischen Wellen, und gewisse Zugvogelarten, Haifische und Rochen besitzen Organe, die Magnetfelder wahrnehmen können. Auch unser Geruchssinn ist beschränkt: Jener des Eisbären, und jener der Ratte und des Hundes, die uns näher verwandt sind, ist um vieles leistungsfähiger. Und die Fledermäuse hören Töne, die ausserhalb unseres Hörvermögens liegen.

Unser Auge ist sicher das entscheidende Sinnesorgan geworden, um die Welt zu entdecken. Obwohl es nur einen Teil des Lichtspektrums wahrnimmt, ist es mehr als eine hochentwickelte Kamera, denn es ist ständig mit hoher Frequenz in Bewegung, um jedes flüchtig aufgenommene Bild zu vervollständigen. Das Erstaunlichste an diesem Vorgang ist die anschliessende Verarbeitung jedes aufgefangenen Bildes. Unser Gehirn ist ein hervorragendes Bildauswertungssystem: Es ist verblüffend, was beim Sehen hinter dem Vorhang abläuft, in den Kulissen unserer Retina. Beispielsweise stellen wir fest, dass wir ständig unvollständige Bilder «reparieren», indem wir fehlende Teile «erfinden», wie bei einem Puzzle, von dem einige Teile verloren gingen: In der dargestellten Landschaft mit seinen herbstbunten Bäumen und seinem verträumten Dorf mit der roten Kirchturmspitze ergänzt unser Geist die weissen Stellen virtuell zu einem vollständigen Bild. Zwei leistungsfähige Organe arbeiten also zusammen: Das Auge schaut und das Gehirn füllt die Lücken, was uns zu einer kohärenten Wahrnehmung der materiellen Umwelt befähigt.

Wie könnte man diese an sich schon erstaunliche Leistung noch verbessern? Die Wissenschaft hat sehr früh eine wichtige Feststellung gemacht: Wenn unsere Blicke auf Gegenstände in unserem Umfeld fallen, ist unser Sehvermögen auf die reine Betrachtung beschränkt, es ist jedoch ausserstande, die Funktionen und Wechselwirkungen der Objekte zu verstehen. Wir schauen eine Blume an, sie ist rot, besitzt mehrere spitze Blütenblätter und einen gelben Stempel, aber wozu dienen sie, welche funktionelle Beziehung haben sie untereinander? Das hat zur Entwicklung von zwei verschiedenen, aber sich ergänzenden Zweigen der Biologie und der Medizin geführt: der Morphologie und der Physiologie. Der erste Zweig befasst sich mit der sichtbaren Struktur, ein klarer Begriff; der zweite befasst sich mit der Erforschung der Funktion, eine eher immaterielle, für das Auge unsichtbare Kategorie. Für die morphologische Untersuchung war von jeher und bleibt die geeignete Methode die optische Beobachtung, während für die Erforschung der Funktionalität ein neuer Trick erfunden wurde: das Experiment. Das ist eine indirekte Methode, um «zu sehen, was geschieht», um das Unsichtbare bei seiner Wirkung zu beobachten. Man schafft dazu kontrollierte wechselnde Bedingungen und bestimmt daraus jeweils die Werte, die sich dadurch verändert haben. Diese optisch nicht direkt sichtbaren Funktionen werden in eine Wertetabelle übertragen, in eine Grafik oder in eine bildhafte Darstellung. Jeder Prozess, jede Wechselwirkung kann so visuell ausgedrückt werden und veranschaulicht die ausgelösten Veränderungen. Sogar eine Salve von Fotografien, in tausendstel Sekunden aufgenommen, vermag uns nicht die Mechanismen und Wechselwirkungen zu erklären, die das Wachstum der Blume bewirken. Erst eine grafische Darstellung, welche die Wachstumskurve mit den zur Verfügung gestellten Nahrungsstoffen in Verbindung setzt, liefert uns eine klare und präzise Sichtbarmachung der Vorgänge im Bereich der Wurzelfasern. Morphologen und Physiologen haben sich während Jahrzehnten erfolglos mit der Frage abgemüht, ob die Funktion die Form bestimmt, oder umgekehrt die Form Ursprung der Funktion ist. Glücklicherweise hat sich die eher unfruchtbare Diskussion des Problems durch die Zusammenführung der morphologischen und physiologischen Forschungsbereiche beruhigt, dank der heute möglichen Beobachtung des unendlich Kleinen. Erst auf dieser Ebene, auf der das Leben stattfindet, wurde es durch den Einsatz von molekularer Bildgebung, von Echtzeitbeobachtung chemischer Reaktionen und der funktionellen Magnetresonanz möglich, Funktionsweisen mit Struktur zu vereinen.

Die Wissenschaft hat ebenfalls Instrumente erfunden, die uns die Erkundung der unermesslichen Grösse des Universums gestatten: mittels immer leistungsfähigerer Teleskope und Satelliten, die uns die Wechselbeziehungen, Zusammenballungen, das Auftauchen und Verschwinden von Elementarteilchen und deren Verschmelzungen in einem grossen kosmischen Ballett vorzeigen. «On a clear day, you can see for ever» («An einem klaren Tag kann man die Ewigkeit sehen») stand im Titel einer bedeutenden wissenschaftlichen Zeitschrift mit Bezug zum Hubble-Teleskop, eine Andeutung auf ein in den siebziger Jahren erfolgreiches Musical. Wir entdecken also, dass die geniale Eingebung von Heraklit richtig war: Die Welt, vom Universum bis zum subatomaren Raum, besteht nur aus Austauschen.

Es sind oft nicht wahrnehmbare Austausche, welche Emergenzen erzeugen

Wie kann dieses eigentümliche und wichtige Phänomen, die Emergenz, entstehen? Die theoretische Antwort ist überraschend, aber eigentlich einfach: Wenn ein Netzwerk, bestehend aus zahlreichen untereinander verbundenen selbstorganisierten Elementen durch sehr viele Wechselwirkungen in genügendem Masse komplex wird, sind die Voraussetzungen für Emergenz erfüllt. Während die Wechselwirkungen selbst meist von Natur aus nicht wahrnehmbar sind, wird der entstandene verstärkte Emergenzeffekt meist ins Auge springen.

Eine andere verwirrende Eigenschaft dieser Verbundenheit zwischen Austauschen und Emergenz ist deren Asymmetrie: Wenn sie absolut reziprok, wechselseitig, wäre, würde sich nichts bewegen, es würde nichts Neues entstehen. Dank einiger kleiner Ungleichheiten, welche die perfekte Symmetrie brechen, können sich Moleküle bewegen, können Ameisen die steigende oder sinkende Konzentration von Pheromonen wahrnehmen; dank eines kleinen aufmunternden Zeichens wird das Vertrauen zwischen zwei Händlern entstehen, wird sich das soziale Netzwerk aufbauen. Das Phänomen wächst dann, verzweigt sich und bewirkt schliesslich das unerwartete und sichtbare Ereignis.

Wenn man unbewegte mineralische Materie betrachtet, sind die Emergenzeffekte allerdings schwer auszumachen. Wie können wir von deren tatsächlichen Existenz überzeugt werden? Schauen wir uns vorerst einmal die Sterne an, bei einer klaren Sommernacht, oder streicheln wir einen glatten Kieselstein, den wir aus einem Fluss gehoben haben. Diese zwei Arten von Objekten, das eine weit entfernt und unbewegt, das andere in meiner Hand und klein, erscheinen wohl fest und unabänderlich – und doch werden sie von Milliarden subatomarer Partikel zusammengehalten, die dank herumwirbelnder Elektronen und pulsierender Magnetfelder zusammenwirken. Es gibt keinen Sekundenbruchteil ohne zahllose derartige Wechselwirkungen, die zu Emergenzen von Nukleonen, Atomen, Kristallen und Gesteinsadern im Kieselstein in meiner Hand führen. Diese Folgerung ist in keiner Weise anfechtbar: So ist nun einmal unsere Welt. Dieses Ballett, geboren bei der Entstehung unseres Universums, wird sich in alle Ewigkeit fortsetzen – sollte es sich eines Tages erschöpfen, würde das den Zusammenbruch von allem bedeuten.

Die Wechselwirkungen im unendlich Kleinen und in der Riesenhaftigkeit des Himmels können wir uns schlecht vorstellen. Hingegen sind die molekularen

Wechselwirkungen, die das Leben ermöglichen, jene der Zellen und jene, die unser Immunsystem aufrechterhalten, eher begreifbar, denn wir verfügen über ausgereifte optische Instrumente, die sie uns offenbaren und in wunderschönen bildlichen Darstellungen sichtbar machen. Und was lässt sich über die Wechselbeziehungen unter Menschen aussagen? Sie würden ein Rätsel bleiben, wenn wir nicht über die erstaunliche Fähigkeit des Austausches unserer Erkenntnisse, unserer Wünsche und Emotionen mit unserem Nächsten verfügten. Wir können in der Tat die verborgenen Gefühle unseres Gegenübers bemerkenswert gut entschlüsseln und interpretieren. Unser Bewusstsein ist zweifellos eine einzigartige Emergenz, die aus einer unablässigen Aktivität unserer Milliarden Neuronen entsteht; diese kommunizieren miteinander, stimmen sich ab und unterstützen einander. Aber auch diese Neuronen sind Emergenzen aus den koordinierten Wechselwirkungen zwischen den unzähligen Molekülen in ihren Zellen, angetrieben von Energie aus unserem Organismus. Es müssen täglich lediglich etwa 500 Kilokalorien aufgewendet werden, um unser Gehirn zu betreiben, was etwa dem Nährstoffgehalt einer Schokoladetafel von 100 Gramm entspricht.

Wir können unseren Gedankengang auf der Stufe des Atoms beginnen und ihn auf molekulare Systeme ausdehnen, die ihrerseits aufgrund ihrer atomaren Verbindungen komplex und emergent sind, bis zu unseren Gehirnaktivitäten: Wenn wir diese Zeilen lesen, oder den Kopf eines Kindes streicheln oder einer Musik lauschen, sind wir die Emergenz von Emergenzen, befinden wir uns an der Spitze einer Pyramide von Austauschen auf allen Ebenen, wobei jede Ebene die Emergenz der darunterliegenden ist. Unser Wesen entspringt einer subtilen Architektur aus lauter verwobenen komplexen Netzwerken.

Allgegenwart der Austausche und Netzwerktheorie

Aus obiger Definition lässt sich ableiten, dass Austausche und Emergenzen sowohl Ursache als auch Ergebnis von komplexen Systemen sind. Sie treten eindeutig in zahlreichen Gegebenheiten, eigentlich in allen Phänomenen unserer Welt auf. Es ist faszinierend, dass sie trotz ihrer extremen Vielfalt gewisse gemeinsame Eigenschaften aufweisen, die man lange vermutete, jedoch nie in eine standfeste und allgemeine Theorie kleiden konnte. Es waren vor allem die Mathematiker, die ein einfaches Darstellungs- und Analysesystem suchten, wie es das Alphabet für die Schrift ist, oder die Mathematik für die Physik. Dem bedeutenden Mathematiker Leonhard Euler verdanken wir die erste grafische Darstellung einer komplexen Situation, wie sie bei dem Problem der sieben Brücken von Königsberg (heute Kaliningrad) auftritt (1756). Das war der Grundstein zur Graphentheorie, dann zur Theorie der komplexen Netzwerke, eines Zweiges der Mathematik, der Austauschnetzwerke modelliert. Heute sind Graphen, die ein Netzwerk darstellen, wohlbekannt, jedenfalls deren Bild. Sie symbolisieren die

Austausche durch zwei grafische Komponenten: Die eine, durch Punkte dargestellt, markiert die Abzweigungen und Kreuzungen, die mit anderen in Beziehung stehen; sie wird auch als Knoten bezeichnet. Knoten stehen für die verschiedensten Grössen – Moleküle, Ameisen, Nervenzellen, Kraftwerke, Bahnhöfe. Die andere Komponente wird durch Linien oder Kanten dargestellt und bildet die Beziehungen ab, die Austausche – Elektronen, Pheromone, elektrische Ströme oder die Zahl der Zugfahrten. Der Reiz dieser Darstellungsart liegt darin, dass alles, was in einem komplexen System zueinander in Beziehung steht, im Austausch, auf einleuchtende Art bildlich gezeigt werden kann. [60] Mathematische Gleichungen ermöglichen die Bestimmung des Zeitpunktes, an dem das Wachstum eines Netzwerkes zu einer neuen Kohärenz kippt, mit anderen Worten: den Zeitpunkt der Emergenz. Umgekehrt gibt es Gleichungen, die uns die Zahl der wegzulassenden Knoten angibt, bei der das System zusammenbricht. Dieses Experiment ist eindrücklich: Sie streichen ein paar Knoten und entfernen die sie verbindenden Kanten – vorläufig geschieht nichts; eine zusätzliche Aufhebung jedoch, selbst eines scheinbar unbedeutenden Knotens, führt zu einem Kollaps des Systems: Das bedeutet das Verschwinden der Emergenz, alles fällt zusammen wie bei einem Kartenhaus. Sie kennen wohl dieses Phänomen, hoffentlich nur theoretisch, das bei weiträumigen Strompannen auftritt: Millionen Menschen befinden sich plötzlich in völliger Dunkelheit, weil irgendwo ein Baum auf eine Starkstromleitung gestürzt ist. Der Baum hat einen entscheidenden Knoten lahmgelegt; die Unterbrechung hätte ebenso gut an einem anderen Ort erfolgen können. Die Populärjournalisten haben solche Ereignisse genüsslich mit Schmetterlingseffekt bezeichnet: Ein Flügelschlag am Amazonas kann demnach in Europa einen Wirbelsturm auslösen. Das Bildnis ist eher aufschreckend als plausibel, aber die Theorie der Netzwerke zeigt auf metaphorische Weise ein Charakteristikum der komplexen Systeme, nämlich einerseits ihre ausserordentliche Robustheit, aber auch ihre Nichtlinearität: Auftreten und Zusammenbruch von Zuständen erfolgen mit grosser Heftigkeit.

Die Netzwerktheorie ist ein neuer Zweig der Wissenschaft, den man als horizontal oder transversal bezeichnet, denn er durchdringt die ganz Welt des Wissens. Sie gründet auf der Beobachtung von fortdauernden Wechselwirkungen und ermöglicht dadurch das Erkennen von Gleichartigkeiten zwischen den verschiedenartigsten Gebieten, und daraus die Möglichkeit, kühne Extrapolationen und Voraussagen zu gewinnen. Sie ist die bevorzugte Methode geworden für die Erforschung komplexer Systeme aller Art, wie die Funktionsweise des Gehirns, die Verteilung der Energie, die Organisation von Gemeinschaften, der Verlauf von Finanzflüssen, die Veränderung des Klimas. Ihre grosse Verbreitung erlaubt uns, den Graben zu überwinden, der immer noch den Dialog zwischen den Naturwissenschaften, den Sozialwissenschaften und den Humanwissenschaften prägt, indem sie die Wechselbeziehungen unter allen Blickwinkeln ihrer Erscheinungsformen aufdeckt. Je mehr Fortschritte wir in unserem Verstehen des Lebens, der menschlichen Gesellschaft und Gehirnfunktionen erzielen, desto besser verstehen wir die Komplexität der Phänomene, die dabei stattfinden. Neue Konzepte waren dringend notwendig, um diese Entdeckungen in einen erkenntnistheoretischen Rahmen zu bringen, der den emergenten Eigenschaften dieser probabilistischen Wechselwirkungen Rechnung trägt. Auf halbem Weg zwischen dem Determinismus der Gesetze der Physik und dem in manchen Prozessen der Natur beobachteten Chaos liegend, ist die Theorie komplexer Systeme in der Lage, uns diesen Rahmen zu liefern, der für das Verstehen der unser menschliches Wesen prägenden Emergenzen notwendig ist. [64]

Segen und Fluch der vom Menschen hervorgebrachten komplexen Systeme

Wir könnten nun unseren Diskurs über die Austauschsysteme und ihre zahlreichen Emergenzen abschliessen, nachdem letztendlich die Untersuchung der Stellung der Menschheit in diesem Umfeld gezeigt hat, wie diese aus einem Konstrukt unendlich vieler komplexer Systeme besteht. Allerdings würden wir dann eine wichtige Feststellung auslassen, nämlich, dass die Menschheit ihrerseits unzählige Austauschsysteme bildet, die ihrerseits Emergenzen hervorrufen. Die weltweiten Kommunikationsnetze, die wir geschaffen haben, sind dafür ein treffendes Beispiel.

Wir sind soziale Wesen und brauchen untereinander Austausche, wäre es auch nur zum Wohl unserer eigenen geistigen Befindlichkeit. Aber die persönliche Beziehung zu unserem engen Umfeld hat uns nicht genügt und dazu geführt, dass wir in der letzten Jahrhunderthälfte ein komplexes Kommunikationsnetz aufgebaut haben, das dichteste unserer Zivilisation und der Geschichte. Unsere gelegentlichen persönlichen und nachbarlichen Austausche haben sich in einen ständigen Fluss von Botschaften in der Form von Mitteilungen, E-Mails, Fotografien und Videos gewandelt, in ein Netz, dessen Entwicklung wir nicht mehr im Griff haben. Unsere Gesellschaft hat dadurch eine vierte Stufe der Komplexität und Emergenz geschaffen, die sich allerdings in vielen wichtigen Punkten von den drei bereits beschriebenen unterscheidet, sowohl von der physischen, der biologischen und – teilweise – der menschlichen. Während die Wechselwirkungen auf subatomarer Ebene von den probabilistischen Gesetzen der Quantenphysik regiert werden und auf der zweiten Ebene die biologischen Zwänge der selbstorganisierten Komplexität des Lebens herrschen, die von den Gesetzen der Chemie und der Physik abhängen, kommt auf der dritten Ebene das menschliche Bewusstsein zum Tragen. Die beiden ersten Systeme weisen ein wesentliches gemeinsames Merkmal auf: Sie bewahren sich vor ihrer Ausuferung durch eine stufengerechte Selbstbeschränkung – es gibt keine riesenhaften Atome, kein Pferd galoppiert mit Schallgeschwindigkeit, es gibt weder 18 Meter lange Ameisen noch 7 Meter grosse Menschen. Das dritte System, in welches das menschliche Bewusstsein einbezogen ist, hat bereits das Prinzip der Selbstbescheidung und Selbstbeschränkung verlassen, wie man es am Beispiel des rasanten Wachstums unserer Städte beobachten kann. Und die Entwicklung der vierten Stufe der Komplexität, jene der vernetzten Gesellschaft, gefördert durch den Übergang zur Digitalisierung und eine neue Netzwerktechnik, unterscheidet sich von den vorangehenden drei Systemen, vor allem von den biologischen, in mehreren wesentlichen Bereichen. Erstens gründet ihre chemische Architektur auf dem Siliziumatom, einem Verwandten des Karbons, unseres eigenen Hauptbausteins. Zweitens integriert sie in ihrer Hardware wenig bekannte Elemente wie die Seltenen Erden mit ihren exotischen Namen wie Yttrium, Scandium und die Lanthanoide. Diese sind derart schwer aus unseren Böden zu extrahieren, dass sie Gegenstand eines unterschwelligen Handelskrieges geworden sind. Und schliesslich und vor allem wachsen und verbreiten sich unsere Informationsnetzwerke auf exponentielle und unkontrollierte Weise. 90 Prozent der globalen Daten sind während der letzten zwei Jahre generiert worden, und ihre Zunahme beschleunigt sich noch durch die Entwicklung des Internets der Dinge. Allerdings tragen wir alle zu dieser explosionsartigen Ausbreitung bei: Jede Minute fliessen über 150 Millionen Kurznachrichten in unsere Netze. Getragen vom Stolz auf unser Innovationsvermögen, das nach einem Übertreffen der Natur trachtet, haben wir das zweite Darwin'sche Prinzip über Bord geworfen, jenes der Auslese des Tüchtigeren, jenes des Verdrängens des Unnützen und Überflüssigen. Wir haben die Weisheit der biologischen Sphäre, in der nur Austausche mit vorteilhaften Emergenzen gefördert werden und das Gesetz der stufengerechten Ökonomie herrscht, gegen eine neue Komplexitätsordnung getauscht, in der das Prinzip des Wachstums gegenüber jenem der Wertschöpfung überwiegt. Es gibt kein Abwägen mehr zwischen positiven und negativen Emergenzen: Während wir wohl von den positiven profitieren, sind wir unfähig, die negativen zu beseitigen.

Wenn wir es uns recht überlegen, hat diese Feststellung eine noch grössere Tragweite. Es beschränkt sich nicht nur auf den Aufschwung der Digitalisierung, auf das Internet mit seinen sozialen Netzwerken mit mehrdeutigen Inhalten und mit Falschmeldungen. Unsere gegenwärtige Zivilisation zieht grosse Vorteile aus Neuerungen, die sie Entdeckungen und Erfindungen verdankt, leidet aber gleichzeitig unter einer ungezügelten Flut von oft überflüssigen, nutzlosen oder gar schädlichen Waren, wodurch unsere beschränkten Rohstoffreserven aufgezehrt und unsere Abfalldeponien überfüllt werden. Unser Wachstumswahn hat wichtige Gebiete wie die Finanz- und die Energiewirtschaft entartet. Die komplexen Netzwerke des globalisierten Marktes hätten die Wirtschaft ankurbeln sollen und dies wohl auch erreicht, ihre Auswüchse stürzten jedoch gleichzeitig ganze Völkerschaften in Armut und Not. Was die Energie betrifft, müsste unsere Gesellschaft schon heute über vier zusätzliche Planeten Erde verfügen, um die Bedürfnisse der ganzen Menschheit zu decken, was eindrücklich zeigt, dass wir uns mit unserem masslosen Wachstum in einer falschen Richtung bewegen.

Die der Natur innewohnende Weisheit, dessen bin ich mir sicher, findet man keineswegs in dieser von uns geschaffenen vierten Ebene der Komplexität. Wissenschaft, Technologie und Finanzwirtschaft, die diese Komplexität erschafft haben, können nicht als die einzigen Erzeuger neuer Emergenzen gelten, wenn unsere Gesellschaft sie nicht in umfassender Weise durch ihr «Warum?» und ihre Nützlichkeit bereichert.

Für eine Erneuerung der humanistischen Gedankenwelt

Wir sind an einem Punkt angelangt, an dem wir einige Schlussfolgerungen aus den Erkenntnissen ziehen müssen, die wir in der Diskussion über die zwei ersten Ebenen der Austausche gewonnen haben. Wir müssen sie mit den beiden letzten, der dritten, jene unserer Innovationen, und der vierten, jene der von uns geschaffenen Infosphäre, in Einklang bringen. Wir leben und stehen in ständiger Wechselbeziehung mit ihnen. [65] Wir schätzen sie zwar, gleichzeitig fürchten wir sie aber auch. Sie verschaffen uns Wohlbefinden, aber ebenso bedrohen sie uns. Wir sind stolz darauf, aber gleichzeitig verunsichern uns einige ihrer Folgen. Wir wissen nicht mehr richtig, wo wir stehen, was wir tun oder hoffen sollen. Es erheben sich viele Stimmen, die von uns ein Überdenken dieser neuen Welt verlangen. Ich schliesse mich diesen Stimmen an und verfechte die Aufforderung zu einem neuen Denken über den Humanismus, gegründet auf einer breiten Debatte und einem kollektiven Streben nach Entwicklung einer besseren, gerechteren menschlichen Gesellschaft, an der alle Menschen teilhaben können. Zuerst werde ich einige geschichtliche Feststellungen machen, deren Unschärfe mir die Spezialisten auf dem Gebiet hoffentlich verzeihen werden. Ich schlage vor, die Zeitmaschine um etwa 500 Jahre zurückzudrehen und einen Zeitzeugen aus dem europäischen Mittelalter sprechen zu lassen. Er weiss nicht, dass sich im Hintergrund die Bewegung der Renaissance in Bewegung gesetzt hat, dass der Humanismus vor der Tür steht. Der Hundertjährige Krieg zwischen England und Frankreich ist soeben beendet worden, mit einer entsetzlichen Bilanz: Schlachten und die Pest haben einen Drittel der Bevölkerung Europas vernichtet. Das Osmanische Reich hat 1453 die Stadt Byzanz erobert und eine neue Grenze zwischen Asien und Europa errichtet, ein weiterer Meilenstein in den andauernden Auseinandersetzungen an dieser Nahtstelle, nach der Schlacht von Marathon und dem Seekrieg von Salamin zwischen den Griechen und Persern. Gutenberg gibt zwischen 1452 und 1454 die erste gedruckte Bibel heraus und bereitet damit die weltweite Demokratisierung des Wissens vor. Dieser Zeitabschnitt erlebt auch die Spaltung der christlichen Religion und die Geburt neuer religiöser Bewegungen. Christoph Kolumbus, Vasco da Gama und weitere spanische und portugiesische Seefahrer entdecken neue Welten. In dieser Zeit erwacht in Italien, in Frankreich und in anderen Ländern die «Humanismus» genannte Bewegung, die, auf die klassischen Werte der Antike zurückgreifend, eine neue berufende Ordnung verkündet: Der Mensch wird für seine Taten zur Verantwortung gezogen, er wird gerecht werden, wird Respekt vor Seinesgleichen und vor der Natur gewinnen und bestrebt sein, sich zu vervollkommnen.

Die Analogien zwischen dieser eine Schlüsselrolle einnehmenden Periode und unserer Zeit sind zahlreich und überraschend. Beurteilen wir, wo wir stehen: Europa und die Welt treten schwer geschlagen aus einem von unzähligen Kriegen, Zerstörungen, Pogromen und Völkermorden gezeichneten Jahrhundert, das weltweit 230 Millionen Todesopfer gefordert hat, davon 43 Millionen seit dem letzten Weltkrieg. Aids, eine neue Art Pest, hat unsere Völker heimgesucht, 36 Millionen Menschen getötet und unsägliches Leid gebracht. Die 1'000-jährige Auseinandersetzung zwischen Asien und Europa ist wieder aufgeflammt und hat durch den Dschihad mit seinen grausamen Terrorangriffen den ganzen Planeten in Unsicherheit gestürzt. Das Internet ist unser moderner Gutenberg geworden und bringt Wissen sowie intellektuelle und politische Diskussionen dank seines weltumfassenden Netzwerkes in jedermanns Reichweite. Und schliesslich steht die Erforschung unseres Sonnensystems in voller Entwicklung: Obwohl noch zaghaft, ist sie bezüglich Neugierde und Mut mit den ersten Eroberern der Neuen Welt vergleichbar, mit den bekannten Folgen.

Es ist immer riskant, historische Vergleiche anzustellen und daraus Schlüsse auf die Zukunft zu ziehen. Die Geschichte verfolgt ihre eigenen Wege, gewisse ihrer Abläufe wiederholen sich jedoch und sind sogar umkehrbar: Krieg und Frieden, Tyrannei und Revolution, Askese und lockere Sitten, religiöse Überzeugungen und laizistische Strömungen folgen sich wiederkehrend. Es ist demnach zulässig und vernünftig, unsere gegenwärtige Epoche mit jener der Vorrenaissance zu vergleichen. Beide haben Gemeinsamkeiten, die stürmische Vorrenaissance hat aber dazu bemerkenswerterweise das Aufblühen des Humanismus hervorgebracht, als eine Besinnung auf die Werte der Antike. Er setzt den Menschen in den Fokus seiner Bestrebungen und fördert seine Entfaltung. Auf gleiche Weise bildet die heutige Epoche einen fruchtbaren Boden für das Aufstreben eines neuen Denkens über die Menschheit, im Einklang mit der herrschenden modernen Vernetzung, Digitalisierung und Globalisierung. Dieser neue Humanismus muss auf dem Respekt des Mitmenschen gründen und das Paradoxon der Ungleichheit bekämpfen zwischen der Armut einzelner und dem unvergleichlichen und zunehmenden Reichtum der mächtigen Kommunikations- und Handelsinstitutionen, die uns zwar zu Diensten sein wollen, uns in Wirklichkeit jedoch beherrschen. Der neue Humanismus muss sich gezielt auf die verantwortungsvolle Frau und den ebenso verantwortungsvollen Mann fokussieren. Dabei kann er sich auf eine immer wieder bestätigte wissenschaftliche Erkenntnis stützen, jene der Mässigung und Weisheit der Natur – ein Modell, das wir einst erforscht und verstanden, in der Folge aber wieder aus den Augen verloren haben. Das Modell bleibt jedoch in unserer Reichweite und zeigt uns täglich, dass ein qualitatives Wachstum eine bessere Zukunft hat als ein quantitativ uferlos zunehmendes. Die Fortschritte unserer Zivilisation sollten nicht mehr in Zahlen gemessen und in Kurven dargestellt werden, sondern und vor allem in ihrem Mehrwert. In diesem Prinzip ruht vermutlich die tiefere Bedeutung der Aussage, dass «das Ganze mehr ist als die Summe seiner Teile»: Es geht nicht um eine grenzenlose Aufsummierung, sondern um die Emergenz einer zunehmenden Qualität. [66] [67] [68]

Ein solcher Humanismus ist weder ein neuer Gedanke, noch bedeutet er eine Ablehnung des Fortschrittes. Er darf nicht als ein Streben nach einer altertümlichen und primitiven Lebensweise verstanden werden. Diese kulturelle Strömung hat sich natürlich schon in der Antike entwickelt, denn das Denken in der Renaissance nimmt darauf Bezug. Gewisse Aussagen von Buddha und von Konfuzius beruhen ebenfalls auf ihr. Wir begegnen ihr auch im 19. Jahrhundert, später nach dem Zweiten Weltkrieg und schliesslich heutzutage in mehreren philosophischen, sozialen und politischen Strömungen. Diese Denkungsart übernimmt, unterstützt und bejaht den Fortschritt, indem sie ihn als eindeutig wertvolle Hilfe bezeichnet, unter der Bedingung, dass wir uns dafür einsetzen, um widernatürliche und gefährliche Emergenzen auszuschliessen, wie es seit Jahrmillionen die «unsichtbare Hand der Evolution» tut.

Eine kurze Zusammenfassung: Zwischen Determinismus und Chaos

Die Verknüpfungen von komplexen Austauschnetzwerken bestehen seit grauer Vorzeit und verteilen sich über das ganze Universum; wir finden sie von den Schwingungen der subatomaren Partikel bis hin zu den Verhaltensweisen der tierischen und menschlichen Gemeinschaften. Diese Feststellungen führen zu einigen verstörenden und ergreifenden Folgerungen. Wir sind weder das Produkt eines starren Determinismus, noch das zufällige Ergebnis eines universellen Chaos. Die uns bildenden komplexen Systeme stehen zwischen Ordnung und Unordnung, zwischen Notwendigkeit und Zufall, zwischen scharfer Regelung und Anarchie. Sie haben ihre eigenen Gesetze der Selbstorganisation, der Nichtlinearität und der Emergenz. Eine gute Definition findet sich in den zwei Worten «organisiertes Chaos», ein Sammelbegriff, der die beiden Grenzzustände umfasst, innerhalb derer sie sich bewegen.

Der Mensch, ein komplexes System, das seinerseits aus komplexen Systemen besteht, kann alles, was er weiss und besitzt, mit anderen Menschen austauschen, und dies auf Gegenseitigkeit. Wir alle bestehen aus denselben Bauelementen, die wir ständig mit anderen tauschen, und stehen dadurch untereinander in andauernder Wechselwirkung. Die Wissenschaft hat uns gezeigt, dass wir aus

Atomen bestehen, die durch gewaltige kosmische Explosionen entstanden sind: Atome sind Sternenstaub aus dem Weltall. Die Eisenatome in den roten Blutkörperchen, die in unserer linken Hand zirkulieren, stammen höchstwahrscheinlich nicht aus derselben Galaxie wie jene in der rechten Hand. Auch die winzigen subatomaren Partikel oder Kraftfelder, die andauernd unseren Körper durchdringen, sind zuerst vielleicht durch Sirius gerast, bevor sie uns erreichten, oder sie werden eines Tages dorthin eilen. Und wir senden und erhalten im täglichen Leben intelligente Botschaften, Ausdrücke von Emotionen, von Aufforderungen, von Liebe, alle von unbekannter und vergänglicher Konsistenz, die von der Wissenschaft noch nicht geklärt werden konnte, und die sich schliesslich im Weltenraum auflösen werden. Diese nicht wahrnehmbaren Austausche, ganz minimal asymmetrisch, sind in komplexe Systeme gefasst und bestimmen den Wechsel, den Fortschritt und die Evolution.

Eine letzte Feststellung verdient noch unsere Aufmerksamkeit: Wenn Austausche schwer wahrnehmbar und oft immateriell sind, was ist dann ihr eigentliches Wesen? Existieren sie tatsächlich, obwohl wir sie nicht wahrnehmen und bestimmen können? Und schliesslich: Wenn wir doch ihre Emergenz sind, woraus bestehen wir eigentlich? Lasst uns zusammen eine letzte Reise unternehmen und uns auf einen fiktiven Weg begeben zum unendlich Kleinen, dann zum noch Kleineren und zum nochmals viel Kleineren. Wir stellen dann fest, dass die Zeit verschwindet und sich auflöst, während die Welle-Partikel, denen wir begegnen und die Bestandteile unseres Körpers sind, ihre Masse verlieren und nur noch Energie sind. Diese Energie, deren Definition uns immer Mühe bereitet, ist auch die Ausgangssubstanz, die am Anfang unseres Universums vorhanden war, beim Urknall. Wir können dabei nur ein Gefühl von Furcht und Bewunderung empfinden für diese eindrückliche Raum-Zeit-Architektur, die aus einer Abfolge von Emergenzen besteht und die letztendlich zum Menschen geführt hat. Diese ursprüngliche Energie knetet die emergierende Materie zu Atomen, dann fortschreitend in einem langsamen Vorgang zur Strukturierung des Lebens, das letztlich unsere Fähigkeit zum Denken, zum Kreieren, zum Bewundern gebiert. Unsere Analyse führt uns schliesslich zu dem folgenden Schluss: Wir bestehen nur aus einer Art von in befristeter Materie gekneteter Energie und einem vergänglichen Bewusstsein – und wir sind demzufolge vergänglich. Der Prozess ist allerdings nicht abgeschlossen: Es gibt manche Gründe anzunehmen, dass sich diese Austauschdynamik über die nächsten Jahrtausende fortsetzen wird, zu weiteren künftigen Emergenzen, menschlichen oder anderen. Leider werde ich das nicht selbst erleben können.

Epilog
Eine persönliche Erfahrung:
Wenn der Einzelne dank der Gruppe gesund wird.
Austausch und Emergenz der kollektiven Resilienz

Weshalb habe ich dieses Buch geschrieben? Woher kommt das Bedürfnis, mit dem Leser und der Leserin diese meine Überzeugung zu teilen, dass alles Austausch, Wechselwirkung, Emergenz ist? In meinem Leben durfte ich die Welten der Medizin, der Naturwissenschaften, der Biologie, der Physik und ihrer technologischen Verbündeten durchschreiten. Dabei hat sich meine Überzeugung allmählich gefestigt. Allenfalls hätte darauf gegründet eine wissenschaftliche Studie entstehen können, die die Wechselbeziehungen und die Wechselhaftigkeit der Natur feiert. Dass sich meine Überlegungen auf das Gebiet der Humanwissenschaften ausweiteten, war die Folge einer schweren Erkrankung, die es mir erlaubte, Einsicht in das viel grössere Gebiet der allgemeinen Phänomene der Austausche und Emergenzen zu gewinnen, die daraus erwachsen. Jede Niederschrift hat immer eine autobiografische Komponente – man versteht gründlich nur, was man persönlich erlebt hat. Hier folgt eine Episode, die für mich wirklich entscheidend war.

Eine gut geplante Herzoperation

Es ist ... ich weiss nicht, wieviel Uhr es ist, aber es ist heller Tag. Langsam kehre ich aus einem ungewöhnlich tiefen Schlaf zurück, ein Schlaf von unbestimmbarer Länge. Die Wirkungen der Totalanästhesie verblassen langsam. Ich hatte mich für diese bedeutende Herzoperation gut vorbereitet. Allmählich nimmt mein Bewusstsein wieder Beziehung zur Gegenwart auf. Mein erster Gedanke: «Es ist vorbei, es liegt hinter mir, zumindest will ich es hoffen.» Meine Empfindungen sind flaumig, nebulös, farblos; die Stille ist unecht, gedämpfte und ungewöhnliche Geräusche dringen ganz schwach durch, weiche Schritte, Geflüster, kurze Sätze ohne Antwort – Anweisungen? Ich versuche, mich umzusehen, ich bin aber durch zahllose Schläuche an mein Bett gebunden. Ich verspüre keine Schmerzen, aber ein allgemeines Unwohlsein, ein Gefühl der Unbehaglichkeit.

«Husten Sie! Versuchen Sie, zu husten!» – ich bringe ein zögerliches Hüsteln hervor. Jemand – wer mag das sein? – untersucht meine Schläuche und Kabel, die mich mit den unterschiedlichsten Geräten verbinden. Die Person betrachtet den Bildschirm über meinem Kopf und studiert vermutlich wichtige Angaben zu meinem gegenwärtigen Zustand. Man regelt meine Infusionen. Zwei weitere Personen treten dazu und tauschen leise einige Worte, die ich nicht verstehe. Dann wendet sich eine an mich: «Haben Sie Schmerzen?» Ich schüttle den Kopf. Ich verspüre weder Schmerz, Hunger, Durst noch Müdigkeit. Ich bin völlig bewegungslos. Es bleibt mir nur, die Zeit vergehen zu lassen, auch sie regt sich nicht. Ich schlummere ein.

Dann tauche ich aus diesem Schlummer auf, vermutlich nach einigen Stunden, und sehe ein bekanntes Gesicht. Professor C. H., berühmter Herzchirurg, sagt mir mit beruhigender Stimme: «Die Operation ist gut gelungen, wie geplant. Die Herzklappe, die ersetzt werden musste, war wirklich in einem jämmerlichen Zustand. Ich habe Ihre Frau benachrichtigt, sie wird Sie bald besuchen.» Wir sind alle drei, meine Frau, ich selbst und Professor C. H., Spezialärzte, allerdings auf verschiedenen Gebieten. Aber es gibt ein gemeinsames Verständnis, fast eine Komplizenschaft, aufgrund unseres gemeinsamen medizinischen Wissens und aus den vertrauensvollen Gesprächen, die wir vor der Operation geführt haben. Ich tausche mit dem Chirurgen ein paar freundliche Worte auf Schweizerdeutsch, denn wir sind beide *bilingue* und mit diesem so aussagekräftigen Dialekt vertraut. Alles steht zum Besten, und es gilt nun, sich mit Geduld zu wappnen und sich in diesem sterilen Umfeld zurechtzufinden, das den unpersönlichen und unwohnlichen postoperativen Intensivstationen eigen ist.

Ich bin ehemaliger Chefarzt einer grossen Spitalabteilung, seit zwölf Jahren im Ruhestand, ich kenne den Betrieb einer Universitätsspitalstruktur aus langer Erfahrung. Als ehemaliger Spitalpraktiker habe ich auch gute Kenntnisse über mein kardiologisches Problem, über seine möglichen Komplikationen, seine chirurgischen Indikationen und seine Spitalrisiken. Ich wusste um meine Verengung der Aortenklappe meines Herzens. Diese Klappe schliesst und öffnet sich bei der Kontraktion des Herzes und ermöglicht den Fluss des Blutes in die Aorta und von dort ins Gehirn, dann in die anderen Organe. Während Jahren liess ich den Grad des Verschlusses dieser Klappe mittels Echografie messen. Bei der letzten Untersuchung war der Befund eindeutig: Bei offener Klappe hatte die Durchflussöffnung nur noch den Durchmesser eines Daumennagels, war also zu eng.

Also fasse ich den Entschluss zur Operation. Zusammen mit meiner Frau treffe ich meinen Chirurgen. Er erklärt uns die Vorgehensweise und die Risiken. Das Gespräch verläuft offen und ist von Vertrauen geprägt, obwohl wir uns wenig kennen. Die Informationen sind klar und ausführlich. Mein fortgeschrittenes Alter spricht allerdings nicht zu meinen Gunsten, aber dieser Nachteil wird durch meine ausgezeichnete physische Kondition, eine sorgfältige psychische Vorbereitung und meine heitere Stimmung wettgemacht. Man wägt die Risiken im Verhältnis zu einer Zukunft ohne Eingriff ab, die düster aussieht. Wir trennen uns mit einem kräftigen Handschlag und einem bereits freundschaftlichen Blickwechsel.

Im Flur schauen sich Veronique und ich an. Wir haben die richtige Wahl getroffen. Aber gegen allfällige Komplikationen sind wir machtlos. Wir haben 14 Jahre voller Liebe und harmonischen Zusammenlebens gemeinsam verbracht und dabei gelernt, das Glück, diese zarte und vergängliche Frucht, zu geniessen. Unsere alltäglichen vertrauensvollen Austausche bereichern unseren Bund. Die Prüfung, die uns nun erwartet, beruht auf guten Voraussetzungen, aber wir können das Schicksal nicht beeinflussen. Wir haben oft über den Tod gesprochen, der uns eines Tages bevorsteht, oder über die schweren Zeiten, die ihm vorausgehen könnten. Es gibt kaum ein Thema, sei es noch so intim, das wir nicht angegangen haben. Wir sind uns einig, dass ein kritischer Moment in unserer so reichen Beziehung erreicht wäre, wenn die geistige Behinderung des Einen zur «Nichtwahrnehmung» des Anderen führen würde. Dann würde der eine Partner dem Kranken seine ganze Liebe bei der Begleitung in den Tod widmen.

Ich will nun den ganzen Ablauf des Geschehens nach meiner Operation beschreiben. Ich verlasse mich dabei auf mein Gedächtnis, das die Ereignisse wohl zu vergegenwärtigen vermag, aber unfähig ist, diese im zeitlichen Verlauf richtig einzuordnen. Dieses Unvermögen ist verständlich: Die dramatischen Ereignisse im Leben spielen sich innerhalb von Sekunden und Minuten ab, ihre physischen und psychischen Folgen innerhalb von Stunden, die Bewältigung von Komplikationen innerhalb von Tagen, während die fortlaufende Genesung bis zum normalen Zustand Wochen und Monate dauert ... und diese zeitliche Abfolge mit wechselnder Dynamik soll in eine starre Zeitachse eingeordnet werden. Dazu kommt, dass die Intensität der Erinnerungen ebenfalls unterschiedlich ist: Zum Beispiel hallt die Unmöglichkeit, etwas Bestimmtes durch Worte ausdrücken zu können, länger nach als ein vorübergehender Schmerz. Deshalb habe ich später meine ganze Krankengeschichte nachgelesen, bevor ich mich an diesen Bericht machte. Diese Schilderung, die sehr persönlich ist und auf nachgeprüften Fakten und Abläufen beruht, verfolgt jedoch ein wichtigeres Ziel. Sie wird eine grundlegende Erkenntnis zu Tage fördern, nämlich meine neue Sicht auf den Reichtum der menschlichen Austausche, die es ermöglichten, durch eine kollektive schlagkräftige Resilienz das unwahrscheinliche Wunder meiner Genesung emergieren zu lassen.

Vorerst sind einige Erklärungen über meinen chirurgischen Eingriff notwendig. Er hat zum Ziel, eine Herzklappe zu ersetzen. Das Herz hat vier Kammern, zwei liegen übereinander auf der einen Seite und zwei auf der anderen. Die übereinanderliegenden Kammern sind durch eine Öffnung verbunden, diese Öffnung wird durch eine Klappe rhythmisch geöffnet und geschlossen – sie wirkt wie ein Ventil. Damit der Chirurg an eine Klappe gelangen kann, wird das Herz von Blut entleert, seine rhythmischen Kontraktionen müssen angehalten und seine Pumpfunktion durch eine externe Pumpe übernommen werden. Der Blutkreislauf verläuft dann nicht mehr durch das stillgelegte Herz, sondern durch die externe Maschine. In meinem Fall dauerte diese Umleitung eine Stunde und 45 Minuten. In dieser kurzen Zeit öffnete das Chirurgenteam das Herz, schnitt die stark verkümmerte eine Klappe heraus und ersetzte sie durch eine Bioprothese (die in meinem Fall aus Rindergewebe besteht) – eine beeindruckende Leistung!

Bei dieser Operation trat eine Schwierigkeit auf, die in meinem Krankheitsverlauf entscheidend werden sollte: Da meine zu ersetzende Herzklappe arg mitgenommen und verkalkt war, konnte bei ihrer Entfernung nicht verhindert werden, dass einzelne Brocken in das noch offene Herz fielen. Diese bekannte Komplikation erfordert, dass durch die Ausspülung der Herzkammer alle verbleibenden Bruchstücke entfernt werden. Nach dieser gründlichen Reinigung konnte das Chirurgenteam die Schnittstellen wieder zusammennähen, das Herz wieder zum Schlagen bringen und es mit Blut füllen. Nach vier Stunden harter Arbeit war die Operation beendet. Der Operationsbericht führt unzählige Daten aus der Aufzeichnung meiner verschiedenen physiologischen Parameter auf, ferner zwölf Medikamente, die mir verabreicht wurden, sowie unzählige technische Angaben über die einzelnen Eingriffe – Zeugnis einer bewunderungswürdigen Planung, Fertigkeit, Konzentration, Koordination und Überwachung, wo nichts, oder fast nichts dem Zufall überlassen wird.

Wir sind zurück im Aufwachraum: Ich tauche langsam in ein rudimentäres Bewusstsein auf. Ich bin von der Last befreit, die mich vor der Operation bedrückte. Noch fühle ich mich nicht richtig wohl, aber ich verspüre keine Schmerzen, bin zwar schläfrig, aber ohne Schlafbedürfnis. Es bleibt mir nichts anderes übrig, als zu warten ...

Fahrt zur Hölle

Gleichentags um 20 Uhr beginnt der Absturz in die Hölle. Auf eine Frage meiner Pflegerin habe ich Mühe, die richtigen Worte zu finden, ich stottere, verhasple mich in den Konsonanten. Meine Sprache hat keinen Fluss mehr. Da ich das Unglück manch sprachbehinderter Patienten kennengelernt hatte, befürchte ich das Schlimmste. Droht mir der Verlust der Sprache? Ich nehme mich zusammen, konzentriere mich in dieser ersten Nacht nach der Operation mehrere Stunden lang, versuche, den Bann zu brechen, formuliere Worte in den drei Sprachen, die mir eigen sind, Französisch, Deutsch, Englisch. Ich beginne mit einsilbigen, dann mehrsilbigen Wörtern, und lande bei Zungenbrechern wie *anticonstitutionnellement, Dampfschiffseilanbinder, inconsequential*. Es verlangt mir zwar einiges ab, aber das Ergebnis ist ermutigend. Sobald ich aber ganze Sätze bilden will, selbst mit nur kurzen Wörtern, stosse ich an: Wenn ich «Zwar fühle ich mich etwas unbequem, aber habe keine Schmerzen» aussprechen möchte, muss ich mich mehrmals unterbrechen, wie wenn mich ein merkwürdiges Hemmnis daran hindern würde, Wort an Wort harmonisch aneinanderzureihen: «Zwar fühle ich ... ich ... mich etwas ... un- ... unbe- ... unbequem, aber ... aber ich ... habe ... kei- ... keine Schmerzen.»

In den folgenden Stunden stelle ich noch eine weitere Störung fest: Wenn ich die Stange betrachte, auf welcher der mein Bett abschirmende Vorhang gleitet, hüpft diese auf und ab, rasch und stossweise. Medizinisch nennt man diese optische Fehlfunktion *Nystagmus*. Wie ich es nachträglich nachforschen konnte, bedeutete diese Fehlfunktion in meinem Fall, dass einer oder mehrere der sechs Muskeln, die am Auge befestigt sind und es dank eines Koordinationszentrums in die gewünschte Blickrichtung bewegen, in ihrer Funktion gestört waren. Dieses Koordinationszentrum ist im verlängerten Mark (*Bulbus cerebri*) angesiedelt, dem unteren Teil des Hirnstamms, der in der Nähe des Rückenmarkes liegt und ein wichtiger Teil unseres Nervensystems ist.

Ich bin von dieser zusätzlichen neurologischen Störung, die meinem Pflegepersonal nicht verborgen bleibt, entsetzt. Sofort herrscht Kampfstimmung. Mehrere neurologische Untersuchungen werden durch verschiedene Spezialisten eingeleitet. In aller Eile wird unter schwierigen Umständen ein Gehirnscan durchgeführt, der nicht viel zutage fördert. Mein Zustand verschlimmert sich fortwährend, ich werde von einem Schluckauf mit raschen Stössen heimgesucht, der in einem Krampf endet, sodass mir der Atem stockt. Nach einer Beruhigung beginnt das Ungemach von neuem, was mir den Schlaf raubt; und dieser Zustand dauert mehrere Tage.

Am Tag nach diesen ersten Atembeschwerden taucht eine neue Komplikation auf: Meine Stimmbänder geben keinen Laut mehr von sich. Hatte ich schon vorher Mühe, mich auszudrücken, kann ich das nunmehr nur noch mit einer Fistelstimme oder gar nur noch flüsternd. Noch ärger ist, dass die Getränke, die mir gereicht werden, in die Luftröhre gelangen, sodass ich heftig husten muss, und ich kann meinen Speichel nicht mehr schlucken. Mein Atmen wird mühsamer.

Trotz allem ist mein Denkvermögen nicht beeinträchtigt. Ich versuche, meine Frau und meine jüngste Tochter Sophie, ebenfalls Ärztin, die beide mein Krankenlager nicht verlassen, zu beruhigen. In den wenigen Momenten der wiedergewonnenen Ruhe versuche ich, meine Situation zu analysieren. Meine innere Sprache sagt mir zweierlei: «Vermutlich erlitt ich während meiner Operation wegen meiner zerbröselten Herzklappe mehrere Hirnembolien, welche mein Sprachzentrum leicht beeinträchtigten, weit stärker jedoch meinen Hirnstamm und mein verlängertes Mark.» Diese Hirnregion ist ein wichtiger Kreuzungspunkt der Nervenbahnen und steuert unter anderem die Koordination des Blickes, der Tonlage der Stimme und des Schluckens, sodass ich diese Funktionen nicht mehr beherrsche. Der andere Gedanke ist weit mehr beunruhigend, denn er beurteilt meine Überlebenschancen: «Wenn ich weitere neurologische Schäden erleide, wird mein Bewusstsein einschlummern. Das bedeutet das unausweichliche Absinken in Bewusstlosigkeit, ins Koma und läutet meinen Tod ein. Dieser natürliche Vorgang, an sich völlig natürlich, ist mir bisher trotz meiner medizinischen Ausbildung nie offenbar geworden, denn niemand ist je davon zurückgekehrt, um darüber zu berichten.» Erstaunlicherweise versetzt mich diese zweite Feststellung keineswegs in Panik, aber in eine tiefe Trauer: «Ich hatte noch so viele Vorhaben in meinem beruflichen, familiären, intimen Leben ... Wie konnte ich so viele Tage, Wochen, Monate beim Verfolgen unwerter Tätigkeiten vertrödeln, meine Kräfte in meist aussichtslosen Kämpfen verzetteln, meine Prioritäten so schlecht setzen?»

Der dritte Tag nach meiner Operation ist der schlimmste. Die verschiedenen Untersuchungen, der unaufhörliche Schluckauf und der Schlafmangel haben mich erschöpft. Neurologische Tests bestätigen die bekannten Störungen des Sehens, der Sprache, der Stimmlosigkeit und des Schluckens; zu diesen Beschwerden kommt eine weitere hinzu: der Verlust der Lageorientierung auf der linken Seite und der Wärmeempfindung auf der rechten Seite. Ein erneutes Scannen wird von den Spezialisten angeordnet, ich zögere jedoch, weil mich das stark verängstigt. Meine Frau und meine Tochter Sophie schlagen mir darauf einen Handel vor, den wir schnell abschliessen: Véronique wird mir helfen, eine Autohypnose durchzuführen, eine Technik, die ich mir vor vielen Jahren angeeignet habe und die meine Ängste deutlich verringern wird, und Sophie wird mich zum Scanner begleiten. Von diesem Moment an erinnere ich mich schwach, wie in einem Traum, an eine lange senkrechte Fahrt in einem lichtdurchfluteten Aufzug zu einer Art «Atomschutzraum», an das Brummen hochkomplizierter Maschinen, an das Aufblitzen eines blendenden Lichtes beim Spritzen eines Mittels, das ich als «radioaktiv» einstufe, dann an eine endlose Fahrt aufwärts in der gleichen Kabine, die sich diesmal in leichter Rotation befindet. Zurück in der Intensivstation begegne ich wieder bekannten und liebgewonnenen Gesichtern. Einige Erkenntnisse aus dem Scanning beruhigen mich: Es hat wohl eine Hirnverletzung im rechten Frontallappen stattgefunden, die meine Sprachhemmnisse erklären – und nebenbei trat die Tatsache auf den Plan, dass ich ein verhinderter Linkshänder war! Die anderen neurologischen Störungen entsprachen einem Wallenberg-Syndrom, eine gut erforschte Schädigung, die auf einer Verstopfung einer kleinen Arterie beruht, welche das Stammhirn und das Kleinhirn versorgt. Sie trägt den wohlklingenden Namen PICA (*Arteria inferior posterior cerebelli*).

Es wird mir sogleich eine nasogastrale Sonde für die Nahrungsaufnahme eingesetzt – ich werde sie zwei Monate lang ertragen müssen. Dann, nach langen Diskussionen zwischen den Ärzten und meiner Familie, wird der heikle Entschluss gefasst, mich von der Intensivstation in ein Zimmer zu verlegen, in dem ich mich allein mit meiner Frau in Ruhe erholen soll.

Spät an diesem dritten Abend weiss ich, dass ich durch Hirnembolien als Folge meiner Herzklappenoperation schwer geschädigt wurde; das Risiko gemäss Statistiken betrug 2 Prozent, mich hat es mit 100 Prozent erwischt. Dass sich diese Komplikation nun nicht mehr wiederholen kann, beruhigt mich. Auf der Intensivstation wird es stiller, man hört nur noch die akustischen Signale der Überwachungsgeräte. Zwei Pflegerinnen sitzen an einem Tisch, falzen Kompressen und legen sie in kleine Schalen. Ich denke: «Aha, sie sind daran, die Intensivstation zu schliessen, und jedermann wird sich erholen können ...» und versinke in Schlaf.

Am vierten Tag erwache ich früh. Véronique sitzt neben mir. Wir lächeln uns aufmunternd zu. Die Gegenstände vor mir sehe ich alle doppelt, sie sind nach rechts verschoben und um etwa 30° geneigt. Die Nasensonde und die zahlreichen Infusionen stören mich, aber ... ich lebe. Ich bitte darum, das Fenster zu öffnen, damit ich die vertrauten Geräusche vom Alltag höre: Rufe der Kinder, die zur Schule gehen, die Geräusche der Fahrzeuge, Hupen, Hundegebell. Mit Zeichen und flüsternder Stimme kann ich mich verständigen. Die Information über die Lage meiner linken Körperhälfte erreichen mein Gehirn nicht; ich kann zwar meine Arme und Beine nach meinem Willen bewegen, sie sind nicht gelähmt, aber es gelingt mir nicht, ihre Lage im Raum zu bestimmen.

Von der Aufsplitterung zum Austausch: Emergenz einer kollektiven Resilienz

Nun setzt ein wahres Ballett ein: Ärzte und Pfleger lösen sich ab, überwachen und ersetzen meine Infusionsbeutel, richten und versorgen meine Nasensonde, führen Beatmungsübungen durch, um meine trägen Lungen zu stimulieren, prüfen meinen Herzrhythmus, untersuchen meine Operationsnarben und erneuern die Verbände, verabreichen mir Medikamente und führen administrative Berichte nach.

Die Inaktivität des schwerkranken Patienten schärft seine Beobachtungsgabe. Die kleinste Unschlüssigkeit oder Achtlosigkeit bei einer Pflegehandlung erhält grosse Wichtigkeit. Ich konnte das als Arzt oft feststellen und habe stets versucht, solchen Verunsicherungen mit erhöhter Sorgfalt zu begegnen. Nun erlebe ich das von der anderen Seite her, als Pflegefall, diese unablässigen Handlungen von pflichtbewussten Berufsleuten, die in Unkenntnis der vorgängigen Handlungen ihrer Kollegen vorgenommen werden. Es fällt mir eine gewisse Inkohärenz auf zwischen der hervorragenden Kompetenz Einzelner und deren mangelnder Wille, ihre Fertigkeiten zusammenzulegen. Gewisse Einsätze durch verschiedene Personen scheinen Lücken aufzuweisen oder einander zuwiderzulaufen. Der ganze Pflegevorgang ist eigentlich aufgesplittert, bruchstückhaft. Trotz des guten Willens aller Beteiligten gibt es wenig Austausche untereinander. Jede Aufgabe wird gemäss einer Liste klarer spezifischer Zwecke vollzogen, ohne genügenden Bezug auf die Arbeit der anderen. Daraus ergibt sich eine Folge von einzelnen hochwertigen, professionellen Pflegehandlungen, die jedoch nicht auf meinen Zustand abgestimmt sind. Dieses ganze individualisierte Ballett ohne Austausche zwischen den Akteuren erregt und beunruhigt mich, ich frage mich: «Wo ist der Ballettmeister?» Aber braucht es wirklich einen Dirigenten? Sollte die Metapher nicht eher von einem Kammermusikensemble ausgehen, in dem jeder Künstler die Musik seiner Partner hört und der musikalische Austausch dafür sorgt, dass das Kammerorchester wie ein einziges Instrument tönt? In meinem beruflichen Leben bin ich oft zu diesem Problem angesprochen worden, und ich habe in kritischen Situationen versucht, das medizinische und pflegerische Team wie «einen einzigen Menschen» zu mobilisieren. Die Resultate waren spektakulär. Hier ist eine Gelegenheit, das Experiment an mir selbst durchzuführen.

Heute morgen überlege ich mir, dass nicht alles verloren ist, obwohl eine Heilung meiner neurologischen Schäden auf jeden Fall eine enorme Arbeit erfordern wird: Vorerst eine persönliche, die mir viel Energie abverlangen wird – an Energie mangelte es mir bisher nie, und nun fühle ich sie wieder auftauchen; sodann eine gut koordinierte Teamarbeit zwischen Physiotherapeuten, Ergotherapeuten, Spezialisten des Sehens, des Schluckens und der Sprache sowie Pflegerinnen, Diätfachleuten, die während Tag und Nacht eine sorgfältige Krankenpflege erbringt; schliesslich werden auch wichtige Haushaltshilfen notwendig sein. Das ganze Unternehmen soll von mehreren spezialisierten Ärzten begleitet werden. Wenn ich mir mein Vorhaben genau überlege, komme ich zu dem Schluss, dass es eher auf die menschlichen Qualitäten der Helfer ankommen wird als auf deren therapeutische Kunst: Die enge Zusammenarbeit wird wichtiger sein als das angewandte Können, die Kompetenz des Teams wichtiger als die individuellen Fähigkeiten. Die Beteiligten müssen somit zu einer gut eingespielten Mannschaft vereint werden, deren Mitglieder für eine intensive Hingabe während einer beschränkten Zeit zu begeistern sind. Die schweren neurologischen Schäden, die ich erlitten habe, entsprechen eher einem Schädeltrauma als einer progressiven krankhaften Degeneration meines Gehirns. Die Möglichkeit einer Genesung ist vorhanden, aber das Zeitfenster, das die Natur dafür bietet, ist beschränkt, nach meiner Schätzung auf etwa zwei oder drei Monate. Um erfolgreich zu sein, darf die Zusammenarbeit nicht auf der isolierten Kompetenz von Spezialisten beruhen, sondern auf der konstanten und abgestimmten Verflechtung ihres Wissens. Dieses Projekt setzt somit in erster Linie voraus, dass ein ständiger Austausch der Beobachtungen und Erkenntnisse zwischen allen Mitgliedern des Teams sichergestellt ist, in zweiter Linie zwischen dem Team und mir selbst, und schliesslich zwischen dieser ganzen Gemeinschaft im Spital und meiner Familie, die mich so wunderbar unterstützt. Bei meinem Nachdenken über dieses Heilungskonzept tritt plötzlich seine Struktur in den Vordergrund, es taucht das Bild eines Netzwerkes ohne Leader auf. Solche Netzwerke sind die grundlegende Architektur der komplexen Systeme in der Mathematik: Sie sind dynamisch, gründen auf der Wechselwirkung einfacher Informationen, sie führen zur Emergenz neuer, vorher unbekannter Eigenschaften, wie beispielsweise der Resilienz, des Widerstandswillens, was Boris Cyrulnik bei physischen oder psychischen Traumata so gut beschrieben hat. [69] In meiner Lage muss man die Energie aufbringen, um sich aufbäumen zu können, das Leben fortzusetzen, aufzublühen, um die Wunden zu heilen. Diesen Widerstandswillen kann ein Individuum besitzen, aber zurzeit fehlt mir dazu die innere Kraft. Ich weiss aber, dass ich ihn zusammen mit allen, die mich umsorgen und pflegen, wiedergewinnen kann. Der Rahmen ist also abgesteckt, in dem eine gemeinsame Resilienz, eine vereinigte Schlagkraft emergieren kann, der Weg zur Heilung ist offen. Ein ehrgeiziges Projekt ist das, aber auch die einzige zielführende Möglichkeit: Sie schafft nämlich durch die Zusammenführung der menschlichen Resilienzkompetenzen, die nicht quantifizierbar sind, eine neue kollektive Intelligenz mit einem scharf definierten Ziel, nämlich die Wiederherstellung meiner Gesundheit.

Ich bitte also um die Einberufung einer Koordinationssitzung mit allen Therapeuten und Pflegern, die sich meines Falles annehmen. Alles in allem sind es etwa zwölf Personen, verteilt auf alle Kompetenzen und Hierarchiestufen. Die Erinnerung an dieses Treffen hat sich tief in mein Gedächtnis eingeprägt: All diese weissen Kittel – Professoren, Ärzte, Pfleger und Pflegerinnen, Diätberaterinnen, Physiotherapeuten und Haushälterinnen –, die meinem stotternden Vortrag aufmerksam zuhören. Mit meiner Flüsterstimme schlage ich ihnen vor, eine globale Koordination und eine ständige Informationsplattform einzurichten, auf der alle Mitteilungen, Beobachtungen, Vermutungen, Eindrücke zu hinterlegen sind. Es sollen alle hierarchischen Grenzen fallen, alle Spezialgebiete zusammengeführt werden. Jede und jeder spielt eine gleichwertige Rolle. Konkret wird dieser permanente Austausch durch eine am Fenster befestigte weisse Wand hergestellt, auf welcher alle Beteiligten ihre Präsenzzeit, ihre Befunde und Feststellungen, ihre Vorschläge und Fragen ablegen – seien diese nun für meine Genesung notwendig oder nebensächlich. Dieser grafische Schauplatz, mehrfarbig, mit seinen Stundenplänen, seinen Meldungen, seinen Bemerkungen, Frage- und Ausrufezeichen wird mehrmals täglich ergänzt und wird mich während der folgenden acht Wochen meines Spitalaufenthaltes begleiten. Er ist mein Fahrplan der kollektiven Resilienz.

Am 4. Juli, sechs Tage nach meiner Operation, wird diese kollektive Organisation gestartet. Das ganze Team nimmt daran mit Begeisterung teil. Zuerst muss ich lernen, im Bett aufzusitzen, dann vom Bett zu einem Stuhl zu wechseln, dann mit der Hilfe zweier Physiotherapeuten aufrecht zu stehen. Gleichzeitig übe ich das Schlucken und Kehlkopffunktionen. Ernährungs- und Diätspezialisten bemühen sich, meine Nahrungsaufnahme durch die Nasensonde zu verbessern. Ausserdem soll mein Sehvermögen durch besondere prismatische Brillen verbessert werden. Eine sehr schmerzhafte Entzündung mehrerer Gelenke, möglicherweise durch meine neurologische Störung verursacht, muss behandelt werden, um meine körperliche Rehabilitation nicht zu behindern. Als braver Schüler führe ich die mir verordneten Übungen unter Aufbietung meiner ganzen Energie gewissenhaft durch, obwohl mir das ausserordentlich schwerfällt. Wenn ich allein bin, verbringe ich Stunden damit. Da ich fast keine Stimme mehr habe, muss ich jede Stunde zuerst Atemübungen durchführen, dann zehn Minuten lang vorgegebene Singübungen herunterleiern. Anfänglich tönt es wie ein schauerliches Krächzen, aber mit jedem Tag wird meine Stimme sicherer. Dann wechsle ich zu Bewegungsübungen. Ich muss lernen, meine Bewegungen präzise zu beherrschen, vor allem jene meiner linken Hand. Céline, eine charmante Ergotherapeutin, zart und geduldig, hat ihren Tagesablauf jenem meiner anderen Helfer angepasst. Ich muss ganz einfache Bewegungen mit den Fingern meiner linken Hand durchführen, wobei mich meine Ungeschicklichkeit immer wieder ärgert – ich litt schon im Kindesalter an einer miserablen Fingerfertigkeit! Während dieser Ergotherapiesitzungen beobachte ich die Anstrengungen der anderen Patienten im Ergotherapieraum und stelle fest, dass viele unter schweren neurologischen Schäden leiden: Parkinson, amyotrophe laterale Sklerose und totale Hemiplegie. Ich verspüre ein tiefes Mitleid mit diesen Menschen, gleichzeitig vergegenwärtige ich mir mein Glück im Unglück: Meine Hirnembolien sind einmalige, lokale Verletzungen, die sich nicht wiederholen werden. Meine Genesung hängt vor allem vom eingesetzten kollektiven Programm ab, sie wird nicht durch eine fortschreitende unterschwellige Krankheit verhindert.

Die Abstimmung der Rollen der verschiedenen Helfer ist gut gelungen, die Stimmung ist ausgezeichnet, das Zusammenwirken sehr effizient. Ich mache Tag für Tag zur Überraschung aller Beteiligten und auch meiner Familie zügige Fortschritte. Ärzte, Therapeuten und Pfleger geben ihr Bestes. Das grösste Lob gebührt Alan, meinem Physiotherapeuten. Vom ersten Tag an baut sich eine sehr persönliche, freundschaftliche, warmherzige Beziehung auf. Ich mag seinen kanadischen Akzent, während er meinen andauernd guten Willen und meine gewissenhafte Pflichterfüllung schätzt. Während Stunden und Stunden muntert er mich auf, bringt mir wieder das Gehen bei, das Aufstehen und das Setzen, das Schwingen der Arme, eine gerade Haltung zu bewahren. Wir sprechen über alles, ich vertraue ihm meine Sorgen und Zweifel an. Eines Tages verlegen wir die Schreitübungen in den Spitalhof. Beim Anblick eines kleinen einjährigen Buben, der seine ersten Schritte wagt zwischen seiner Mutter und seiner Grossmutter, bleiben Alan und ich stehen, und ich rufe dem kleinen Knirps zu: «Mach weiter so! In Deinem Alter ist es ein Kinderspiel, Gehen zu lernen – es in meinem Alter wieder zu erlernen, ist fast übermenschlich!»

Die tägliche Arbeit in der kollektiven Resilienz

Wie verlief mein Alltag in dieser wohlstrukturierten Genesungsphase? Für meine exzellente Spezialistenmannschaft und mich war der Tagesablauf streng geregelt, er wandelte sich allerdings nach Massgabe meiner Fortschritte, bestand aber immer aus einer Abfolge von Therapien, die man als pädagogisch bezeichnen könnte, und dazwischen Phasen von selbständiger Arbeit an mir selbst, in denen ich unablässig die gelernten Bewegungen und Übungen ausführte. Die Physiostunden waren die längsten, sie fanden zweimal täglich unter der Leitung des treuen und unermüdlichen Alans statt. Alan war bei seiner Arbeit erfinderisch und motivierend und hatte immer ein offenes Ohr für meine Mühen, meine Niederlagen, meine Sorgen und Ängste. Françoise, Logopädin und anerkannte Spezialistin auf dem Gebiet des Schluckens, führte mich täglich durch die langweiligen Übungen für die Synchronisation der Lippen, der Zunge, des Kehlkopfes und der Luftröhre; dabei wurden meine Bemühungen durch die ständig eingesetzte Nasensonde erheblich erschwert. Ausgerechnet, als sich die ersten Zeichen einer einigermassen normalen Schlucktechnik bemerkbar machten, wurde ich durch einen paradoxen Gedanken aufgeschreckt: Was geschieht, wenn mein Schluckvermögen nicht vollständig heilbar ist und ich künftig, ohne Nasensonde, meine Nahrung in die Lunge statt in den Magen befördere? Françoise hat mein Problem mit Ernährungsspezialisten, Radiologen und einem Psychiater besprochen und mir danach geholfen, diesen Tiefpunkt meines Genesungsprozesses zu überwinden. Die Wiedererlangung des Tastgefühls, der Feinmotorik meiner Finger, der Erfassung des Raumes mit meiner linken Hand hat mir meine junge Ergotherapeutin mit ihrer Engelsgeduld und ihrer Sanftmut beigebracht.

Ein- bis zweimal im Tag sprachen sich alle Therapeuten untereinander ab, damit ich zwischen den Lernphasen genügend Musse hatte, meine Übungen abzuspulen, immer die gleichen, unablässig. Es blieb wenig Zeit übrig für Untersuchungen durch Ärzte, für die Auswechslung der Prismen meiner Korrekturbrille durch die Optikerin, die Einstellung der Nasensonde und der Infusionen durch die Pflegerinnen und Pfleger, die Beurteilung meiner Kalorienbilanz durch die Ernährungsfachleute, die Versorgung meiner Wundverbände. Glücklicherweise verschwanden nach und nach meine Zweifel, es gab, keine Widersprüchlichkeiten, keine Auslassungen und keine Doppelspurigkeiten mehr. So erfüllte die kollektive Resilienz ihre Aufgabe des Wiederaufbaues meiner Gesundheit – emergentes Ergebnis der Austausche unter allen Beteiligten.

Gewöhnlich war mein intensiver Arbeitstag gegen 18 Uhr vorüber. Nach den anstrengenden Therapien und Übungen war ich jeweils völlig erschöpft und sehnte mich nach Ruhe und Erholung. Ich freute mich über Besuche, beschränkte sie jedoch nur auf einen kleinen Kreis, auf meine Kinder und Enkel, meinen Bruder und ab und zu Freunde, die im Spital arbeiteten. Die Enkel waren von dieser sonderbaren Spitalwelt eingeschüchtert, wussten nicht recht, was sie sagen sollten, und warteten ungeduldig auf den Aufbruch. Sobald ich allein war, gönnte ich mir die langersehnte Ablenkung durch Musik. Mit dem Kopfhörer war ich von der Umwelt abgeschieden und tankte wieder Energie auf bei der erhabenen Schönheit der Haydn-Quartette, der *Goldberg-Variationen* von Johann Sebastian Bach oder meiner Lieblingsoper *Parsifal*. Zu weiteren Meisterwerken der Klassik gesellten sich auch Jazz- und Reggae-Stücke, die es bei mir immer geschafft hatten, mich in eine sonderbar heitere Stimmung zu versetzen.

Jeden Tag wurde mir bewusst, dass der unermüdliche Einsatz meines Helferteams nur dank ständigen Austausches von Informationen und Beobachtungen orchestriert werden konnte. Da war die äusserst nützliche weisse Wand an meinem Fenster, mit dem Tagesplan, ergänzt durch hingekritzelte Notizen und Kommentare. Dazu gehörten auch Zettel mit der Zusammenfassung von Besprechungen zwischen den Mitgliedern meiner Mannschaft. Bei diesen zahllosen multidisziplinären, informellen Gesprächen tauschte man sich über Fortschritte, Schwierigkeiten, Hoffnungen und notwendige Anpassungen aus. Später konnte ich anhand all dieser Meldungen, Kurztexte und SMS nachvollziehen, wie intensiv die Kommunikation innerhalb des Teams, mit der Aussenwelt und meiner Familie war. Sie allein konnte die Emergenz einer neuartigen und begeisterten Zusammenarbeit bewirken, einer kollektiven Intelligenz und Hilfsbereitschaft, beflügelt von der Freude eines Jeden an den erzielten Erfolgen. Erst später war ich in der Lage, anhand der zahllosen ausgetauschten SMS- und WhatsApp-Botschaften sowie der handschriftlichen Notizen den Ablauf meiner Genesung chronologisch zu erfassen. So sandte meine Frau Véronique am Ende einer längeren Abfolge unruhiger Nächte, in denen ich unablässig von Schluckauf und Angstzuständen geplagt wurde, am 9. Juli folgende SMS an meine Ärzte: «Endlich eine ruhige Nacht.» Eine Woche später wird mein Schreiten sicherer, aber ich bewege mich wie ein Automat und muss sogar lernen, dabei meine Arme richtig zu schwingen. Die Stimme wird besser verständlich, aber ich näsele noch immer. Die Schluckbeschwerden dauern fort und meine Nasensonde verstopft sich und muss immer wieder ersetzt werden. Am 13. Juli kann ich jedoch mein Spitalzimmer verlassen und kann den ersten halben Tag in meinem Garten verbringen, mit Rollstuhl und Krücken, unterstützt durch meinen Sohn Nicolas, der aus den USA herbeigeeilt ist. Dieser erste Ausflug ins Freie bedeutet ein wahres Abenteuer, mit vielen Helfern, die sich rührend meiner annehmen. Während Stunden sitze ich in dieser vertrauten Umgebung, betrachte staunend die Schönheit der Natur. Dann muss ich zurück ins Spital. Auf der Rückfahrt verspüre ich Trauer über das Verlassen der kurzen Freiheit, Hoffnung auf Genesung und Dankbarkeit für die Pflege, die mir zuteilwird. Am 22. Juli darf ich wieder für einen Nachmittag nach Hause, es erwarten mich dort ein paar Freunde und meine Tochter Laurence, die mich als Therapeutin auf einen Spaziergang bis ans Ende meines Gartens begleitet und stützt. Am 1. August, unserem Nationalfeiertag, besuchen Véronique und ich ein Kino und sehen uns einen brasilianischen Film an, danach bitte ich sie um einen Abstecher zum See. Ich möchte mich zu der Menge der Spaziergänger gesellen, ich möchte trotz meiner Nasensonde den Duft der Bratwürste einatmen, die auf den Grills der Verkäufer schmoren ... ich bin überglücklich!

Am 6. August sendet Véronique meinen Ärzten eine SMS: «Er liest nun ununterbrochen während zwanzig Minuten; seine Stimme ist besser geworden, auch sein Schluckvermögen – mit seiner Magensonde konnte er einen Brei essen und sogar ein erstes Eis. Wir sind zusammen eine halbe Stunde spaziert, mit wenig Hilfe. Seine Stimmung ist gut, alle sind begeistert!»

Zweieinhalb Monate nach meiner Operation, am 23. August, ist Feiertag: Ich habe die Erlaubnis erhalten, das Spital endgültig zu verlassen. Zwar bin ich noch schwach, unbeholfen, meine Magensonde belästigt mich immer noch, aber sie bleibt wegen meines mangelhaften Schluckvermögens unentbehrlich. Vor dem Verlassen meines Zimmers versammle ich mein ganzes Helferteam, wir stehen zu zwölft, Ärzte, Therapeuten, Pflegerinnen und Pfleger, vor der berühmten weissen Wand. Nachdem ich allen meinen herzlichen Dank ausgesprochen habe, führe ich vor, was ich alles gelernt habe, ich spreche, schlucke, schreie, ich bin tief ergriffen, und ausser meinen Augen sind noch viele andere voller Freudentränen.

Nach einigen Tagen verfasse ich in meinem Zuhause die folgende Botschaft und sende sie allen, die mich auf diesem langen Weg begleitet haben:

Liebe Freunde,

zuallererst möchte ich euch von ganzem Herzen für eure Mails und SMS-Botschaften, Briefe und anderen Zeichen eurer Freundschaft danken. Ihr habt mir damit während diesen schwierigen Wochen viel geholfen. Ich danke auch allen, die sich bei Véronique nach meiner Gesundheit erkundigt haben. Eure Unterstützung war in jeder Hinsicht bewundernswert.

Nach etlichen Wochen intensiver Rehabilitation konnte ich am 23. August wieder in mein Heim ziehen, mit morgendlichen Besuchen im Spital, um eine Behandlung zu vollenden, die offensichtlich sehr erfolgreich war. Ich fühle mich viel besser, eine Genesung, die meine Ärzte als spektakulär einschätzen ... und ich als wundersam. Die Kräfte kehren zurück, ich kann selbständig gehen, meine Stimme ist fast wieder normal geworden. Als einzige Behinderung verspüre ich nur noch Mühe beim Schlucken, was den Einsatz einer Magensonde erfordert. Aber auch in dieser Beziehung mache ich täglich Fortschritte, zum Teil kann ich mich durch den Mund ernähren (allerdings kann ich nur fein gehackte Mahlzeiten essen, die nicht immer schmecken, neuerdings aber auch grössere Brocken), und seit einigen Tagen kann ich Fruchtsäfte trinken.

Wohl habe ich noch eine Wegstrecke zu bewältigen. Ich bewahre jedoch meine Entschlossenheit und die Hoffnung, dass die Genesung in den nächsten Wochen weitere Fortschritte machen wird, sodass ich euch bald in guter Verfassung wiedersehen werde.

Noch einmal danke ich euch allen von Herzen. Ein ganz besonderer Dank geht an Véronique und meine Familie. Sie alle waren grossartig. Und in meinen Dank schliesse ich natürlich das ganze medizinische und therapeutische Team ein, das in höchstem Grad Kompetenz, Aufopferung und Zusammenarbeit vereinigt hat.

Ende August 2016,
Francis.

Während der zweieinhalb Monate Spitalaufenthalt habe ich zwei Erfahrungen gemacht, die man wahrlich als Wunder bezeichnen kann: vorerst die spektakuläre Wiederherstellung meines verheerenden neuronalen Zustandes – ich habe den Sinn für meine Lage im Raum wiedererlangt, dann die Fähigkeit zu stehen, dann lernte ich das Gehen auf der Ebene, auf Rampen, dann das Treppensteigen; ich konnte meine Doppelsichtigkeit überwinden, meine erloschene, dann näselnde Stimme heilen, mein beeinträchtigtes Sprechvermögen zunächst in ein stotterndes Sprechen, dann in eine nahezu flüssige Rede überführen. Auch beim Schlucken und Essen machte ich ständige Fortschritte. Das erste Mal, dass ich ein Glas Wasser trinken konnte, weinte ich vor Freude, wie vorher bei meinen ersten Schritten ohne Unterstützung.

Die zweite wundersame Erfahrung hat mich nicht weniger beeindruckt: Sie war ausschliesslich Menschen zu verdanken, die sich einer gleichen Aufgabe mit Herz und Seele verschrieben hatten, meine Helfer aller Fachgebiete, die sich auf intensive und offenherzige Weise untereinander austauschten. Es gab keine hierarchischen, beruflichen, persönlichen oder familiären Schranken mehr. Während der ganzen Zeit meiner Rehabilitation wurde alles abgesprochen, was meine Genesung fördern, verbessern und zum Erfolg führen konnte. Niemand konnte am Anfang ahnen, dass es so weit kommen würde, aber die Emergenz einer gemeinsamen Anstrengung und eines kollektiven Widerstandswillens hat das Wunder vollbracht.

Einige Gedanken zu den zwischenmenschlichen Beziehungen und zur Emergenz einer kollektiven Hingabe und Resilienz

Ich verbringe die Monate August und September in meinem Heim. Auf die Magensonde kann fortan verzichtet, die Hilfe der Pflegerin verringert werden. Die Kräfte kehren wieder, ich finde zu meiner Autonomie zurück. Die Weihnachtsferien verbringe ich im Kreis meiner Familie, bei guter Gesundheit und unendlich dankbar für soviel Aufopferung, die mir zuteilwurde. Zu dieser breiten Aufopferung muss ich eine Bemerkung anfügen: Ich habe immer geahnt, dass sie zu den angeborenen und spontanen Tugenden der Menschen gehöre. Sie ist mit Altruismus verbunden, der möglicherweise eine bescheidenere Form von Opferbereitschaft oder Einsatzbereitschaft ist und dem man in jeder sozialen Gruppe begegnet, die in Gemeinschaft lebt: Als Mitglied einer Gemeinschaft muss man sich immer der Verschiedenheit seines Nachbarn bewusst sein und diese respektieren. Im Gegenzug kann man dann auf dessen gleiches Verhalten hoffen. Man hat behauptet, dass der Mensch für diese Art gegenseitiger Hilfe programmiert sei, aber wir sind nicht die einzigen Wesen, die sich so verhalten, denn viele andere Arten kennen die kooperative Hilfe, insbesondere die Primaten. Altruismus ist gewissermassen eine Form von auf Gegenseitigkeit gegründeter Tauschwirtschaft und Wiedergutmachung, wobei der Gewinn nicht zwingend sofort erzielt wird und nicht immer offensichtlich ist.

Nach meiner Meinung geht die Fürsorge einen Schritt weiter: Sie ist latent und bereit, sich bei einem Ereignis oder bei besonderen Umständen einzustellen. Sie spielt beispielsweise bei der Erziehung und beim Unterricht eine wichtige Rolle, wo der selbstlose Einsatz des Älteren im Austausch zum Wunsch nach Wissen führt, oft begleitet von der Bewunderung des Lernenden für seinen Lehrer. Die Wechselwirkung zwischen demjenigen, der einen Einsatz leistet, und demjenigen, dem der Einsatz Nutzen bringt, ist real, aber der Vorgang ist nicht symmetrisch: Man kompensiert Einsatzbereitschaft nicht mit Einsatzbereitschaft. Während bei Altruismus Gegenseitigkeit herrscht, ist die Gegenleistung für einen Akt der Einsatzbereitschaft Dankbarkeit. Man kann diesen Unterschied auch auf folgende Art darstellen: Während für mich ein biologisches Modell durchaus den Begriff «Altruismus» erklären kann, brauche ich zum Verständnis des Begriffes «Fürsorge» eine dem denkenden und liebenden Menschen eigene moralische Kategorie, um dessen Wert erfassen zu können. Wir befinden uns in zwei verschiedenen emergierenden Registern des menschlichen Verhaltens, das eine ist biologisch, das andere ethisch.

Der Tugend der Einsatzbereitschaft beggnen wir vor allem im medizinischen und pflegerischen Bereich. Sie kann sich hier gelegentlich von einem «Streben nach einer guten Berufsausübung» zu einem «Drang nach restloser Hingabe» beim Dienst am Nächsten steigern, wie es insbesondere in Fällen grosser Not einer Person oder bei Katastrophen vorkommt. Das physische, psychische oder soziale Trauma als Folge eines Unfalles stellt einen weiteren Anlass dar, bei dem es gilt, gemeinsame Kräfte zu mobilisieren: Hier baut sich der Einsatzwille einer Gemeinschaft auf, die es dem Opfer ermöglicht, sich aufzubäumen, neu zu strukturieren und vereint den zerstörerischen Folgen des Unheils zu begegnen. Ein Kampf gegen die Niedergeschlagenheit und ein Ansporn zum Durchstehen des langen Heilungsprozesses braucht Hilfe – das war mein Fall.

Unter Individuen, die in einer gleichen Situation sind oder an einem gemeinsamen Projekt mitwirken, sind es die Austausche, welche Einsatzbereitschaft und Widerstandswillen aufrechterhalten. Das Projekt wird zum idealisierten Ziel, das es zu erreichen gilt, und alle Beteiligten unterziehen sich der gestellten Aufgabe. Im eingespielten Team braucht es dann keine Hierarchie mehr, es sind keine Befehle zu erteilen, keine Empfindlichkeiten einzelner zu unterdrücken. Diese kollektive Resilienz ist eine Emergenz, die aus den täglichen

Austauschen genährt wurde. Aus diesen Wechselwirkungen entsteht ein Verbund der Einzelkräfte – das Ganze ist dann mehr als die Summe seiner Teile. Während meiner Laufbahn als Arzt konnte ich oft die Emergenz einer kollektiven Resilienz beim Einsatz für einen unter allen Umständen zu rettenden Patienten beobachten, oder gar eine solche bewirken.

Dieses Mal hat sich die Sequenz «Austausche – Emergenz der kollektiven Resilienz – Heilung» bei mir selbst ergeben. Dafür bin ich unendlich dankbar. Drei Jahre später, bequem in einem Fauteuil sitzend, geniesse ich meine wiederhergestellte Gesundheit. Ich lasse meine Gedanken schweifen, ich werde mir des Glückes bewusst, das mir eine Welt um mich voller Austausche mit meiner Familie, mit der Gesellschaft und mit allen lebenden Menschen beschert. Ich werde meines Glückes aber auch gewahr, wenn ich in mein Innerstes blicke, oder wenn ich jedes Lebewesen um mich herum betrachte, wie klein es auch sei. Diese mikroskopische Welt offenbart ihr ständiges Hin und Her, ihre immerwährende Bewegung, ihre unsichtbaren Wechselwirkungen. Und immer wieder münden diese Wechselwirkungen in Emergenzen von etwas Neuem: von den Quantenpartikeln zum Atom, vom Atom zum Molekül, von den Molekülen zur lebenden Zelle und weiter zu lebendigen Organismen, zum Menschen, und schliesslich zu den grossen moralischen Werten der Menschheit. Wenn die Austausche verschwinden, bricht alles zusammen, wenn die Austausche wieder aufflammen, emergiert das Ganze wieder und baut sich aufs Neue in einer wundersamen Architektur auf. Es sind die Austausche, die die Welt machen.

Bibliografie

[1] Redfern, C., Bevan, R.: «Overland movement and migration phenology in relation to breeding of Arctic Terns *Sterna paradiasea*», Ibis International Journal of Avian Science, 2019, https://doi.org/10.1111/ibi.12723.

[2] Lavoisier, A. de: *Traité élémentaire de chimie, présenté dans un ordre nouveau*, chez Cuchet libraire, Paris, 1789.

[3] «Voyage dans une cellule», https://www.youtube.com/watch?v=sJOXvpulMd8, YouTube, films et animations.

[4] Johnson, N.: *Simply Complexity: A Clear Guide to Complexity Theory*, Oxford, Oneworld Publications, 2007.

[5] Carey, N.: *The Epigenetics Revolution*, New York, Columbia University Press, 2012.

[6] Heijmams, B. et al.: «Persistant epigenetic differences associated with prenatal exposure to famine in human», Proceedings of the National Academy of Sciences, 2008, 105 (44), 1746–1749.

[7] Van Dijk, S. J. et al.: «Epigenetics and human obesity», International Journal of Obesity, 2015, 39, 85–97.

[8] Dawkins, R.: *The Extended Phenotype*, Oxford, Oxford University Press, 1982.

[9] Yong, E.: *I Contain Multitudes. The Microbes Within Us and a Grander View of Life*, New York, Harper Collins, 2016.

[10] Taylor, M. J. et al.: «Microbe profile: *Wolbachia*: a sex selector, a viral protector and a target to treat filarial nematodes», Microbiology, 2018, 164, 1345–1347.

[11] Margulis, Lynn S.: «On the origin of mitosing cells», Journal of Theoretical Biology, 1967, 14, 225–274.

[12] Close, F.: *Nothing, a Very Short Introduction*, Oxford, Oxford University Press, 2009.

[13] Polkinghorne, J.: *Quantum Theory: A Very Short Introduction*, Oxford, Oxford University Press, 2002.

[14] «The global distribution of photosynthesis, including both oceanic phytoplankton and terrestrial vegetation», https://en.wikipedia.org/wiki/Marine_algae_and_plants#/File:Seawifs_global_biosphere.jpg.

[15] Al-Khalili, J., McFadden, J.: *Life on the Edge, the Coming of age of Quantum Biology*, London, Bantam Press, 2014.

[16] Rovelli, C.: *Sept brèves leçons de physique*, übersetzt aus der italienischen Sprache durch P. Vighetti, Paris, Odile Jacob, 2015.

[17] Jakobson, R.: *Les Fondations du langage. Essai de linguistique générale*, übersetzt aus der englischen Sprache durch N. Ruwer, Paris, Édition de Minuit, 2003.

[18] Crystal, D.: *A Little Book of Language*, New Haven, Yale University Press, 2010.

[19] Gottschall, J.: *The Storytelling Animal. How Stories Make Us Human*, Boston/New York, Mariner Books, 2012.

[20] https://www.ted.com/talk.

[21] Helmholtz, H.: *Die Lehre von den Tonempfindungen als physiologische Grundlage für die Theorie der Musik*, Braunschweig Druck und Verlag, 1863.

[22] Powell, J.: *How Music Works: The Science and Psychology of Beautiful Sounds, from Beethoven to the Beatles and Beyond*, Boston, Little, Brown and Company, 2010.

[23] Levitin, D. J.: *This Is Your Brain on Music: The Science of a Human Obsession*, New York, Plume/Penguin Books, 2007.

[24] Rizzolatti, G., Craighero, L.: «The mirror-neuron system», Annual Review of Neurosciences, 2004, 27, 169–192.

[25] Bernstein, L.: *La Question sans réponse. Six conférences données à Harvard*, Paris, Robert Laffont, 1982.

[26] Kuhn, T. S.: *The Structure of Scientific Revolutions*, Chicago, The University of Chicago Press, 1962.

[27] Wilson, E. O.: *The Social Conquest of Earth*, New York/London, Liveright Publishing Corporation, 2013.

[28] Horgan, J.: *The End of Science: Facing the Limits of Knowledge in the Twilight of the Scientific Age*, New York, Broadway Books, 1997.

[29] Popper, K.: *Logik der Forschung: zur Erkenntnistheorie der modernen Naturwissenschaft*, Wien, Julius Springer-Verlag, 1935.

[30] Morin, E.: *Mon chemin. Entretiens avec Djénane Kareh Tager*, Paris, Fayard, 2008.

[31] Waal, F. de: «Capuchin monkey experiment of fairness», https://www.youtube.com/watch?v=-KSryJXDpZo.

[32] Hölldobler, B., Wilson, E. O.: *The Ants*, Berlin, Springer, 1998.

[33] Hamilton,W. D.: «The genetical evolution of social behavior I and II», Journal of Theoretical Biology, 1964, 1–16 und 17–52.

[34] Li, Z., Nair, S. K.: «Quorum sensing: How bacteria can coordinate activity and synchronize their response to external signals?», Science, 2012, 21, 1403–1417.

[35] Waal, F. de: *Primates and Philosophers: How Morality Evolved*, Princeton/Oxford, Princeton University Press, 2006.

[36] Wilson, E. O.: *Consilience: The Unity of Knowledge*, New York, Vintage Books/Random House, 1998.

[37] Nash, J.: «Equilibrium points in n-person-games», Proceedings of the National Academy of Sciences, 1950, 36, 48 f.

[38] Ferguson, N.: *The Ascent of Money, a Financial History of the World*, New York, Penguin Books, 2008, 442.

[39] Fehr, E., Schmidt, K. M.: «Theories of fairness and reciprocity – evidence and economic applications», in: Dewatripont, M. et al.: *Advances in Economics and Econometrics*, Econometric Society Monographs (8. Weltkongress), 2003, 1, 208–257.

[40] Yunus, M., Joiis, A.: *Vers un monde sans pauvreté*, Paris, J.-C. Lattès, 2009.

[41] Sachs, J. D.: *Common Wealth: Economics for a Crowded Planet*, New York, Penguin Books, 2008.

[42] Barthes, R.: *L'Empire des signes*, Genève, Albert Skira Éditeur, 1993.

[43] Williams, G.: *Angel of Death. The Story of Smallpox*, Basingstoke, Palgrave Macmillan, 2010.

[44] «First X-ray – 1895 – Anna Bertha Roengten's hand», https://www.awesomestories.com/asset/view/First_X_ray_1895_Anna_Bertha_Roentgen_s_Hand.

[45] FreeStyle Libre Messsysteme. https://www.freestylelibre.

[46] Bocan, K. N., Sejdié, E.: «Adaptive transcutaneous power transfer to implantable devices: A state of the art review», Sensors, 2016, 16, iiE303.

[47] Newick, K., O'Brien, S., Moon, E., Albelda, S. M.: «CAR T Cell therapy for solid tumors», Annual Review of Medicine, 2017, 68, 139–152.

[48] Waldvogel, F. A., Balavoine, J. F., Perone, N., Schusselé-Fillietaz, S.: «Les malades complexes: de la théorie des systèmes complexes à une prise en charge holistique et intégrée», Revue médicale suisse, 2012, 8, 1022–1024.

[49] Churchland, P. S., Winkielman, P.: «Modulating social behavior with oxytocin: How does it work? What does it mean?», Hormones and Behavior, 2012, 61, 392–399.

[50] Zheng, H., Huang, D., Chen, S., Wang, S., Guo, W., Luo, J., Ye, H., Chen, Y.: «Modulating the activity of ventromedial prefrontal cortex by anodal tDCS enhances the trustee's repayment through altruism», Frontiers in Psychology, 2016, 7, 1437.

[51] O'Neill, O.: *Autonomy and Trust in Bioethics*, Cambridge, Cambridge University Press, 2002.

[52] «Apoptosis – programmed cells death (definition)», https://www.youtube.com/watch?v=1vaEVcMfa1E.

[53] Barrow, J. D.: *The Constants of Nature: The Numbers that Encode the Deepest Secrets of the Universe*, New York, Vintage, 2009.

[54] Flichy, P.: *Une histoire de la communication moderne*, Paris, La Découverte, 1991.

[55] Grosvenor, E. S., Wesson, M.: *Alexander Graham Bell: The Life and Times of the Man Who Invented the Telephone*, New York, Harry N. Abrams, 1997.

[56] Platon, in: Périllié, J.-L.: *Oralité et écriture chez Platon*, Bruxelles, Éditions OUISIA, «Cahiers de Philosophie ancienne», 2012.

[57] Wu, T.: *The Attention Merchants: The Epic Scramble to Get Inside Our Heads*, New York, Penguin Random House, 2017.

[58] Bedau, M. A.: Humphreys, P.: *Emergence: Contemporary Readings in Philosophy and Science*, Cambridge, MIT Press, 2009.

[59] Johnson, S.: *Emergence*, New York, Scribner, 2001.

[60] Barabasi, A.-L.: *Linked: How Everything Is Connected to Everything Else and What It Means for Business, Science and Everyday Life*, New York, Plume Book, 2002.

[61] Mitchell, S. D.: *Unsimple Truths: Science, Complexity and Policy*, Chicago, University of Chicago Press, 2009.

[62] West, G.: *Scale: The Universal Laws of Growth, Innovation, Sustainability, and the Pace of Life, in Organisms, Cities, Economics, and Companies*, New York, Random House, 2017.

[63] http:/philoctetes.free.fr/heraclite.htm.

[64] Watts, D.: *Small Worlds: The Dynamics between Order and Randomness*, Princeton/Oxford, Princeton University Press, 2003.

[65] Rosnay, J. de: *2020 : Les scénarios du futur. Comprendre le monde qui vient*, Paris, Fayard, 2008.

[66] Morin, E., Lafay, D.: *Le temps est venu de changer de civilisation*, La Tour-d'Aigues, Édition de l'Aube, 2007.

[67] Kauffman, S. A.: *Reinventing the Sacred*, New York, Basic Books, 2008.

[68] Picq, P.: *Une époque formidable*, La Tour-d'Aigues, Édition de l'Aube, 2019.

[69] Cyrulnik, B.: *La nuit, j'écrirai des soleils*. Paris, Odile Jacob, 2019.

Das Signet des Schwabe Verlags
ist die Druckermarke der 1488 in
Basel gegründeten Offizin Petri,
des Ursprungs des heutigen Verlags-
hauses. Das Signet verweist auf
die Anfänge des Buchdrucks und
stammt aus dem Umkreis von
Hans Holbein. Es illustriert die
Bibelstelle Jeremia 23,29:
«Ist mein Wort nicht wie Feuer,
spricht der Herr, und wie ein
Hammer, der Felsen zerschmeisst?»